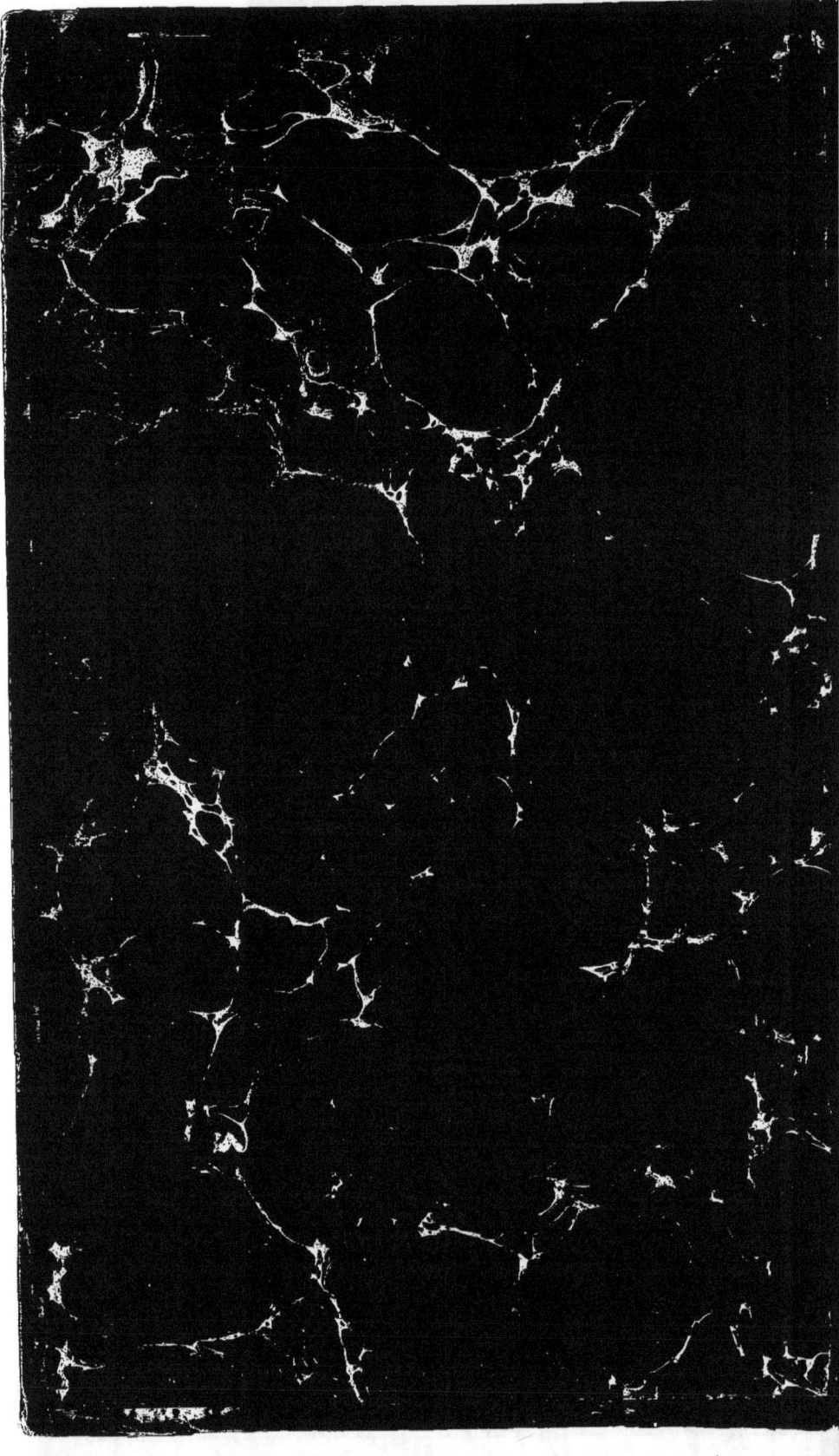

LE JAPON

DE NOS JOURS

PARIS. — TYPOGRAPHIE LAHURE
Rue de Fleurus, 9

GEORGES BOUSQUET

LE JAPON

DE NOS JOURS

ET LES ÉCHELLES DE L'EXTRÊME ORIENT

OUVRAGE

CONTENANT TROIS CARTES

TOME SECOND

PARIS

LIBRAIRIE HACHETTE ET Cie

79, BOULEVARD SAINT-GERMAIN, 79

1877

Droits de propriété et de traduction réservés

©

LE JAPON

DE NOS JOURS

ET LES ÉCHELLES DE L'EXTRÊME ORIENT

CHAPITRE XIII

LE DROIT PUBLIC ET PRIVÉ

§ 1ᵉʳ

LE GOUVERNEMENT MIKADONAL

De toutes les manifestations auxquelles un peuple est conduit par le développement naturel de ses facultés, nulle ne reflète mieux son génie, ne révèle plus clairement son caractère que sa législation. C'est là que chaque nation dépose le secret des tendances et des forces créatrices dont les évolutions constituent sa grandeur ou sa décadence. Tous les monuments de l'histoire romaine eussent-ils péri, nous retrouverions encore dans l'aride lecture du *Corpus juris* un tableau fidèle de la société qui vivait à Rome, de sa constitution civile et politique, de ses idées morales, de son idéal social.

L'histoire du droit peut aussi nous renseigner mieux qu'une sèche chronique sur ce moyen âge japonais qui s'est perpétué jusqu'à nos jours, et c'est dans le développement de ses institutions fondamentales que nous nous proposons d'étudier ce peuple si curieux, cette société si complète et si raffinée, où l'Europe retrouve avec surprise le tableau des âges qui ont disparu pour elle.

Le mot *droit* toutefois réveille avant tout chez nous l'idée de la justice absolue appliquée comme principe dirigeant aux actions humaines : c'est ainsi qu'il peut être opposé tour à tour à la force, à l'injustice, à la légalité ; il est à la morale comme une circonférence plus petite, mais concentrique, et, tandis qu'elle nous crée de simples devoirs, il nous impose des obligations. Précise ou confuse, cette notion se trouve au fond de tous les esprits, elle est pour l'homme un élément de son identité morale, et devient l'apanage des hommes libres, des races indépendantes et progressives qui ont marqué chacun de leurs pas dans l'histoire par les perfectionnements que l'idée du droit a reçus dans leur sein. Chaque grande époque en a donné sa définition et s'est du même coup définie elle-même dans ses tendances et ses aptitudes.

Mais cette notion ainsi comprise ne peut surgir là où l'homme n'est rien, où l'individu, dominé par une nécessité aveugle, ne compte plus que comme une molécule d'un organisme étranger, où sa nature fléchit devant l'immobilité des castes, où sa liberté, se heurtant contre les hauteurs mystérieuses de la théocratie, s'enferme dans le cercle infranchissable tracé autour de lui par une puissance supérieure.

Aussi chez les races indolentes et asservies de l'extrême Orient le principe de libre examen s'efface devant une soumission aveugle à des traditions obscures et à des formes permanentes, et tandis que l'homme des pays libres se place pour raisonner au-dessus des faits ou des lois écrites, un Chinois ou un Japonais acceptera comme nécessités dominantes et directrices ces lois écrites ou ces faits existants. Pour lui, la belle parole de Bossuet n'existe pas, il répondrait au contraire qu'il n'y a pas de droit en dehors de l'autorité.

Dans ce sommeil de la conscience individuelle, les hommes, habitués à écouter la voix du maître avant celle de la nature même, n'ont d'autre lien social que l'obéissance affermie par la crainte, par les sanctions pénales et par l'opinion publique. Il se forme au milieu d'eux une série de préceptes conventionnels qu'on observe par habitude, par conviction ou par respect humain, mais qu'on n'examine pas et dont aucun n'a pris racine dans les profondeurs du moi. Il en résulte une grande fixité dans l'état social, une grande facilité à gouverner, et, tandis que chez nous le mouvement perpétuel des esprits détruit sans cesse à mesure qu'il fonde, en Orient, si quelque grand homme a réalisé une conception puissante, elle se perpétue par l'inertie de ceux qui la subissent. On ne saurait nier toutefois qu'il en résulte aussi une grande faiblesse, car il n'y a pas de véritable cohésion sociale là où il n'y a pas d'hommes habitués à penser en commun, à se rencontrer dans un même idéal. Si le seul lien qui les unisse est le respect machinal d'un même pouvoir, le jour où ce pouvoir tombe, où l'autorité disparaît devant le scepticisme, il reste une poussière humaine, mais plus de nation.

Au contact du scepticisme étranger, sous l'influence des coups d'État et des perturbations sociales, un éparpillement semblable menace de s'accomplir au Japon. La nature complexe de son ancienne constitution et les qualités particulières de la race japonaise permettront peut-être d'en ralentir la marche ou d'en supprimer les dangers : nous aurons à en indiquer les causes et les remèdes; mais nous devons avant tout présenter le tableau des institutions politiques et privées telles qu'elles résultent des usages encore plus que des lois.

Quels furent, aux différentes périodes de son histoire, l'organisation des pouvoirs, les rapports des classes privilégiées avec le peuple? Comment le droit politique se trouvait-il reflété dans les coutumes privées? Qu'était-ce en un mot que la société japonaise, qu'en reste-t-il et qu'en peut-on faire? Telles sont les questions auxquelles, après plusieurs années d'observation attentive, nous essayerons de répondre sans nous flatter de les trancher définitivement.

En dehors des temps fabuleux, qui dépassent toutes les chronologies connues, l'histoire du Japon se divise en deux périodes que les Japonais appellent l'une « osheï, » et l'autre « hasheï. » La première s'étend depuis 660 avant Jésus-Christ jusqu'à 1192 après; c'est celle pendant laquelle s'exerça le pouvoir des mikados. La seconde, commencée en 1192, ne s'est terminée qu'en 1868; elle correspond au pouvoir des « shogun » ou commandants militaires, que les Européens se sont obstinés à désigner depuis longtemps par l'expression impropre de « taïkoun. »

Il s'en faut bien que cette date de 1192 marque un changement brusque opéré dans les institutions du pays; elle n'a été choisie, comme celle qui marque chez nous la fin du moyen âge, que pour indiquer le point culminant d'une transition lente, poursuivie à travers les siècles. C'est seulement au commencement du xviie siècle, avec Yéyas, que le shogunat devint une institution légale et incontestée. Au point de vue particulier qui nous occupe, ce qu'il importe d'étudier dans la première période, c'est l'origine du pouvoir impérial, ses moyens de conservation et aussi ses éléments de faiblesse et de dissolution.

On a vu que les conquérants, Malais ou Chinois, qui au début de l'époque historique s'emparèrent du sol, semblent s'y être établis en maîtres exclusifs sans se mêler à la population aborigène des Yessos ou Aïnos, qui recula devant eux. Leurs chefs, les mikados, étaient avant tout des chefs militaires; leur pouvoir conserva quelque force tant qu'ils eurent à combattre vers l'est les habitants primitifs. C'est pendant cette période qu'on essaya, sans y parvenir, d'extirper l'odieuse coutume d'enterrer les vivants avec les morts; plus tard on remplaça ces victimes humaines par des images de bois.

Ce pouvoir des mikados dut s'affaiblir dès que la conquête achevée le rendit inutile et à charge aux vainqueurs, et c'est alors qu'il revêtit le caractère religieux. On vit apparaître le shintoïsme, — culte des « kami » ou génies protecteurs, dont le souverain est le descendant charnel, — et le mythe du glaive, du miroir et du sceau remis par Tenshio-Daijin à ses héritiers mortels. La théocratie shintoïste remplaça l'autorité militaire, elle dut bientôt elle-même céder le pas au bouddhisme (600 ans après Jésus-Christ).

Cependant les nouveau-venus, qu'il faut appeler désormais les Japonais, ayant pris possession du sol en guerriers laboureurs, à la façon des anciens Germains, s'habituèrent à vivre dans une sorte d'indépendance. Ceux qu'une infirmité physique ou leur penchant naturel éloignait du métier des armes se vouèrent exclusivement à l'agriculture; les autres abandonnèrent tout travail, se tinrent prêts à répondre à l'appel de l'empereur en cas de guerre, et prirent ainsi, vis-à-vis des premiers, le rôle de protecteurs, prélude d'une féodalité bien plus militaire que territoriale, fondée au profit de quelques potentats qui ne tardèrent pas à devenir les maîtres du pays. Loin de s'en inquiéter, la cour impériale crut avoir assuré son salut en s'évertuant à fomenter la discorde entre les différents clans et à perpétuer des guerres civiles dans lesquelles elle devait finalement disparaître.

Par quels moyens espérait-elle maintenir sa suprématie? En premier lieu, elle avait fait alliance avec la religion. Le mikado était le descendant des dieux, le chef et le souverain juge du clergé, le fondateur des temples les plus célèbres, le distributeur des gros *bénéfices* et des dîmes énormes attribuées aux bonzeries. Il disposait de toute l'influence monastique, qui était grande; on voyait en effet des criminels échapper à la justice, et des usurpateurs même éviter le châtiment en se mettant sous la protection des monastères, qui exerçaient un véritable droit d'asile.

Les temples servaient en même temps d'écoles, et, entre les mains des prêtres bouddhistes, l'enseignement, emprunté tout entier aux livres chinois, inculquait aux générations le respect du souverain comme un dogme fondamental. Les desservants laïques des temples ou « mya » shintoïstes formaient de leur côté une véritable armée et assuraient la centralisation impériale tout au moins dans le domaine religieux. Enfin les empereurs consacraient cette union avec le clergé en se faisant eux-mêmes raser la tête après leurs fréquentes abdications, forcées ou volontaires. Le sacerdoce offrait ainsi aux monarques incapables, ou aux candidats évincés, un refuge qui fait involontairement songer à nos derniers Mérovingiens.

On chercha un autre élément de durée dans l'immobilité de la dynastie. Au début, le pouvoir était héréditaire et transmis le plus souvent au fils aîné, quoiqu'il n'y eût pas de règle à cet égard. A défaut d'héritier mâle, l'empereur choisissait par adoption son successeur, ou bien une fille, veuve ou sœur, montait sur le trône. Outre les fils d'impératrice, les fils d'une des douze concubines officielles attachées à la cour, sous le titre de

« servantes de l'impératrice, » pouvaient devenir héritiers, mais, sous l'influence des idées chinoises, afin de donner plus de fixité au pouvoir, afin d'écarter aussi les compétitions que la faculté d'adopter devait susciter autour du trône, on établit quatre familles impériales, « shi-shin-wo, » qui eurent le privilége exclusif de fournir des monarques, soit en cas d'extinction de la ligne directe, soit même en cas d'indignité de l'héritier du sang. Ces familles, dont les deux premières ont encore des représentants, portaient les noms d'Arisungawa, Fushimi, Katsura, Kumin.

Au-dessous d'elles se plaçaient dans une hiérarchie toute conventionnelle les cinq familles adjointes ou « gosekkaï. » Leurs membres résidaient autour du palais dans des enceintes séparées et entouraient constamment la personne royale. Aussitôt dépouillés de leurs fonctions militaires, les mikados, condamnés à l'existence claustrale du sérail, tombèrent aux mains d'un entourage intrigant, à qui toutes les ambitions étaient permises, le caractère particulier de cette cour étant en effet l'origine identique de tous ceux qui en faisaient partie.

Les « kugé » étaient des descendants soit des lignes collatérales, soit des bâtards nés des douze concubines officielles, par conséquent tous parents des mikados. Ils se rasaient la tête, se laquaient les dents, portaient un seul sabre, et, ne se mariant qu'entre eux, formaient une caste à part, fière de sa naissance et des priviléges qui s'y rattachaient, de sa préséance sur les chefs militaires les plus importants, de son inscription sur le « grandlivre de la noblesse, » de son droit exclusif d'approcher le descendant des dieux. Pendant longtemps, ils exercèrent seuls ce qui restait de pouvoir à l'empereur, car si puissants qu'ils fussent chez eux, les chefs de clans n'avaient pas entrée à la cour et ne pouvaient s'emparer de la direction des affaires. L'étiquette orientale et le prestige mystérieux de ce gouvernement invisible retardèrent pendant longtemps une chute imminente.

En résumé, la forme du gouvernement à cette époque était un despotisme théocratique, superposé à une oligarchie guerrière, l'un représentant une volonté sans moyens d'action, l'autre une force sans unité de direction. Ce dualisme, qu'on retrouve à toutes les époques de l'histoire du Japon et jusqu'à nos jours, est inhérent à la nature même de l'esprit national, qui échappe à la centralisation et recherche les petits groupes, le fractionnement, le morcellement infini. Ce qu'il faut dire, c'est que la domination du mikado, absolue sur les cinq provinces qui entouraient Kioto, était très-paternelle.

Il paraît difficile chez nous de réprimer un sourire quand on parle de gouvernement paternel ; mais le mot reçoit ici son acception vraie et ne représente pas une pure fiction. A côté de quelques monstres, l'histoire mentionne la plupart du temps les noms de souverains bienfaisants. Non-seulement la sagesse chinoise prise à la lettre, mais la raison d'État elle-même leur trace cette voie. Épargner les petits, ne pas s'aliéner les masses, se préoccuper de leur bien-être, prendre indirectement leur avis sans avoir l'air de les consulter, sont d'antiques traditions que le passé a léguées au présent. Il est facile de les observer à l'égard d'une foule obéissante et résignée, qui, loin de songer à contester le principe de l'autorité, n'y voit que l'émanation d'une puissance supérieure et nécessaire : bienfaisante ou nuisible, libérale ou oppressive, elle demeure toujours incontestable comme l'empire d'un père sur ses enfants.

C'est à ce titre de père spirituel que l'empereur offrait ses prières pour le bonheur du peuple, faisait des distributions de riz, consacrait des temples, ouvrait des routes et des canaux. Le souverain d'ailleurs n'exerçait pas le pouvoir lui-même ; il le délégua de bonne heure à un « kwambaku » ou premier ministre, qui seul signait les décrets.

Aujourd'hui encore c'est l'empereur qui parle dans les actes publics, et c'est le premier ministre qui signe; les grands dignitaires ne sont que les interprètes de la volonté mystérieuse d'un oracle muet. De là une forme particulière de la responsabilité ministérielle assez digne de remarque. Veut-on exclure un ministre, veut-on retirer un décret impopulaire, on déclare que le ministre a mal compris et mal rendu la pensée du monarque. Le prince rebelle et l'assassin étant également accusés d'avoir troublé le sommeil auguste de leur souverain, sa volonté est le critérium infaillible, universel, du bien et du mal.

Le mikado était, comme il l'est encore aujourd'hui, propriétaire éminent de tout le territoire de l'empire; mais ce droit nominal ne s'étendait avec efficacité que sur les « Gokinaï » ou cinq provinces qui entouraient Kioto et dont il touchait les impôts sous forme de rentes en nature; aussi la cour était-elle bien loin de vivre dans le faste; les constructions de cette époque qui subsistent encore, notamment le palais de Kioto, n'attestent pas une grande splendeur. A part les vêtements, les parures, les meubles précieux, la vie antique était simple au Japon, et le budget restreint du prince lui permettait à peine d'entretenir une cour embarrassante et nombreuse. Aussi beaucoup de « kugé » en étaient-ils réduits à gagner modestement leur vie en se faisant maîtres d'escrime, de musique, ou professeurs de cuisine, de poésie et de dessin, occupations que beaucoup conservent aujourd'hui, malgré la restauration du pouvoir impérial, qui ne les a pas tous enrichis.

Il se forma ainsi dans la capitale un centre de lumières, une société cultivée et raffinée, où se développèrent les belles-lettres, les sciences, les arts importés de la Chine. Ce fut non-seulement la suprématie religieuse, mais la supériorité intellectuelle, qui devint le privilége de la noblesse de cour, et cela ne servit qu'à augmenter son dédain pour l'ignorance de la caste militaire et à l'isoler des clans qui devaient la réduire bientôt au néant.

On a vu toutes les causes de dissolution qui menaçaient l'État; il en reste une dernière à signaler. « Vous ne pouvez, dit Confucius, habiter sous le même ciel que le meurtrier de votre père. » La solidarité dans la famille japonaise, comme dans la famille germanique, se résume dans le principe que les fautes d'un seul sont communes à tous, et que les insultes faites à l'un s'adressent à l'autre. Elle renfermait sans doute le germe de grandes vertus, et réunissait dans une même main des forces éparses; mais, née dans le clan, elle n'en dépassait pas les limites, et ne s'élevait pas de la tribu à la nation. Nulle considération ne dominant la fidélité due au patron, aucune ne pouvait prévaloir contre son honneur et contre la poursuite de ses vengeances.

Si l'on ajoute que dans les sociétés mal policées la *vendetta* remplace forcément l'action impuissante de la justice, on conçoit que les dynasties militaires ne pouvaient se faire que des guerres d'extermination. Le jour où l'une d'elles aurait réussi à désarmer tous ses ennemis, elle devait arriver à la toute-puissance. Quinze siècles s'écoulèrent dans ces luttes intestines, d'où la maison de Minamoto sortit victorieuse, maîtresse d'un pays jonché de ruines et aussi mal préparé dans cette longue anarchie pour la soumission que pour la liberté. Elle avait démembré et anéanti les forces rivales, elle avait brisé les ressorts de la puissance sacerdotale en se servant comme instrument du christianisme, qui venait de faire son apparition, elle s'était donné, par une brillante expédition en Corée, le prestige de la conquête; il lui restait à profiter d'un succès momentané pour assurer l'avenir et fixer les destinées du pays dans une organisation stable, fondée sur ses instincts invincibles et ses réels besoins. Ce fut l'œuvre de Yéyas.

§ II

LA CONSTITUTION DE YÉYAS

Le voyageur qui sort de Yédo par la porte du Nord ne tarde pas à rencontrer une large avenue de sapins, au bout de laquelle, après trois jours de marche, il vient se heurter au pied des montagnes de Nikko. Au milieu d'une riche végétation, dans une solitude grandiose, s'élèvent des temples qui dépassent en réputation et en richesse tous ceux que possède le Japon. C'est là que voulut reposer le soldat-législateur, le plus grand homme de son pays, qui, après avoir fermé l'ère des guerres civiles, devait assurer à la nation deux siècles et demi d'une profonde paix. En parcourant le monument qui survit à son œuvre, le désir s'éveille de connaître les hommes et les choses de ce temps, de savoir quels furent les ressorts du gouvernement et de la société qui reçurent alors une si puissante impulsion.

Il est dans la vie des peuples une heure critique que l'on pourrait appeler l'heure du législateur ; c'est quand, épuisée par les grandes luttes et les secousses intérieures, la société, avide de repos et lasse de chimères, contemple autour d'elle les désastres de l'anarchie et prend le parti de les effacer, si elle est libre, ou de les laisser réparer par la main d'un maître, si elle est esclave. Les lois dans lesquelles une nation immobilise alors son avenir ne sont souvent que des transactions que la lassitude arrache à l'esprit de progrès et de nouveauté ; mais, tandis que chez certains peuples la mobilité des esprits force le législateur à reprendre perpétuellement son œuvre, chez d'autres l'activité législative ne répond qu'à de rares évolutions et ne s'éveille qu'à de longs intervalles.

Yéyas fut un de ces réformateurs heureux qui trouvent au même moment leur œuvre préparée et leur génie prêt. Issu d'une famille d'origine impériale, entouré de serviteurs dévoués qui l'avaient aidé à vaincre, maître de la rébellion, il songea à éterniser au profit de sa postérité une domination pacifique, et au profit de son pays une forme de gouvernement immuable. Tout ne lui appartient pas dans ses lois ; on retrouve dans la partie morale l'influence de Confucius, la théorie des cinq devoirs réciproques de souverain et de sujet, de père et de fils, de mari et de femme, d'aîné et de cadet, d'ami et d'ami, l'examen personnel de soi-même et toute la philosophie contemplative et froide des écoles chinoises. Sa sagacité lui enseignait qu'il faut dans les réformes conserver tout ce qu'on peut du passé, et qu'il n'est pas dans les édifices nouveaux de matériaux plus solides que ceux qui ont déjà subi l'épreuve du temps. Œuvre composite où se mêlent des préceptes de morale, des lois constitutionnelles, des pénalités, des souvenirs personnels et des conseils sur l'art de gouverner, la législation de Yéyas a beaucoup plus le caractère d'un testament que celui d'un code. Les recommandations d'un politique habile et dissimulé y tiennent trop de place pour être impunément soumises aux regards des profanes ; aussi ne pouvaient-elles être consultées que par certains dignitaires.

La première nécessité qui s'imposait au shogun était de régler définitivement ses rapports avec le gouvernement du mikado. Reléguer celui-ci à Kioto et s'établir à Yédo, c'était quelque chose, ce n'était pas assez. Le souverain était confiné dans un modeste palais, au milieu d'une ville dominée de tous côtés par des montagnes, et dont la seule issue vers la mer était gardée par le château d'Osaka, magnifique forteresse confiée à un fidèle du shogun. Dans Kioto même résidait un de ses délégués sous le titre de gouverneur, et avec la mission réelle d'exercer une surveillance incessante sur tous les actes de la cour et jusque sur la police intérieure. En même temps les fonctions de grand-prêtre du temple de Heizan à Yédo furent confiées à l'un des proches parents du mikado, afin qu'on eût toujours sous la main, sinon un otage, du moins un rival à lui opposer en cas de conflit.

D'autre part le shogun est seul en rapport avec la cour de Kioto, à laquelle aucun daïmio n'a d'hommage à rendre ; aussi, sauf les hommes sûrs qu'on lui adresse, le souverain prisonnier n'a-t-il jamais l'occasion de voir un des grands feudataires. Point de contributions à leur demander, point d'ordres à leur donner ; le séjour même de Kioto leur est interdit : on évite ainsi une conspiration de l'aristocratie sous la bannière du prince, semblable à celle qui a précisément réusi en 1868. Le shogun prend à sa charge personnelle toutes les dépenses d'entretien de la cour, et affecte à cette partie du budget toutes les taxes perçues sur les routes, ponts, bacs, etc.

Ainsi isolé, le monarque fainéant n'était plus à redouter ; mais il restait à faire tourner au profit du nouveau pouvoir les éléments de force et de centralisation de l'ancien. L'autorité ecclésiastique rayonnait autour de Kioto : c'est là qu'elle avait son centre d'action ; il fut déplacé. Les tribunaux ecclésiastiques furent transférés à Yédo. Mais si affaiblie que fût l'autorité impériale, elle n'en conservait pas moins un prestige que Yéyas sut maintenir pour se l'approprier. Il lui demanda l'investiture et la consécration solennelle d'un pouvoir qu'on ne pouvait ni lui ôter, ni lui contester. Reconnaissant une supériorité nominale qui ne pouvait militer qu'à son profit, il donna lui-même l'exemple d'un respect à distance pour le trône.

Tranquille désormais du côté de son auguste rival, il reste au législateur le soin d'assurer la paisible possession de la toute-puissance à ses descendants. Il laisse sous leur domination immédiate les plus riches provinces du Japon, celles qui ont la plus grande importance commerciale; quelques chefs des plus fidèles familles qui l'entourent doivent constituer une petite oligarchie solidaire et s'accorder sur le choix d'un successeur à défaut d'héritier mâle. Le choix du chef confié aux grands dignitaires rivaux constitue sans aucun doute le point faible du système, il a été l'origine de bien des luttes obscures et l'une des causes qui en ont amené la chute.

A ses successeurs et à ceux qu'il croit intéressés à la grandeur du shogunat, le testateur adresse à plusieurs reprises des avertissements dont quelques-uns semblent empreints d'une naïveté un peu factice, tandis que d'autres nous offrent la révélation curieuse de ce que pensait, il y a trois siècles, un Machiavel oriental s'inspirant de la sagesse chinoise.

« Article 76..... Un homme ordinaire est comme un outil. Or chaque outil a son usage propre et séparé; le marteau ne répond pas au besoin du ciseau, et la vrille ne peut servir de scie. Chaque individu a précisément son emploi spécial de la même manière. Servez-vous d'un sage pour la sagesse, d'un homme brave pour le courage, d'un homme robuste pour la force; la maladie même d'un homme malade peut servir; en un mot servez-vous de chacun suivant son aptitude individuelle. Pas plus qu'une vrille ne remplace une scie, un ignorant ou un homme faible ne peut remplir le rôle d'un homme fort et ne peut le remplacer. C'est en adoptant ou en rejetant ce principe qu'on montre son habileté ou son incapacité. »

Cet ensemble de préceptes constitue un corps de doctrine, une sorte de catéchisme politique dont tout homme en place était imbu et qui a servi de guide à plusieurs générations. Aujourd'hui encore, bien des choses que l'on croit changées, parce que les mots ont varié, demeurent identiques, et les enseignements du soupçonneux despote, les traditions qu'il a laissées après les avoir lui-même reçues, sont encore l'explication la plus satisfaisante de beaucoup d'actes. A un étranger qui lui demandait jadis pourquoi en se rendant au conseil les fonctionnaires se faisaient toujours porter au pas de course dans leur litière, un conseiller répondit : « C'est que nous pourrions être forcés une fois par hasard de nous hâter pour quelque affaire pressante. Or, en nous voyant courir, le peuple serait effrayé, tandis qu'ainsi il en a l'habitude. »

La cour domptée, la dynastie assise, il restait à en assurer la stabilité en faisant concourir à ce but toutes les forces vives de la nation. Le peuple, il est vrai, n'est qu'un troupeau, la noblesse des « kugé » est sans force, mais il reste d'une part l'ancienne aristocratie des clans, vaincue et non réconciliée, de l'autre l'aristocratie nouvelle qui entoure le shogun, mais ne tardera pas à s'entre-déchirer de nouveau, si l'on n'y met obstacle. Apaiser et désarmer les uns, contenter et contenir les autres, en leur laissant tous les moyens de faire le bien sans aucune liberté de faire le mal, prémunir son système contre le pouvoir excessif de ceux qui doivent le soutenir, aussi bien que contre les résistances de ceux qui peuvent l'attaquer, tel sera le plan de notre organisateur.

Chaque daïmio reste étranger aux autres et doit se tenir strictement renfermé dans l'exercice de ses fonctions de cour ; n'ayant entre eux aucun rapport officiel, ils ne peuvent former ces ligues qui seules pourraient leur permettre de résister au gouvernement, plus fort que chacun d'eux isolément. Les précautions prises à cet égard descendent jusqu'à la minutie; s'ils sont appelés au château pour délibérer, c'est dans des salles séparées. Forcés de venir chaque année à Yédo rendre leurs devoirs au chef suprême et d'y laisser le reste du temps leur famille en otage, ils ne s'y rencontreront jamais avec leurs voisins territoriaux; un officier chargé de leur indiquer l'époque de leur séjour marquera des époques différentes aux seigneurs de deux clans contigus. La coutume avait existé sous les mikados, mais elle était tombée en désuétude; Yéyas la fit revivre, et, pour s'assurer des familles comme otages, il défendit aux garnisons, chargées de surveiller les défilés des montagnes, de laisser passer aucune femme venant de Yédo. Cette obligation de séjour ne fait-elle pas involontairement songer à la noblesse de France contrainte de venir saluer le Roi-soleil et allant s'entasser dans les galetas de Versailles?

Si l'alliance des principicules entre eux est repoussée, en revanche la solidarité intérieure du clan est respectée. Les devoirs du vassal ou « bayshin » envers son seigneur sont rigoureusement tracés. Il lui est seulement interdit de s'immoler par un suicide sur le tombeau de son maître, ancienne coutume qui avait presque entièrement disparu à cette époque. Désespérant sans doute de briser ces liens, les *Cent-Lois* les consolident sans leur permettre de s'étendre.

Ainsi renfermé dans sa principauté, le daïmio y jouit d'une autonomie limitée au début, mais qui s'est constamment accrue dans la suite. Aujourd'hui que toute cette aristocratie foncière a disparu, c'est au théâtre ou au roman qu'il faut demander de nous restituer le tableau de ces petits dynastes à peu près indépendants, qui levaient les impôts à leur gré, façonnaient des lois, élevaient des temples, rendaient la justice dans leurs cours seigneuriales, faisaient la police, exigeaient et obtenaient des populations un respect sans bornes, tenaient autour d'eux une véritable cour, s'entouraient d'une armée de fidèles, et, suivant qu'ils étaient cruels ou bienfaisants, remplissaient le pays de ruines ou le comblaient de prospérité.

« Combien est vrai ce principe de Confucius que la bonté ou la méchanceté du prince se reflète dans la contrée! » s'écrie avec douleur l'auteur du *Spectre de Sakura*, l'un des plus émouvants récits qu'on ait écrits en japonais des exactions d'un daïmio.

Celui-là était un tyran sans entrailles, seigneur d'une province où s'élèvent encore les remparts du château de Sakura. Ses ministres pressuraient le peuple et le chargeaient de taxes si lourdes que les malheureux paysans résolurent d'aller demander grâce à Yédo. On détermine, non sans peine, Sogoro, le plus ancien du village, à se mettre à la tête des pétitionnaires; arrivé à Yédo, il jette son mémoire dans la litière d'un membre du conseil. Le lendemain, il est appelé auprès du personnage, qui lui fait dire : « On vous pardonne pour cette fois votre manque de déférence envers votre prince, mais une autre fois vous serez puni; rentrez chez vous, et acceptez un mal que nous ne pouvons empêcher. »

Sogoro, désolé, mais non découragé, va retrouver ses compagnons, et l'on arrête un parti désespéré; l'un d'eux se chargera de remettre un mémoire au shogun Jémits en personne. C'est encore à Sogoro qu'échoit cette périlleuse mission. Embusqué sous un pont voisin d'Ouéno, où le prince devait passer, il s'élance au moment où paraît la litière impériale et jette sa pétition, qui arrive à son adresse malgré la résistance de l'escorte. Cependant le shogun a lu le mémoire et l'a renvoyé au daïmio accusé. Celui-ci, comprenant sa faute, prend le parti d'abolir toutes les taxes arbitraires en rejetant tous les torts sur ses ministres, qu'il disgracie, mais en même temps il se fait livrer le malheureux Sogoro.

Revenu à Sakura, il tient lui-même ses assises, et en séance solennelle prononce ce jugement : « attendu que vous vous êtes mis à la tête des villages, — attendu que vous avez fait appel direct au gouvernement, suprême insulte pour votre maître, — attendu que vous avez présenté un mémoire au « gorodjio, » — attendu que vous avez conspiré, — pour ces quatre crimes, vous êtes condamné à mourir crucifié, votre femme à mourir de la même mort, vos enfants à être décapités. » Le dernier des enfants avait sept ans. Quant aux compagnons de Sogoro, ils étaient simplement bannis. En vain le peuple et le clergé joignent leurs supplications pour obtenir, sinon la grâce de Sogoro, du moins celle de sa famille; le prince reste inflexible.

Le supplice s'accomplit; les deux époux, étendus sur leur croix, voient périr leurs trois enfants, qui les exhortent stoïquement à la fermeté; eux-mêmes se répètent qu'ils vont se retrouver bientôt dans le séjour des dieux. Les bourreaux, en leur donnant le dernier coup de lance, font amende honorable; mais les prêtres ne sont autorisés à leur donner la sépulture qu'après trois jours d'exposition. Enfin tous les biens de la famille sont confisqués.

Cependant la femme du daïmio ne tarde pas à tomber malade, elle est hantée par des spectres; chaque nuit, sa chambre se remplit de fantômes assemblés, de multitudes en larmes. Le prince se rend auprès d'elle pour la rassurer ; mais à son tour il voit avec horreur se dresser devant lui Sorogo et sa femme étendus sur leur croix, entourés de leurs enfants, qui saisissent la princesse par les mains en la menaçant de tous les tourments de l'enfer. Il se jette sur son sabre, mais l'apparition s'évanouit avec un bruit épouvantable pour recommencer ensuite chaque nuit; la princesse en meurt, le daïmio lui-même en devient fou et ne recouvre la raison qu'après avoir consacré à la mémoire de ses victimes un temple où il leur fait rendre des honneurs presque divins.

Malgré ces rares exactions, le pouvoir des daïmios était généralement protecteur. Une grande partie des revenus de la province se dépensait sur place, et les redevances, profitant ainsi à ceux qui les payaient, paraissaient moins lourdes. L'absence d'échanges était un obstacle à l'activité commerciale, mais elle assurait le pauvre contre la cherté des denrées de première nécessité.

Les arts, que la protection d'un gouvernement généreux peut seule empêcher de verser dans l'industrie et le métier, vivaient en sécurité sous cette égide. Entretenu par le prince, l'artiste travaillait à l'aise, sans impatience, et ne mettait au jour que des œuvres achevées; on ne refera plus ces magnifiques laques d'or, ces peintures sur émail, ces ciselures sur métaux, toutes ces œuvres de patience qui exigeaient de longues années de labeur avant de donner un profit.

Chaque année, au retour de Yédo, le possesseur d'une province devait y faire une tournée d'inspection pour s'assurer du bon ordre et veiller aux réformes nécessaires, et nous venons de voir quel soin il mettait à étouffer les plaintes avant qu'elles n'arrivassent à Yédo. Les feudataires n'étaient pas d'ailleurs exempts de tout contrôle. Leur juridiction seigneuriale était, du moins pour les plus petits, limitée à certaines pénalités; les simples possesseurs de « siro » ne pouvaient infliger la peine capitale et devaient, le cas échéant, en référer au gouvernement central.

Au-dessous des daïmios et à leur charge vivait une petite aristocratie pensionnaire, nombreuse, et revêtue de priviléges importants. Le « samuraï » avait le droit de porter deux sabres et de ne payer en voyage que ce qu'il voulait, c'est-à-dire de voyager à peu près gratis à la charge des aubergistes. Il était séparé du peuple par une ligne infranchissable ; il pouvait, comme le prince, entretenir à côté de la femme légitime une « mékaké » — concubine.

Enfin, bien au-dessous de cette classe privilégiée à divers degrés, vivait la classe populaire, divisée en catégories — paysans, artisans, marchands —, n'offrant pas d'intérêt au point de vue du droit public, troupeau soumis et obéissant, pour lequel le législateur recommande une large sollicitude, dont lui-même donne l'exemple, mais de qui il attend en échange une docilité sans bornes. C'est sur cette assise de roche primitive que repose toute la constitution.

« Art. 15. — Le peuple est la base de l'empire. »

Du shogun au plus petit fonctionnaire, chacun a envers lui des devoirs dictés par la morale et proclamés par la loi. Le gouvernement doit s'efforcer de le pourvoir à bon marché des aliments nécessaires et veiller sur l'accaparement ; le chef de l'État doit « le considérer avec des yeux de mère » (art. 98). Il doit pour aider le peuple donner la paix à l'État. Les nobles de tous rangs lui doivent bienveillance, douceur et protection.

C'est à ces enseignements que se bornent les *Cent-Lois*. On y cherche en vain quels sont les droits de cette foule et quel recours lui est ouvert quand ils sont violés. Nous venons de voir ce qu'il en peut coûter pour exercer le droit de pétition ; les autres droits ne sont même pas soupçonnés encore aujourd'hui. Le droit public, entendu comme réglant les rapports de l'autorité avec l'individu, se réduit à ce double conseil : « obéissez ! » imposé aux uns, « n'ordonnez que le bien, » donné aux autres. A cet égard, tous les détenteurs de la force sont solidaires contre la plèbe. Quiconque porte le sabre doit exiger d'elle un respect illimité, quiconque est ou se croit insulté doit punir immédiatement le coupable. Rien n'est plus digne d'être noté sur ce point que les termes de l'article 45 :

« Article 45. — Les « samuraï » sont les maîtres des quatre classes. Agriculteurs, artisans et marchands ne doivent pas se conduire envers eux d'une façon grossière. Par cette expression, on doit entendre *une façon autre que celle à laquelle on s'attend de la part de quelqu'un;* un « samuraï » ne doit pas hésiter à trancher la tête à un manant qui s'est conduit envers lui *d'une façon autre que celle qu'il attendait.* »

Le souvenir de ce terrible article est resté encore vivant malgré l'abrogation. Eût-il cent fois raison, un homme du peuple, un portefaix par exemple, ne discute jamais avec un officier ; il se prosterne en disant qu'il a complétement tort, mais qu'il supplie l'autre, uniquement par générosité, de lui accorder la chose demandée, vu qu'il est chargé de famille. Malheur au brutal qui se laisserait aller à lever la main ; il aurait l'humiliation de s'entendre dire « merci » par un homme à genoux.

Si absolu qu'il soit en théorie, ce despotisme des privilégiés est tempéré par une grande douceur de manières au moins chez les nobles d'ancienne race. Traiter les inférieurs avec politesse et bonté est en tous lieux une des vertus aristocratiques dont le secret appartient rarement aux parvenus.

Ces deux enseignements d'une si haute portée sociale, l'obéissance du faible, la bienveillance des forts, prennent la première place dans l'éducation publique, et l'on sait que nulle part elle n'est plus répandue qu'au Japon; mais là comme ailleurs se retrouve la division infranchissable entre patriciens et plébéiens. Tandis que ces derniers ne recevaient qu'une instruction primaire, n'apprenaient que l'écriture courante et quelques préceptes de morale, les premiers seuls, outre les différents exercices du corps, pouvaient être initiés par les bonzes aux mystères de l'écriture chinoise et de la littérature sacrée et profane. Nul ne pouvait nourrir l'espoir de s'élever d'une caste à l'autre, fût-ce même par un mérite extraordinaire. Les médecins des bourgs qui faisaient partie du peuple ne pouvaient recevoir de terres à titre de récompenses, si merveilleuses que fussent leurs cures, « de peur, dit la loi, que, possesseurs d'un bien foncier, ils ne deviennent négligents dans leurs fonctions, » mais en réalité de peur d'entretenir chez eux et chez d'autres l'ambition déraisonnable de s'anoblir, — périlleuse profession d'ailleurs, dont le moindre inconvénient était de goûter tous les remèdes avant de les présenter à un daïmio. — Cette aristocratie veut se clore, se fermer : elle en subira un jour les conséquences.

§ III

LA CONSERVATION SOCIALE

On voit quelle organisation puissante et solide avait reçue la société japonaise. Dans ce mécanisme, tout a sa place marquée; chaque molécule sociale appartient à un groupe, qui lui-même se rattache à l'ensemble par des rapports nécessaires; tout se tient et s'enchaîne;

nul n'échappe à cette série d'engrenages. Le « ronin » — l'homme flottant —, celui qui a renoncé à son clan ou trahi son prince, n'a plus ni famille, ni patrie ; il devient un étranger, un ennemi public. L'individu se sent paralysé par une force supérieure, rivé à sa position humble ou élevée comme le zoophyte à son rocher. Il sent peser au-dessus de lui et se dresser de toutes parts autour de lui des nécessités invincibles ; tout l'avertit de ne pas se révolter contre une destinée qu'il ne peut refaire, ni changer. Nulle société n'est stable sans doute, si ces sentiments n'y sont admis et ces nécessités reconnues ; mais, tandis que l'homme de grande race les raisonne et les accepte, l'homme de race inférieure les subit aveuglément.

Cette étude resterait incomplète, si nous n'essayions d'indiquer quel esprit général cimentait tout l'édifice que nous avons décrit, quelles précautions étaient prises pour le consolider et en écarter les causes de ruine.

Quel législateur n'a fait ce rêve : assurer à son œuvre l'immutabilité ? L'Orient seul a donné de tels témoignages de piété à ses précepteurs. Yéyas revient à plusieurs reprises sur ce sujet.

« Alors, connaissant la loi, j'ai fait une innovation ; que cela ne se fasse plus à l'avenir ! »

et ailleurs :

« Il est défendu de changer un règlement vicieux, si, sans qu'on s'aperçoive du vice, il est demeuré en vigueur plus de cinquante ans »

Il ne se contente pas de platoniques conseils ; il se préoccupe d'écarter tous les dangers d'innovation. Le plus grand de tous eût été la présence des étrangers. Déjà sous le prédécesseur de Yéyas avaient commencé les persécutions contre le christianisme, provoquées par l'attitude même de ses adhérents. On n'ignore pas à quel massacre épouvantable elles aboutirent quelques années après lui. De toutes les religions, c'est la seule qui soit exclue par les *Cent-Lois* de la tolérance universelle; le principe de l'Église romaine qui place la souveraineté en dehors de l'État était en opposition trop flagrante avec les desseins du despote. Quant aux étrangers, — expulsés progressivement du Japon, — ils furent relégués dans le petit îlot de Désima, où la soif du gain retint quelques Hollandais au prix de mille vexations.

L'empire était désormais fermé. Défense fut faite aux indigènes de voyager à l'extérieur sans une autorisation, et la forme même des jonques fut réglée de manière à leur interdire les longs voyages. On retrouve encore comme une trace de ces prohibitions dans l'accueil soupçonneux que rencontrent parfois à leur retour ceux que le gouvernement envoie en Europe.

« Dans les rares occasions où l'on sera forcé d'entrer en relations avec les barbares, il faudra du moins se tenir sur une grande réserve et leur imposer par l'appareil militaire, la bonne tenue des troupes et l'apparence de la prospérité. »

Les innovations extérieures écartées, il s'agissait de prémunir contre le mouvement naturel des esprits l'immobilité des castes, — le palladium du système. Ici la loi n'avait rien à faire, les mœurs suffisaient : la réglementation minutieuse du législateur ne fait que donner une direction fixe à une tendance préexistante. Tout homme apportant en naissant ou recevant dès le berceau le sentiment qu'il est l'inférieur ou le supérieur de quelqu'un, la théorie des droits civils repose tout entière sur le code du cérémonial, l'étiquette constitue à elle seule le droit public. Conserver exactement la place qui lui appartient dans la hiérarchie est pour chacun le premier des devoirs et le plus sacré des droits. On se fait un point d'honneur de ne pas transgresser ces règles, qu'on rougirait d'ignorer ; celui-là même que la crainte du châtiment n'empêcherait pas de violer la loi est réduit par la peur du ridicule et du mépris à observer l'étiquette. Qui la méprise se condamne et se déshonore ; la pire des hontes est une grossièreté. Le chef-d'œuvre de l'esprit aristocratique dans l'extrême Orient, c'est, pour emprunter l'expression célèbre de Joseph de Maistre, d'avoir « encanaillé » la résistance. Contrainte de se modeler dans des formes immobiles, dans des dehors permanents, dans des phrases faites d'avance, la pensée finit à son tour par s'y cristalliser. L'imagination n'évoque plus rien en dehors de formes jugées immuables parce qu'elles n'ont jamais changé ; tous les mouvements prennent une régularité mécanique ; la société se meut sur place et la nation se fixe dans un moule où on la retrouve identique à plusieurs siècles de distance, comme ces anciennes cités qui sortent momifiées des laves d'un volcan.

Encore une fois, ce caractère bien tranché s'était manifesté chez les Japonais avant Yéyas ; il n'eut qu'à s'en servir. Le palais du shogun devint un séjour mystérieux et presque divin ; c'était profanation d'y faire entendre une querelle ou d'y manquer de respect même à un égal ; y tirer l'épée était un crime puni de mort et de la confiscation. On y avait marqué les divers endroits où chacun, suivant son rang, devait descendre de sa litière avant d'entrer. Nul, à l'exception des « hôtes d'honneur », ne pouvait franchir à cheval la dernière enceinte ; ce fut, il y a quelques années, une révolution quand le même droit fut donné aux ministres.

Les règles les plus minutieuses fixèrent les prérogatives dont jouissait chaque rang hiérarchique, le degré d'inflexion du salut, les salles de réception, les appellations, les postes désignés dans le château aux gardes d'honneur, le nombre des suivants dont on pouvait se faire escorter à la ville et en voyage, les préséances, les honneurs dus à chacun par le peuple, la question des rencontres de deux cortéges sur une même route, si fertile en sanglants épisodes, la nature et la quotité des présents à offrir au shogun, en un mot tous les détails de cette orgueilleuse domesticité contre laquelle les aristocraties déchues échangent volontiers leur indépendance.

Ainsi se transforma en instrument de gouvernement et en moyen de conservation cette politesse extérieure et formaliste qui dut sans doute son origine à une réaction contre la brutalité des mœurs primitives. Une ancienne loi du prince de Satzuma permettait à quiconque avait été insulté de tuer l'insulteur, mais à la condition de s'ouvrir le ventre immédiatement.

Comme il y a deux nations superposées l'une à l'autre, la noblesse et le peuple, il y a aussi deux codes de morale et deux codes criminels, celui du « samuraï » et celui du vilain. Le premier enseigne le point d'honneur, la fidélité en tout temps au seigneur, les devoirs qu'entraîne le port du sabre, le mépris de la mort, la compassion pour les faibles. Il ne frappe le délinquant d'aucune peine, mais il le déclare déshonoré s'il a failli, et ce déshonneur ne peut être couvert que par le « harakiri ». Aussi tout homme d'épée doit-il apprendre de bonne heure le cérémonial de cette opération, savoir composer son attitude, s'il y joue le rôle principal, connaître les devoirs d'un bon coadjuteur, pouvoir notamment faire sauter la tête d'un ami pour lui épargner la souffrance quand il s'est donné le coup mortel. Si le « samuraï » se rend coupable de quelque délit de droit commun, vol, adultère, il est dégradé, c'est-à-dire qu'il perd la prérogative de s'ouvrir le ventre, qu'il meurt supplicié et que sa pension est alors confisquée à ses héritiers. Le suicide judiciaire était en honneur comme à Rome sous les Césars, c'était un acte de courage qui dispensait le juge de prononcer un jugement et qui mettait la mémoire à l'abri de la honte.

Quant au roturier, on n'exige de lui que probité et subordination; mais, comme le point d'honneur n'existe pas pour lui, c'est par la sévérité excessive des châtiments qu'il sera contenu. Ce qui caractérise la législation pénale, c'est l'arbitraire et l'inégalité des peines suivant les castes; le droit pénal se résume à peu près ainsi : punissez tout ce qui vous semblera mauvais, autant qu'il vous paraîtra nécessaire.

On a vu quelle justice sommaire pouvaient se faire à eux-mêmes les samuraï : l'exécution des sentences récemment encore était instantanée; au sortir du tribunal, le condamné était décapité. Huit palefreniers d'Owari en ayant maltraité un du prince Midzuno-kami, celui-ci demanda justice, et séance tenante, devant lui, on trancha la tête des huit coupables. La procédure repose sur l'emploi de la torture; ainsi l'exige la coutume d'après laquelle nul ne peut être exécuté s'il n'a signé lui-même sa sentence.

Où la liberté n'existe pas, la conscience humaine ne peut arriver à son complet développement; la pure lumière intérieure de l'âme est éclipsée par le flambeau vacillant des lois conventionnelles, comme la lampe solitaire du penseur par les clartés douteuses d'une aube d'hiver. Qui tremble sans cesse ne réfléchit jamais, et c'est à la rigueur des pénalités de suppléer alors à la droiture des esprits : on sait quelle fut la sévérité des lois japonaises et la cruauté des supplices. L'exemple de la Chine introduisit au Japon des châtiments barbares qui contrastent avec la douceur des mœurs. Le vol au-dessus de 10 « rio » (50 francs) était puni de mort; la décollation par le sabre, l'étranglement, la mise en croix, le transpercement par la lance, n'étaient pas les seuls modes d'exécution.

Il y a soixante ans, un valet qui avait assassiné son maître après avoir séduit sa fille fut exposé pendant trois jours à Riôgoku-Bashi, l'un des ponts les plus fréquentés de Yédo, et chaque passant devait lui donner un coup de scie. Il y a huit ans, une courtisane incendiaire fut brûlée à petit feu. En 1868, une mère infanticide fut précipitée au fond d'une vasque d'eau bouillante.

Encore mieux que le choix des peines, la qualification des crimes révèle la pensée politique que nous avons retrouvée partout : consolider le pouvoir. C'est ainsi que le silence gardé par celui qui avait connaissance d'un crime était puni comme le crime même, dût-on livrer un frère ou un père, car le souverain est le père suprême que l'on trahit par la non-révélation. C'est ainsi que la moindre atteinte aux propriétés du shogun était punie comme un parricide.

Il y avait jadis peine de mort contre quiconque tuait un des canards sauvages qui viennent chaque hiver s'abattre en foule sur les larges canaux du Siro. Un enfant, en jetant une pierre, eut le malheur d'en tuer un. Saisi par la police, il est amené devant le juge avec ses parents éplorés; on n'oublie pas d'apporter le corps du délit. Le juge, après l'avoir attentivement considéré, leur dit :

— La loi est formelle; si l'enfant a tué l'oiseau, je dois le condamner à mort; mais, si l'animal est sauf, votre fils est innocent : or ce canard n'est peut-être qu'étourdi par le coup; et, pour moi, j'ai idée qu'il en reviendra. Emportez-le chez vous, soignez-le bien, et, si demain il est guéri, rapportez-le-moi; je mettrai alors l'enfant en liberté.

Voilà le père plus désolé que jamais, il gémit et se

désespère en palpant ce volatile déjà raidi par la mort ; mais la mère, avertie par son instinct, a lu dans la pensée du juge. Elle court acheter dans une volière un beau canard mandarin et le rapporte triomphante au juge, qui lui dit en souriant malgré lui :

— Je vous l'avais bien dit qu'il en reviendrait.

On voit par là quel rôle tout-puissant s'attribuait le juge, et quel arbitraire parfois bienfaisant régnait dans l'application de la loi.

Le « sin-ritz-ko-rio » ou loi pénale réformée, quoique de rédaction moderne, est empreint du même esprit de rigueur et d'inégalité. On y peut suivre la transformation actuelle de la société japonaise. Tandis qu'autrefois pour le même fait le noble était puni d' « heimon » — arrêts forcés —, et le roturier emprisonné ou battu, aujourd'hui les peines corporelles peuvent être évitées par l'un et l'autre en payant une amende ou plutôt une composition tarifiée : voici l'aristocratie d'argent qui paraît à la place de l'aristocratie de naissance. L'article 52 des *Cent-Lois* avait maintenu le droit de vengeance personnelle, et l'avait seulement astreint à une déclaration préalable ; le nouveau gouvernement veut détruire l'esprit de clan et punit la *vendetta*, la centralisation s'essaye à renverser l'indépendance locale ; mais, avant d'arriver à la récente période législative, il nous reste à examiner les conditions d'existence de cette oligarchie.

Tout système hiérarchique, pour être complet, doit se refléter dans les choses ; c'est sur le sol même qu'il doit avoir ses premières assises. A des classes de personnes correspondent nécessairement des classes de terre ou des titres divers de possession ; l'échelle des domaines représente celle des castes. Au mikado revenait le domaine éminent sur tout le territoire de l'empire ; en acceptant sa suzeraineté théorique et en lui demandant l'investiture, le shogun s'interdisait de porter la main sur ses droits; mais il s'en réservait l'exercice et disposait en fait des terres à son gré.

L'État jouissait, en vertu de son domaine éminent, du droit de chasse et de l'exploitation des mines. « L'or, dit un auteur japonais, est comme les ossements du corps humain qui ne se renouvellent pas, tandis que le sang et les chairs se renouvellent, de sorte qu'exploiter les mines, c'est épuiser et par suite appauvrir le pays. » Étrange économie politique, encore mal désapprise!

Les daïmios n'étaient légalement investis que de l'administration et de la jouissance à perpétuité de leurs provinces; ils se considéraient néanmoins par un long usage comme nantis de la propriété et capables de la transmettre à leurs « bayshin, » ou vavassaux. Ces derniers n'étaient en réalité que des usufruitiers perpétuels, incapables d'aliéner directement, et, à défaut de descendants, l'usufruit retournait au seigneur.

Quant aux paysans, ils n'étaient que des fermiers détenant la terre en vertu d'une emphytéose à perpétuité, à charge d'une redevance annuelle dont le chiffre variait suivant les lieux. Les femmes, n'étant aptes ni à cultiver, ni à porter les armes, ne pouvaient posséder ni à titre de métairie, ni à titre de seigneurie féodale; les étrangers ne pouvaient devenir propriétaires du sol d'aucune façon. Il en est encore ainsi aujourd'hui, et l'une des mesures les plus graves qui s'imposent au gouvernement est d'asseoir du même coup sur de nouvelles bases et la propriété et l'impôt.

La hiérarchie a pris possession du sol, comment va-t-elle l'administrer? Il faudrait, pour répondre à cette question, passer en revue toute la série des règlements et des usages administratifs sous le fardeau desquels gémissait le Japon, dénombrer cette armée de fonctionnaires grands et petits, chargés de transmettre l'action du gouvernement, récapituler tous les services qu'ils rendaient au pays et tous les abus qu'ils commettaient à son détriment. Nulle part, sauf en Chine, le fonctionnarisme ne s'est plus librement épanoui : mais, laissant de côté mille règles de détails relatives à la voirie, à l'agriculture, à la garde des frontières stratégiques de Yédo, au prix des transports, aux deuils, aux bateleurs en plein vent et nécromanciens, aux plaisirs permis, tolérés ou défendus, à l'ordre public extérieur, nous nous bornerons à quelques indications sur la police générale.

On ne saurait imaginer la patience et la sagacité déployées par les Japonais dans cette branche de l'administration, bien plus considérable chez eux que partout ailleurs. C'est à peine si le mot de police est assez compréhensif pour embrasser les divers services qui assurent l'exécution des règlements innombrables sur la voirie, les transports, les tarifs des prix, les prérogatives des voyageurs suivant leur classe et leur qualité, la tenue des maisons, le personnel des auberges, les registres d'inscription des voyageurs, les mesures à prendre en cas d'incendie, la surveillance des marchés, la vérification des poids et mesures, la proscription du christianisme, la mendicité et le vagabondage.

A chaque pas, depuis sa naissance jusqu'à sa mort, l'individu trouve devant lui un fonctionnaire chargé de lui dicter ses actions, de le mener par la main, de le contrôler et de le punir. Tout nouveau-né est inscrit sur un registre tenu dans chaque village, dans lequel est ouvert un feuillet à chaque nouvel habitant, comme un commerçant ouvre un compte à un client; c'est le « ninbetseu » à la fois livre de l'état civil et sommier de police. Là sont relatés tous les incidents de la vie, le nom qu'on donne à l'enfant le trentième jour après sa naissance, si c'est une fille, le trente et unième jour, si c'est un garçon, la secte à laquelle il appartient, l'adoption dont il est l'objet, la profession qu'il embrasse, les délits dont il se rend coupable, les voyages qu'il fait, le mariage, le moment où il devient chef de famille, les noms et le nombre de ses enfants, le divorce, la retraite, le genre de mort ; le feuillet n'est clos que lorsque les prêtres ont adressé au « nanushi » — premier magistrat — un certificat de sépulture.

En dehors de cette action officielle, la police en avait une occulte, encore plus puisssante; l'article 90 des *Cent-Lois* disait :

« Dans les cas d'enquête, si la puissance publique est convenablement dirigée, il n'est rien, entre le ciel et la terre, dans les demeures même des « barbares » répandues aux quatre coins du globe, sous les racines du gazon ou sous la surface terrestre, qui puisse échapper à ses recherches. La seule chose difficile à découvrir est le fil insaisissable du cœur humain. Yoritomo adopta à cet égard un plan ingénieux dû à Sotokotoku, de la dynastie de Daïto (Chine) ; il voulut obtenir comme un reflet des cœurs en suspendant de l'or et des promesses de récompenses aux écriteaux répandus dans les carrefours des capitales. Cette coutume existe encore, mais il est à craindre que l'on ne trouve pas chez les « samuraï » de dispositions conformes à son esprit. »

Cet encouragement à la délation pouvait en effet ne pas suffire, et une classe d'espions, « o metské », y suppléa. Ils occupaient diverses fonctions nominales, se présentaient comme domestiques chez les personnages dangereux, chez les daïmios qu'on voulait surveiller, dans les maisons de thé qui servaient souvent de lieu de rendez-vous aux conspirateurs, plus tard chez les Européens dont on voulut connaître la conduite, écrivaient tout ce qu'ils voyaient ou entendaient, et parfois *filaient* un criminel ou un suspect pendant des semaines avant de le dénoncer.

Chaque daïmio avait à son tour sa police secrète,

et l'on pouvait dire que, de trois Japonais qui se trouvaient ensemble, il y en avait au moins deux qui faisaient le métier d'espions. L'histoire du shogunat est celle de vingt complots toujours découverts ; mais, si l'espionnage est une tentation inévitable du despotisme, il n'y a pas de plus sûr moyen d'abâtardissement pour une aristocratie. L'homme le plus courageux se replie et se courbe sous cette puissance occulte qui échappe à toute résistance : la nation politique y perd son ressort et sa virilité ; la chute de l'ancien régime japonais en est un exemple dont le nouveau fera bien de profiter.

Telle est, dans ses traits généraux, cette organisation sociale que le passé a léguée au présent. Formée d'éléments divers et hostiles que l'habileté d'un grand homme avait su mettre en harmonie, maintenue par un heureux concours des lois avec les mœurs, elle a prouvé par un silence de près de trois siècles dans son histoire quelle était sa stabilité. Toute personne, toute chose avait sa place nécessaire, sa sphère déterminée, son action limitée, ses devoirs tracés d'avance, ses règles infranchissables. Mais cet organisme, si admirablement disposé pour fonctionner sur place, était incapable de mouvement et de progrès, il devait se fausser au premier effort ; cet édifice si solide était exposé, comme tout ce qui ne se renouvelle pas, aux lois du temps et de la vétusté ; le jour où une cause extérieure vint l'ébranler, il devait chanceler et s'effondrer au premier choc.

§ IV

LA FAMILLE ET LA CORPORATION

Les années 1867-1870 seront marquées dans l'histoire du Japon par deux péripéties importantes que l'on confond souvent. Le Mikado, après avoir renversé le Shogun, a repris l'exercice direct du pouvoir, et du même coup le gouvernement central a déposé l'aristocratie indépendante et repris l'administration du pays. Le descendant de Yéyas n'a pas même essayé de conserver un commandement déserté par la noblesse qui devait le soutenir ; celle-ci s'est résignée sans trop de murmures à résilier une autorité qu'elle ne savait plus exercer. Quelques résistances locales, quelques batailles gagnées d'avance, ont donné au coup d'État la consécration de la victoire et le facile prestige de la clémence. Une nouvelle puissance s'est substituée à l'ancienne ; une révolution qui semblait de nature à bouleverser l'État de fond en comble s'est accomplie sans tumulte, et de cette savante constitution que nous avons étudiée il n'est plus resté que des ruines.

Quelles circonstances ont amené la catastrophe ? Pourquoi cette féodalité, qui semblait si solidement liée au sol, en a-t-elle été détachée soudainement et sans bruit, comme ces îlots de verdure que les grands fleuves d'Amérique rongent en silence et emportent sourdement en une nuit ? Sa disparition d'ailleurs est-elle complète, n'en subsiste-t-il pas des débris ? Que peut-on faire encore de ces éléments épars, et quelle est la tâche de l'avenir ? Ce sont là des questions auxquelles nous essaierons de répondre. Et d'abord quelles sont les institutions du moyen âge japonais qui ont survécu au désastre ? C'est dans le droit privé que nous allons les rencontrer.

Les perturbations politiques, si complètes qu'elles soient, ne changent pas en un jour l'esprit d'une nation ni l'état de ses mœurs. Au-dessous des formes variables de gouvernement, il subsiste un élément immobile, comparable à ces couches profondes de l'Océan, que ne troublent pas les agitations de la surface. Le Japon n'a pu se soustraire à cette loi générale, et au régime disparu survit la société civile qui le portait et lui servait de substratum ; il ne dépend pas du régime nouveau de la transformer à son tour d'un coup de baguette, car c'est une œuvre qui réclame avant tout le secours du temps. La constitution de la famille, de la propriété, de la corporation, de la commune, reste sensiblement la même, et c'est poursuivre une entreprise chimérique que de vouloir la renouveler sans tenir compte des coutumes établies, des sentiments régnants, des préjugés séculaires. Le législateur ne doit jamais toucher que d'une main timide à ces lois civiles où une nation dépose ses aspirations et ses croyances. Dans cette matière, en effet, toute réforme est fatale qui n'est point accompagnée d'un changement parallèle dans la direction des esprits.

Ce que César dit des Gaulois, *le peuple est presque regardé comme esclave*, résume les droits politiques de la nation japonaise. Les nobles y sont nés pour gouverner, les autres pour obéir ; il y a des fonctionnaires et des administrés ; il ne faut y chercher ni citoyens, ni liberté individuelle, ni égalité civile. L'homme du peuple ne peut ni porter des armes, ni monter à cheval, ni se faire porter en « kango », ni s'habiller d'une certaine façon, ni se marier ou disposer de ses biens de la même manière que les privilégiés. Ne l'interrogez pas sur ses droits civils, il n'en a pas, ou n'en a que pa une tolérance qui peut cesser sans qu'il s'en étonne. Les coutumes, qui varient d'une province à l'autre, assez précises sur les droits civils du « samuraï », sont muettes sur ceux du roturier. Voilà pour l'égalité civile.

Quant à la liberté individuelle, si les anciennes prohibitions de voyager d'une province à l'autre, de sortir de l'empire, d'entretenir des relations avec les étrangers, d'embrasser et de pratiquer la religion chrétienne, sont tombées, elles peuvent renaître au gré du pouvoir. Un décret changera la forme des chapeaux ou ordonnera l'adoption d'une nouvelle coiffure sans exciter l'hilarité, ni l'indignation. Les hommes ne se sentent pas plus libres dans l'État que l'enfant sous l'autorité paternelle. La monarchie absolue a rempli l'esprit public de son image et formé les institutions privées sur le modèle du gouvernement.

Ce rapport intime se manifeste avant tout dans la famille. Sous la double influence du despotisme et de la féodalité, le droit domestique a concentré toute l'autorité dans une seule personne, le chef de la communauté. Comme tous les peuples orientaux, le Japon n'a donné à la femme qu'une place secondaire dans la vie sociale. Nubile à douze ou treize ans, elle n'est qu'une enfant à l'âge où elle peut déjà charmer, et la raison ne lui vient qu'au moment où elle atteint une précoce décadence. La femme n'est dans les premiers temps que la fille aînée de son mari, dans la suite qu'une ménagère soumise; la maternité seule lui donne quelque considération. « La femme, dit Confucius, doit obéir à son père quand elle est jeune, à son époux quand elle est mariée, à son fils aîné quand elle devient veuve. »

Le mariage est un contrat purement civil, où la religion n'intervient pas. Il est généralement précédé des fiançailles, tantôt simples, si les parties n'échangent qu'une promesse de vive voix, tantôt solennelles, si elles s'engagent par écrit et par l'accomplissement de certains rites. Souvent, sans même consulter leurs enfants, et alors qu'ils sont en bas âge, les parents les fiancent avec une famille dont ils briguent l'alliance, et les enfants ne peuvent briser le contrat, à moins que le fiancé ne trouve un bon parti à offrir à la future qu'il repousse ; sinon, il peut être contraint par les magistrats d'accomplir la promesse faite en son nom.

Les fiançailles solennelles constituent entre les futurs époux un lien aussi indissoluble que le mariage. Ils doivent en cas de mort porter le deuil l'un de l'autre, et autrefois la jeune fille qui avait eu le malheur de perdre son fiancé était regardée comme veuve, devait se noircir les dents, se raser les sourcils et renoncer au mariage. On reste ainsi fiancé pendant des années entières, souvent sans se voir et quelquefois sans se connaître. Ces longues attentes semblent surtout avoir pour but d'assurer des maris aux filles, qui sont en plus grand nombre que les hommes dans la population, de tenir une femme toute prête pour les jeunes gens le jour où le désordre de leur conduite avertirait le père qu'il est temps de les mettre en ménage, et enfin de faciliter entre les familles la perpétuation du même sang.

Les conditions d'âge sont assez variables ; toutefois on ne marie guère les filles avant douze ans, ni les hommes avant quinze. Ils doivent à tout âge obtenir le consentement de leurs parents et même de leurs proches. Mais comme un garçon, encore moins une fille, n'oserait jamais parler de mariage à ses parents, si l'un ou l'autre se sent une inclination qu'il désire consacrer, il demande à un tiers d'en faire part à son père et à sa mère.

L'autorisation du maire est nécessaire pour les gens du peuple, celle du daïmio et aujourd'hui du gouverneur pour les « samuraï », celle du Shogun, aujourd'hui du mikado pour les princes.

La célébration des noces est de deux sortes. La première, plus compliquée et plus relevée, s'applique aux nobles, et rappelle la *confarreatio* des Romains; elle exige la présence d'un personnage sans lequel un mariage ne se fait guère, mais qui a ici un caractère officiel : c'est l'entremetteur. L'entremetteur choisit quelquefois pour les époux ; il transmet entre les parties les renseignements sur la fortune et les autres questions préalables ; il est en quelque sorte garant de la bonne harmonie. Si des discussions éclatent entre les époux mariés sous ses auspices, il sert de négociateur et d'arbitre ; si les circonstances rendent une rupture nécessaire, c'est à lui qu'il appartient d'expédier la séparation.

Le jour de la cérémonie nuptiale venu, la fiancée se rend, vêtue et voilée de blanc, au domicile de son futur époux, qui la reçoit à la porte de sa maison. On prend place, l'entremetteur entre les fiancés; trois coupes sont placées devant lui : il passe la première remplie de saki à la jeune fille, qui y trempe ses lèvres et la remet à son fiancé, celui-ci la vide et la remet à l'entremetteur ; une seconde coupe fait le tour en sens inverse; elle circule jusqu'à ce que chacun l'ait offerte et reçue trois fois — « san-san-ku-do », — 3 fois 3 font 9. Par cette cérémonie, l'union est accomplie. La nouvelle épousée rejette alors son voile ; on va retrouver les parents et prendre place à un festin au milieu des chansons qui célèbrent le bonheur, la longue vie et la nombreuse postérité des jeunes mariés.

Telle est la solennité essentielle; accessoirement les époux échangent divers cadeaux, entre autres la jeune fille apporte deux seaux de bois où l'on mettra sa tête et celle de son complice, si jamais elle devient adultère. Elle en explique l'aimable usage en les offrant. La femme conserve avec elle chez son mari une vieille servante « obasan », chargée de faire aux parents le rapport circonstancié des faits et gestes du nouveau ménage. Chez les gens du peuple, la cérémonie se borne à un repas que les parents et les époux font en commun, après quoi il est entendu qu'ils vivront comme mari et femme. Rien n'est plus frappant que cette absence de formalités en pareille matière chez un peuple si formaliste. Il en est de même dans tous les actes de la vie civile.

La femme aussitôt mariée sort de sa famille naturelle pour tomber, comme chez les Romains, sous la puissance du mari, ou, si celui-ci n'est pas encore chef de famille, sous la main du père ou de l'aïeul de son mari. Elle est comptée au nombre des enfants et doit en conséquence à ses beaux-parents les mêmes égards qu'une fille; elle est même tenue, après la mort du mari, à leur fournir des aliments en cas de besoin.

Le mari a un pouvoir absolu sur sa femme, elle ne doit se mêler en rien des affaires du dehors.

« C'est une règle juste et reconnue dans le monde entier, dit Yéyas, qu'un fidèle mari s'occupe des choses du dehors, tandis qu'une fidèle épouse prend soin de son ménage. Lorsqu'une femme s'occupe du dehors, son mari abandonne ses devoirs, et c'est un présage de la ruine de la maison. Il ne faut pas que la poule s'habitue à chanter à l'aube, c'est un fléau dont tout « samuraï » doit se garder. »

L'époux dispose de tous les biens qu'apporte sa femme, — elle ne possède rien, — il peut la vendre elle-même en cas de pressant besoin ; mais il faut s'empresser d'ajouter qu'il use rarement de ce pouvoir excessif. Il peut aussi la répudier pour des causes assez multiples : en cas de stérilité, — en cas de jalousie exagérée de la part de celle-ci, — dans le cas où elle parlerait « comme un perroquet » et troublerait ainsi la paix du ménage, — en cas d'irrévérence envers les parents du mari, — en cas d'incapacité dans la direction de la maison et des enfants. On s'explique difficilement après cette énumération qu'il se soit trouvé deux Européennes pour profiter de la nouvelle loi, qui permet les mariages internationaux ; ajoutons qu'aucune n'est Française. De son côté, la femme peut demander le divorce en cas de prodigalité du mari ou par consentement mutuel.

L'adultère du mari n'est puni que chez les « samuraï », et de peines simplement disciplinaires — arrêts forcés — ; quant à celui de la femme, il donne au mari non-seulement le droit de la chasser, mais celui de la tuer avec son complice ; s'il tue l'un sans l'autre, il est considéré et puni comme meurtrier. La femme divorcée ne peut emmener ses enfants, si elle en a eu — mais le divorce est rare dans ce cas — ; elle quitte la famille du mari, rentre dans sa famille naturelle et peut se remarier, si elle en trouve l'occasion, ce qui n'est pas fréquent.

L'association conjugale, qui, sous l'influence du christianisme, a pris dans les sociétés de l'Occident une si haute importance sociale, n'en a ici, comme on le voit, qu'une très-restreinte. Les mœurs exigent tout de la femme, rien du mari ; elles créent pour l'une un lien que la mort peut à peine dissoudre, pour l'autre une société où il ne restera engagé qu'autant qu'il lui plaira. Comme le gouvernement despotique ne réclame ni forte éducation dès l'enfance, ni éducatrices, la femme ne sera qu'un docile instrument de propagation de l'espèce et une servante obéissante.

S'ils n'ont pas adopté la polygamie, les Japonais appliquent une institution qui s'en rapproche beaucoup. Le mari peut introduire dans la maison, sous le titre de servantes, une ou plusieurs « mékaké », suivant son rang. Les *Cent-Lois* en accordent huit aux daïmios, cinq aux grands-officiers, deux au simple « samuraï, » aucune au vilain : mais elles sont loin d'encourager cette pratique, qui du reste ne réclame pas d'encouragement, car elle s'est conservée très-exactement jusqu'à nos jours. La « mékaké » n'est en théorie qu'une domestique, et, pour sauver l'amour-propre de la femme légitime, c'est celle-ci qui est censée en faire don à son époux.

Les enfants issus de la « mékaké » ne sont aptes à succéder au père qu'à défaut d'enfants issus de l'épouse, et, par une loi contre nature, tandis que leur mère naturelle reste pour eux une domestique, c'est la femme de leur père, leur marâtre, que les enfants doivent considérer et traiter comme une mère. Si celle-ci les accepte et si le père les adopte, ils prennent le pas, en qualité d'aînés, même sur les fils légitimes qui naîtraient après eux. La femme du peuple est donc sous ce rapport mieux traitée que la femme noble : elle ne partage pas avec une autre l'autorité domestique, et, comme elle sait en même temps se rendre plus utile, elle jouit d'une certaine considération qui paraîtrait probablement suffisante au bonhomme Chrysale.

Le véritable centre de gravité de la famille, ce n'est pas le ménage, c'est le père de famille.

« Chaque sujet, disent les *Cent-Lois*, doit être prêt à épuiser pour l'empereur ses forces, son intelligence et ses biens, chaque enfant pour ses parents, chaque élève pour son maître, car à l'empereur il doit sa nourriture, à ses parents il doit l'existence, à son maître il doit l'instruction, et la vie n'est pas possible sans ces trois bienfaits. »

Fondée sur ce principe, la puissance paternelle est illimitée. De tous les crimes, le plus grave, c'est de manquer au devoir filial, et, pour l'honneur du Japon, on peut ajouter le plus rare. Le père peut vendre ses filles, si elles ne s'y refusent pas, et ce dévoûment est cité dans les histoires populaires comme un beau trait de vertu filiale [1]. La fille qui cède à un séducteur *sans le consente-*

---

[1] Un récent décret le rend impossible aujourd'hui.

ment de ses parents est punie de soixante coups de fouet, non pour avoir violé les lois de la pudeur, mais parce qu'elle leur a dérobé ainsi un bien dont eux seuls pouvaient disposer. Le père a aussi le droit de vie et de mort sur ses enfants, et l'on cite plus d'un exemple d'exécutions faites ou ordonnées par d'autres Brutus.

Il n'y a pas de distinction entre les enfants légitimes et ceux de la « mékaké » reconnus par le père, mais il en existe une entre les aînés et les cadets, les garçons et les filles. Le père peut déshériter son fils aîné, et c'est bien une exhérédation, car, à défaut de volonté contraire exprimée, c'est toujours celui-ci qui hérite de plein droit. Quant au droit de masculinité, il ne fléchit jamais, les filles ne pouvant hériter ni être propriétaires de quoi que ce soit. Celui à qui le ciel a refusé des enfants mâles s'empresse d'adopter un gendre qui entre dans la famille, devient un agnat et un héritier désigné. Légitime ou adoptif, l'héritier ne peut renoncer à la succession, il doit en acquitter toutes les obligations, si lourdes qu'elles puissent être. Le droit d'aînesse emporte, lui aussi, ses obligations. Si l'aîné a le pouvoir sur tout le reste de la famille, même le droit de vie et de mort sur ses frères cadets dans certaines provinces, en revanche il est tenu de remplir envers eux les devoirs d'un père, de les nourrir et de les élever ; la propriété des biens n'est, pour ainsi parler, qu'une gestion momentanément confiée à ses mains, car les cadets s'empressent de se donner en adoption ou de se marier dans des familles sans garçons et changent ainsi de maison.

La famille japonaise est donc, comme la famille romaine, un petit État muni de tous ses organes ; elle a un chef absolu qui la représente et qui la conduit, des sujets, un peuple de serviteurs attachés à elle et qui ne la quittent pas, une propriété commune, un conseil délibératif formé des agnats les plus âgés, sans limite de nombre ni d'âge. Elle a enfin son tribunal domestique. C'est devant ce tribunal que se règlent les difficultés sur les successions, s'il en peut surgir ; c'est devant ce tribunal que le père peut prononcer la peine de mort contre son fils en cas de désobéissance, il n'a plus ensuite qu'à en informer l'officier. C'est là qu'est dénoncée l'épouse qui a encouru la répudiation, et qu'est traînée la femme adultère. Celle-ci peut même être condamnée, en l'absence de son mari, à s'éloigner immédiatement de la maison qu'elle déshonore.

Une grande solidarité s'établit ainsi entre des personnes réunies pendant longtemps sous un joug si étroit ; elles ne séparent pas leur honneur et leur fortune de ceux du groupe où elles sont nées. Un adage dit : « La fortune du père est celle du fils, et les biens de celui-ci sont ceux de celui-là. » Sous l'empire de nos lois démocratiques, nous ne voyons guère dans la famille qu'un centre d'affections et d'intimité : sous le rapport des intérêts, le code lui-même crée l'antagonisme entre les parents les plus proches ; ici au contraire l'individu disparaît et s'oublie volontiers pour ne songer qu'à la prospérité de ce groupe auquel tout le rattache, par lequel seul il existe, et qui représente à la fois pour lui le foyer, l'autorité, la possession et la patrie.

Mais ce petit État ne peut vivre sans son chef. Despotique par essence, il lui faut une tête pour assurer son existence légale. Qu'adviendrait-il, si le chef mourait sans descendant ? La dispersion du bien commun, la rupture du lien qui réunit tous les membres ; pis encore, le gouvernement reprendrait la pension du « samuraï », le prince reprendrait le droit de culture concédé au cultivateur ; enfin, chose plus grave encore qu'elle ne l'était à Rome, il ne resterait plus personne pour faire aux ancêtres, à certains jours consacrés, les libations qui doivent apaiser leurs mânes. De là cette idée enracinée au cœur de la nation, que le nom d'une famille ne peut pas périr, qu'un chef de famille ne peut pas mourir sans un continuateur. L'adoption sous ses nombreuses formes est destinée à assurer cette perpétuité; c'est l'institution entre vifs d'un héritier *nécessaire*, moyen plus sûr encore que la substitution romaine.

Pratiquée dès les temps les plus anciens, faiblement encouragée par Yéyas, défendue, puis rétablie sous ses successeurs, l'adoption est très-répandue au Japon, où elle n'a rien du caractère de bienfaisance que nous lui prêtons d'ordinaire. Elle est commandée, non par l'intérêt de l'adopté, mais par celui de la famille adoptante, et remplace plusieurs institutions du droit civil — testament, donation, succession, contrat de mariage —. On en distingue plusieurs espèces.

Dans ses effets, l'adoption japonaise est une imitation parfaite de la nature. L'enfant adoptif entre dans la nouvelle famille et y contracte des liens de parenté rigoureusement semblables à des liens naturels, de sorte qu'il a deux pères, deux mères, etc... Il quitte, il est vrai, sa famille originaire au point de vue du droit civil et tombe sous la puissance de son nouveau père, mais tout en restant soumis à toutes les obligations filiales envers l'ancien. Il prend le nom du père adoptif, son rang, son titre, ses armes et l'hérédité présomptive; il a besoin, pour se marier, du consentement de ses deux familles à la fois, et doit nourrir l'une et l'autre aussitôt que, devenu chef, il a la disposition des biens. Lorsque par le décès du père adoptif le fils recueille l'héritage, il se fait un revirement dans les rapports de parenté. Jusque-là il avait porté le deuil de ses parents adoptifs moitié moins longtemps que celui de ses parents naturels; à partir de ce moment, c'est l'inverse qui a lieu.

Si exorbitante que soit la puissance du père adoptif, il ne peut cependant pas prostituer la fille qu'il a adoptée ; cette spéculation, dont il y a malheureusement des exemples, l'expose à un châtiment sévère, à la volonté du juge.

On voit qu'il résulte de l'adoption plus de charges que d'avantages pour celui qui en est l'objet. Il est entretenu, il est vrai, pendant sa jeunesse, mais, si le père vient à prendre sa retraite, le fils est alors forcé de le nourrir et de veiller à la subsistance de toute la famille, il est en outre exposé à la mauvaise humeur d'une belle-mère, à la jalousie de frères puînés, à l'arbitraire d'un maître qui ne peut voir dans cet héritier qu'une faible image de la nature, enfin à toutes sortes d'onéreuses corvées. Aussi est-ce un dicton populaire que, si vous avez trois « go » de riz, il faut vous garder de l'adoption.

Mais la toute-puissance ne suffit pas au chef de famille ; il lui faut encore l'autorité personnelle, l'énergie de l'âge mûr, la vigueur de la santé, la faveur du prince chez les grands, la bienveillance du voisinage chez les petits. L'incapacité ou l'opprobre du chef retomberait sur ceux qu'il dirige ; il faut donc que ce petit monarque puisse abdiquer à propos. C'est à ce besoin que répond une institution curieuse et tout à fait particulière, que nous avons appelée jusqu'ici la retraite volontaire, et qu'il faut étudier maintenant sous son vrai nom « d'in-kyo » — *in* cacher, *kyo* demeure —. Le mot désigne à la fois la retraite et la personne qui la prend. L' « in-kyo » peut être volontaire ou forcé et s'appliquer tout à la fois aux fonctions publiques et aux devoirs domestiques ou à l'un des deux seulement. Volontaire, il doit être, en ce qui concerne les fonctions, demandé au seigneur tantôt à soixante-dix ans, tantôt à cinquante, suivant les coutumes ; mais les infirmités, la maladie réelle ou prétextée, peuvent avancer cette limite.

Cette retraite peut être requise par la famille quand

elle voit l'un de ses membres frappé d'imbécillité, de démence ou de prodigalité ; elle le contraint alors, quel que soit son âge, fût-il même très-jeune, à prendre sa retraite, s'il est chef de famille. L' « in-kyo » forcé a lieu en cas de condamnation judiciaire, c'est notre interdiction légale. Sans même qu'il intervienne une condamnation, si les magistrats de la ville jugent à propos, par mesure de sûreté, de confiner chez lui un prodigue, un homme mal famé, un halluciné ou un contribuable récalcitrant, il est frappé de « tikkio-in-kyo », interdiction de sortir de sa demeure. En cas d' « in-kyo » forcé, l'incapacité domestique est complète. Quel que soit le caractère de la retraite, elle repose sur une condition essentielle : la désignation d'un successeur.

L'ancien chef de famille ne devient pas incapable juridiquement, et, si la puissance paternelle lui échappe, son influence morale ne diminue pas. Une déférence sans bornes, des soins et des attentions de toute sorte, font de cette retraite une situation honorable que tout père de famille envisage avec joie pour ses vieux jours. En offrant à la vieillesse un refuge entouré de vénération, l' « in-kyo » maintient à la fois l'administration dans des mains capables et le prestige de l'autorité dans celui qui ne l'exerce plus ; il comble une lacune qu'un éminent jurisconsulte contemporain a signalée en termes éloquents dans nos lois.

Telle est la solidarité du groupe familial, que la loi jadis poursuivait tous les membres pour le crime d'un seul, qu'il fût le chef ou en puissance. Ce que la loi ne fait plus, l'opinion publique n'a pas cessé de le faire. De là une institution qui servait à maintenir l'unité de la famille en éloignant d'elle tous les éléments rebelles : c'est le « kando », détachement ou expulsion d'un membre dont l'inconduite pourrait entraîner la responsabilité civile ou morale des siens.

Le « kando » ne peut avoir lieu que dans le cas de prodigalité, vol, violence, adultère, et seulement contre un fils majeur de quinze ans. Il faut que le père et la mère soient d'accord pour le demander au magistrat local, qui l'ordonne, si le motif est justifié. L'enfant ainsi frappé sort de la famille ; il n'a plus ni asile, ni secours, ni héritage à attendre de ses parents. La seule faveur qu'il en reçoive, c'est, au moment de la séparation, une petite somme qu'on appelle « namida kin », — l'or des larmes, — car c'est une mère qui le donne à un fils qui va la quitter pour toujours.

Il doit s'éloigner de sa province et ne tarde pas à devenir un vagabond, un mendiant ou un voleur ; mais sa famille n'a plus à en rougir. Il ne peut y rentrer que s'il sauve la vie de son ancien seigneur dans un accident quelconque, ou s'il prouve avec éclat qu'il s'est amendé. Les parents demandent alors la révocation du « kando » au magistrat, qui décide arbitrairement. Cette institution, que l'adoucissement des mœurs tend à faire disparaître, n'a jamais existé chez les « samuraï » ; en cas d'inconduite grave, c'est par le « harakiri » ordonné au fils qu'un père sauvait l'honneur de sa maison.

La famille japonaise, avec sa constitution despotique, suppose et consacre des principes auxquels nos mœurs et nos lois occidentales sont étrangères. Tandis que les affections naturelles sont chez nous les seuls liens entre parents, elles semblent ici rejetées au second plan pour faire place à des devoirs rigoureux imposés sous des menaces terribles. La piété filiale a je ne sais quoi de contraint et de conventionnel ; l'obéissance tient plus de la crainte que de la confiance. L'union des agnats, assemblés en conseil ou en tribunal domestique, repose moins sur une bienveillance réciproque que sur une communauté d'intérêts, d'honneur, de réputation.

Les préjugés sont plus forts que les sentiments et en

tiennent lieu. Ceux-ci n'ont pas d'ailleurs chez les races peu nerveuses de l'Orient cette vivacité et ce raffinement qui trop souvent, en même temps que les cœurs, amollissent les volontés. Comme la douleur physique, l'ébranlement moral leur arrache difficilement des larmes. L'exclusion perpétuelle des femmes ayant banni des relations la tendresse proprement dite, la sensibilité s'éveille avec peine et ne devient jamais maladive. C'est la loi, ce sont les préceptes moraux et les ordres du magistrat qui, bien mieux que les instincts naturels, enseignent à chacun la place qu'il doit prendre et le rôle qu'il doit jouer dans la famille. Elle s'est peu à peu formée, suivant le vœu du législateur, pour lui fournir des sujets obéissants et des exécuteurs toujours obéis. Telle qu'elle est, on conçoit quel élément d'ordre et de stabilité elle représente, et l'on sent qu'on ne peut toucher à une partie sans ébranler de fond en comble cet édifice artificiel et entraîner la nation tout entière vers l'inconnu.

Si la famille est le principal des groupes où l'individu va chercher un refuge contre son propre néant, elle n'est pas le seul. Partout en effet où l'esprit national encore sommeillant n'a pas donné à une agglomération d'hommes une vie unique, il arrive que les petites associations prennent la place de la grande, qui est la patrie. Cette tendance que nous avons déjà constatée dans la formation des clans, nous allons la retrouver dans certains groupements populaires.

L'individualisme rend les Japonais très peu propres à la vie municipale, telle que l'entendaient les Romains, on chercherait vainement dans tout le Japon une place publique, un lieu de réunion. Loin de se sentir entraîné dans un large courant de patriotisme, chacun s'enchaîne à une petite coterie dont l'intérêt particulier passe avant toute chose et éclipse tout le reste : aussi la société apparaît-elle comme une hiérarchie de groupes dont le plus proche est le plus cher. Il faudrait évoquer l'histoire tout entière de notre moyen âge populaire pour présenter le tableau de ces corporations, maîtrises, jurandes, que fournissent encore les différentes industries de Yédo : corps de pompiers, corps de charpentiers, corps de bateliers, confréries d'aveugles, de mendiants, de parias, associations responsables de « betto », de domestiques, bandes de musiciennes en plein vent, de comédiens, de saltimbanques, sans parler de la caste récemment dispersée des « héta », ces truands de Yédo, dont la cour des miracles remplissait les rues malsaines qui entourent Asaksa, et qui avaient, eux aussi, leur « Roi des ribauds ».

Les deux communautés auxquelles nous nous bornerons, parce qu'elles ont eu une existence officielle, sont le « go-nin-gumi » et l' « otokodaté ».

Le « go-nin-gumi » — union de cinq hommes — est une association formée entre cinq voisins, chefs de famille, propriétaires, ayant à leur tête un « kumi-gashira »; leur existence est reconnue par l'État, qui leur impose des obligations collectives en matière de voirie, de surveillance et d'entretien des quartiers dans les villes, de culture dans les villages, de responsabilité civile en cas de dégâts, etc.

Les « otoko-daté » avaient plus d'étendue et un tout autre but. C'étaient des associations maçonniques de gens qui se promettaient mutuellement aide et assistance. Un « samuraï » déclassé, un ouvrier sans emploi, un fils chassé par son père, quiconque se sentant faible et isolé voulait se recomposer une famille et un clan se présentait au « père » de l' « otoko-daté ». On ne se montrait pas difficile sur les antécédents, pourvu que le postulant fût un bon compagnon, prêt à donner sa vie pour les autres.

Le mot lui-même signifie homme chevaleresque, et

c'était en effet une sorte de chevalerie roturière qui se proposait de combattre les oppresseurs et de soutenir les faibles, quelquefois même de subvenir à leurs besoins. Mais en échange de secours en cas de maladie ou de misère, le chef ou *père* exigeait une autorité sans limites, il se faisait obéir au premier signal, sous peine d'exclusion irrévocable du compagnon récalcitrant. Le bas peuple des grandes villes se courbait avec soumission devant ses ordres ; il en obtenait parfois ce que les officiers du gouvernement se voyaient refuser ; c'était un protecteur puissant, et même parmi les grands plus d'un briguait son amitié. Il traitait de pair à compagnon avec les plus grands seigneurs, et comme l'orgueil des humbles s'attache à la gloire de ceux qui les commandent, sa position relevait à leurs propres yeux les pauvres gens qui exécutaient ses volontés.

La tradition populaire a conservé le nom d'un de ces chefs. Élu après une série d'aventures père de l' « otoko-daté », Chobei avait acquis dans Yédo une puissance avec laquelle il fallait compter. Un jour, il entre dans une maison de thé du Yoshiwara, où était attendu un « hattamoto » — noble —, et s'installe sans façon sur le tapis préparé pour un autre. Le noble arrive, et, trouvant un homme en apparence endormi, demande quel est ce manant ; on le lui nomme ; saisissant aussitôt cette occasion d'humilier l'orgueil d'un roturier, il vide par dix fois le contenu de sa pipette sur Chobei. Celui-ci consent enfin à s'éveiller et s'excuse ; Iurosayémon — c'était le nom du noble — l'invite ironiquement à partager son repas et lui tend des tranches de poisson cru à la pointe de son sabre ; mais Chobei, sans trembler, ouvre la bouche pour les recevoir.

Sans se laisser décontenancer, le père de l'« otoko-daté » demande à son tour à son hôte ce qu'il peut lui offrir suivant son goût. « J'adore le « hudon, » répond le grand seigneur. — C'est un mets très-vulgaire et à très-bas prix, dont se nourrissent uniquement les gens du peuple. — Il voulait rappeler ainsi au père de l' « otoko-daté » sa chétive origine; mais celui-ci, résolu à tenir tête, donne l'ordre à un de ses hommes de faire apporter pour cent rio de « hudon ». Tous ses fidèles se mettent en course et en quelques instants apportent des montagnes de cette nourriture. Cette fois, Iurosayémon humilié vit qu'il n'aurait pas le dernier mot, mais il en conserva une profonde haine contre Chobei et résolut de se venger.

A quelque temps de là, il l'invita à un repas chez lui. Chobei savait que ce qui l'attendait, c'était un odieux guet-apens; mais son devoir était avant tout de montrer que le père de la confrérie ne tremblait pas devant un grand. Ayant donc fait ses dernières recommandations aux siens, il se rend chez son ennemi, précédé des présents d'usage. Comme il s'y attendait, deux séides de Iurosayémon fondent sur lui dès l'entrée, le sabre en main; il réussit à esquiver les coups et à les désarmer, après quoi il se présente avec sang-froid devant son hôte.

— Arrivez, maître Chobei, dit celui-ci, on m'avait dit que vous étiez un habile tireur, mes gens ont voulu s'en assurer, je vous prie d'excuser cette brusque réception.

— N'en parlons pas, répond l'autre en souriant, mon adresse n'a rien de comparable à celle d'un noble « samuraï », et si ces seigneurs ont eu le dessous cette fois, c'est pur hasard.

Le maître lui offre un bain pour se délasser. Il sait que la mort l'attend là quand il sera désarmé, mais il n'hésite pas. A peine entré dans la salle de bains, la porte se referme sur lui et, à travers les cloisons, il est assassiné à coups de lance par d'invisibles ennemis. Le lendemain, sept membres de l' « otoko-daté » se présentent chez l'assassin, apportant un cercueil que Chobei s'était commandé d'avance, sûr de la mort qu'il allait chercher. Ce flegme est la forme favorite du courage.

Il faudrait un volume pour raconter toutes les prouesses chevaleresques, tous les actes de bienfaisance de ces « otoko-daté ». Elles ne font que représenter, sous sa forme militante, l'esprit d'association limitée, le besoin d'alliance et de lien immédiats, que nous avons déjà rencontré dans la famille et dans le clan. L'homme sans point d'appui ne peut vivre dans ce milieu féodal. Il ne peut compter sur lui-même, il lui faut des protecteurs, des parents, des amis ; la loi est impuissante à l'aider, la société prête à l'accabler, tout lui crie : *Væ soli !*

On a vu comment a disparu l'œuvre habile et puissante des Tokungawa. Ce n'est pas sans effort qu'on impose silence aux regrets, peu philosophiques sans doute, qui vous saisissent à l'aspect des grandes institutions du passé renversées. Ces regrets s'accentuent davantage lorsque, nulle institution n'ayant pris la place des anciennes, on voit la nation se débattre dans le chaos et l'anarchie. Pour qui considère aujourd'hui au milieu de quels tiraillements et de quels périls marche le Japon, il est difficile de ne pas se prendre d'une admiration rétrospective pour le mécanisme si bien réglé de son ancien régime. Ainsi pensent tout bas maints Japonais, et, s'il faut le dire, quelques-uns des Européens qui ont été cependant les complices involontaires de la révolution. Regrets inutiles du reste ! car chaque nation porte en elle des forces latentes dont elle ne peut empêcher les évolutions nécessaires ; l'habileté des politiques consiste à les diriger, non à les arrêter. Il ne reste donc plus qu'à envisager résolûment le présent, à en étudier les besoins et les ressources pour imprimer, s'il se peut, au pays une impulsion favorable à son avenir.

A vrai dire, le tableau qu'offre le moment actuel n'est

ni beau ni rassurant. Les nations ont comme les adolescents leur âge ingrat, époques indécises où les grâces de l'enfance s'enfuient avant que la virilité leur succède; de même les périodes de transformation, si lumineuses quand l'histoire les contemple de loin, n'offrent aux yeux des contemporains que confusion et contradictions. Tout ce qui était n'est plus; rien de ce qui sera n'est encore. Comme la Russie de Pierre le Grand, le Japon, surpris en formation, ne présente que des ruines encombrantes, du milieu desquelles on ne voit pas encore s'élever un nouvel édifice. Les impatiences du réformateur brisant ce qu'il devrait améliorer, les mesures despotiques employées dans un dessein libéral et allant droit contre leur but, les concessions faites à la nécessité au détriment de la logique, les alternatives d'audace et de timidité, sont le cortége ordinaire de ces sortes de révolutions par en haut.

Mais une pareille crise offre dans un pays oriental un phénomène particulier qui tient à la connexité plus étroite qu'ailleurs des mœurs avec les lois. Sous le despotisme paternel, les lois, les mœurs, les manières, les devoirs publics et privés n'ont qu'une même source : l'autorité du souverain. La réglementation supprime la conscience et la remplace; elle prend l'homme au berceau et lui indique heure par heure ce qu'il doit faire, dire et penser. Parmi l'amas formidable des nécessités sociales qui s'imposent à lui, l'individu ne songe même pas à en distinguer d'absolues, de relatives, de contingentes, de supérieures, de conventionnelles. Toutes sont également sacrées, car toutes ont la même origine : la volonté du prince. L'assassin est déclaré coupable, non d'avoir violé les lois divines et humaines, mais d'avoir troublé le sommeil de sa majesté sacrée; et si son crime diffère d'une infraction à un décret sur les coiffures, c'est du plus au moins et non de l'innocence à l'infamie.

Toutes les lois se tiennent aux yeux du peuple, depuis celles qui organisent les pouvoirs de l'État jusqu'à celles qui fixent la forme des chaises à porteurs. Il en résulte que chez ces nations de l'extrême Orient la révolution, une fois commencée, ne s'arrête plus devant rien. Avec le pouvoir politique de l'aristocratie a disparu son prestige moral; avec la sévérité des maîtres est tombée la servilité et avec celle-ci le respect. La suppression des lois somptuaires a emporté avec elle le sentiment de la hiérarchie; et parce que certaines lois politiques ont été abrogées, il a semblé qu'il n'y avait plus de lois. Les notions de morale se sont ébranlées, les traditions perdues; la constitution de la famille elle-même s'est trouvée atteinte. L'imitation à outrance des étrangers a perverti les mœurs sans les remplacer; les coutumes séculaires, en tombant sous les décrets, ont entraîné dans leur ruine tout un ordre d'idées et de préjugés qui s'y rattachaient. Ce n'est pas seulement le shogunat et l'aristocratie qui ont péri; c'est la société d'autrefois tout entière.

La nation dévoyée, désorientée, obéit encore machinalement à une certaine routine, à la vertu de laquelle elle ne croit plus, cherche sa voie sans la trouver, et ne voit clairement ni où elle veut aller, ni où on la mène. Ce peuple, naguère en garde contre l'approche même des Européens, leur emprunte depuis leurs procédés administratifs jusqu'à leurs vêtements, depuis leurs chemins de fer jusqu'à leur façon de saluer. Il n'a plus de règles à lui, plus de croyances propres; n'a-t-on pas mis en avant l'idée de décréter une religion nouvelle?

Des gens qui en 1867 n'avaient pas songé qu'un mikado pût sortir de son palais, et qui s'agenouillaient dans la poussière sur le passage de sa litière fermée le regardent aujourd'hui passer à cheval, sans même se découvrir, à tel point qu'il a fallu faire un décret tout récemment pour leur rappeler à ce sujet les règles de la politesse la plus élémentaire.

Quand un peuple est fortement ébranlé dans son idéal social et moral, les vertus s'en vont les premières et ne se remplacent pas facilement. Avec la politesse s'est évanoui le vieux point d'honneur; les fonctionnaires disgraciés, qui autrefois s'ouvraient le ventre, se font négociants ou banquiers et roulent carrosse. Une mystérieuse puissance dissolvante s'est emparée de toutes les classes ; elles n'ont plus une pensée commune, un point d'attache entre elles : de ce qui formait une hiérarchie si bien cimentée, il ne reste plus, le ciment détruit, qu'une poussière humaine. Semblable à ces momies des tombeaux égyptiens qui s'étaient conservées pendant des siècles dans une atmosphère raréfiée, mais qui tombent en poudre au premier souffle d'air libre, la société japonaise, au premier vent du dehors, s'est éparpillée en cendres.

Que pouvait-on faire et qu'a-t-on essayé pour prévenir le mal? Peu de chose, car la crainte des pouvoirs révolutionnaires est plutôt de trop épargner que de trop détruire. Après avoir renversé l'aristocratie dans l'ordre politique, on a voulu conserver dans l'ordre civil une classe de privilégiés; les anciens daïmios et « samuraï » ont été assimilés sous les noms de « kazoku » et « shizoku » aux anciens « kugé » et confondus avec eux; mais les priviléges n'ont de raison que lorsqu'ils se rattachent à une fonction sociale; hors de là, ils deviennent vite odieux.

On a remplacé les anciens princes par une bureaucratie écrasante, dispendieuse et déprédatrice, qui ne peut passer pour une institution et ne constitue, si elle est une force, qu'une force de répulsion. A vrai dire, rien n'était prêt à succéder à la hiérarchie brisée. Par un malheur qui lui est commun avec toutes celles qui se font par autorité, la révolution de 1868 a été trop rapide, parce que personne ne s'était préparé à la faire.

Il est difficile de ne pas être effrayé de l'isolement dans lequel vit le gouvernement, entre des privilégiés sans pouvoirs et une plèbe sans instinct politique. Jadis une puissance territoriale séparait l'empereur de ses sujets; aux daïmios revenait tout l'odieux des mesures impopulaires, au monarque tout le prestige d'un pouvoir bienfaisant qui ne se faisait sentir que pour apaiser les querelles intestines et contenir la tyrannie des seigneurs. Aujourd'hui, le flot des plaintes, des mécontentements populaires, qui venait se briser contre les petits souverains locaux, roule sans obstacles jusqu'au pied du trône.

La soumission coûte davantage envers un maître qu. est plus loin; la foule, qui aimait son prince quand il était bon, ne peut voir un père dans le gouverneur qui lui est envoyé de Yédo et qui change de poste au bout de quelques mois. Elle accepte avec plus de peine encore de payer des impôts chaque jour plus lourds, dépensés en embellissements pour la capitale sans qu'il en revienne rien à la province. L'impopularité de toutes ces mesures, dont quelques-unes sont inévitables, remonte jusqu'au souverain lui-même; il ne peut plus commettre une faute impunément.

En résumé, le Japon n'a plus d'institutions. Comment s'en donnera-t-il? A notre avis, il devrait beaucoup moins regarder au dehors et beaucoup plus au dedans. Les lois ne se transplantent pas d'un sol dans un autre; elles ne sont durables et efficaces qu'à la condition de répondre exactement à des besoins déjà nés, à des instincts formés, à des mœurs générales conformes. L'œuvre patiente et souvent ingrate du législateur est de prévoir de loin vers quel état d'esprit il veut amener la nation et d'y façonner progressivement ses idées avant de lui dicter des lois.

Il n'est pas bien certain qu'en faisant appel aux lumières étrangères les ministres japonais se soient rendu compte des difficultés de leur entreprise et du temps qu'elle allait réclamer. Le code Napoléon leur apparaissait comme la loi par excellence des peuples civilisés, et ils ne voyaient guère d'autre conduite à suivre que de le traduire et de le promulguer dans le plus bref délai.

Appelé en 1872 à inaugurer ici l'étude de notre législation, je ne tardai pas à reconnaître et à signaler l'inanité de l'œuvre précipitée qu'on voulait entreprendre. Il fut résolu à cette époque, qu'au lieu de légiférer à la hâte, on entreprendrait une étude parallèle et approfondie de la législation coutumière, si confuse et si diverse, et des lois françaises, prises comme type du droit moderne de l'Europe. On n'essayerait d'y faire des emprunts qu'après avoir pénétré de part et d'autre dans l'esprit des institutions. L'activité législative dut se borner à quelques réformes urgentes et provisoires dans la procédure et les juridictions, et à un essai de séparation entre le pouvoir administratif et le pouvoir judiciaire, enfin à la régularisation des actes de l'état civil. On créa une école préparatoire de français, et bientôt s'ouvrirent des cours de droit[1]. On adoptait ainsi un plan dont l'exécution réclame une longue série d'années, mais promet des résultats plus complets.

Quel que soit le zèle déployé par les ministres auxquels cette tâche est confiée, elle réclame avant tout le secours du temps. On ne fonde rien par les procédés révolutionnaires, et, si des coups de force peuvent transformer l'état politique, ils ne font dans la sphère morale que désorienter la nation sans la rallier. Le Japon a perdu

---

[1] Ces nouveaux projets réclamaient le concours d'un collègue. Le gouvernement japonais ne pouvait mieux le choisir qu'en la personne de M. Boissonnade, professeur agrégé de la Faculté de Paris.

ses anciennes mœurs, il faut attendre qu'il ait fixé ses mœurs nouvelles avant d'en faire la base des lois : il a emprunté quelques idées étrangères, il faut leur laisser le temps de pénétrer et de détruire les préjugés locaux encore enracinés. Il faut, avant la promulgation d'un droit nouveau, créer et propager la notion absolue du droit. L'entreprise en un mot n'est pas mûre, et demande une longue et patiente préparation.

L'idée qui frappe le plus, c'est que la forme même de la future constitution ne semble pas arrêtée; l'oligarchie est morte, la démocratie n'est encore qu'un mot vide de sens; quant au despotisme absolu, il est environné des périls que nous avons signalés. Tous les éléments font défaut à la fois. C'est à jeter les fondements de la société future qu'il faut travailler en établissant une base qui manque aujourd'hui, et pour cela créer un tiers état.

Si surprenante que puisse paraître l'idée au premier abord, elle a prouvé sa vitalité par le commencement d'exécution qu'elle a reçu. Déjà la classe des marchands, entrepreneurs de travaux industriels, banquiers, a été tirée du mépris où elle était reléguée; on a supprimé les lois somptuaires qui lui défendaient de jouir de sa richesse, l'empereur a, au grand scandale des vieux courtisans, rendu visite à un marchand et accepté son hospitalité. Dans l'armée, le recrutement appelle sous les armes les fils de marchands et de paysans; dans les écoles, l'instruction est donnée non-seulement aux fils des « samuraï », mais aussi aux fils des riches négociants.

A l'ancienne noblesse succède peu à peu une classe plus instruite, plus active, plus laborieuse, composée de petits officiers des derniers rangs, de marchands enrichis, de lettrés, classe moyenne obéissante et modérée qui, consultée à propos, peut devenir un excellent point d'appui pour la monarchie. Autant la plèbe est incapable à jamais de se gouverner elle-même ou de soutenir ses gouvernants, autant cette bourgeoisie naissante promet d'être, après sa formation, propre à hâter le développement du pays.

Il s'agit donc de favoriser l'accroissement de ce tiers état, mais sans oublier que ses progrès doivent précéder ses droits politiques, que les uns et les autres doivent provenir de son initiative, et qu'on l'embarrasserait plus qu'on ne l'aiderait dans sa croissance par des concessions prématurées et des prérogatives qu'il ne réclame pas encore. C'est dans son sein que devra se recruter un jour le parlement ; mais il serait inutile et dangereux de l'appeler à y siéger tant qu'il ne sera pas arrivé à la conscience de lui-même.

Dans la sphère administrative, le gouvernement poursuit une œuvre de centralisation nécessaire ; mais, s'il doit y persister énergiquement, il a en même temps pour devoir de respecter l'esprit de municipe, tout en combattant l'antique esprit provincial. Au clan toujours en révolte, il doit substituer les communes, groupes à la fois dociles et solides, qui, par leur personnalité, lui assurent un élément actif, en même temps que par leur cohésion ils lui fourniront un élément de stabilité. Si l'on peut emprunter à l'étranger des méthodes et parfois même des institutions, on ne peut se flatter d'un succès qu'en utilisant les éléments que l'on possède déjà. Nous avons bien des fois, dans le cours de cette étude, signalé l'esprit d'association limitée qui semble indiquer chez les Japonais l'ancienne existence de tribus ; c'est vers la commune qu'il faut le détourner et le développer de manière à éviter l'individualisme et l'indifférence, qui en matière politique tuent les démocraties modernes.

Dans le droit privé, nous rencontrons au premier rang une institution devant laquelle il serait impardonnable de ne pas s'incliner avec respect : c'est la famille. On a vu quel ordre parfait résulte de sa puissante organisation. L'autorité absolue du père, la liberté illimitée dont il jouit dans la disposition de ses biens, l'esprit d'union et de responsabilité commune qui règne entre parents, sont au nombre des liens les plus solides par lesquels l'homme prend dès l'enfance et garde toute sa vie l'habitude d'être attaché à des intérêts qui ne sont pas seulement les siens et soumis à une autre autorité que son pur caprice. Toucher à la famille, ce serait énerver la discipline sociale, qui n'a que trop de tendance à se relâcher.

Quelques symptômes semblent indiquer déjà une perturbation dans le gouvernement domestique ; l'adoption perd de nos jours son caractère essentiellement patriarcal pour devenir un simple contrat de bienfaisance; les fils vivant à Yédo, loin de leurs pères relégués en province, y prennent une certaine indépendance de conduite et d'esprit. Le dernier lien social semble s'affaiblir, il n'est que temps de s'arrêter sur cette pente fatale.

Tout en conservant à la famille sa consistance et son unité, il est nécessaire d'y donner à la femme une place plus élevée comme épouse et comme mère, et de lui laisser une part d'exercice de ce pouvoir que jusqu'à présent elle ne fait que subir. L'avénement de la classe marchande, dans laquelle les femmes ont droit à plus d'égards, les heureux efforts destinés à répandre l'instruction secondaire chez les filles, la mode de n'avoir plus de « mékaké », devenue de bon ton chez quelques grands fonctionnaires, l'introduction des femmes de ministres et de l'impératrice elle-même dans quelques cérémonies officielles, entraînent la nation, peut-être à son insu, vers ce but si désirable : donner des éducatrices aux enfants, qui jusqu'à présent n'ont eu que des nourrices. C'est à elles que les Japonais devront, s'ils les acquièrent, cette délicatesse de sentiments, cette chaleur de cœur, ces élans de générosité et de franchise sans lesquels l'énergie virile n'est qu'une implacable dureté, la vie qu'une suite de calculs égoïstes, et un perpétuel concours d'astuce et d'indifférence.

Sans doute à cette société ainsi organisée il manquera encore l'élément chrétien par excellence, le spiritualisme ; il manquera un idéal intime et surhumain, une aspiration vers l'*au-delà* et cette secrète impulsion vers le beau et le bien absolus, qu'elle ne peut puiser ni dans sa religion désolante ni dans le stoïcisme inerte de Confucius. Or il est difficile de se payer de l'illusion que le christianisme lui fournira cet élément qui lui manque ; sans parler de la terreur et d'une sorte de répugnance séculaire qu'il inspire, du mépris où il est malheureusement relégué, sinon désormais par les lois, du moins par les préjugés, l'Évangile, pût-il faire dans ces contrées des prosélytes et des catéchumènes, ne fera pas de convertis. Le profond scepticisme japonais peut embrasser une religion nouvelle, se livrer à quelques pratiques extérieures de dévotion sans piété, mais il ne saurait se concilier avec cette ferveur religieuse qui fait les métamorphoses morales.

On a vu au Japon des martyrs par point d'honneur, des fidèles par tradition, on n'y verra pas des saint Paul ni des saint Augustin. Le christianisme est arrivé trop tard dans l'extrême Orient et l'a trouvé trop vieux. Au lieu du chaos dont il s'est emparé au quatrième siècle en Europe, il a rencontré des âmes déjà formées sous une discipline inconciliable avec lui, qui a survécu même dans le petit troupeau qu'il a rassemblé autour de ses temples. Là où tout vient du souverain temporel et retourne à lui, où il est le pivot de toute morale, une religion qui dit : « Rendez à César ce qui est à César, » n'a aucune efficacité sociale ; la direction de la conduite lui échappe comme celle des sentiments et des consciences.

Nous ne prétendons pas, dans les bornes de cette étude, indiquer toutes les préoccupations qui s'imposent au législateur dans l'œuvre de préparation qu'il a assumée, ni exposer un programme dont la place n'est pas ici. Disposant d'éléments précieux et d'un pouvoir immense, il peut élever un monument durable ou échouer misérablement selon la conduite sage ou précipitée qu'il suivra. On a vu qu'il lui importe bien plus de sauver du naufrage les débris de l'ancienne société pour les utiliser en les façonnant à ses desseins que de détruire le peu qui en reste. A lui de poursuivre son but sans se laisser détourner ; à l'Europe de le laisser en paix continuer ses réformes, sans se plaindre de la lenteur ou de la confusion d'un jour qui en résulte. Toute éclosion est chaos ; aussi est-il d'une courte vue de désespérer du succès de demain devant les embarras d'aujourd'hui. Est-il un peuple européen dont l'histoire n'offre de pareilles périodes de laborieuse gestation ? Le moment de juger celle-ci sera venu lorsque, arrivée à son terme, elle aura produit ses effets. Jusque-là que doit faire le Japon ? Travailler, attendre et ne pas oublier le conseil prophétique que Montesquieu donnait aux réformateurs d'une nation qui, elle aussi, n'a pas vécu sans gloire, de « ne point gêner ses manières pour ne point gêner ses vertus. »

CHAPITRE XIV

LA RELIGION

§ Ier

LE SHINTO

On ne sait rien d'une nation, tant qu'on n'a pas scruté les ressorts secrets de sa vie morale et analysé les forces organiques dont un examen superficiel ne montre que les résultats. Sous les apparences extérieures, qui ne sont que des indices, l'observateur est impatient de découvrir les principes d'action, comme, sous l'enveloppe épaisse des muscles, l'anatomiste met à nu le réseau des nerfs. Après avoir essayé une tâche de ce genre à propos de la littérature dramatique et de la législation, nous voudrions interroger à leur tour les manifestations religieuses du Japon, pour en tirer une conclusion touchant la valeur morale et le génie intime du peuple japonais.

Quelle étude semble au premier abord promettre plus d'enseignements immédiats? N'est-ce pas dans les objets de son adoration, comme dans un miroir grossissant, qu'une nation aime à s'admirer elle-même, telle qu'elle est, ou plutôt telle qu'elle prétend être? L'homme fait ses dieux à son image, et pour beaucoup de peuples, le caractère national et le caractère religieux se confondent en un seul qui forme leur originalité dans la famille humaine. Qui pourrait concevoir dépouillés de leurs croyances le peuple d'Israël, les conquérants arabes, la catholique Espagne, l'Angleterre protestante? La foi et l'esprit de la race se sont si bien mariés ensemble qu'il devient impossible de discerner leur rôle particulier dans la Genèse nationale, et que l'un ne peut échapper aux vicissitudes qui altèrent l'autre.

Il faut remonter à des époques et à des origines diverses pour retrouver les éléments de l'histoire religieuse du Japon. Pendant de longs siècles, le culte primitif, sorte de paganisme borné que nous étudierons sous le nom de « shinto », régna sans partage. Au vi^e siècle de notre ère, les doctrines bouddhistes se répandirent avec rapidité et prirent possession du pays sans cependant anéantir l'ancienne croyance indigène. Avant même l'introduction du bouddhisme, les théories philosophiques de Confucius et de Lao-tseu s'étaient fait leur place.

Il n'entre pas, on le sait, dans le génie oriental de proscrire les religions par la persécution, et si le christianisme a été banni et persécuté, c'est moins comme hérésie que comme danger politique ; en général, l'esprit de prosélytisme ne va pas jusqu'à l'intolérance, et la religion dominante en supporte une autre à côté d'elle, sans chercher par des efforts violents à la réduire au néant. De là vient que les différentes croyances ont vécu côte à côte pendant douze siècles, se rapprochant insensiblement les unes des autres, s'empruntant réciproquement des symboles, des pratiques, se confondant presque dans un alliage où domine manifestement le scepticisme.

Séparer ces éléments confondus, indiquer l'origine de chacune des religions, ses dogmes, sa valeur propre, son effet spécial sur les progrès de la nation et ses résultats historiques, puis étudier dans la période actuelle la religion, ou, pour mieux dire, l'état des esprits au point de vue religieux résultant de cette coexistence séculaire, — exposer enfin quelles conclusions cet examen provoque sur les qualités natives ou acquises de la race japonaise, sur son aptitude pour la civilisation occidentale ; tel serait le programme d'une étude qui, pour être complète, demanderait de longs développements et dont nous nous bornerons à toucher les points principaux.

Le bouddhisme, en s'introduisant au Japon, a si bien mêlé ses dogmes et ses pratiques avec le culte national, qu'il n'est pas facile de restituer dans toute sa pureté, disons même dans sa nudité, la croyance originaire. Le petit nombre de sectateurs qui demeurent encore nominalement fidèles à la religion primitive n'en ont conservé la tradition que surchargée d'éléments étrangers qui la défigurent ; inutile donc de les interroger, leur ignorance complète les réduit sur ce chapitre à un silence qu'on leur a fait, souvent et bien mal à propos, l'honneur de prendre pour une dissimulation insurmontable. Il n'est secret si bien gardé que celui qu'on ignore, et celui-là échapperait à toutes les investigations si deux sinologues éminents, MM. Satow et Kempermann, n'avaient pris la peine de dépouiller, pour leur arracher le mot de l'énigme, les volumineux commentaires laissés sur la religion par les érudits indigènes[1].

Si l'on veut au surplus juger de l'incertitude qu'offrent non-seulement les débuts religieux, mais encore les commencements historiques du Japon, il suffit de se rappeler

---

[1] *Mittheilungen der Deutschen Gesellschaft für Natur-und Völkerkunde Ostasiens*, 1874. — *Asiatic Society transactions*, 1874. — Voyez aussi *Fu su mimi bukuro, a budget of japanese notes*, Yokohama 1875.

comment ces traditions sont parvenues jusqu'à nous. En 681, l'empereur Temmu résolut de faire de toutes les histoires conservées dans les diverses familles une vaste compilation destinée à former les annales du pays. Il y avait parmi ses gens une femme douée d'une mémoire extraordinaire, à qui on eut la précaution de faire apprendre par cœur tous ces récits. L'empereur étant mort avant que cette compilation fût écrite, son entreprise fut abandonnée pendant vingt-cinq ans. C'est au bout de ce temps seulement que l'impératrice Gemmio fit écrire sous la dictée de la vieille servante l'histoire dont sa mémoire était restée seule dépositaire. Telle est l'origine du « Kodjiki », le plus ancien document écrit sur la religion et l'histoire.

Le « shinto » — *voie des dieux*, — nom tiré du chinois, qu'on a donné postérieurement au culte indigène pour le distinguer des croyances étrangères, semble, comme le polythéisme antique, avoir son origine dans l'adoration du soleil, puis successivement des grandes forces de la nature personnifiées. C'est là l'idée générale qui ressort des fables confuses qui en constituent la théogonie.

Avant la naissance des choses, il n'existait rien que l'espace infini où vivaient à l'état de purs esprits des dieux invisibles qui n'ont d'autre réalité que celle des songes, et ne sont représentés que par des noms métaphoriques : *le maître du ciel, le fils du ciel et de la terre, le fils des dieux*. Ces dieux s'engendraient d'une manière mystérieuse et surnaturelle; la durée de leur gouvernement dépasse tout ce que l'esprit peut concevoir.

Alors, au milieu de l'espace, surgit une chose indéfinissable, suspendue comme un nuage, d'où perça une forme semblable à une corne ou à une jeune pousse de roseau, qui ensuite s'accrut et s'étendit démesurément ; ce fut le ciel. Puis, une seconde forme se dessina à son tour et se trouva, par la suite incommensurable des temps, être la lune.

Cependant sept générations de dieux se succédèrent, par couple mâle et femelle, sans commerce entre eux, et aboutirent enfin à Izanagi et Izanami, les derniers représentants de l'âge purement divin. Les célestes époux n'imitèrent pas la continence observée par leurs prédécesseurs : un jour qu'ils se tenaient sur le pont aérien situé entre le ciel et les eaux — où l'on croit reconnaître la voie lactée —, l'idée leur vint de sonder la profondeur des mers ; le dieu y plongea sa lance, et les gouttes qui en tombèrent quand il la retira formèrent une île —Awadsi— où ils descendirent, et qui fut le théâtre des premières amours terrestres.

L'idylle qui s'ensuivit rappelle par ses détails naïfs l'embarras des héros de Longus. La déesse Izanami mit d'abord au monde un fils si mal fait qu'il fut, comme Vulcain, abandonné de ses parents et jeté à la mer, où il se sauva sur une barque et devint le compagnon des pêcheurs qui le recueillirent ; puis, elle eut une série d'enfants qui furent les huit grandes îles de l'empire japonais ; quant aux autres, elles furent formées de l'écume de la mer, et bientôt après prirent naissance les déités innombrables qui, sous le nom de « kami », peuplent le panthéon shinthoïste.

Le dernier des dieux qu'Izanami conçut d'une manière charnelle fut celui du feu ; elle le mit au monde avec de telles douleurs qu'elle s'enfuit épouvantée dans la région des ténèbres, où son époux vint la chercher. Souillé lui-même par ce contact impur, il se livra à une purification d'où naquirent encore une foule de dieux, et en dernier lieu, de son œil gauche Amatéras, si belle et si brillante qu'elle éclairait le ciel et la terre et qu'il en fit la déesse du ciel, de son œil droit Suzan, à qui échut l'empire des mers. Celui-ci était d'un caractère si violent que, pour échapper à ses persécutions, sa sœur Amatéras se réfugia dans une caverne obscure, et le monde se trouva plongé dans les ténèbres. Les dieux ne purent la décider à en sortir qu'en accomplissant à l'entrée de la grotte des danses et des jeux, qui ont donné lieu aux rites les plus caractéristiques du culte shinthoïste.

Avec Amatéras commence la période des dieux actuels. Ceux-ci, issus d'une manière surnaturelle de la grande déesse, se sont transmis le gouvernement du monde pendant une période de deux millions et demi d'années, au milieu de guerres perpétuelles, et ont enfin eu pour successeur mortel Jin-mu Tenno, premier mikado (660 avant J. C.), dont l'avénement marque l'an 1 de la chronologie dite historique.

Il n'est pas besoin d'un grand effort pour retrouver dans ces différents mythes et dans beaucoup d'autres secondaires un panthéisme analogue à celui que nous présente la mythologie classique, prenant sa source dans l'adoration des forces et dans la terreur des phénomènes de la nature ; mais, tandis que dans le paganisme antique l'imagination populaire semble le seul ou le principal créateur des dieux qui peuplent l'Olympe, on sent davantage dans la théogonie du « shinto » l'effort suivi, la pensée arrêtée de donner une antiquité indéfinie à la nation et une origine divine à ses chefs.

Faut-il supposer, pour expliquer ce phénomène, que nous ne possédons pas encore la pure tradition originaire, et qu'il ne nous est parvenu qu'une version faussée et pervertie dans un but dynastique par les compilateurs du « Kodjiki » ? Faut-il admettre, avec beaucoup de sinologues, que le culte des « kami » ou génies a sa source dans la religion primitive des Chinois, avec laquelle il présente de frappantes analogies, et que la vanité nationale lui a fait subir, en l'adoptant, un travail semblable à celui qui accompagna l'introduction du culte d'Astarté en Grèce et celle du bouddhisme au Japon même? C'est un problème que la science n'a pas encore abordé, et dont la solution jetterait une grande lumière sur l'origine toujours indécise de la race japonaise.

Quoi qu'il en soit, on devine plutôt qu'on ne distingue visiblement la retouche officielle et l'intervention théocratique dans la légende à côté du mythe spontané. Souvent au contraire celui-ci apparaît dans toute sa simplicité. La fable d'Amatéras, la déesse du soleil, cachée dans une caverne et laissant le monde en proie aux ténèbres, a un rapport direct avec le changement des saisons. D'autres, avec un sens moral très-différent, reproduisent les procédés de l'imagination des peuples enfants.

On songe à l'hésitation d'Hercule entre la vertu et la volupté, ou à la tradition biblique de la chute de l'homme en entendant l'aventure de Ninigi-no-mikoto. — C'est le deuxième successeur divin d'Amatéras. — En se promenant un jour aux environs de son palais, il rencontra une jeune fille d'une beauté merveilleuse qui lui dit s'appeler la *Fleur éclose des arbres;* il en tomba amoureux et demanda sa main à son père, le dieu des montagnes. Celui-ci avait une fille aînée appelée la *Longue-Roche*, aussi laide que sa sœur était belle ; il les envoya toutes deux au jeune dieu, qui ne manqua pas de choisir la plus jolie et de renvoyer l'autre à son père. Celui-ci lui dit alors :

—Si je t'ai envoyé mes deux filles, c'est qu'en prenant l'aînée tu assurais aux dieux une vie éternelle, tandis qu'en prenant la cadette tu leur assurais une félicité sans bornes; mais, puisque tu as choisi la dernière, la vie céleste sera désormais aussi fragile que les fleurs, et le ressentiment de la *Longue-Roche* en abrégera la durée.

La fille aînée symbolise par son nom même la longévité, prix d'une vie de devoir, tandis que la cadette représente l'ivresse fugitive du plaisir.

Considéré comme croyance populaire, le pur « shinto » se fondait sur le respect des ancêtres et d'un passé divin. De même que le Mikado a pour aïeux les maîtres du ciel, les grands de sa cour font remonter leur généalogie jusqu'aux « kami » secondaires, dont ils ont conservé le titre, et le peuple tout entier se croit issu des dieux créateurs du Japon, de sorte que l'orgueil national et l'orgueil de famille, le respect des dieux et des maîtres se confondent à cette époque primitive en une seule et profonde vénération pour les puissances mystérieuses du ciel.

Le Mikado est plus que le pontife, c'est le représentant et l'héritier de la divinité, et comme tel c'est à lui qu'il appartient de célébrer le culte des dieux qui sont ses aïeux; c'est à lui, comme à un médiateur suprême, d'offrir au ciel les prières et les sacrifices de la terre qu'il gouverne. Dans les premiers âges, il n'y avait pas d'autre temple que le palais du souverain, et, lorsque plus tard on en construisit de nouveaux, le vulgaire en était exclu; le prince, émanation du ciel, avait seul charge d'âmes. Encore aujourd'hui, c'est un hommage que le souverain vient rendre à ses ancêtres lorsque chaque année, le 3 novembre, anniversaire de la mort de Jin-mu-Tenno, il se rend au temple voisin du « siro » pour y offrir ses prières.

Les premiers compagnons de Jin-mu qui se partagèrent les provinces étaient eux-mêmes héritiers des puissances célestes et leur rendaient un hommage de descendant à aïeul; ce sont eux qui, entourés de leur nombreuse famille, célébraient le culte des dieux de leur race dans le principal temple de chaque province. Celle-ci était consacrée au « kami » dont les petits-fils étaient ses maîtres, et l'on retrouve encore dans chacune un temple principal « ichi-no-mya » consacré à ce culte.

Ainsi, tandis que le vulgaire était éloigné des autels et réduit à quelques pratiques domestiques, c'étaient les maîtres de la terre qui seuls conservaient le privilége de s'entretenir avec ceux du monde invisible. C'est à eux que les dieux avaient particulièrement confié ce soin; c'est par ces intermédiaires que leurs bénédictions pouvaient se répandre sur le monde. On peut donc distinguer à cette époque deux cultes dans le « shinto » : l'un instinctif, naïf, plébéien; l'autre officiel, liturgique, célébré par une caste laïque d'institution divine à la tête de laquelle est placé le Mikado. Le gouvernement, théocratie militaire qui ne perdra son caractère hiératique que dans les guerres civiles, se réserve dès le début le prestige des communications avec le ciel, et de là vient que les rites et les emblèmes du « shinto » ont un sens mystérieux qui échappe à ses propres adhérents.

Au reste, rien n'est plus simple que le culte primitif, ou, pour mieux dire, il n'y a pas de culte, pas d'adoration, pas de cérémonies pieuses placées à des intervalles réguliers, comme dans les religions monothéistes de l'Europe. A la mémoire de chaque « kami » sont consacrées une ou plusieurs journées, pendant lesquelles le peuple se livre à des fêtes autour de son temple ou « mya »: on ne l'adore pas, on l'honore ; on se réjouit en mémoire de ses exploits. Il n'y a point de sacrifices; tout se borne à des offrandes de gâteaux, d'huile, d'oiseaux vivants, à des représentations dramatiques, à des réjouissances comme celles qu'Énée faisait célébrer en l'honneur de son père Anchise.

Une particularité frappante du « shinto », c'est que jamais dans les temples qui y sont consacrés on ne rencontre d'idoles. Le temple est d'une construction très-simple, en bois brut, recouvert d'un toit de chaume ou de planchettes de sapin superposées de manière à imiter le chaume. On trouve invariablement avant d'y arriver le « tori », sorte de portique en bois ou en pierre, composé de deux montants verticaux, qui supportent une solive horizontale relevée aux extrémités. On y monte par des escaliers de bois : à l'entrée se trouve un gong sur lequel les fidèles doivent frapper au moyen d'une grosse corde suspendue à côté pour appeler le dieu; on ne pénètre pas dans l'intérieur, généralement désert, où sur une table en forme d'autel se trouvent le miroir et le « gohei », attributs inséparables du « shinto ».

Le miroir rappelle celui qui fut donné par Amatéras à ses descendants, quand elle les envoya pour gouverner le monde, en leur disant qu'il leur suffirait d'y regarder pour y voir l'âme de leur mère et y trouver par conséquent la vérité; elle y joignit un sabre et un globe de cristal, qui sont encore conservés par la maison impériale.

Le « gohei » est composé de bandes de papier blanc découpées d'une façon particulière et suspendues à des tiges de bambou de chaque côté du miroir; c'est un emblème de pureté.

Ces « mya » sont presque toujours situés au milieu d'un bosquet de cyprès ou de bambous, au penchant d'une colline, et peuplés d'oiseaux qui trouvent leur sûreté dans la vénération qui entoure le bois sacré. Il est rare aujourd'hui d'y rencontrer un Japonais en prière. Les uns sont abandonnés et fermés, les autres desservis par de simples laïques qui en sont les gardiens.

A certains jours de fête seulement, les environs s'emplissent d'une foule joyeuse et nullement recueillie; les desservants revêtent un costume particulier, celui de la cour, et l'on se livre à des réjouissances qui nous reportent en pleine antiquité grecque. Mais les innovations bouddhistes ont tellement envahi les cérémonies qu'il faut recourir aux érudits pour se faire une idée de l'ancien culte : on voit toutefois que le feu y tenait une grande place, ainsi que les danses, souvenir des heureux efforts faits jadis par les divins habitants de la terre pour arracher Amatéras de sa caverne.

En résumé, la « voie des dieux » présente l'évolution qu'on remarque dans la plupart des dogmes polythéistes : les peuples débutent par un naturalisme naïf auquel sucsède peu à peu la personnification des forces naturelles; puis, à mesure que les sentiments s'élèvent et que les traditions s'accumulent, ils aiment à donner aux héros de leur histoire une place dans leur panthéon. La plupart des « kami » dont on rencontre les sanctuaires ne sont que des hommes divinisés, comme Hercule et Thésée, comme les héros de l'Edda. Mais à travers ces diverses phases on ne sent pas le souffle puissant du panthéisme grec, qui divinise toutes les réalités terrestres et rapproche l'homme de ses dieux en rapprochant les dieux de la terre. L'homme d'Athènes apostrophe volontiers les immortels; ils sont mêlés à sa vie, à ses affaires, il leur promet des récompenses, il traite avec eux, non sans indépendance; il les aime parce qu'ils sont beaux et impérissables, il ne les craint pas.

Ici, au contraire, c'est la peur qui semble avoir dominé l'imagination en travail, c'est par son côté terrible que la nature s'est fait voir aux yeux des hommes; au lieu des tableaux riants de l'Olympe, on se croit transporté au milieu des sombres et muettes divinités de l'Égypte et de la Phénicie. Les dieux créateurs n'ont ni histoire, ni séjour indiqué, ni occupations connues, et ne se soucient ni du monde, ni de ses habitants.

Une chose frappe encore en comparant ces deux manifestations du polythéisme : dans la tradition antique, telle du moins que nous l'ont transmise les poëtes après l'avoir façonnée suivant leur génie, tout est clair, précis, expliqué par des mobiles humains, accompli par des moyens surhumains sans doute, mais non point surnaturels; il n'y a pas de mystères pour l'esprit. Dans le mythe japonais, tout est vague, inconcevable et surpasse l'entendement. Dans l'une, l'homme se sent en communion avec la grande nature, l'*alma mater;* dans l'autre, il se sent écrasé par elle. Là, comme partout, se révèlent l'indécision, l'obscurité des conceptions de l'esprit japonais, cet état d'incertitude, de formation inachevée qui caractérise la langue, la littérature, les pensées de ce peuple impatient de tout savoir, incapable de rien approfondir.

D'ailleurs une conception ne prend forme dans l'imagination des masses qu'à la condition d'y être l'objet d'une certaine émotion; car l'homme ne tient à définir que ce qui le touche. Mais la religion, loin d'émouvoir le Japonais, ne tient aucune place dans ses préoccupations. Si par esprit religieux il faut entendre la contemplation d'êtres supérieurs, juges des actions humaines et la volonté d'obéir à leurs décrets, on peut dire que l'esprit religieux est complétement absent de la doctrine que nous examinons.

La « voie des dieux » n'enseigne rien de plus que le culte des ancêtres; elle ne contient pas de dogme relatif à l'essence des dieux, à la théorie des peines et des récompenses, à l'immortalité de l'âme. Sans doute les empereurs morts deviennent des « kami »; descendants de la déesse du soleil, ils reprennent leur place à côté d'elle, mais en est-il de même des simples mortels? Ni les fidèles, ni les prêtres, aussi ignorants que les fidèles, ni les commentateurs ne peuvent le dire.

S'il ne renferme pas de catéchisme, le « shinto » est encore plus dépourvu d'un code de morale. A part des prescriptions superstitieuses contre l'impureté physique et une classification détaillée des choses impures qui rappelle encore une fois l'Égypte, le croyant ne trouve dans ses traditions que des exemples de « kami » à suivre ou à éviter, mais pas de préceptes de conduite; il y a plus, les savants théologiens du « shinto », car cette étrange religion a eu les siens, en font un mérite à leur croyance.

D'après eux, « les habitants de l'Empire du soleil levant, ayant été créés par les dieux, possèdent naturellement la connaissance du bien et du mal, et font leur devoir par instinct; s'il en était autrement, ils seraient inférieurs aux animaux qui, eux, n'ont pas besoin qu'on leur enseigne ce qu'ils ont à faire. Dans les autres pays qui ne sont pas le domaine spécial de la sage Amatéras, les esprits du mal, ayant trouvé le champ libre, ont corrompu l'humanité, et c'est pour cela qu'il a fallu rédiger un corps de préceptes moraux qu'on a tant de peine à observer. C'est notamment aux vices des Chinois qu'on doit l'inutile fatras de leurs études sur les devoirs. » Ainsi tout Japonais est sûr de bien vivre, s'il consulte son cœur.

Sans s'arrêter au quiétisme satisfait qui ressort d'une pareille théorie, on se demande naturellement ce qui en résulte dans la pratique, et sur quelle base repose la notion du devoir. Il serait curieux en effet de voir à l'œuvre, dans une nation de 25 millions d'hommes, cette morale indépendante au sujet de laquelle se sont livrées tant de batailles; mais c'est un spectacle refusé à nos yeux : le même auteur prend soin de nous le faire savoir.

Voici à peu près son raisonnement: les hommes, créatures divines, font naturellement le bien, parce que l'âge des dieux continue sur la terre et qu'ils n'ont qu'à suivre leur « voie » ; or les dieux ont un représentant permanent, c'est l'empereur. Son esprit est en harmonie parfaite et constante avec sa divine mère; il n'a qu'à écouter sa voix, et au besoin à demander ses conseils pour connaître la vérité sur toutes choses; il suffit donc, pour suivre la « voie des dieux », d'obéir aux volontés du Mikado. Voilà comment l'absence d'une loi morale aboutit à la théorie de l'obéissance passive. Le pouvoir n'est pas seulement la source de l'autorité temporelle et spirituelle, il est encore le représentant de la vérité absolue.

Telle est, en peu de mots, la politique du « shinto »; il est inutile d'ajouter qu'elle n'a pas toujours été respectée, surtout par les grands, qui, dans leurs dissensions perpétuelles, se sont joués de la majesté impériale pendant de longs siècles; mais le dogme n'en est pas moins resté enraciné dans la conscience populaire, au point de supprimer totalement la liberté d'examen quand l'autorité a parlé. On conçoit quelle force le gouvernement des mikados retirait d'une telle doctrine, et l'on s'explique les efforts qu'il fit pour la faire revivre après que l'introduction du bouddhisme et l'usurpation des shogun eut abaissé sa puissance.

On vit alors tant à Kioto que dans la province de Mito, gouvernée par un daïmio ligué avec la cour contre le shogunat, s'élever une école de shintoïstes raisonneurs, dont la tentative fait songer involontairement à celle que l'empereur Julien imagina pour ressusciter le paganisme expirant. Ces théoriciens de la religion nationale s'efforcèrent de la séparer de tous les éléments étrangers, et d'en faire une arme contre le bouddhisme, depuis longtemps établi en maître, et contre les shogun détenteurs de fait du pouvoir administratif.

Ils écrivaient en 1820 : « Notre pays, créé par Izanaghi et Izanami, a donné naissance au soleil, il est gouverné à tout jamais par son sublime descendant, il est par là bien supérieur à toutes les autres contrées dont il tient la tête ; par là ses habitants sont honnêtes et ont le cœur droit, par là ils ne sont pas adonnés aux vaines théories et au mensonge, comme ceux des autres pays, et eux seuls possèdent la vérité sur l'origine de l'univers. »

Ce mouvement plus littéraire que politique ne laissa pas cependant d'ébranler l'autorité des shogun, qui s'écroula définitivement en 1867 sous l'influence d'autres causes qu'on a vues ailleurs. On peut comprendre quel prestige exerçait encore sur les esprits la vieille croyance nationale, quand on vit les soldats aguerris et nombreux du Shogun se débander devant l'oriflamme aux armes impériales. Les troupes coalisées, qui sans cela n'étaient que des rebelles, virent sous cette égide toutes les portes s'ouvrir devant elles. Le gouvernement restauré se garda bien de négliger un si puissant moyen d'action. Toujours préoccupé de rétablir le culte des «kami», au détriment du bouddhisme, il poursuit sans bruit et sans intolérance cette tâche difficile, tantôt grattant les peintures des temples bouddhistes pour leur donner l'apparence des « mya », tantôt réinstallant en grande pompe les emblèmes shintoïstes à la place des idoles étrangères.

Le 17 juillet 1873, une cérémonie de ce genre s'accomplissait au temple de Shiba, l'un des plus fréquentés d'Yédo. Les statues avaient été retirées, et dans la salle vide, sur un autel, on avait placé le miroir et le « gohei ». De tous les points de la ville, la foule s'était réunie par groupes, bannières en tête, traînant divers trophées, entre autres un bateau sur roues richement décoré, et faisant retentir l'air de cris prolongés, musique sans doute la plus agréable aux dieux, car on ne la leur ménage pas ; de chaque groupe se détachaient en arrivant des émissaires, qui allaient remettre aux prêtres réunis dans le temple les offrandes apportées par leur corporation. D'un côté de l'autel se tenaient les prêtres bouddhistes qui cédaient la place, de l'autre les prêtres du « shinto », qui allaient la prendre. Dans la grande cour d'entrée, sur une estrade en plein air des danseurs revêtus de longues robes de cour exécutaient des danses sacrées au son des flûtes de Pan.

Le lendemain, une proclamation annonçait que le temple venait d'être consacré aux dieux créateurs du Japon et particulièrement à Amatéras, déesse du soleil, aïeule de l'empereur, dont on rappelait les bienfaits journaliers, en conseillant de l'honorer et de lui adresser ainsi qu'aux trois autres *kami* la prière suivante : « O vous, grands dieux, ancêtres du ciel, protégez-nous jour et nuit et faites-nous vivre heureux ! Nous nous inclinons avec respect devant vous. » De ce jour, le temple changea d'habitants ; mais les prêtres bouddhistes, qui avaient prêté la main à cette consécration, en eurent sans doute quelque remords, car un mois après, le pétrole coula, si l'on en croit certaines rumeurs, sur les lambris du sanctuaire débaptisé, et en deux heures il fut consumé par les flammes.

Il est peu probable que le « shinto » détrône jamais la religion professée par la grande majorité des Japonais ; il lui manque pour cela un symbole, des dogmes, une morale, tout ce qui fait la vitalité et facilite la propagation d'une croyance religieuse. Après avoir essayé de donner une idée de son caractère et de ses vicissitudes, il nous reste à nous expliquer sur les résultats qu'il a produits relativement à l'éducation du peuple japonais, sur son rôle dans la civilisation indigène ; mais nous ne pourrons déterminer sa part d'influence qu'après avoir étudié les autres croyances qui sont venues se mêler à lui ou le supplanter.

§ 11

LE SIUTO ET LE BOUDDHISME

C'est la destinée du Japon qu'à l'origine de toutes les grandes manifestations de l'esprit national dans les arts, dans les sciences, dans la littérature, dans la philosophie, on retrouve l'imitation étrangère et particulièrement l'intervention de la Chine. Le « siuto » ou doctrine confucienne n'échappe pas à cette loi. C'est au septième siècle de notre ère que la philosophie de Confucius et Mencius (Shoung-tseu et Meng-tseu) s'introduisit avec l'étude des belles-lettres chinoises à la cour de Kioto.

On connaît la doctrine de Confucius, et ce n'est pas lui rendre un hommage exagéré que de la regarder comme le plus bel effort de l'esprit humain dans la recherche de la perfection morale en dehors de toute pensée religieuse. Elle rappelle par là ce que l'école de Socrate nous a laissé de plus sublime. Comme le sage grec qui fut presque son contemporain, le sage chinois se distingue par une confiance imperturbable dans la droiture morale de l'âme abandonnée à sa libre direction; mais en même temps il exige de ses disciples une tension perpétuelle de la volonté et de l'entendement, pour discerner en toute occasion le bien et le mal et conformer leur conduite à la « voie » droite.

Une telle doctrine est nécessairement contemplative; elle ne peut donc être dans sa plénitude que l'apanage d'un petit nombre de moralistes ou de politiques, car il est encore plus souvent question, surtout dans Mencius, des règles d'un bon gouvernement que des devoirs d'un particulier vertueux ; aussi, tout en faisant le plus grand honneur à l'humanité, le confucianisme ne saurait constituer la règle de conduite d'un peuple nombreux et ignorant. En dehors des privilégiés, il ne s'est jamais répandu chez les masses que comme un catéchisme étroit, résumé dans les cinq devoirs : « dsin », vivre vertueusement ; « gi », rendre justice à tout le monde ; « re », être poli ; « tsi », bien gouverner ; « sin », avoir la conscience pure. Admirables préceptes sans doute, mais qui, pour être médités et appliqués aux actions journalières, demandent plus de loisirs que n'en possède le vulgaire.

A cette sagesse si noble et si pure, il manque le souffle vivifiant et enthousiaste qui a répandu dans tout l'univers un livre moins savant, écrit par de pauvres fils de pêcheurs et de charpentiers, la charité. Le philosophe, suivant Confucius, est impeccable, inaltérable, sublime, mais froid et insensible ; sans doute il doit se montrer bienveillant, surtout quand il est assis sur le trône, mais ce ne sera que pour remplir un office de la vie, non pour satisfaire une affection intime et maîtresse. « Aimez-vous les uns les autres ! » Cette parole, que le monde latin, aussi las de ses vertus égoïstes que de ses vices, attendait depuis des siècles, Confucius ne l'a pas dite, le monde oriental ne l'a pas encore entendue, et qui sait s'il n'est pas trop tard pour la lui faire entendre !

L'enseignement moral des écoles chinoises ne pouvait, malgré toute sa grandeur, détrôner une religion qui, tout incomplète qu'elle fût, répondait mieux au besoin de surnaturel qui domine toujours les masses. Il se répandit à la cour, dans les écoles, éloigna beaucoup d'esprits des superstitions grossières du passé et fut l'origine du scepticisme religieux des hautes classes ; mais il ne forma pas un schisme à côté et en dehors du « shinto ».

Il ne prétendait d'ailleurs à rien changer ni à la religion établie, ni à la police de l'État; le respect des traditions, des ancêtres, des pouvoirs constitués, est l'un de ses traits saillants. L'empereur reste aux yeux des philosophes comme aux yeux des croyants, la représentation visible de la divinité sur la terre; lui obéir fait partie des cinq devoirs, et l'on doit non-seulement rendre à César ce qui est à César, mais s'incliner avec vénération devant ses volontés. La libre pensée chinoise s'arrête confondue devant la majesté du trône; il n'y a pour elle d'autre souveraineté terrestre que celle du maître. Le peuple, il est vrai, doit être traité comme une famille par un père tendre; mais, en fils respectueux, il doit toujours et en tous cas obéir.

Malgré cette attitude inoffensive, les rares sectateurs de la « voie » inspirèrent quelque ombrage, lors des persécutions dirigées contre les chrétiens au dix-septième siècle; leurs principes sévères et plus encore leur indifférence pour les cérémonies des divers cultes les rendaient suspects de christianisme, et les faisaient confondre avec les adeptes de cette religion détestée; on les forçait à garder chez eux, comme preuve d'orthodoxie, quelques-uns des emblèmes de la religion officielle; peu à peu leur nombre diminua sous l'empire de la crainte; aujourd'hui les livres de Confucius et de Mencius sont encore enseignés dans les écoles, mais sans plus d'efficacité que les dialogues de Platon ou les traités de Xénophon dans nos lycées.

Comme la doctrine de Confucius, le bouddhisme n'est parvenu au Japon que par l'intermédiaire de la Chine, vers le milieu du sixième siècle. Après avoir traversé dans ce pays même des phases diverses et ne s'y être établi définitivement qu'au cinquième siècle, il parvint en Corée et de là passa au Japon. C'est en l'année 552 après Jésus-Christ (1212 de l'ère japonaise) qu'un prince coréen présenta officiellement à la cour diverses idoles et quelques livres bouddhistes. L'introduction du nouveau culte rencontra d'abord une longue et orageuse résistance; ses adversaires ne manquèrent pas d'attribuer à cette innovation certaines calamités qui à cette époque visitaient le pays. Ils obtinrent même en 585 la liberté de brûler les temples nouveaux qui déjà s'étaient élevés et de jeter les idoles dans les rivières. On montre encore à Osaka un endroit qui aurait été le théâtre d'une de ces scènes de destruction.

Néanmoins la religion nouvelle avait trop d'influence et trop grande était son attraction sur les esprits pour que cette résistance officielle fût durable. Dans la lutte entre deux croyances, c'est toujours en effet celle qui a les formules les plus précises et les symboles les mieux arrêtés qui finit par l'emporter. La doctrine étrangère devait donc triompher des dogmes indéterminés du culte national; elle trouva son apôtre dans Sho-tokù-taishi, qui réussit à la faire consacrer, quoiqu'il n'appartînt pas au clergé. Sa statue se trouve à côté de celle de Bouddha dans presque tous les temples, et c'est un honneur qu'aucun laïque ne partage avec lui (575-624).

Il n'entre pas dans le plan que nous nous sommes tracé de présenter une analyse, même succincte, des origines et des doctrines du bouddhisme qui forment aujourd'hui la croyance de près de 600 millions d'hommes. Il nous suffira de mettre en lumière les points par où il diffère du «shinto» ou se confond avec lui. Ainsi, tandis que l'un, subjugué par l'évidence des phénomènes extérieurs et impuissant à en saisir la loi suprême ou à leur trouver une cause, s'arrête à adorer les effets qu'il divinise et fait de ses dieux des êtres concrets, l'autre, se jetant dans l'extrême contraire, s'élance d'un bond vers la notion de l'absolu, niant la réalité phénoménale, indifférent aux accidents d'un monde fugitif et contingent, et représente l'essence suprême comme purement abstraite et indépendante de ses attributs.

Malgré l'opposition des deux systèmes religieux, nous les verrons plus d'une fois se mêler à tel point, qu'il n'est pas toujours facile de discerner ce qui appartient à chacun d'eux. Ainsi, quoique la théorie bouddhiste ne s'accorde guère avec l'idée d'un paradis, le bouddhisme japonais en admet un « goku-raku » où les âmes de ceux qui ont bien vécu doivent séjourner au milieu de plaisirs éternels en attendant leur absorption dans l'essence absolue. C'est le sort réservé aux tièdes, qui n'ont pas réussi durant leur vie à réaliser le détachement parfait.

Quant aux méchants, ils passent dans un lieu de châtiments « djin-koku », où ils sont tourmentés pendant un temps plus ou moins long et d'une façon plus ou moins terrible, suivant la gravité de leurs fautes. Jemma, juge suprême, examine leurs actions, qui viennent se reproduire dans un grand miroir qu'il tient en main. Toutefois leurs supplices ne sont pas éternels; leurs parents, restés sur la terre, peuvent par leurs prières et par l'intercession d'Amida — le Bouddha japonais — obtenir pour eux une atténuation de peine, et abréger la durée de leurs tourments, ce qui donne un prix inestimable aux sacrifices domestiques consacrés à la mémoire des défunts; leurs âmes passent alors dans les corps d'animaux accusés des mêmes penchants dont ces damnés ont à expier la souillure, serpents, crapauds, insectes, etc..., puis reviennent enfin dans des corps humains et peuvent alors mériter une éternelle félicité. De toute manière l'âme des bêtes, même substance que celle des hommes, émanation, elle aussi, de l'intelligence, jouit de la même immortalité. Il est facile de voir dans ces dogmes une pensée étrangère au fondateur du bouddhisme, greffée sur la doctrine originaire, afin de lui donner une forme saisissable et populaire.

A ne l'envisager que comme une conception indépendante, au sujet du plus grand problème qui s'offre à l'humanité, on ne peut contester au bouddhisme une certaine grandeur, et si l'on songe qu'il a eu pour mission de combattre partout le panthéisme régnant sans partage, on devra reconnaître qu'il a été pour le monde un bienfait plutôt qu'une calamité. Avec Sakya l'homme n'est plus le jouet d'une puissance supérieure ; il se possède, il domine par son intelligence ce monde qui naguère l'écrasait ; ce n'est, il est vrai, que pour en connaître l'inanité, mais que d'orgueil il peut encore concevoir à sonder la profondeur de son propre néant, et, foulant aux pieds des chimères, à s'élever par la force de la pensée jusqu'à la contemplation directe de l'absolu ! Désormais il considère face à face un principe inaccessible ; il se sent plus loin de son dieu, mais il sent son dieu plus haut.

Cet hommage une fois rendu à la beauté spéculative de la religion bouddhiste et à la pureté de sa morale, il faut bien reconnaître qu'elle était peu propre à élever d'une manière efficace la condition spirituelle de la créature humaine. A quoi bon délivrer l'homme de ses superstitions païennes et le faire maître de l'univers, si du même coup cet univers est pour lui dépeuplé, vide, mensonger ? Quel effort tenter désormais en vue d'un résultat terrestre ? A quoi bon le travail, l'énergie, l'action, puisque tout cela n'a pour objet que des fantômes ?

Si la métaphysique indienne est moins accablante que le panthéisme et moins fataliste, car elle réserve la liberté humaine, on peut dire qu'elle renferme la formule du désespoir. Aussi se demande-t-on comment une religion si désolante s'est propagée d'une manière si universelle dans l'Inde, en Chine, au Japon. On peut en donner pour raison la pauvreté des cultes qu'elle a remplacés ;

on sait d'ailleurs qu'une croyance attire cent fois plus de prosélytes par ses séductions qu'elle n'en décourage par ses terreurs.

En ce qui concerne particulièrement le bouddhisme au Japon, il avait pour lui le mérite d'élever la dignité royale et de se trouver d'accord avec les traditions du pays et les visées de la cour. Sakya était de la classe des princes guerriers « kshattriya » et, obligé de s'appuyer sur eux dans sa réaction contre les brahmines, il avait exalté l'autorité temporelle, ce qui devait concilier à sa doctrine l'aristocratie territoriale du daïmio et même entraîner dans le mouvement général certains mikados oublieux de leur origine céleste et prêts à en faire bon marché.

Enfin le « budsdo », — la voie des idoles étrangères, — n'étant qu'un dogme métaphysique accompagné d'une règle morale, sans mythe défini, se prêtait à toutes les alliances avec les vieilles mythologies asiatiques, et c'est ainsi qu'il put s'introduire sans révolution à côté de la « voie des kami ». Il faut par-dessus tout tenir compte de ce penchant à l'imitation étrangère propre au tempérament japonais; aussi la diffusion fut-elle rapide.

Les temples érigés de toutes parts dans l'empire servaient en même temps d'écoles, et pendant le moyen âge japonais (600 à 1400) ce furent des foyers de lumière. Malheureusement le clergé voulut profiter de son influence spirituelle pour gouverner l'État, s'arroger des priviléges exorbitants, notamment le droit d'asile. Les couvents devinrent le refuge des condamnés, des disgraciés politiques, des mécontents et des vagabonds. Peu à peu le clergé même leur ouvrit ses rangs; ces recrues ne lui apportant ni la science, ni les bons exemples, son abaissement moral ne tarda pas à devenir profond, pendant que sa puissance croissante excitait les ombrages des grands feudataires.

A la fin, Nobunaga lui déclara une guerre acharnée et réussit à saper sa puissance politique (xvi° siècle); mais la religion subsista et continua d'offrir ses dignités aux empereurs qui abdiquaient. Les shogun la protégèrent; le testament de Yéyas porte en plusieurs passages la marque de sa sollicitude pour la secte de Yodo, à laquelle il appartenait, et qu'il combla de bienfaits. A l'égard des autres sectes, il proclame la tolérance en conseillant la concorde; l'article 31 des *Cent Lois* porte :

« Grands et petits pourront suivre leur propre inclination en ce qui concerne les dogmes religieux qui ont eu cours jusqu'ici, à l'exception de l'école fausse et corrompue (le catholicisme). Les disputes religieuses ont toujours amené la ruine et le malheur des empires ; elles doivent dorénavant cesser. »

Le conseil n'était pas hors de saison, car le nombre des sectes s'était accru aussi vite que celui des prosélytes, comme il arrive toutes les fois que la persécution n'est pas là pour maintenir entre les coreligionnaires le lien des terreurs communes. On en a compté jusqu'à quatorze principales, dont quelques-unes ont disparu peu à peu. Le trait distinctif de ces diverses sectes c'est d'avoir pour base, non pas une conception différente de la divinité, comme les hérésies de notre moyen âge, mais des règles de morale et de vie sensiblement variables ; c'est surtout dans la théorie de la destinée humaine qu'elles sont en désaccord.

Tandis que celle de « Hosho » enseigne une complète indifférence pour les choses de ce monde, celle de « Gusha » conseille l'empire sur ses passions et ses sentiments; une troisième s'attache à démontrer l'absence totale de réalité dans les choses d'ici-bas :

« La vie n'est qu'un rêve prolongé, les objets ne sont que des ombres trompeuses. »

Quelques-unes ne se distinguent que par les pratiques qu'elles imposent à leurs prêtres ou les prières qu'elles exigent de leurs disciples.

Les trois plus importantes de celles qui survivent sont la secte de Yodo, à laquelle appartenaient les shogun, et qui a le dépôt de leurs tombes, celle de Monto et celle de Shoretzû.

Les prêtres de Yodo s'interdisent le mariage, ils n'ont d'autre nourriture que des légumes, d'autre occupation que de répéter constamment la même prière : « namra Mida Butzu » — je prie Amida, — en s'accompagnant d'une sorte de cloche ronde qu'ils frappent à coups de marteau. Ils professent que pour parvenir à la perfection il n'est pas nécessaire de se livrer à des spéculations philosophiques et que les exercices pieux suffisent ; et certes si on fait résider le souverain bien dans l'abrutissement final, ils semblent fort près d'y atteindre. Ce sont eux qui desservent les temples de Shiba et de Nikko.

Les sectateurs de Monto sont plus larges dans leurs idées, ils permettent le mariage à leurs prêtres et ne s'astreignent à aucun régime ; ils recherchent pour leurs temples des lieux fréquentés au milieu des villes et s'efforcent d'attirer à eux le plus de fidèles possible. Ils se consacrent particulièrement à « Kwannon », la bonne déesse, qui n'exige ni macérations, ni pénitences, ni pèlerinages, ni retraites solitaires, pour assurer aux hommes une place à côté de Bouddha. La prêtrise est chez eux héréditaire, et, à défaut de fils, se transmet au gendre ou à un héritier d'adoption ; ils forment ainsi une sorte de caste qu'on a vue parfois prendre des allures belliqueuses. Leur culte est très-brillant, très-décoratif ; leurs prières sont écrites dans une langue accessible au vulgaire et les fidèles en les prononçant doivent se couvrir la tête, de peur de laisser voir à la divinité quelque mauvais sentiment peint sur leur visage.

La plus violente de toutes ces coteries est celle de « Shoretzù », dont les prêtres s'imposent le célibat et la nourriture végétale; ils pratiquent l'examen de conscience et surtout la reconnaissance pharisaïque pour la Providence, qui ne les a pas fait naître dans une autre foi. Ils sont passionnés pour la controverse, poussent aux dernières limites l'intolérance du langage contre leurs adversaires et recourent plus que tous les autres aux charmes, aux amulettes et aux pratiques superstitieuses.

Ces diverses sectes vivent dans la plus complète mésintelligence et sur le pied d'un mépris réciproque, mais sans essayer en fait de se persécuter ni même de se disputer des catéchumènes, que l'indifférence générale rend de plus en plus rares. Elles vivent irréconciliables, mais elles vivent en paix. Leur caractère commun, c'est de placer « la voie du salut » dans certaines pratiques dévotes plutôt que dans le mérite ou le démérite. Les membres de ce clergé fractionné jouissent d'une réputation universelle d'immoralité; ils se distinguent les uns des autres par des noms et des costumes différents; bien peu comprennent les dogmes de la religion qu'ils représentent.

Ceux qui attirent le plus l'attention, à part les « yamibushi », dont on verra plus loin l'occupation, sont les prêtres mendiants, qui vont de porte en porte tendre leur éventail pour qu'on y dépose une petite aumône. Autrefois leur ordre était le refuge des malfaiteurs. La tête couverte d'une sorte de panier renversé, ils n'avaient à craindre ni la honte qui s'attache à la mendicité, ni surtout les regards gênants de la police; mais l'usage de cette coiffure leur a été interdit, et leur nombre a du même coup sensiblement diminué.

Il existe aussi de véritables moines, vivant dans des couvents, où ils subsistent par la générosité des princes et risquent fort à ce prix de ne pas subsister longtemps.

Les femmes ont aussi quelques congrégations; une statistique relève 6000 nonnes; elles sont rarement de haute extraction, se consacrent à la prière et non aux œuvres de charité. Le monastère est pour beaucoup de femmes malheureuses en ménage, un asile où elles vont attendre que le mari leur accorde la lettre de divorce.

Il n'est pas besoin de faire remarquer combien le bouddhisme a dégénéré depuis son fondateur. Ce qui était d'abord une revendication de l'âme contre la tyrannie des réalités terrestres est devenu une doctrine d'anéantissement volontaire et d'affaissement intellectuel; les préceptes de haute morale, d'examen de soi-même ont cédé la place à des observances compliquées et puériles. Les jeûnes et les préjugés sur l'impureté de certaines substances, qui pouvaient avoir leur motif sous le soleil des Indes, ont pris une place prépondérante et sont devenus matière de foi, en cessant d'être observés comme de simples règles d'hygiène. Les rites ont remplacé les maximes. Un culte surchargé de cérémonies insignifiantes a envahi la pensée religieuse et l'a, pour ainsi dire, pétrifiée dans d'étroites formules. La superstition des masses et l'ignorance des prêtres ont fait le reste, et l'une des plus hautes aspirations spiritualistes s'est abîmée dans les mesquins détails de la liturgie.

Il suffit du reste d'assister à un office de la secte de Yodo, par exemple, pour comprendre l'attrait que la pompe extérieure du culte exerce sur l'imagination populaire. Au fond du temple s'élève la statue de Bouddha, assis dans la posture connue; à ses côtés, les images des plus célèbres de ses apôtres; des cierges sont allumés, et les prêtres, revêtus de riches chasubles de soie brodées d'or, psalmodient des hymnes alternés, au son du gong.

Leur chant monotone a je ne sais quelle tristesse mystérieuse qui berce l'âme comme dans un rêve; l'impression qu'on ressent rappelle un peu celle qu'exercent les cérémonies du culte catholique, avec lequel on retrouve à chaque instant des analogies frappantes. Le bouddhisme s'est jeté dans la voie opposée au « shinto », et par besoin de réaction a exagéré son propre caractère; tandis que la religion indigène était trop nue, il s'est fait trop rituel et a noyé la piété dans les représentations théâtrales.

Cependant le clergé ne se borne pas à ces exhibitions grossières, et certaines sectes y joignent encore la prédication. Le sermon est généralement très-populaire; destiné à de pauvres esprits, il cherche moins à être éloquent qu'à être intelligible, et dans ce dessein ne se fait pas faute d'exemples tirés soit des livres sacrés qui fournissent le texte du prône, soit de l'histoire ou du roman; souvent il est tout en paraboles.

Le prédicateur est à peine monté en chaire, ou plutôt assis derrière son pupitre, qu'il entame une anecdote. « On ne doit jamais, dit, par exemple, l'un d'eux, oublier les relations sociales basées sur celles du ciel et de la terre, car les événements les plus fâcheux pourraient en résulter; pour vous le montrer, je vais vous dire une amusante histoire.

Il y avait une fois dans ce pays un jeune homme beau, bien fait et plein d'esprit; il n'avait qu'un seul défaut: c'était une détestable mémoire. Il était parvenu fort heureusement jusqu'à l'âge de dix-sept ans, quand son père voulut le marier. On trouva un parti à sa convenance, les formalités furent remplies, le jour des noces arriva et l'on procéda à la fête nuptiale. Le jeune mari et sa fiancée se réunirent avec leurs amis, les coupes circulèrent, et les mets furent vigoureusement attaqués au milieu de l'allégresse générale. L'époux donnant lui-même l'exemple avala coupe sur coupe jusqu'à ce qu'il eût bu tout ce qu'il pouvait boire, après quoi les invités se retirèrent, et les deux jeunes gens restèrent seuls. Or remarquez ce qui résulta de son défaut de mémoire. En jetant les yeux autour de lui, il aperçut la jeune fille assise au milieu de la chambre et fut saisi d'étonnement.

— Qui êtes-vous? dit-il.

— Je suis votre femme, je pense!

— Ma femme! Mais je ne me souviens pas d'avoir été marié : tout ce dont je me souviens, c'est que plusieurs de mes amis sont venus, que je leur ai offert un repas, et que j'ai bu pas mal. De grâce, pouvez-vous me dire pourquoi me voilà vêtu de mes plus beaux habits?

— Ma foi, je n'en sais rien, dit la jeune femme, qui était également affligée d'une mauvaise mémoire, peut-être ferions-nous bien de nous renseigner.

Ils tombent d'accord d'aller consulter leurs parents chacun de son côté. Le mari court à la chambre de son père :

— Mon père!

— Qu'y a-t-il?

— Il y a une étrangère chez moi, qui prétend qu'elle est ma femme, avez-vous quelque connaissance de cela?

— Non. Je ne me rappelle rien de semblable.

Vous voyez qu'il n'avait pas plus de tête que son fils. Les voilà donc fort embarrassés. Pendant ce temps, la mariée était sortie pour interroger ses parents; mais en chemin elle oublie où ils demeuraient. Elle interpelle un porteur de « kango » qui passait par là :

— Holà! seriez-vous assez bon pour me dire où je demeure?

— Veuillez me faire grâce de vos plaisanteries, repart l'autre.

— Mais vraiment je l'ai oublié.

— Eh ! comment le saurais-je, puisque vous l'ignorez ? Et, passant son chemin, il la laissa au milieu de la rue. N'était-ce pas là une jolie situation pour un jeune couple ! Et tout cela parce qu'ils étaient oublieux ! Vous riez, et je vois que mon histoire vous divertit, et certes il n'est que ridicule d'oublier son propre mariage, si l'on observe les lois de la morale : il n'en résulte pas grand malheur ; mais qu'arriverait-il, je vous le demande, à celui qui oublierait ainsi les principes du ciel et les devoirs de la terre ? Serait-ce aussi plaisant ?

Un autre raconte plus longuement encore comme quoi une femme d'Osaka trompait son mari et se laissa pousser par son complice Isaburo à l'empoisonner ; lui mort, elle subit plus que jamais l'ascendant de cet homme, qui la ruinait. Son fils, voyant les violences dont elle souffrait, sans connaître la faute qui en était l'origine, résolut de débarrasser sa mère d'un tel tyran. Un soir que celui-ci était venu coucher chez eux, il se dirigea vers la chambre qui lui était réservée, et, voyant une personne endormie sous la moustiquaire, lui enfonça son poignard dans le cœur, puis courut à la chambre de sa mère pour lui annoncer qu'il l'avait délivrée ; mais l'appartement était vide, il courut au cadavre et reconnut trop tard que c'était sa propre mère qu'il avait tuée, tandis qu'Isaburo était déjà reparti. Conclusion : « Le ciel punit les méchants qui le bravent, et nous devons nous conformer à ses décrets. »

Malgré sa mise en scène un peu mélodramatique, comme on voit, la morale de ces discours est irréprochable, mais froide et souvent désolante comme on peut le voir dans quelques citations :

« Il est inutile, de venir adorer la divinité et affirmer votre foi, si vous n'avez pas la vérité au fond du cœur, car elle ne recevra vos offrandes qu'à ce prix.

On ferait mille « ri » pour se débarrasser d'une difformité corporelle qui ne vous gêne pas, on ne fait rien pour se corriger d'un défaut.

Le sort de l'homme est incertain : il court sans cesse hors des routes tracées. Pourquoi aller admirer les fleurs et vous enivrer de leur beauté ? A peine rentrés, vous sentez toute l'inanité de vos plaisirs ! Pourquoi toujours désirer ? Vous voulez voir ceci, vous voulez voir cela ; vous voulez manger des mets recherchés, porter de beaux vêtements ; vous passez le temps de la vie à souffler vous-mêmes sur les flammes qui vous consument.

Il est écrit : « J'ai été amoureux des fleurs, elles se sont épanouies et desséchées, ô tristesse ! » A votre tour, songez à cette terrible pensée : combien le volubilis est brillant de fraîcheur ! et cependant dans l'espace d'un matin il ferme sa corolle et se flétrit.

Les livres sacrés nous apprennent qu'un certain roi vint un jour dans ses jardins pour s'y amuser et réjouir ses yeux de la beauté des plantes. Au bout d'un moment, le sommeil le prit ; pendant qu'il dormait, les femmes de sa cour vinrent mettre le parterre au pillage ; quand il s'éveilla, de toutes ces fleurs qui faisaient sa joie, il ne restait que des tiges et des pétales brisés. A cette vue, le roi s'écria : — Les fleurs passent et meurent ; il en est ainsi des êtres humains. Faits pour naître, vieillir, souffrir et périr, nous sommes aussi passagers que l'éclat de la flamme, nous nous évanouissons comme la rosée du matin !

Songez donc combien la mort est proche ! N'est-ce pas pitié que, durant cette vie si courte, les hommes se consument au feu des vains désirs, et comment y échapper autrement que par les divins enseignements de Bouddha ? »

Telle est la conclusion désespérante de tous les moralistes : ce n'est pas aux choses de ce monde qu'il faut nous attacher, elles nous trompent, elles n'ont pas plus de réalité qu'un songe et sont fugitives comme lui.

« L'odeur et la couleur s'évanouissent ; sur la terre qu'est-il de durable ? Je n'ai fait que passer et déjà elles n'étaient plus. »

Ainsi parlent les quatre vers qui contiennent le premier alphabet de l'enfance. Détachons-nous donc de ces fantômes passagers. Tout effort est maudit, s'il n'est point fait sur nous-mêmes, pour nous connaître et nous absorber dans la contemplation de Bouddha, pour laquelle ce n'est pas trop d'une vie si courte. Qu'importe le monde extérieur? Respectons l'autorité, rendons à César ce qui est à César; bénissons le monarque qui veille sur ses enfants et à qui seul incombe le soin de pourvoir à leur existence, tandis qu'eux se livrent à la prière.

« Vous dites : ma maison, ma femme, ma fille ; mais rien de tout cela ne vous appartient que grâce à la vigilance du gouvernement ! »

Ainsi, glorifiant la pureté du cœur, mais condamnant la vertu active et passant sous silence la charité, qu'elle ignore, la morale bouddhiste, en s'efforçant de peupler le monde d'ascètes, s'expose à le couvrir de paresseux.

Ce n'est pas impunément que l'homme se détache des objets naturels de son ambition et qu'il fuit la peine qui n'emporte pas sa récompense. Sans doute l'instinct, plus fort que les doctrines, le ramènera à la recherche des richesses et du bien-être; mais ces biens d'un ordre supérieur, qui ne sont que l'ornement de la vie, la gloire, la liberté, la joie des grands devoirs accomplis, à quoi bon les conquérir, si la vie qu'ils doivent embellir n'est elle-même qu'un rapide temps d'épreuves, et si leur poursuite pénible et douteuse doit elle-même nous détourner du grand résultat final et de la véritable sagesse? Le croyant se courbe alors sous le poids de l'existence, attendant le néant comme une délivrance et s'abandonnant ici-bas sans combat à la fatalité, qu'elle s'appelle misère, peste, injustice ou despotisme.

§ III

LES CROYANCES POPULAIRES

Nous avons dû indiquer la diversité d'origine et d'enseignements des principales croyances qui se partagent le Japon; mais ce serait se faire une idée très-fausse de l'état du pays que de se le représenter comme divisé entre deux religions ennemies, formant des partis en guerre ou même en hostilité. Il peut se rencontrer des sentiments de ce genre parmi les membres du clergé de part ou d'autre; mais pour la masse de la nation, les distinctions théologiques n'existent pas, soit qu'elles échappent à sa légèreté, soit que la curiosité publique ne s'y arrête pas.

Chacun honore à sa façon ses dieux de prédilection, sans trop s'inquiéter de savoir s'ils sont nés au Japon ou venus de l'Inde, et plus d'un fidèle, si l'on peut employer ce mot, là où manque toute ferveur, va porter alternativement son culte aux « kami » ou aux idoles étrangères, sans même se douter de ce singulier cumul.

Cette confusion a sa cause dans une sorte de compromis imaginé par un prêtre qui vivait au ixe siècle. Ayant compris que le bouddhisme rencontrerait une longue résistance parmi les sectateurs des anciennes traditions nationales, Kobodaishi, qui se donnait pour une sorte de prophète inspiré, révéla à ses compatriotes qu'en réalité les deux religions n'en faisaient qu'une, que l'âme de Bouddha avait émigré dans le corps de la déesse Amatéras, et qu'il n'y avait rien de contradictoire à être un adorateur des « kami » et un sectateur de Sakya.

Dès lors le vieux « shinto » originaire perdit presque tous ses adhérents, et c'est à peine si aujourd'hui on en retrouve sous le nom de « suitsu » quelques groupes épars dans certaines provinces; les « kami » changèrent de nom et revêtirent les attributs et les légendes des héros divinisés dont le culte indien s'était chargé à travers les âges.

On vit alors s'opérer un de ces amalgames fréquents dans les croyances populaires, semblable à celui qui signala le contact du paganisme barbare avec le paganisme romain. Le clergé bouddhiste ouvrit ses temples aux dieux japonais ; comme le sénat enfermait au Capitole les dieux des provinces conquises, il les débaptisa et les adopta. Amatéras devint Amida ; du héros Yamato, on fit Hachiman, dieu de la guerre ; les légendes cosmogoniques et la mythologie furent habillées à la façon indienne. Cette doctrine de transaction se répandit rapidement.

Aujourd'hui toutes ces idoles vivent côte à côte, adorées quelquefois dans le même temple par des prêtres d'ordres différents et confondues dans un même culte par une population insouciante et ignorante de leur origine. L'esprit public ne fait pas entre eux plus de distinctions qu'un habitant du Latium n'en devait faire entre Vénus mère des Romains, Minerve fondatrice d'Athènes et Bacchus conquérant de l'Inde, tous enfants d'un même père nés sous des cieux différents.

C'est en effet dans la classe populaire, toujours prompte à confondre dans une idée générale des notions d'origines diverses, que l'on est amené à étudier les manifestations extérieures de la religion. Il serait inutile de les suivre parmi les classes nobles qui ne forment qu'une faible minorité, et qui, sous une enseigne généralement bouddhiste, sont vouées au scepticisme pur.

Quoique les statistiques de l'empire relèvent 128 000

« mya » shintoïstes contre 98 000 « tera » bouddhistes, on se tromperait en attribuant aux adhérents du premier culte la majorité numérique. Leurs sanctuaires ne sont la plupart du temps que de petites chapelles où quelquefois l'on ne peut même pas entrer, perdues dans un bosquet solitaire ou à un carrefour de chemin, vides et abandonnées ; il faut d'ailleurs tenir compte de la tendance des statisticiens du gouvernement à grossir le chiffre des partisans de la religion qu'il encourage.

On aura une idée plus exacte en comparant le nombre des prêtres bouddhistes signalés par le même document, — 75 000, plus 57 000 novices, — avec celui des desservants de « mya » ou « kannushi », qui se borne à 20 000. Le recensement individuel de chaque secte serait difficile à faire : beaucoup de gens interrogés auraient peine à dire exactement à quelle catégorie ils appartiennent.

En réalité, sous des dénominations diverses, c'est l'idolâtrie indienne qui règne. La doctrine de Sakya s'est altérée et corrompue en grandissant ; elle n'est arrivée au Japon que suivie d'un imposant cortège de divinités secondaires, auxquelles il faut ajouter des saints, des apôtres restés célèbres par leur sagesse et leur piété. Une religion toute spirituelle dans l'esprit de son fondateur s'est déformée, en pénétrant chez des races vouées au fétichisme, sous l'action de cette tendance universelle des peuples à matérialiser leur idéal. De même que le christianisme, en se propageant chez les barbares au moyen âge, y a rencontré des superstitions dont il a longtemps porté et laborieusement effacé l'empreinte, le bouddhisme a été superstitieusement suivi par une population païenne qui l'a façonné à son goût et à la mesure de son intelligence. Il a été plutôt vaincu par la crédulité qu'il n'a conquis l'âme religieuse de la nation.

Ce serait une étude ingrate qu'un dénombrement complet des 30 000 habitants du panthéon japonais. C'est à peine si l'on peut fixer approximativement le nombre des déités de divers ordres qui ont, suivant leur rang et l'efficacité de leur intervention, une plus ou moins grande quantité de temples et d'adorateurs. Chaque secte a ses préférés ; chaque province, chaque ville, chaque lieu célèbre, a son patron, son dieu de prédilection, les uns participant franchement de la nature divine, les autres regardés seulement comme des mortels parvenus à la suite d'une vie exemplaire à l'état de « hotoké », c'est-à-dire bienheureux replongés dans le « nirvana »; ces derniers sont ceux qu'on prie avec le plus de zèle pour en obtenir des bienfaits généralement très-temporels.

Parmi les premiers, voici d'abord Tai-shaku-sama, — empereur des cieux —, portant un globe dans la main gauche et protecteur de la vie humaine et terrestre.

Marishi-ten-sama, — patron des étudiants et des apprentis, — pourvu de trois faces et de six bras et assis sur un sanglier au galop.

Kangi-ten-sama, — joie céleste, — représenté jadis par deux figures qui s'embrassaient en souvenir d'Izanami et Izanaghi, créateurs du Japon.

Fudo-sama, assis au milieu des flammes, tient d'une main un glaive et de l'autre une corde pour châtier les méchants et lier les voleurs.

Funadama est la protectrice des voyageurs et des marins ; elle a son petit autel dressé dans chaque jonque.

Kompira-sama est l'un des plus populaires parmi ces dieux et réunit sur sa tête plusieurs légendes d'origines diverses ; sa statue est pourvue d'un nez colossal ; le dixième jour de chaque mois, ses temples se remplissent de postulants et surtout de postulantes qui viennent lui demander des succès de différents genres, sous la promesse de s'abstenir de certaine nourriture pendant un temps donné. Son séjour est généralement gardé par un démon des plus terribles, Tengu-sama, qui, semblable aux kabyres de Thrace, habite les solitudes et défend aux profanes l'approche des montagnes saintes.

Kishi-mojin-sama n'est autre qu'un croquemitaine femelle dont on effraye les enfants avec une aussi sotte insistance que partout ailleurs.

A l'entrée des grands temples, dans deux niches de chaque côté de la porte, on ne manque jamais de rencontrer deux idoles debout, de contenance farouche; l'une, peinte en rouge, a la bouche ouverte et représente le principe mâle; l'autre, peinte en vert, ferme la bouche et représente le principe femelle, deux créations empruntées à la métaphysique chinoise. Cette figuration symbolique fait honneur, comme nous le faisait un jour remarquer un guide, à la retenue des dames du Céleste-Empire; c'est plutôt l'attitude inverse que le principe femelle devrait prendre au Japon. Les pèlerins qui viennent visiter les temples ont coutume de déposer leurs sandales de paille dans la niche de ces féroces gardiens et quelquefois même on en fait fabriquer, à leur intention, de dimensions colossales.

Viennent ensuite sept « kami », regardés comme les protecteurs spéciaux de l'empire des dieux, que la peinture et la statuaire reproduisent à satiété avec des attributs invariables, et qui sont familiers à quiconque a déroulé des « kakémono » ou regardé des boîtes de laque venant du Japon. Ce sont : Bishamon, patron des soldats, tout cuirassé, le casque en tête, la lance au poing, tenant dans la main gauche une petite pagode où sont renfermées les âmes des dévots qu'il est prêt à défendre.

Ben-ten, la déesse des arts et de l'habileté, sorte de

Mercure femelle, très-cultivée par les femmes, les marchands et les gens nombreux qui cherchent le plaisir. On la représente la tête ceinte d'une couronne d'or, jouant du biwa, sorte de mandoline à quatre cordes, et accompagnée de serpents dont elle est la protectrice; aussi ses adorateurs se gardent-ils de tuer ce reptile.

Daikoku, dieu des richesses et du commerce, se présente un maillet à la main, assis sur des sacs de riz.

Yébisu est une personnification de Suzan, qui, chassé du ciel, se réfugia chez les marins dont il est le patron; il tient à la main une ligne à laquelle est suspendu un énorme taï, avec lequel il s'amuse à agacer une grue.

Fukuroku-jïu est un grand vieillard au front chauve et démesurément haut, à barbe blanche, qui s'appuie sur un bâton de voyage; c'est le dieu de la longévité.

Hotei, protecteur des enfants, porte sur le dos un sac rempli de friandises pour ceux qui sont sages, et autour de la tête des yeux qui voient de tous côtés ceux qui ne le sont pas.

Enfin Juro, monté sur un cerf et dieu de la prospérité, complète ce groupe populaire.

On en use assez légèrement avec ces dieux moitié souverains, moitié bouffons; il n'est pas d'irrévérence que la fantaisie des peintres ne se permette à leur égard: tantôt ils trônent en se tenant les côtes au milieu des nuages, tantôt ils se livrent sur un bateau en dérive à une orgie pleine d'abandon; leur troupe joyeuse fait penser aux fameux éclats de rire de l'Olympe.

Il faut nommer après ceux-là Inari-sama qui protége l'agriculture; c'est une sorte de dieu Pan, qui a un petit sanctuaire dans chaque propriété rurale, reconnaissable à son « tori » peint en rouge et gardé par deux renards de pierre qui se font face. Il a en effet les renards pour serviteurs dévoués, ainsi que le serpent; sa fête au second mois est une des plus bruyantes dont retentissent les environs d'Yédo.

On honore encore sous le nom générique d' « hotoké » les saints qui ont échappé par une vie exemplaire à la loi de la résurrection. Au premier rang est Amida Butzu, ou Bouddha, ou Amatéras, plus connu sous le nom de Dai Butzu. Sa statue en pierre ou en bronze le représente, en général, assis, les jambes croisées, la tête légèrement penchée en avant, les yeux ouverts, mais le regard noyé dans une vague rêverie; il a une verrue caractéristique entre les sourcils, à la naissance du nez. Quelques-unes de ces statues, notamment la représentation colossale qu'on voit à Kamakura, ont une admirable expression d'impassibilité.

Shotokutaishi est représenté dans les temples à côté de Bouddha, dont il propagea la doctrine. Sakyaniorai n'est autre que le fondateur du bouddhisme, la dernière incarnation de l'intelligence suprême. On connaît les peintures et les tapisseries qui représentent sa mort : le saint est étendu sur une sorte de lit de parade, que les profanes comparent irrespectueusement à une table de billard; autour de lui, ses fidèles disciples en larmes, et des représentants de toutes les espèces animales, mènent le deuil universel de la nature; le chat seul est absent. Un conte des faubourgs veut qu'à son lit de mort le révélateur ait envoyé un rat chercher le remède qui devait le sauver; le chat ne put s'empêcher de happer le rongeur au passage; le remède n'arriva pas à temps, et le chat fut exclu pour avoir causé la mort du sauveur du genre humain.

Nommons encore Yemma, le Rhadamante bouddhiste; mais il est temps d'arrêter cette énumération; le lecteur aurait peine à nous suivre à travers les Go-hiaku-Rakkan — 500 saints — exposés dans un seul temple à Yédo, et ce ne sont pas les seuls.

Les temples consacrés à ces divers cultes couvrent le Japon d'un bout à l'autre, sauf dans l'île de Yéso, où l'on n'en voit pas, même dans la prétendue capitale qu'on a entrepris, sans succès, d'y bâtir. On a déjà vu en quoi consiste le « mya » du pur shinto; quant aux « tera », ils affectent différents styles suivant la secte à laquelle ils appartiennent. Ceux de Monto, précédés d'un lourd portique à deux étages, ressemblent à de vastes halles où le public va et vient; ceux de Tendai, qui ont pour type les monuments élevés à Nikko pour recevoir les cendres de Yéyas, sont d'un genre plus grandiose et plus recueilli.

Presque toujours ces monuments sont construits au penchant des collines, au milieu des plus beaux arbres de la contrée, précédés, entourés, encadrés d'érables aux tons resplendissants. L'architecture en est ingénieuse, mais absolument uniforme pour chaque genre donné, et dépourvue de cette inspiration religieuse qui semble avoir élevé nos cathédrales. La masse énorme du toit s'appesantit sur des piliers disproportionnés; on se sent littéralement écrasé quand on entre dans ces basiliques; en revanche l'ornementation en est merveilleuse de richesse et de délicatesse.

Ce qui fait le plus d'honneur aux artistes japonais en cette matière, c'est le goût avec lequel les emplacements sont choisis et les dépendances étagées dans les pentes verdoyantes. On retrouve là cette science et cette adoration instinctive de la nature qui donnent la vie à tout ce qui sort de leurs mains. Toutes ces constructions coûtent fort cher, et l'on s'étonne de les voir s'élever au milieu d'une population pauvre. Les offrandes des fidèles et les quêtes à domicile qui sont fréquemment pratiquées par les prêtres ne suffiraient pas pour y subvenir; les plus beaux sanctuaires ont été bâtis par les daïmios, les shogun ou les mikados. Ceux qui sont entourés de cimetières — et ils sont innombrables — sont entretenus par les familles des morts qu'ils protègent; mais l'incendie fait des ravages constants dans ces charpentes de sapin. Que de terrains déserts là où s'élevait jadis un temple célèbre !

On les reconstruisait autrefois, et ceux de Kioto, par exemple, ont presque tous eu un deuxième ou un troisième fondateur à des dates connues ; on ne songe plus aujourd'hui à les rebâtir, et leur place, quand elle ne reste pas vide, est occupée par des usines, des casernes et des magasins. Si l'on tient compte en outre de la fragilité des matériaux, qui réclament un perpétuel entretien, et de l'appauvrissement du clergé, qui n'y peut suffire, on peut dès à présent entrevoir l'époque où le Japon ne conservera plus un seul vestige de ses monuments religieux.

Nous avons dit un mot des offices qui se célèbrent dans quelques-uns de ces temples. Le clergé seul y prend part; lui seul approche des autels. On voit bien de temps en temps arriver une femme ou un jeune homme qui frappe dans ses mains, s'incline légèrement, frappe de nouveau, jette une petite pièce de cuivre dans un vaste tronc et s'en va; mais il n'y a point de prières en commun auxquelles les fidèles se donnent rendez-vous. La courte oraison du visiteur consiste à demander au dieu de l'endroit telle faveur spéciale dont il dispose, ou le plus souvent à se recommander à lui d'une manière générale.

Quelquefois aussi on vient faire un vœu, ou déposer en *ex-voto* un petit tableau, une mèche de cheveux; il y a un temple près d'Yédo où, de tous ces cheveux, on a fait un gros câble long de plusieurs mètres; mais la prière en tant qu'hommage rendu à un être supérieur, la méditation recueillie de l'âme devant l'infini, l'élan de la créature vers son créateur, n'ont pas leur place dans les habitudes des laïques les plus dévots. Ce sont les biens de la terre qu'on vient demander aux dieux et les biens parfois les plus profanes. En beaucoup d'endroits les prêtres se chargent eux-mêmes de distribuer des prières tout imprimées, que les postulants n'ont plus qu'à mâchonner pour les lancer sous forme de boulettes à la figure de l'idole, séparée d'eux par une balustrade, et quelquefois couverte en entier de ces trophées d'un nouveau genre. En résumé, le culte intérieur et individuel n'existe pas.

Le véritable culte consiste dans les fêtes auxquelles, à des jours marqués par le calendrier, on se livre en l'honneur de chaque « kami ». Le temple prend alors l'aspect d'un champ de foire ; les petites boutiques en plein vent, les maisons de thé faites de quelques châssis mobiles, les montreurs de bêtes, les marchands d'amulettes, les diseurs de bonne aventure, prennent possession de tous les abords du temple. On y donne, sur une estrade disposée à l'avance, une représentation burlesque dont le sens symbolique échappe absolument aux spectateurs, et pendant plusieurs jours de suite la foule s'amuse « à brides avallées ». C'est ce qu'on appelle « un matsuri ». Les plus fêtés sont ceux où les idoles, revêtues des plus brillantes parures, sortent montées sur des chars à bœufs ou traînées à bras d'homme, accompagnées d'un orchestre de tambours, de gongs, et parcourent les rues de la ville au milieu d'un long cri poussé à pleins poumons sur une seule note de tête par trois cents personnes, depuis le lever du jour jusqu'au coucher du soleil.

Il semble qu'on soit transporté au milieu des *ambarvalia*, des Lupercales ou des mystères de Cybèle, et si jamais l'antiquité a pu prendre aux yeux d'un moderne un caractère de réalité frappant, c'est en présence de ces exhibitions plébéiennes auxquelles il ne manque absolument que les sacrifices solennels pour compléter la ressemblance.

Quelquefois les dieux se déplacent pour plusieurs semaines et viennent dans un temple provisoire recevoir les hommages ou plutôt présider aux amusements de la foule ; pendant ce temps, ils sont censés absents de leur séjour habituel. Au mois de mars 1873, faisant une excursion à quelques journées d'Yédo, je m'étonnais de ne pas obtenir d'œufs dans un premier, puis dans un second village ; j'appris à la fin que Fudo-sama, patron de tout le district, était en villégiature à Yédo pour quarante jours et que tous les œufs du pays devaient lui être portés sans exception. Voilà un carême bien rigoureux et qui, par une coïncidence bizarre, tombe juste à l'époque du nôtre.

Plus que toutes ces cérémonies, aujourd'hui tant soit peu négligées et peu encouragées par l'État, ce qui donne au Japon religieux son originalité, ce sont les pèlerinages aux lieux célèbres. Chaque dieu a sa contrée de prédilection, sa patrie pour ainsi dire, où il est d'usage pour ses adorateurs de se rendre à des époques marquées. Ces excursions, qui ont le mérite d'être exemptes de toute pensée politique, ne sont pas toujours dépourvues d'une pensée pieuse ; mais avant tout elles répondent aux goûts voyageurs des Japonais, à leur curiosité des beautés naturelles et à la facilité de la vie en voyage pour qui n'a d'autre bagage que son bâton, un vaste chapeau de paille et un morceau de papier huilé en guise de parapluie.

Le plus renommé de ces pèlerinages est celui d'Isé, où l'on va admirer le plus ancien des temples du shinto et d'où l'on ne manque jamais de rapporter des amulettes pour soi et ses amis. Le Fusi-yama, la montagne sainte qui plane si majestueusement sur la baie d'Yédo, reçoit annuellement des milliers de visiteurs, qui ne se laissent pas rebuter par les fatigues de l'ascension ; à Narita, on va rendre hommage à Fudo-sama ; à Nikko, on vient saluer la grande ombre du premier shogun divinisé. Ces voyages sont quelquefois entrepris pour expier quelque gros péché, ou pour assurer le repos éternel de quelque parent, ou en exécution d'un vœu, mais bien plus souvent pour satisfaire une fantaisie. Du reste, les gros bataillons de pèlerins sont fournis non par les laïques, mais par une catégorie de moines errants qu'on appelle « yama-bushi » et dont la vie se passe à voyager de temple en temple, quoiqu'ils reconnaissent Fudo-sama pour leur patron spécial. Leurs observances relativement à la nourriture sont très-rigoureuses et leur dévotion pousse loin le scrupule, comme on pourra en juger par le fait suivant :

A la fin de juillet 1875, je me trouvais au bord du lac de Tsusendji, situé à environ 1100 mètres au-dessus de la mer, dans un massif montagneux de toute beauté, dominé par le pic volcanique qui porte le même nom. Je comptais y passer paisiblement la canicule et m'étais installé dans l'unique auberge que possède le petit village occupé en temps ordinaire par une vingtaine d'habitants; mais j'avais compté sans mon hôte : trois jours avant la fin du mois, il vint m'avertir qu'il ne pourrait plus me loger à partir du 1er août, par suite de l'arrivée des pèlerins. Fort peu soucieux de déplacer mon campement, j'objectai que je payais mon écot tout comme un autre et même suivant un tarif beaucoup plus élevé; vaines raisons ! J'offris de doubler le prix de la location, non ; de tripler, quadrupler, décupler; rien n'y fit ! Il refusa 50 francs par jour. Enfin, poussé à bout, il finit par m'avouer, non sans protestations comiques de respect, que si les pèlerins à leur arrivée voyaient un étranger chez lui, non-seulement personne n'entrerait dans son auberge, mais qu'elle serait en outre irrévocablement profanée à leurs yeux et abandonnée à jamais dans la suite.

Or, après avoir passé un examen consciencieux et détaillé de toutes les souillures qui pouvaient résulter de la présence d'un misérable pécheur comme moi, j'obtins la conviction que la principale provenait des truites que je me faisais acheter dans les environs et de quelques conserves de viandes apportées avec moi, sans parler d'omelettes fort peu orthodoxes. L'homme eut satisfaction, je lui évitai un discrédit irréparable en portant mes pénates à trois lieues plus loin; mais je ne manquai pas de revenir pendant la durée du pèlerinage, qui a lieu du 1er au 7 août, et qui, à raison de 1500 personnes par vingt-quatre heures, amène environ 9000 ou 10 000 individus.

Le spectacle était des plus curieux : ce petit village, si calme quelques jours auparavant, était plein de monde; dans le sentier qui y conduit, dans les maisons, dans le temple de Gongen-sama qui s'y élève, se pressait une foule d'hommes complétement vêtus de blanc, le bâton à la main, le large chapeau pendu dans le dos, quelques-uns portant au cou ou à la ceinture un scapulaire, insigne d'une dignité hiératique; c'étaient les « yama-bushi ». Les baraques, auparavant désertes, assez vastes pour loger un régiment, qui s'étageaient sur le flanc de la montagne, s'étaient remplies ; les cuisines, trop petites, dégorgeaient dans la rue, et de toutes parts la fumée et la vapeur des bassines de riz se mêlait au brouillard fréquent à cette altitude.

Dès leur arrivée, les groupes mettaient habit bas et allaient se plonger dans les eaux glaciales du lac ; là, après s'être purifiés, ils se tenaient debout dans l'eau, et, tournés vers le nord, les mains jointes, récitaient à haute voix et à l'unisson une prière que je ne pus me faire expliquer ; c'est le seul acte d'adoration vraiment émouvant que j'aie vu au Japon ; ils se rendaient ensuite au bureau des logements établi par le grand prêtre de Gongen, où leur était délivré un permis de loger et un bon de nourriture, le tout aux frais de la famille de Tokungawa, dont le chef a son temple à Tsusendji. A peine réconfortés d'une tasse de riz, ils s'élançaient vers la montagne haute encore de 900 mètres au-dessus de leur tête, regardant d'un air farouche la sacoche pendue à mon côté ; que fût-il advenu de moi, s'ils y eussent découvert l'excellent déjeuner de mardi gras que j'allai absorber à l'écart?

L'ascension ne présente, comme j'ai pu m'en assurer plus tard, d'autre difficulté que la fatigue, mais elle est considérée comme fort périlleuse, car Tengu, le féroce gardien des montagnes, en défend l'approche à ceux qui n'ont pas le cœur pur. Il y a, paraît-il, chaque année des cas de mort de ce genre ; je vis pendant que j'étais là rapporter deux malheureux sur lesquels s'était appesanti le bras du dieu. Quant à moi, lorsque j'entrepris d'y grimper avec un de mes amis, longtemps après le pèlerinage, le prêtre gardien du lieu me menaça des plus fâcheuses aventures. Au sommet, nous ne trouvâmes qu'une toute petite niche fermée, et sous nos pieds le précipice à pic d'un ancien cratère. Le soleil se levait radieux, colorant de ses teintes roses les cimes des montagnes voisines ; à travers les brumes qui s'élevaient des vallées, le lac merveilleusement calme dessinait ses contours vaporeux : Tengu était décidément bon diable ; mais il paraît qu'il est implacable pour le beau sexe : on montre au bord du lac une pierre de forme bizarre, qui n'est autre qu'une femme tenant encore son enfant dans ses bras, pétrifiée pour avoir voulu faire l'ascension.

Si les pèlerinages ont un certain caractère pieux, les obsèques ont surtout l'apparence d'une cérémonie où la religion n'a qu'un rôle accessoire. Quand une personne a rendu le dernier soupir, on appelle le prêtre qui lui donne son nom posthume ; on tourne le cadavre la tête vers le nord et l'on dresse à son chevet une table sur laquelle sont placés des gâteaux de farine de riz et une veilleuse; à sa gauche, on dépose les plateaux, les coupes et les bâtonnets dont le défunt se servait habituellement pour manger et on lui sert des légumes. Au bout de quarante-huit heures, le corps est lavé, la tête rasée, tandis que le prêtre récite des prières; on l'habille ensuite de vêtements de forme ordinaire et d'étoffe plus ou moins riche, mais toujours de couleur blanche. Il est alors placé dans la bière dans la posture la plus habituelle aux vivants, c'est-à-dire accroupi sur les talons, les jambes ramenées sous lui, les mains jointes dans l'attitude de la prière. La bière est de forme cubique, en bois de pin soigneusement raboté, sans aucun ornement ni peinture; on en remplit les vides avec des feuilles de thé ou de l'encens.

Chez les pauvres gens, l'enterrement a lieu la nuit, pour éviter de donner en spectacle la modestie du cortége; dans la classe aisée, il se compose d'un prêtre qui précède le « norimon », où est enfermé le corps : ce « norimon », de forme spéciale, est porté sur les épaules de quatre hommes et couvert d'une étoffe blanche. Derrière viennent les parents et les amis, portant sur les épaules un manteau de soie à larges ailes flottantes, tout à fait semblable au surplus de nos prêtres, la tête couverte d'un chapeau de paille grossière et le sabre court passé à la ceinture.

Certaines sectes brûlaient leurs morts, on le leur a défendu, puis de nouveau permis; tantôt on brûle le coffre avec son contenu, tantôt on se contente d'étendre le corps sur un bûcher en ayant soin de marquer d'avance la place où devront être recueillies les cendres; elles sont enfermées dans des urnes de porcelaine, réparties entre les parents quand toute la famille n'a pas le même tombeau, et confiées à la terre.

Les shintoïstes ensevelissent leurs morts dans une longue bière, où ils sont couchés ; conduits avec l'assistance des prêtres au cimetière, ils y sont enterrés sans crémation ; c'est sur ces tombes que jadis les serviteurs des grands s'immolaient de leurs propres mains, comme victimes expiatoires ; mais ces sacrifices furent remplacés par des images grossières que l'on enfouissait avec le mort, puis tout à fait abandonnés. Le deuil comprend une première période de cinquante jours, pendant laquelle il est interdit aux enfants et à l'époux de se raser, de boire aucune liqueur, de manger autre chose que des végétaux, puis se prolonge pendant une seconde période d'un an, durant laquelle les parents frappés d'impureté doivent s'abstenir d'entrer dans les temples, sauf celui auprès duquel repose le défunt. Chez quelques personnes, le nom du mort est écrit au revers d'un miroir d'acier et l'on vient pendant quarante-neuf jours déposer des offrandes devant cette image.

De toutes les pratiques religieuses, il n'en est pas qui soient plus universellement observées que les marques de respect données aux ancêtres ; c'est là seulement que l'on retrouve une conviction invincible chez les Japonais. A quelque classe de la société, à quelque secte qu'ils appartiennent, ils honorent leurs parents vivants et les vénèrent morts ; c'est une idée enracinée chez eux que la dévotion à la mémoire des trépassés est la source de toutes les vertus et le signe de tous les actes d'obéissance que la loi réclame du citoyen. Le fils pieux sera un bon sujet, un ami loyal, et il ne lui manquera aucune des vertus domestiques. Jamais on n'entre dans une maison japonaise sans y trouver un petit autel où sont déposées des offrandes quotidiennes aux ancêtres ; c'est pour entretenir ces sacrifices que tout homme veut avoir une postérité, et qu'à l'imitation des Romains on adopte invariablement un enfant mâle, si la nature vous en a refusé.

Chacun confond dans une même adoration ses aïeux et les dieux lares, qui protègent chaque foyer, et sont en même temps les patrons de la localité. Si l'on change de domicile, ce ne peut être que du consentement de ces dieux lares, et il faut s'empresser d'adopter ceux chez qui on va s'établir. Leurs noms sont écrits sur des bandes de papier déposées sur l'autel domestique. Il est d'un mauvais augure de les en voir tomber. Chaque soir, une veilleuse est allumée devant l'autel, et aux jours de fête ou commémoratifs de la mort d'un proche, on offre des libations de saki. Cette habitude touchante tient moins du sentiment religieux que du culte de la famille et a sa racine dans cette solidarité morale, qui ne s'arrête même pas devant la tombe.

C'est encore une cérémonie de famille que l'on va accomplir au temple lorsque, sept jours après la naissance d'un enfant, on va lui donner un nom, lorsqu'à trois ans les filles prennent les cheveux longs, à sept ans la ceinture, et lorsqu'à treize ans il leur est permis pour la première fois de se laquer les dents, ou lorsque les garçons, arrivés à leur cinquième année, revêtent pour la première fois le « hakama », large pantalon flottant porté par les « samuraï ».

En dehors de ces coutumes plus patriarcales que dévotes, les classes populaires se livrent à une foule innombrable de pratiques superstitieuses dont l'énumération fournirait un volume. Les femmes surtout croient à la prédiction de l'avenir et ne se font pas faute d'aller consulter des sorciers qui le découvrent, soit en comptant d'une façon particulière de petites tiges de bambou, soit en tirant au hasard d'une boîte une histoire toute prête qui est, bien entendu, celle de la curieuse, ou bien encore en répondant aux questions sous l'inspiration d'un esprit mystérieux, à la façon des médiums. On fait ainsi apparaître l'esprit d'un sage ou d'un saint légendaire.

Il y a toute une science divinatoire qui consiste à connaître les jours fastes et néfastes pour telle ou telle entreprise, l'emplacement et l'orientation à donner à une maison, les prières à demander aux prêtres pour le succès de tel ou tel projet, pour obtenir une guérison, etc. Une Japonaise jeune ou vieille a toujours sur elle un petit sachet où est enfermé un amulette, figure ou non d'un dieu quelconque, rapporté d'un pèlerinage célèbre et qui doit lui donner la beauté et mille autres biens mondains.

Le peuple croit aux spectres, aux mauvais esprits qui sont condamnés pour quelque crime à errer entre ciel et terre et prennent plaisir à tourmenter les mortels : les uns sont des monstres, les autres se présentent sous une forme humaine ; tous semblent les personnifications de vagues cauchemars. Ogni Mousmé est une voleuse d'enfants ; Ouboumé au contraire en conduit un et demande comme complaisance aux voyageurs de le prendre dans leurs bras, elle disparaît au bout d'un instant, mais l'enfant devient de plus en plus lourd, jusqu'à ce que la victime de cette persécution laisse glisser de ses bras un énorme caillou, qu'aucune force humaine ne peut plus soulever. Qui dira tous les préjugés qui, ici comme ailleurs, hantent l'imagination populaire ? Si on laisse un miroir dans un « kura » — sorte de magasin à l'épreuve du feu en cas d'incendie —, l'intérieur s'allume parce que la flamme, ayant vu son image, veut la rejoindre ; vieux souvenir étrangement transformé de la légende shintoïste d'Amatéras dans sa caverne.

Les deux héros du monde des esprits sont le renard « kitsuné » et le blaireau « tanuki » ; il n'est point de mauvais tours qu'ils ne jouent, souvent même les poussant jusqu'au tragique, attirant les voyageurs à leur suite dans des précipices, ou éveillant des dormeurs qui sautent à la hâte sur leurs armes et pourfendent leur meilleur ami accouru à leur secours. Leur ruse consiste le plus souvent à prendre la forme humaine. Le chat partage avec eux cette mauvaise réputation.

Un prince de Hizen avait chez lui une jeune et belle suivante dont il était fort épris; celle-ci, en rentrant chez elle un soir, s'entend appeler et, sans défiance, ouvre la porte à un énorme chat qui l'étrangle et prend sa place et sa forme. Nul ne se doute de la substitution, mais le prince est chaque nuit hanté par d'horribles visions, la fièvre le prend, sa santé décline. Vainement on place une garde de cent hommes dans sa chambre; à minuit, un sommeil de plomb accable tous les gardiens, et le démon revient tourmenter le prince, jusqu'à ce qu'un jeune soldat ayant eu le courage, pour se tenir éveillé, de s'enfoncer un poignard dans la cuisse, signale l'arrivée de la suivante et déjoue ses tentatives; elle reprend sa forme, et on finit par saisir et tuer le monstre.

Ce ne sont là que des contes de fée auxquels, il faut le dire, personne ne croit plus bien fermement, sauf les enfants, dont l'esprit est nourri de ces rêveries. On les répète pourtant; bien des gens sont de l'avis de Sganarelle, qui pardonnerait volontiers à Don Juan son impiété, si du moins il croyait au loup-garou; et, de toutes ces traditions, des pratiques du culte, des coutumes de la famille, se forme un héritage que les générations se transmettent, un fonds de vagues croyances ou d'habitudes superstitieuses qu'on observe machinalement, sans les juger, ni même y réfléchir.

§ IV

LE PASSAGE DU CHRISTIANISME

On ne peut essayer de tracer un tableau de la religion au Japon sans réserver une place à l'épisode sanglant qui a caractérisé le passage du christianisme. Quoique la propagande catholique n'ait pas laissé de vestiges dans les mœurs, son histoire intéresse doublement les contemporains, qu'elle peut éclairer d'une part sur l'aptitude des Japonais à embrasser et à conserver la foi de l'Evangile, d'autre part sur la haine que son souvenir éveille au fond des cœurs. Nulle part ses conquêtes n'ont été plus rapides, et nulle part moins durables ; après avoir fait des prosélytes par centaines de mille, elle a disparu en quelques années sans laisser derrière elle un monument, une secte organisée, un symbole, car on ne peut compter pour tels les traditions vagues et défigurées qui surnagent dans la mémoire de quelques habitants de Nagasaki, descendants plus ou moins avérés des anciens chrétiens. La persécution, qui n'a fait ailleurs que fortifier l'Église, est parvenue ici à la détruire.

Les jésuites, depuis longtemps établis à Macao et investis par les bulles papales du droit exclusif d'apostolat dans toute cette partie du monde, firent leur apparition au Japon en 1549, conduits par les premiers aventuriers portugais. C'étaient, il faut bien l'avouer, de singuliers parrains que ces écumeurs de mer. L'ignorance complète de la langue du pays et la nécessité de recourir à une prédication mimique ne rebutèrent pas le zèle des missionnaires, qui réussirent à s'établir après quelques tâtonnements. Les discordes qui déchiraient alors l'Empire des dieux leur ayant offert une occasion de s'étendre, on vit bientôt les églises s'élever à la place des « tera » incendiés. En 1582, les pères comptaient cent cinquante mille indigènes et deux cents églises gouvernés par trente-neuf d'entre eux ou par des novices japonais ; mais avec les ministres avait pénétré l'esprit de l'inquisition, et les persécutions suivaient quand elles ne précédaient pas les conversions. Le Japon ne connaissait pas l'intolérance, on la lui apprit. Funeste exemple qui devait se retourner contre ceux qui l'avaient donné !

Avec la propagande s'était introduit le commerce, avec les bienfaits de la religion ceux du trafic. C'est ce que laisse clairement entendre le discours d'un daïmio, le prince de Bungo, aux bonzes qui se plaignaient d'être abandonnés. « Allez, leur dit-il, voilà treize ans que ces bons pères sont parmi nous ; à leur arrivée, j'avais trois provinces, maintenant j'en ai cinq ; mon trésor était vide, il est plus considérable que celui d'aucun de mes rivaux ; je n'avais pas d'enfants mâles, le ciel m'a accordé un fils ; tout m'a réussi depuis qu'ils sont chez moi. Quels bienfaits semblables ai-je reçus de vos dieux, tant que je les ai servis ? » A l'appui de cette réponse, le prince faisait raser plusieurs temples et brûler quelques couvents, donnant par cette marque de son zèle, ajoute l'écrivain ecclésiastique, une preuve évidente de sa foi et de sa charité.

Ce qui est certain, c'est que la nouvelle religion devint le lien politique des feudataires qui luttaient contre le pouvoir central que Taïko-Sama et ses successeurs s'efforçaient de concentrer dans leurs mains. Le nom de chrétien devint synonyme de rebelle, et les shogun, devenus maîtres de l'aristocratie, ne voulurent pas laisser grossir ce ferment de discorde. Le christianisme menaçait de former un État dans l'État; l'idée d'un pape étranger, suzerain du monarque qui était lui-même le grand pontife de sa nation, révoltait l'esprit japonais; aussi le clergé bouddhiste, qui aurait pu vivre en bonne intelligence avec une foi moins éloignée de la sienne qu'on ne pourrait le croire, menacé dans ses intérêts les plus immédiats, se jeta dans la lutte avec fureur et se trouva assez puissant pour susciter l'ouragan qui devait emporter l'Église.

En 1587, il fut enjoint à tous les jésuites de quitter le Japon. Dès ce jour, l'arrêt de mort de l'Église japonaise était prononcé. Les persécutions commencèrent contre les prosélytes indigènes : des femmes de la cour furent exilées; un daïmio fut contraint d'abjurer. Une inquisition politique sans fanatisme, mais sans scrupule, s'en prit aux fidèles eux-mêmes; les transportations et les exécutions diminuèrent rapidement le nombre des chrétiens. La barbarie des persécuteurs augmentait avec la constance des fidèles. Enfin 40 000 infortunés, derniers représentants de l'Église du Japon, réfugiés à Shimabara en 1638, y périrent massacrés par les troupes du Shogun Yeyas, aidées des canons hollandais, emportant avec eux pour longtemps, et peut-être pour toujours, les dernières espérances de la religion chrétienne au Japon.

Telle fut l'éclosion éphémère du christianisme au Japon. En soixante ans, il avait germé, grandi, s'était épanoui sur ce sol, qu'il eût pu féconder peut-être, et s'était effeuillé pour disparaître absolument sans laisser après lui ni traces de son passage ni héritiers de ses traditions. On ne peut assez déplorer le zèle maladroit qui par ses violences discrédita l'Évangile et menaça des torches de la guerre religieuse un pays las de trois siècles de guerre civile et affamé de repos. Présenté comme une simple croyance spirituelle, le dogme n'eût pas rencontré de résistance dans une nation assez indifférente en pareille matière, et sa morale, voisine de celle du bouddhisme, se fût établie sans trop de peine ; il n'en faut d'autre preuve que la rapidité avec laquelle elle s'était répandue.

Mais dès que le pouvoir ombrageux des shogun se sentait menacé, dès que la vanité nationale s'était crue atteinte, c'en était assez pour faire de tout chrétien un ennemi de son pays, un rebelle, un paria, quelque chose de plus méprisable que le giaour en Palestine ou le juif du moyen âge. Les lois postérieures à l'expulsion totale sont encore pleines de ce souvenir et de l'horreur qu'il inspire, ou qu'on veut qu'il inspire. Les officiers de police « o metské » sont spécialement chargés de s'enquérir des familles où il y a eu jadis des chrétiens ; ils doivent les surveiller, empêcher leurs membres de changer de résidence, et examiner avec soin le corps des défunts pour s'assurer qu'ils ne portent aucun signe particulier. Les naissances, les mariages, sont, dans ces familles, l'objet d'une inquisition constante, et il leur est interdit de se perpétuer par l'adoption. On poursuit ainsi jusqu'à l'extinction de la race les dernières traditions qui pourraient survivre. Pendant longtemps, à Nagasaki, les Japonais étaient obligés à certain jour de fouler aux pieds la croix, et c'est seulement en 1872 que la légation de France obtint la promesse, inexécutée d'ailleurs, que les écriteaux injurieux pour le christianisme seraient retirés des temples et autres lieux publics.

Ainsi, le seul héritage que nous ait transmis le mouvement religieux du seizième siècle, c'est une haine profonde et peu raisonnée du nom chrétien. Il a certainement compliqué la tâche des missionnaires contemporains, qui rencontrent une prévention irrémédiable dans les esprits les plus éclairés. Le seul rôle auquel ils puissent donc aspirer est de servir de guides de conscience à quelques fidèles épars, et d'enseigner le catéchisme à quelques enfants dont l'éducation leur est confiée. Ils attendent sans se lasser que des édits de tolérance et l'ouverture du pays leur permettent de répandre la parole sacrée.

L'Angleterre et surtout l'Amérique envoient, à grands frais, des ministres qui s'installent avec leur famille, réussissent en général à se pourvoir d'un emploi du gouvernement, et se gardent bien de le compromettre par un zèle intempestif ; on se demande dans quel dessein les sociétés qui les entretiennent s'imposent cette inutile dépense. Le clergé grec n'est représenté que pour la forme. Les Missions étrangères ont une petite troupe compacte, dévouée, prête à tous les sacrifices, et impatiente de se consacrer à l'œuvre de la propagande, digne en un mot, à tous les égards, du respect dont elle est entourée ; mais ses efforts se brisent en premier lieu contre les lois, ensuite contre les idées invétérées et l'antagonisme moderne de la nation.

C'est en effet un curieux spectacle que le mouvement d'esprit qui s'accomplit ici au sujet des croyances de l'Occident. Le fanatisme étroit qui proscrivait *a priori* toute prédication comme un acte de rébellion, tend à disparaître chez les lettrés, mais le sens critique se donne carrière ; on ne repousse plus, on examine, et, examen fait, on condamne. L'école nouvelle, qu'on serait tenté d'appeler rationaliste, et dont on peut suivre les développements dans la presse quotidienne, ne se met guère en peine de défendre les dogmes bouddhistes, dont on voit bien qu'elle se soucie fort peu ; elle s'applique surtout à attaquer le christianisme par des arguments dont aucun sans doute n'est bien nouveau, mais qu'il n'est pas moins étrange de rencontrer sous la plume de tels écrivains.

Les miracles font, comme on le pense bien, les frais de cette polémique. « Les missionnaires, dit l'un, nous prennent pour des barbares et des ignorants. Ils nous parlent de colonnes et de nuages de feu, d'êtres vivant dans des baleines, etc., et c'est avec cela qu'ils prétendent nous convertir ; mais miracles pour miracles, les nôtres ne sont pas plus absurdes que les leurs. » Les grands mystères de la théologie ne passent pas plus aisément au crible. « On a bien voulu m'apprendre, dit un autre controversiste, que le Christ était non pas un homme, mais le fils de Dieu, et que le Tout-Puissant l'avait envoyé pour racheter les péchés des hommes. Il y a là quelque chose que je n'entends pas : si Dieu est tout-puissant, s'il a créé et gouverne toutes choses, pourquoi n'a-t-il pas fait les hommes meilleurs dès le début ? Mon précepteur officieux me répond que les hommes étaient bons à l'origine, mais qu'étant déchus de cet état, le Christ a été envoyé pour les rédimer. N'est-ce pas là tenir trop de compte de l'humanité ? Si Dieu avait un tel pouvoir, il devait donner à l'homme la force de se maintenir dans sa perfection première et la faculté de résister au mal ; cela eût épargné l'immense sacrifice nécessaire pour sa rédemption. »

On voit qu'ici le raisonnement n'a pas encore pris sur lui d'abdiquer en présence des problèmes où s'abîme, confondue et humiliée, l'âme chrétienne. L'homme ne fait un tel sacrifice qu'à la foi de son enfance, et les croyants passent leur vie à se taxer de crédulité d'un culte à l'autre sans s'interroger sur eux-mêmes. La doctrine de la résurrection finale et du jugement dernier ne trouve pas grâce devant ces intraitables raisonneurs. « Pourquoi, se demandent-ils, Dieu, qui est assez puissant pour reconstituer les corps avec des cendres dispersées au vent, ne se contente-t-il pas d'envoyer les hommes directement au ciel ou au séjour des châtiments, sans les faire passer par l'épreuve de la mort?... Ce jugement qui doit avoir lieu après la fin du monde, ne ressemblera-t-il pas à une tragédie sans spectateurs? »

Le plus important de tous ces manifestes antichrétiens est une brochure parue dernièrement[1], qu'on n'a pas été peu surpris de voir accompagnée d'une préface de Shimadzu Saburo, prince de Satzuma, le dernier représentant de la féodalité japonaise, celui-là même qui cause en ce moment tant de tribulations au gouvernement de Yédo. C'est l'exposé le plus complet et le plus méthodique qui ait été fait par un lettré japonais des objections de toute nature que soulève et des sentiments que rencontre dans la classe la plus distinguée la religion des barbares de l'Occident.

L'essai est divisé en cinq parties : la première et la plus longue est consacrée à une revue générale et rapide des livres mosaïques sous forme d'un commentaire attaquant tantôt la sincérité des témoignages, tantôt la valeur de l'enseignement qui en résulte. Le monde créé de rien, tandis que l'homme et la femme sont pétris de limon ; le serpent doué de la parole, la faute d'Ève retombant sur ses descendants, le déluge, la destruction universelle, l'arche et la confusion des langues opérée par Dieu dans la crainte de voir s'élever une tour trop haute, sont autant d'inventions que l'auteur rejette sans hésiter, et il ajoute : « Toutes les histoires de la Bible sont semblables. Il faudrait un mois pour en exposer la fausseté en les prenant une à une. L'intervention de Jéhovah dans la vie des patriarches pour les faire changer de nom, les marier, les faire divorcer, etc., semble plutôt d'un homme que d'un Dieu. Quelle mesquinerie!

---

[1] *Bemmo, or an exposition of error (being a treatise directed against christianity)*, by Yasui Chinhei, a japanese scholar, with a preface by Shimadzu Saburo. Translated by J. H. Gubbins, of H. B. M. legation. Yokohama.

Et puis ce Dieu, qui est le père de l'humanité, l'oublie sans cesse en ne s'occupant que de son peuple à lui ; il détruit les Égyptiens par colère, c'est une divinité malfaisante, sans cesse acharnée au carnage. »

Dans la seconde partie, qui est incomparablement la plus intéressante et la plus neuve, l'auteur, se plaçant au point de vue d'un disciple de Confucius, essaye de juger la valeur du christianisme comme loi morale. Aux yeux du philosophe chinois, « la fin de l'homme est atteinte lorsque, tous les particuliers vivant tranquilles dans leurs maisons, tout l'univers est en paix. » Pour arriver à cet état de perfection, il faut pratiquer les cinq vertus cardinales, qui peuvent se résumer dans les deux principales : la fidélité envers les supérieurs civils et politiques de tous grades et l'obéissance respectueuse envers les divers membres de la famille, en premier lieu les père et mère. L'harmonie dans la famille qui en résulte est la base de l'ordre public. Fidélité et respect filial, voilà donc les deux grands devoirs de tout homme vivant. Eh bien! l'erreur fondamentale de Jésus, c'est qu'il fait peu ou point de cas de notre vie réelle et actuelle et qu'il dirige toutes les pensées, toutes les aspirations, vers une vie future dont la félicité sera sans mesure et sans terme. De là, le mépris qu'il montre pour ces relations de la vie qui sont le point essentiel. Sans doute le devoir filial était trop profondément gravé dans le cœur humain pour n'en pas tenir compte ; aussi Jésus lui donne-t-il une place dans sa doctrine, mais une place subalterne, et en le détournant de son véritable objet vers un objet imaginaire placé dans le ciel. Quant au devoir de soumission comme sujet, qui est presque aussi important, il ne le compte pour rien ; lui-même il donne l'exemple de la rébellion sous toutes les formes. Donc les liens de famille se relâcheront, et les discordes civiles éclateront partout où se répandront ses préceptes. Entraînés par l'espoir du bonheur futur, ses adhérents ne reculeront devant rien pour y parvenir, n'hésiteront devant aucune désobéissance. Quant à cet état dont Jésus parle avec tant de confiance, c'est une fantaisie de son imagination, fondée sur une connaissance imparfaite des rapports entre l'âme et le corps. Confucius, lui, ne connaissait pas cet état et refusait de s'en occuper. Qu'est-ce après tout qu'une manière d'être où les plaisirs et les facultés de cette vie n'ont plus de place? Comment raisonner là-dessus? » L'auteur japonais n'en fait donc nul cas; ni au prix d'une couronne impériale, ni sous la menace du feu éternel, il ne consentira à s'écarter de la voie toute tracée des devoirs purement humains.

Après avoir discuté les mérites de la doctrine du Christ, il s'attaque dans la troisième partie, aux thèses qui y ont été ajoutées par ses successeurs : la théorie de la rédemption ne lui semble qu'une pure invention, la résurrection n'est qu'une pieuse fraude des disciples, car, à supposer que Jésus fût vraiment revenu à la vie, comment admettre qu'il ne soit apparu qu'aux apôtres et qu'il ne se soit pas montré au peuple pour fortifier sa foi ?

La quatrième partie est consacrée à combattre l'erreur de ceux qui regardent le christianisme comme une superstition du même caractère inoffensif que le bouddhisme : c'est lui faire trop d'honneur. Comme loi morale, on a vu qu'il est très-inférieur ; d'autre part son esprit agressif, impatient de contrôle et de toute rivalité, tend à détruire toutes les coutumes établies chez une nation. Depuis son apparition avec le Messie, qui se déclarait venu dans le monde pour y apporter la discorde, jusqu'à nos jours où il a engendré vingt-cinq sectes différentes en Amérique, il a eu pour caractères l'intolérance et le fanatisme. C'est ce zèle aveugle qui constitue son principal danger au Japon. Ceux qui pourraient l'embrasser sont des gens du peuple ignorants et crédules, surpris par des arguments spécieux et répondant à l'appel que l'on fait à leurs appétits égoïstes. Ses partisans ne cherchent qu'à obtenir pour eux-mêmes le bonheur céleste, et c'est un mobile qui n'est propre qu'à corrompre cet idéal de dévouement au prince sur lequel reposent le caractère et les mœurs de la nation. La division entre les classes, la guerre civile, voilà les conséquences inévitables de son introduction, sans compter, dans un avenir lointain peut-être, mais certain, l'intervention de quelque puissance étrangère peu scrupuleuse qui s'en ferait un instrument de domination en s'appuyant sur les prosélytes indigènes.

Enfin, dans la dernière partie, le critique essaye d'établir les preuves métaphysiques du dogme bouddhiste et de donner une explication rationnelle de la cosmogonie japonaise, mais il se perd dans le domaine des hypothèses ; nous ne l'y suivrons pas.

Malgré la rapidité avec laquelle nous avons passé en revue cet essai d'un caractère évidemment sincère et d'un ton généralement modéré, on peut se rendre compte des obstacles insurmontables que rencontre ici le christianisme. Non-seulement il se heurte à la vieille théorie shintoïste latente au fond des âmes, qui repousse énergiquement le péché originel, mais il trouve en face de lui une religion organisée, appuyée sur des dogmes suffisamment mystérieux pour frapper l'esprit des foules, sur un code très-précis de morale, sur une théorie complète de la vie, en possession du pays, des lois, des mœurs. Il ne s'agit pas là seulement, comme dans l'Europe du quatrième siècle, de balayer un amas confus de superstitions grossières ayant perdu leur sens primitif, mais de combattre un système complet. Tout milite contre lui, la simple profession de foi est déjà une rébellion, et l'on ne saurait répéter avec trop d'insistance que la moindre désobéissance est une tache, une souillure. Le Japonais subordonne la voix de sa conscience à la loi, son Dieu à son empereur. Une hérésie, une innovation défendues lui semblent une félonie et lui en laissent les remords.

Parvînt-il à vaincre ce préjugé, le christianisme verrait se dresser un bien autre adversaire : c'est le scepticisme, qui descend ici jusqu'aux classes inférieures et règne en maître absolu dans les autres. La doctrine de Bouddha, si on ne va pas jusqu'au fond, ressemble fort à une négation du divin; celle de Confucius relègue Dieu dans le domaine des suppositions; elles ont formé des âmes peu crédules et surtout peu religieuses. Le Japon a vieilli dans une sorte d'athéisme dissimulé sous un culte éclatant. Les esprits se sont accoutumés à se contenter d'une contemplation froide et sans élan devant une divinité inaccessible, indéfinissable, impersonnelle; l'enthousiasme ne les pénètre pas, ils ne peuvent ni le concevoir ni le sentir.

Cet amour mystique de Dieu, cette aspiration ardente du cœur inassouvi vers un être suprême et compatissant, qui ont peuplé les solitudes de l'Égypte et fait retentir notre moyen âge, ne trouvent pas d'écho et n'excitent que stupéfaction. Le penseur désenchanté, déshabitué de toute illusion, n'en cherche pas de nouvelle, et, libre des perplexités de l'imagination, des accès de doute et de foi qui nous tourmentent, de cette curiosité inquiète de l'*au delà* qui nous travaille sans cesse, il examine froidement des croyances que le génie d'un Pascal subit plutôt que de tomber dans le vide, et les déclare imperturbablement des contes de nourrice. Enfin cette morale, que nous proclamons si pure et que nous croyons volontiers universelle, excite une profonde et sincère répugnance. On lui reproche de conduire au déchirement de la famille, à la destruction de l'État. Ce qu'elle a de plus beau, le souffle de charité qui l'anime, la compassion pour le malheureux, pour le faible, pour le pécheur repentant, toute cette tendresse débordante de l'Évangile qui a transformé le monde européen, tout cela s'émousse, comme un trait sans force sur l'acier d'une cuirasse, et glisse inutilement sur des cœurs insensibilisés par dix siècles de bouddhisme.

§ V

L'ÉTAT RELIGIEUX

Après avoir passé en revue les croyances qui se sont, à des degrés divers et à des époques différentes, répandues au Japon, il reste à exposer l'état religieux qui résulte de leurs vicissitudes, les caractères qu'elles ont imprimés à la race, la valeur morale qu'elles lui assignent dans le présent et le rang qu'elles lui promettent dans l'avenir. On a pu voir qu'à l'exception du christianisme tous les cultes ont joui jusqu'à présent d'une tolérance universelle. Le christianisme lui-même, après avoir été longtemps persécuté, n'est plus aujourd'hui proscrit. Si la propagande est interdite, la conversion, quoique mal vue, n'entraîne aucune peine. L'exercice public du culte n'étant permis qu'aux étrangers et dans les limites de leurs concessions, on ne peut le compter parmi les religions établies.

Le pur shinto ne conserve que quelques rares sectateurs dans des provinces reculées ; ceux de la secte dite « riobu-shinto », plus nombreux, sont tout pénétrés des doctrines bouddhistes ; le confucianisme ne sort pas des écoles ; en réalité, la religion dominante au Japon est sans contestation le bouddhisme ; il n'y a pas toutefois, à proprement parler, de religion d'État. Suivant les variations de la politique, un culte peut être plus favorisé que l'autre ; mais aucun n'est l'objet d'une protection exclusive ; tous sont soumis à la surveillance officielle d'un département ministériel, le « kio-busho », qui pourvoit aux vacances et répartit le budget. Les églises sont en tutelle et dans une dépendance absolue du gouvernement, qui leur demande avant tout la soumission et le silence. Le clergé, sans rôle public, sans voix dans les conseils, n'a aucune influence sociale, et quelques hautes fonctions du sacerdoce, confiées par la coutume à certains princes du sang, ne leur sont conférées que pour les neutraliser. Le gouvernement est laïque et s'inquiète fort peu de l'état des consciences. Un dogme unique à ses yeux prime et remplace tous les dogmes religieux, c'est celui de l'infaillibilité du pouvoir.

Le Japon, au point de vue religieux, est divisé en deux catégories très-tranchées : en bas, règnent les superstitions grossières et l'idolâtrie sans ferveur ; parmi les classes éclairées, dirigeantes ou moyennes domine sans partage l'incrédulité la plus absolue, et non-seulement l'incrédulité est complète, ce que justifie suffisamment le caractère de la religion établie, mais elle est satisfaite d'elle-même et se suffit. Le scepticisme s'affirme hautement ; il s'applaudit ; il ne se sent pas dévoré des inquiétudes qui harcèlent le libre penseur né sous notre soleil. Les lettrés, les « samuraï », prennent en pitié les gens du peuple qu'ils voient crier et danser dans les « matsuri », rient de leur ignorance et, fermes dans leur négation, ne se demandent pas s'il existe au-dessus de ces erreurs une vérité quelconque.

Mais on a beau fermer son esprit aux préoccupations métaphysiques, on n'échappe pas à l'action indirecte des religions. Par la littérature, par les mœurs, par les lois, leurs doctrines éthiques se glissent jusque dans notre entendement, et, tout en proclamant notre indépendance, nous portons involontairement le joug despotique que l'éducation, la tradition, le milieu imposent à notre pensée et la tournure qu'ils donnent à nos jugements. L'homme plonge par mille racines invisibles dans le passé de sa race et, à travers les générations, s'imprègne de son génie, comme le nouveau plant de vigne puise dans un même terroir le parfum toujours identique auquel on reconnaît le vin qu'il a donné.

L'athéisme n'exempte pas de l'influence subtile et détournée des dogmes traduits par l'instinct populaire en maximes de conduite. C'est donc bien la religion qui est responsable de l'état moral du Japon ; c'est elle qui l'a fait ce qu'il est. Or on sait ce qu'elle enseigne : l'univers est un rêve, le résultat d'une catastrophe ; la vie est un accident fâcheux, sans but, sans cause raisonnable. L'absolu n'est pas de ce monde ; l'homme ne peut ni le saisir ni le concevoir ; c'est folie de sa part d'imaginer une divinité occupée de veiller sur lui et de le protéger ; il n'est qu'une forme accidentellement animée de la substance impersonnelle et sa destinée finale est d'aller s'y perdre. En présence du néant qui l'entoure et qui l'attend, ses joies ne sont que des gaietés de prisonnier dans sa geôle, ses peines ne sont que des vagissements d'enfant. Qu'est-ce que tout cela devant l'éternel non-être ? Qu'espérer ? que faire, que souhaiter ? La créature isolée de son créateur trouve en elle une certaine lumière qui lui indique la « voie » et lui conseille la pureté, seul moyen de ne pas s'exposer au cauchemar d'une nouvelle vie ; mais au delà que peut-elle entreprendre quand tout est vanité et néant ? Une illusion vaut-elle un effort ? L'activité humaine n'est que le va-et-vient stupide d'un singe en cage. Que l'homme reste donc en repos, absorbé par avance dans la contemplation du *Nirwana*.

Une pareille doctrine engendre nécessairement deux sortes de sectateurs : d'une part les ascètes qui, pénétrés du néant de la vie, y renoncent, s'enferment et rêvent au grand inconnu, on en rencontre ici quelques-uns parmi les vieillards revenus des passions et des enchantements de la jeunesse; d'autre part les libertins, dont le raisonnement inconscient peut s'ébaucher ainsi : puisqu'il n'y a point de but à cette vie, puisque toute œuvre est maudite et qu'il est inutile de nous attacher à quelque devoir supérieur, passons du moins le plus joyeusement possible le temps qu'il faut passer ici-bas, jouissons avidement de ces biens illusoires si prompts à s'envoler, amusons-nous d'avance pour une éternité. Ceux-là forment la majorité, et leur gaieté bruyante, parfois un peu forcée, est le premier trait du caractère national qui frappe le voyageur.

On les comprend mieux, il faut bien l'avouer, quand, par une radieuse matinée d'automne, on voit le Fusiyama dessiner ses contours majestueux dans un ciel de lumière et les sommets des montagnes voisines se profiler dans un azur d'une transparence incomparable. Si c'est là un rêve, il faut convenir qu'il porte à la joie, et que cette fête du soleil explique la bonne humeur native. En revanche, quel abattement quand viennent les longues pluies du printemps et les lourdes chaleurs humides de l'été ! Le corps est engourdi, comme énervé; une somnolence irrésistible pèse sur l'esprit. La nature, de complicité avec la religion, pousse l'homme à la paresse béate, en même temps que par sa fécondité elle le dispense des âpres labeurs.

Un oisif perdu dans un rêve ou s'ébattant dans une fête, voilà ce qu'on rencontrerait dans tout Japonais, si les nécessités de la vie sociale et matérielle n'y mettaient ordre. A l'inaction correspond nécessairement une certaine infirmité de l'esprit, même dans les organisations les plus favorisées. Tout flotte dans ces têtes, rien ne se fixe autour d'une vérité centrale, ne s'assoit sur une base assurée ; il y a beaucoup d'idées, pas de systèmes, — de l'intelligence et pas de méthode, — des pensées, mais sans ordre et sans lien logique. Ces pensées d'ailleurs restent des hypothèses et ne prennent pas la force de convictions. L'individu ne croit fermement à rien, ni au bien ni au mal ; aussi est-il peu capable de grandes vertus faites d'efforts constants et de foi profonde. Il lui serait plus facile de tomber dans le vice ; c'est pourquoi la sévérité extrême de la loi positive a dû suppléer ici aux lacunes de la loi morale. Le point d'honneur, cette morale de l'orgueil, qui parle si haut, prête main-forte au code ; mais quand ils se taisent tous deux, la conscience n'est plus assez puissante pour imposer silence aux instincts.

L'absence de principes raisonnés et fondés sur une certitude intérieure invite à l'abdication de la volonté individuelle. Incapable de se tracer à lui-même une ligne de conduite, le particulier se soumet volontiers à celle qu'on lui impose ; il accepte l'impulsion comme un corps inerte obéit à la force qui le pousse. De là, cette facilité à accueillir l'ingérence du pouvoir dans tous ses actes, à se laisser dicter un programme de vie domestique et intime ; de là aussi cette propension des monarques à étendre le domaine des décrets là où ils n'ont que faire. « Les pères et les fils, les frères, les époux et tous les membres d'une même famille doivent vivre en bonne intelligence ; traitez avec douceur les subalternes et soyez fidèles à votre maître.... Il faut remplir avec courage et persévérance les devoirs de sa profession et ne pas chercher à paraître au-dessus de sa condition.... Il ne faut être ni querelleur, ni impatient, ni prendre parti inconsidérément dans une discussion.... Qu'on respecte cela. » Ainsi parle un édit ancien, modèle excellent de gouvernement paternel. L'âme déprimée ne montre plus ni enthousiasme ni résistance ; elle ne songe pas à répondre : ici s'arrête votre empire, et là commence le mien.

S'il faut juger un système philosophique par ses résultats, celui du bouddhisme doit être condamné sévèrement ; mais le pire de ses effets est d'avoir tué l'esprit religieux proprement dit. Son catéchisme nihiliste a détourné les prosélytes de toute croyance, et répandu non-seulement l'incrédulité à certains dogmes, mais l'indifférence générale en matière de foi. C'est sans doute une belle et nécessaire vertu que la tolérance, mais c'est un malheur que le scepticisme ; la valeur absolue d'un symbole importe moins pour le développement d'un peuple que le degré de ferveur avec lequel il est professé ; tous les systèmes dogmatiques sont bons, pourvu qu'on y croie ; le pire suffit pour élever l'homme au-dessus de lui-même, vers ces régions où planent la beauté et la bonté idéales. Or, quelque nom qu'elle porte, la religion n'est pour les Japonais qu'une spéculation qui ne les émeut pas et qui n'excite ni leur intérêt, ni même leur curiosité ; ils ne sentent pas le besoin auquel elle répond. Elle constitue à leurs yeux une façon d'être, un complément de l'éducation, une modalité de l'état des personnes ; elle ne va pas remuer en eux des profondeurs obscures. « Au fond, tout cela n'est que pure grimace, opine un des écrivains déjà cités, qui s'efforce de prouver l'inanité de toutes les croyances. Comment croire que la religion favorise la civilisation ? Voyez l'Europe et l'Amérique : elle semble y disparaître à mesure que les sciences et les arts y font des progrès. Elle n'a donc aucune action sur la civilisation d'un peuple. » Comme on le voit, ce passage, dirigé surtout contre le christianisme, va jusqu'à dénier toute influence bienfaisante aux inspirations religieuses.

Et cependant l'histoire est là pour témoigner que les fermes croyances sont un élément prépondérant de l'éducation des grandes races. Il y a au fond de la nature humaine une lutte sourde entre l'égoïsme natif et l'on ne sait quel impérieux besoin de sacrifice et de dévouement. De toutes les forces qui font pencher la balance vers la générosité et arrachent l'homme à son individualisme, la religion est sans contredit la plus puissante. C'est en elle qu'il trouve un point d'appui sur l'absolu, un lien avec l'infini, et par conséquent une conscience souveraine et des droits imprescriptibles; mais quand le doute est partout, les opinions chancelantes ne sont plus des convictions, mais des hypothèses que l'on abandonne suivant la première impulsion venue, il n'y a pas d'esprit public parce qu'il n'y a pas de caractères. Une nation dans de telles conditions peut arriver à un haut degré de prospérité matérielle et de raffinement, mais comme corps politique, elle est vouée à l'anarchie, et, comme famille humaine, elle reste dans ces limbes où séjournent encore les organismes imparfaits.

Cette éclipse totale du sentiment religieux est-elle définitive? ou peut-on espérer un retour spiritualiste dont l'histoire ne fournit guère d'exemples? Y a-t-il un remède au scepticisme, et faut-il voir un symptôme favorable dans la multiplicité des discussions qui s'engagent dans la presse à propos des dogmes chrétiens et des récits bibliques? A y regarder de près, c'est non point un élan mystique qui se révèle dans ces thèses, mais un sens critique qui en est précisément exclusif. Le mouvement qui s'accomplit dans les esprits tend à répudier à la fois les religions natives comme surannées, et les religions étrangères comme absurdes; il rappelle de loin celui qui signala la fin du dix-huitième siècle en France. Les conversions obtenues par les missionnaires, quand elles ne sont pas le prix convenu de leur bienfaisance charitable, indiquent moins un réveil de la piété qu'une certaine versatilité plus manifeste encore dans d'autres imitations européennes.

Il y a environ deux ans, il fut question de réunir une sorte de concile où tous les cultes reconnus du globe auraient envoyé leurs avocats, et dont l'œuvre eût consisté à fixer une croyance unique pour tous les sujets du Mikado. Ainsi l'on n'hésitait pas à trancher législativement une question de foi, et l'on se disposait sans hésitation à décerner le prix entre les différents dieux au plus méritant et au plus raisonnable. On s'aperçut à temps qu'il est encore plus difficile de décréter un symbole que d'importer d'une seule pièce un code tout entier, et l'entreprise fut abandonnée. Elle suffit à montrer combien on est loin encore de concevoir la notion du sentiment religieux intime et indépendant.

Peut-on espérer du moins qu'à la longue le christianisme, en se répandant, transformera les esprits en touchant les cœurs? Il est à craindre que non. On a vu les obstacles de toute sorte qu'en rencontre l'établissement. Fût-il établi, son influence serait encore restreinte, d'un côté par les lois civiles qui envahissent et dominent tyranniquement la conscience individuelle, de l'autre par la casuistique. Le génie des Japonais, rebelle à la synthèse, s'attache aux détails, les examine curieusement, les juge quelquefois avec sagacité, sans envisager l'ensemble. Chaque dogme serait l'objet d'une controverse indéfinie ; on se perdrait, comme les sectes russes, dans des querelles interminables sur le Verbe semblable au Père, ou consubstantiel, sur le rituel ; on retomberait dans ces discussions théologiques auxquelles Yéyas avait dû imposer silence ; mais pendant ce temps la grande révélation morale passerait inaperçue, la vraie conversion resterait à faire.

Il y a des peuples, il faut le reconnaître, que le christianisme n'a pas émus. C'est, dans sa pureté primitive, une religion de sentiment, d'amour, qui demande, pour être féconde, à tomber sur des âmes tendres, sur des générations encore naïves et pleines de séve; elle dépérit sur le sol épuisé et usé de l'extrême Orient. Les vieilles races sont, comme les vieilles gens, portées à l'égoïsme; on risque de ne pas rencontrer d'écho parmi elles quand on vient leur prêcher, comme préceptes souverains, l'amour du prochain et le sacrifice de soi-même. On peut donc augurer que cet élément civilisateur manquera au développement ultérieur du Japon, et l'on ne peut que le déplorer, quand on considère combien il y a loin encore de son idéal moral à celui de l'Europe, combien sont incompatibles ses vues et les nôtres sur ces conceptions fondamentales : Dieu, le bien, l'honneur, la fin de l'homme, conceptions dont l'identité révèle, chez les peuples divers où elle se rencontre, l'unité d'origine. Sans doute, le divorce n'est pas à tout jamais irréconciliable; un contact prolongé peut, par la suite des temps, changer le caractère du peuple japonais; mais les siècles devront passer avant que nous puissions, dans ses enfants, reconnaître des fils de la même mère.

CHAPITRE XV

L'ART

Partout où l'homme a laissé sa trace, on reconnaît son génie à ses œuvres; mais c'est avant tout dans les créations de l'art qu'il est aisé d'étudier l'histoire morale des nations. Manifestations spontanées de la faculté esthétique qui semble exister à des degrés divers jusqu'aux derniers échelons de l'humanité, les monuments d'un peuple civilisé nous disent plus éloquemment qu'aucun autre témoin, sous leur forme concrète et symbolique, quel était son idéal, comment il concevait la beauté, la vie, l'ordre universel des choses, de quels yeux il voyait la nature, l'homme, Dieu. La vue de l'Acropole en apprend plus long au voyageur que la sérénité triomphante du panthéisme hellénique, et que toute la littérature de la Grèce; quiconque a contemplé les ruines majestueuses de Thèbes peut, sans le secours des égyptologues, reconstituer par la pensée toute la philosophie du siècle des Ousortesen. Plus heureux encore est le curieux qui peut simultanément considérer un peuple dans ses œuvres et partager sa vie journalière, comparer ses actes avec ses productions et étudier le génie de ses maîtres dans le milieu même où il s'est développé.

Le moment est venu de résumer les caractères de l'art japonais; il a atteint sa maturité et donné dès maintenant tout ce qu'il était susceptible de produire. A des symptômes trop certains on peut reconnaître que l'heure de la décadence est venue; comme l'Égypte, au contact de la Grèce, le Japon, mis en rapport avec l'Europe, n'a su, jusqu'à présent du moins, ni conserver intactes ses traditions classiques, ni les renouveler par une heureuse transfusion des éléments étrangers. On y constate les signes d'impuissance et les dépressions du goût qui caractérisent les basses époques. Tout un noble passé s'en va; toute une période brillante vient de se clore; n'est-il pas à propos d'en recueillir les vestiges et d'en fixer les traits? Tâche délicate, car il ne s'agit pas seulement ici de compléter pour nos lecteurs la connaissance qu'ils ont du Japon, mais encore de définir une phase particulière dans la vie artistique de l'humanité, d'en présenter une face inaperçue ou mal connue, de déterminer les lois du beau conçues par une race qui n'a vraisemblablement puisé à aucune des sources auxquelles la nôtre s'est inspirée.

Toutes les traditions de l'Europe lui viennent de l'Égypte et de la Grèce, toutes celles du Japon lui viennent de la Chine et de lui-même : parties des deux pôles opposés, la race blanche et la race jaune vont-elles se rencontrer ou s'écarter de plus en plus? Existe-t-il un type immuable, commun à tous, et dont tous se rapprochent? Y a-t-il au contraire un idéal mongol et un idéal aryen? Et dans ce dernier cas, quel rang faut-il assigner aux œuvres et aux préceptes de l'art japonais, par rapport à cette conception du beau absolu, que nous regardons volontiers comme universelle, et dont la notion nous semble, suivant la belle pensée de Platon, une loi divine, oubliée jadis par l'humanité, retrouvée et formulée par les Grecs ?

§ Ier

L'ARCHITECTURE

L'architecture d'une nation devrait former le premier chapitre de son histoire. Le penchant à bâtir est, en effet, plus ou moins développé, suivant la valeur des races et le rôle qu'elles s'attribuent dans le monde. Tandis que le sauvage et l'homme médiocre ne songent qu'à se construire un abri d'un jour contre les intempéries, l'homme de haute lignée veut fonder pour l'éternité des édifices de marbre et de granit qui racontent aux générations futures sa grandeur et sa gloire ; il veut résumer dans un symbole impérissable ses ambitions, ses pensées, ses rêves d'orgueil, et racheter par la durée de ses œuvres la rapidité de son passage sur la terre ; 50 000 esclaves expireront aux pieds des Pyramides ; Athènes épuisera son trésor pour *élever* le Parthénon ; Rome écrasera les provinces d'impôts pour se donner des palais de marbre, mais les siècles viendront chacun à son tour saluer devant ces monuments immortels la puissance et la majesté des ancêtres. Parcourez le monde, et, comme ce naufragé qui, en apercevant des figures de géométrie tracées sur le sable du rivage, s'écriait : « Loués soient les dieux, nous ne sommes point tombés chez des barbares ! » vous pourrez, au seul aspect des lieux, pressentir les sentiments, le caractère, la valeur morale des hôtes chez qui le hasard vous aura conduit.

Quand un voyageur parcourt le Japon, le tableau qui s'offre à ses yeux est, du nord au midi et de l'est à l'ouest, une nature riante et coquette, un paysage accidenté, des horizons bornés par les lignes hardies des crêtes volcaniques, une interminable série de petites montagnes enfermant de charmantes vallées, et, par exception, quelques plaines dans le voisinage de la mer; puis, au milieu de ces sites pittoresques, le long des routes peu praticables, des villages et des bourgs aux maisons basses et rampantes, isolées les unes des autres par des jardins et des cours; des villes où les habitations pauvres se massent sur les canaux, les chemins et les fleuves, tandis que les habitations riches disparaissent derrière les murs et les arbres d'un parc : enfin, des temples, semés dans la campagne ou dans les faubourgs des cités, et des « siro » — forteresses féodales — disséminés dans les diverses provinces.

Toutes ces constructions sont conçues d'après un petit nombre de modèles dont l'architecte ne s'écarte jamais. On ne rencontre ni une place publique, ni une maison de ville, ni une bourse, pas même un théâtre, un pont ou un aqueduc d'aspect monumental. L'étranger peut donc affirmer dès le premier abord qu'il est chez un peuple routinier, formaliste, enfermé, soit par les lois, soit par quelques conditions climatologiques, dans un cercle restreint et infranchissable ; que la vie publique n'a aucune place dans les mœurs politiques; qu'enfin l'individu ne voit dans sa demeure qu'un abri d'un jour, et se comporte sur la planète plutôt comme un passant prêt à plier bagage que comme un maître définitif.

Mais si, voulant pénétrer plus avant dans la pensée intime des constructeurs japonais, l'observateur essaie de découvrir, par l'analyse de leurs œuvres, la notion qu'ils ont de l'art et l'idée qu'ils se font du monde moral, il sera amené à constater la permanence de certains caractères généraux dont le sens esthétique se laisse facilement saisir.

Notons tout d'abord que les plus vastes édifices comme les plus humbles sont en bois, matière qui par sa nature même supprime l'idée de durée éternelle qui semble s'attacher naturellement à une œuvre architectonique. En second lieu, l'œil cherche en vain les grandes lignes horizontales ou verticales dont les unes reposent, pour ainsi dire, l'âme du spectateur, tandis que les autres élèvent sa pensée, et dont la prédominance plus ou moins accusée donne leur signification à tous nos monuments. On ne voit ici que des lignes brisées, fuyantes ; les piliers disparaissent dans l'ombre immense du toit ; la toiture elle-même n'est qu'une série de surfaces curvilignes. L'élévation très-simple répond à un plan compliqué ; une même façade présente un premier, un second, un troisième corps de bâtiment, enjambant les uns sur les autres comme des maisons mal alignées.

Une troisième particularité, commune à toute l'architecture japonaise, est la prépondérance des vides sur les pleins. Temples et « yashki », maisons de ville et maisons des champs, n'ont pour ainsi dire pas de murailles ; la couverture est supportée par des piliers que réunissent des châssis mobiles. Fermés, ces châssis, garnis de papier, n'ont d'un mur que l'apparence maussade, sans en avoir la solidité réelle et rassurante pour l'œil ; ouverts, ils laissent le regard s'enfoncer avec une sorte de malaise dans un intérieur sombre et indistinct, quand le jour est mauvais ; ou pénétrer jusque dans les détails les plus intimes de la vie privée, quand la lumière inonde les appartements.

Que ces demeures soient celles des dieux ou des hommes, leurs habitants ont l'air, tantôt d'être enfermés dans une cage ou dans une boutique, tantôt de camper sous les regards du passant. Autant les baies larges et nombreuses de nos murailles solides sont gaies et hospitalières à l'œil, autant ces ouvertures continues le lassent par leur monotonie ou l'offusquent par le désordre qu'elles laissent voir au dedans. Un édifice qui étale ce qu'il devrait cacher, ou ne l'abrite que derrière un insignifiant rempart de papier facile à crever du doigt, choque le spectateur comme une bravade. Nul n'a le droit d'exhiber ainsi sa vie sur la voie publique. Les dieux ont besoin de plus de mystère, les hommes de plus de réserve; il ne sied qu'au théâtre et au portique d'être ouverts à tout venant. Si l'on peut avec un maître éminent comparer les vides et les pleins aux dactyles et aux spondées d'une prosodie muette, que dire d'un poëme composé tout entier de dactyles?

Enfin un dernier trait, commun à tout ce qui sort des mains japonaises, c'est l'absence de symétrie et de proportion. Soudées ensemble ou isolées, les diverses parties d'un même bâtiment ne se correspondent pas de droite à gauche. Le portique n'est pas toujours dans l'axe de l'entrée principale; le chemin dallé qui mène de l'un à l'autre coupe la cour en diagonale; et quelle que soit la largeur ou la profondeur, la hauteur reste à peu de chose près la même.

Que si nous nous efforçons de rattacher ces caractères généraux à une cause unique, nous serons amenés, dès le début de cette étude, à définir une des qualités dominantes du génie japonais que nous allons retrouver en pleine activité pendant tout le cours de notre voyage à travers le Japon artistique : c'est l'amour naïf et presque déréglé de la nature.

Qu'il nous soit permis de nous expliquer.

L'art est chez nous le résultat d'une réaction voulue du génie humain contre le désordre incohérent et sublime de l'univers inorganique. Sauf dans le corps des vertébrés, l'ordonnance, la symétrie, n'apparaissent en effet nulle part dans le monde extérieur ; et si l'artiste lui emprunte les formes qu'il n'est pas donné à l'imagination d'inventer, c'est de son propre fonds qu'il tire la notion et les lois de l'ordre et de l'harmonie : « Les champs et les arbres n'ont rien à m'apprendre, » dit quelque part Socrate dans le *Phèdre ;* « La nature dérobe Dieu à notre vue, » ajoute à son tour Jacobi, à la grande indignation de son ami le panthéiste Goethe ; et, en effet, c'est par delà le monde visible, c'est dans les profondeurs du moi que le maître inspiré entrevoit la perfection absolue. Il ne copie pas la nature, il la refait, il la redresse, il la traduit et la dépasse, et s'il lui faut dans la réalité tangible un symbole et un modèle, c'est la symétrie du corps humain, c'est sa beauté triomphante et divinisée par le paganisme antique qui lui servira de modèle.

Tout à l'inverse, le naturalisme du Chinois et du Japonais se traduit par une admiration sans critique et sans restriction du spectacle merveilleux qu'offre la planète. Ils n'entrevoient pas autre chose, ils ne rêvent pas mieux ; ils n'essaient pas de réaliser dans leurs œuvres des lois idéales entrevues dans la conscience, et d'asservir les formes au joug supérieur de l'éternelle raison. Ils ne sont pas tourmentés du besoin de rétablir l'harmonie dans le chaos ; l'imitation leur suffit, il n'y a pas pour eux une catégorie du beau, au delà et en dehors des beautés visibles et palpables ; le type ne se sépare pas du signe, ils voient Dieu dans la nature et point ailleurs.

Où prendraient-ils du reste l'idée d'une harmonie, d'une symétrie suprême ? Dans le spectacle de l'homme ? de l'homme, chétive et périssable créature, aux yeux du bouddhiste, être sans grandeur et sans mission, que l'univers écrase et résorbe à chaque heure ? Non, l'aspect de la campagne en fleurs, le tumulte imprévu et charmant des cascades tombant des montagnes, des vagues grondant au fond des criques, des torrents qui rongent leurs parois basaltiques, les contrastes et les caprices d'une végétation puissante, voilà les modèles qui s'imposent sans contrôle à leur imagination et inspirent leur art. Comment s'étonner que leur style rappelle ce gracieux et piquant désordre ? Puis, cette terre si belle est en même temps si hospitalière ! On y peut, une partie de l'année, vivre sous la tente, comme les ancêtres mongols, dont l'habitation portative a donné sa forme aux huttes qu'on retrouve encore chez les Aïnos à Yézo. A quoi bon des clôtures pour qui vit si volontiers en plein air ?

Tels sont les traits saillants de l'architecture au Japon, et les causes qu'on peut, à notre avis, leur assigner ; il faut maintenant entrer dans quelques détails touchant chaque genre particulier de monuments.

L'architecture, considérée comme art, date du premier temple. Aux âges de foi, l'homme songe, avant d'orner sa demeure, à embellir celle de ses dieux. Des causes multiples, parmi lesquelles il faut mettre au premier rang le respect inviolable des ancêtres et le culte des mœurs primitives, ont engendré au Japon la simplicité et l'uniformité du style religieux. Il semble que le premier artiste, ou, pour être plus exact, le premier maître chinois ait creusé une ornière d'où ses successeurs n'ont jamais pu sortir. Nulle part n'apparaît même l'effort pour échapper aux formes consacrées. La construction en bois s'y prête mal sans doute, mais pourquoi s'astreindre à n'employer que cette matière ? La pierre ne manque pas au Japon ; les soubassements des temples en sont faits, ainsi que les dallages des avenues qui y conduisent. Un peuple créateur n'eût pas manqué d'en essayer l'effet architectonique. Les Grecs, eux aussi, eurent probablement pour premiers édifices des temples de bois ; mais avec quelle souplesse merveilleuse ils surent transformer en motifs d'architecture les données de la charpente, et, sans violer les règles hiératiques, émanciper le génie de l'artiste !

Tous les sanctuaires que l'on rencontre au Japon se rangent autour de deux types, le « mya » du culte shintoïste, le « tera » du bouddhisme.

Le « mya » est en bois brut, monochrome, de petites dimensions ; sa toiture, aux surfaces bombées, est faite de petites planchettes de sapin superposées jusqu'à concurrence d'un demi-pied d'épaisseur, et ses deux versants penchés l'un en avant, l'autre en arrière du temple, laissent vide de chaque côté un tympan garni de planches découpées. Le faîte supporte des pièces de bois rondes placées transversalement.

Le « tera » est polychrome, vaste, couvert en tuiles arrondies et savamment imbriquées, qui forment des cannelures du haut en bas du toit. Sauf la ligne de faîte, toutes les surfaces sont courbes et leurs intersections, garnies de tuiles plus larges, se terminent par des ornements en terre cuite trilobés que surmontent des cornes de faïence menaçant le ciel. C'est à ces cornes que les Chinois suspendent des sonnettes qu'on ne voit pas au Japon. Sur chacun des côtés, dans l'angle des deux pentes principales, est ménagé un petit fronton d'où part, en décrivant une courbe élégante, un versant latéral, en sorte que pour le spectateur placé en bas, une couverture à quatre brisés abrite le péridrome. La saillie égale sur toutes les faces, est d'environ 1^m,50. Sauf ces différences, l'économie des lignes est la même dans les deux genres de sanctuaires. Nous nous attacherons particulièrement à ceux du bouddhisme, qui ont été bâtis dans tout le pays avec beaucoup plus de luxe et de magnificence que les asiles oubliés du shinto.

Comme le temple grec, le temple japonais est construit pour être vu de l'extérieur ; le fidèle reste à l'entrée pour faire ses dévotions ; la toiture se prolonge même au devant de la porte centrale en une sorte de marquise, supportée par des colonnes, pour abriter ce passant qui appelle le dieu d'un coup de gong, le salue, frappe dans ses mains pour le congédier et s'en va. A l'intérieur tout est noyé dans une demi-obscurité. L'énorme toiture, qui déborde à l'extérieur sur le monument, l'écrase et en dissimule les détails. Elle est supportée tantôt par des poteaux carrés, tantôt par des colonnes rondes munies à leur pied d'un simple tore garni de métal et dépourvues de chapiteau à leur sommet. Les entre-colonnements sont larges, et les supports grêles, chargés de lourdes plates-bandes, inquiètent le regard. Comme pour ajouter encore à la pesanteur apparente, une énorme solive légèrement cintrée court horizontalement à $0^m,50$ au-dessous de l'architrave, et réunit entre elles les colonnes; elle fait saillie à droite et à gauche et se termine par une tête d'éléphant sculptée.

Souvent l'épistyle, au lieu de reposer directement sur la colonne, en est séparé par une sorte de console formée d'un enchevêtrement de denticules dont les facettes multiples, polychromes, dispersées sur plusieurs plans, font péniblement papilloter l'œil. Un membre analogue, indéfiniment répété, sépare quelquefois dans toute leur longueur l'architrave du larmier. Souvent même, on en voit deux et trois rangs superposés s'élever en s'évasant jusqu'à la toiture, qui semble ainsi reposer sur une série de pyramides renversées. Si nous nous proposions de faire un traité d'architecture, il nous resterait à détailler une grande quantité de membres secondaires, à décrire la structure intérieure, la charpente et l'application des lois de la dynamique, mais ce sont là des détails techniques qui regardent le constructeur et non l'artiste. Au point de vue qui nous occupe, nous devons signaler quelques accessoires qui accompagnent toujours le temple japonais.

Jamais on ne le voit s'élever seul, résumant dans son unité la pensée religieuse de la communauté; autour du sanctuaire principal se trouvent d'autres édicules de même style, quelquefois plus ornés, des chapelles auxiliaires, une bonzerie réunie à l'édifice par une galerie à jour, une fontaine pour les ablutions, une pagode à deux, trois et cinq étages, dont tous les vases de Chine ont popularisé dès longtemps la silhouette élégante. Tous ces petits monuments, dispersés dans la même enceinte, éparpillent l'attention et diminuent la puissance de l'effet produit. Il en est au contraire qui l'augmentent en y préparant l'âme du spectateur, comme les sphinx placés en sentinelle aux abords du Serapeum.

Le premier est le « tori ». Le « tori » est un portique composé seulement de deux colonnes plantées en terre sans socle, comme la colonne dorique, légèrement inclinées l'une vers l'autre, et réunies à un pied de leur sommet par une traverse sur champ libre dans ses mortaises. Elles supportent une première solive horizontale bien équarrie, sur laquelle repose une seconde poutre légèrement recourbée en croissant à ses deux extrémités. Rien de plus imposant que la majesté de ces lignes simples, surtout quand le « tori » est en pierre et joint à l'idée de la grâce celle de la solidité.

Le « toro » est un fût de colonne plus ou moins évidé, posé sur un socle et supportant une petite lanterne de pierre ou de bronze que recouvre une légère toiture de même matière relevée à ses angles en volutes élégantes. Enfin, les lions de Corée, placés face à face à l'entrée de l'avenue centrale, viennent compléter la physionomie animée et riante des lieux sacrés.

Des verticales trop courtes pour les proportions du monument, écrasées par les saillies exagérées de la toiture, des horizontales perdues dans le demi-jour, des courbes vagues, excentriques, inachevées, des lignes bri-

sées, indécises, se contrariant entre elles, donnent au
« toro » l'aspect inquiétant d'une masse désordonnée
prête à s'affaisser. On dirait d'une ébauche, d'où l'œuvre
va sortir avec son caractère et son unité, mais dont le
sens ne se dégage pas encore ; ce sont formes à naître
plutôt que nées. Quand on les contemple avec des yeux
habitués aux accents précis et solennels de la plate-ban-
de, de l'arceau roman, de l'ogive, il semble qu'après
une langue limpide et claire on entend parler un dialecte barbare et inarticulé. L'esprit ne peut se défendre
d'un rapprochement entre ces toits cornus qui se redres-
sent vers le ciel, ces contours bizarres, et les paupières
obliques, les figures grimaçantes de ceux qui les ont
conçus sans doute à leur image.

Mais si, parvenu à dépouiller ces souvenirs importuns
d'une beauté supérieure, le visiteur se laisse aller à
l'impulsion de ce second *moi*, qui est en chacun de nous
et qui sent, jouit ou s'affecte, tandis que l'autre juge,
approuve ou condamne, si, au lieu d'isoler et d'analyser
les beautés du style, il contemple le monument dans le
cadre où il est enfermé, s'il en considère non plus la
grandeur absolue, mais le caractère, les rapports de convenance avec le milieu où il s'élève, l'impression change ;
à défaut de sublimité l'artiste y trouve du piquant, à défaut d'une pensée puissante et claire une conception originale dans son incohérence, enfin, en l'absence d'idéal
et de sentiment religieux, un goût exquis et profond de
la nature.

C'est en effet par cette dernière qualité que se rachè-
tent les architectes japonais, c'est par là qu'ils se distinguent de tous les autres et surpassent même leurs
maîtres, les Chinois. Nul n'a su comme eux comprendre
la beauté que se prêtent réciproquement l'art et la nature. Tantôt c'est au milieu d'un bosquet de bambous ou
de cryptomerias qu'ils cacheront un petit édicule isolé et

recueilli, tantôt c'est au milieu d'un parc séculaire, ménagé au cœur même de la capitale, qu'ils prodigueront les magnificences de leurs grandes pagodes dorées et bariolées, rendez-vous de plaisir aux jours de fête ; le plus souvent, c'est aux abords de quelque gros bourg, au penchant d'une colline escarpée, comme à Kamakura, qu'ils aimeront à étager les différents corps d'un temple où l'on montera par de vastes escaliers de granit ; ou bien comme à Nikko, dans les gorges abruptes et boisées des montagnes, au milieu des eaux jaillissantes, ils disperseront toute une nécropole, dont le voyageur découvrira chaque jour un nouveau fragment enfoui dans quelque recoin inexploré. Point d'éminence qui n'ait son *temple* grandiose ou modeste, point de sanctuaire qui n'ait à défaut d'une forêt, sa plantation de cèdres et de sapins. C'est par le goût exquis, comme par les merveilles de la couleur sur lesquelles nous reviendrons bientôt, que l'art religieux des Japonais compense les pauvretés de son dessin et la médiocrité de ses conceptions.

L'absence de vie publique entraîne celle d'une architecture civile. Il peut sans doute exister et il existe en effet une science du bâtiment très-complète, mais il ne saurait y avoir un art proprement dit, là où les hommes ne songent à construire aucun monument d'un usage commun, où il ne s'agit que d'élever une boutique pour le marchand, un palais invisible aux mortels pour le prince et le souverain. Aussi l'architecte japonais n'est-il qu'un artisan, un maître charpentier, qui répète constamment, suivant des dimensions plus ou moins vastes, la même maison bourgeoise ou princière.

Ici, point de fantaisie personnelle, point d'effort vers l'originalité comme dans les villas italiennes ou dans nos châteaux de la Renaissance. Nul n'empreint de son individualité la façade de sa résidence. On ne s'écarte jamais d'un type uniforme ; l'habitation, comme le costume, doit être réglée suivant le rang de l'habitant ; le marchand enrichi ne doit pas se loger dans une demeure somptueuse ; le daïmio ne saurait dormir sous un toit moins vaste que celui de ses pères. Il va sans dire qu'il n'est nullement question ici des bâtisses modernes que l'on voit s'élever aujourd'hui en quelques endroits, d'après des plans étrangers, et dans lesquelles nobles et roturiers rivalisent de mauvais goût.

A l'extérieur, le « yashki » japonais rappelle, avec plus de simplicité, les temples bouddhistes. Même toiture, même plan général, même effet produit. A l'intérieur, les artifices de la structure sont moins dissimulés et l'ouvrier ne cherche d'autres motifs de décoration que l'éloquence des assemblages ostensibles et leur évidente solidité. Dans un pays où il ne se passe pas de mois sans quelque secousse volcanique, c'est une condition essentielle du bien-être domestique que de sentir sur sa tête une charpente inébranlable dont les pièces solidaires se soutiendront mutuellement en cas de choc. Aussi se gardera-t-on bien de dissimuler les poteaux, les solives, les étrésillons qui doivent rassurer l'œil ; souvent même on s'abstiendra d'équarrir les arbres qui fournissent les piliers pour leur laisser toutes les apparences de la force.

Tels sont les accents que s'efforce d'exprimer l'architecture et les seuls qu'elle réussisse à formuler. On est stupéfait, quand on pénètre dans le palais des shogun, dans celui des mikados à Kioto, de ne trouver dans ces demeures, où l'imagination se représente des lambris dorés et une somptuosité orientale, que de belles poutres de kiaki, de shenoki, de sapin, simplement rabotées et bronzées par le temps. Il faut bien que la solidité se manifeste ainsi dans une pièce dont les murs sont formés de châssis mobiles glissant dans des coulisses. J'en eus un jour la démonstration personnelle. Un poteau se dressait au milieu du salon dans le « yashki » que j'habitais à Yédo ; je fis supprimer ce support encombrant qui fut remplacé par des arbalétriers placés au-dessus de l'œil du visiteur. Je n'ai vu personne qui n'éprouvât en entrant une vague sensation de vide et d'instabilité.

La plupart des pièces de l'appartement ne sont fermées que d'un seul côté par une cloison en torchis ; sur les trois autres sont des cloisons de papier qu'on ôte ou remet à volonté. Il n'y a aucun autre moyen de chauffage que des « chibatchi », — brasiers portatifs pleins de charbon de cerisier incandescent. Aussi rien n'est moins confortable que la maison japonaise pendant les quatre mois d'un hiver assez rigoureux ; rien de plus choquant, pour l'Européen habitué à dérober sa vie derrière d'épaisses murailles, que ces frêles paravents à travers lesquels on est tout à la fois espionné par les domestiques ou gêné par leur tapage.

Le seul ornement qui meuble un peu la nudité du « yashki », c'est le « toko-noma », — petit réduit à deux compartiments placés contre l'unique mur solide — et comprenant d'une part un vaste panneau encadré dans la menuiserie où le maître accrochera sa peinture favorite, et de l'autre une étagère à trois planches disposées en gradins et un placard dans la partie inférieure.

Un des détails les plus pittoresques du « yashki », c'est la courbure gracieuse du petit auvent qui protége la porte. Tantôt en tuile, tantôt, dans les demeures les plus augustes, en « yane-ita », — lamelles de sapin superposées et semblables à un chaume bien émondé ; — ce fragment de toit, vu de face, affecte exactement la forme d'un arc et symbolise évidemment les temps héroïques où le guerrier suspendait son arc à la porte de sa nte en y rentrant. Comme le « tori » des temples, le

« mon-gamachi » avertit l'étranger qu'il va paraître devant un grand de la terre.

Le « yashki » est toujours entouré de bâtiments accessoires qui lui font une enceinte continue : ce sont les « nagaya » destinées à loger les gens d'escorte, les gens d'armes. Ces communs, sans style, s'étendant indéfiniment en longueur sur la rue, n'ont que de petites ouvertures fermées par un grillage de bois. Les murs en sont faits de pisé ou de torchis recouvert de tuiles noires posées sur champ en losanges. Les joints forment des diagonales croisées, dont le réseau saillant et papillotant, analogue au *reticulatum* des Romains, égaie un peu la solitude des rues officielles bordées de ces interminables murailles.

De temps en temps les filles et les femmes des domestiques montrent leur visage à la grille, et le touriste, toujours ami du merveilleux, s'empressait jadis d'écrire sur son carnet qu'il avait aperçu les princesses du harem japonais. Mais, hélas! aujourd'hui le touriste le plus entêté n'a plus lui-même d'illusions, les « yaskhi » tombent en ruine, sont transformés en ministères ou servent d'habitation aux Européens qu'emploie le gouvernement; on n'y voit plus ni hommes d'armes ni princesses, mais de simples et vulgaires portiers. Le rouleau destructeur de la civilisation européenne a déjà passé par là. N'avons-nous pas vu démanteler sous nos yeux les portes du « Siro », qui donnaient à Yédo toute sa physionomie?

Le « Siro » est une forteresse placée au centre ou au flanc de la ville qu'elle doit protéger, le plus souvent sur une éminence et dans le voisinage d'un cours d'eau qui en alimente les douves, quelquefois tout au bord de la mer, ou d'un lac comme à Takasima sur le lac Suwa, à Hikoné sur le lac Biwa, et tant d'autres. Celui de Yédo, le plus vaste après celui d'Osaka, a une enceinte continue et repliée en spirale trois fois sur elle-même. Les fossés extérieurs sont au niveau de la marée qui s'y fait sentir, tandis que les canaux intérieurs, alimentés par des rivières et des sources, ont été creusés dans une colline d'environ quatre-vingts mètres d'altitude couronnée de remparts. Le plus interne de ces profonds ravins est recouvert d'un mur de soutènement fortement incliné en arrière, d'un profil semblable à l'éperon d'une frégate, et dont l'appareil polygonal composé de blocs de granit à prismes irréguliers, ajustés sans le secours du ciment, rappelle les constructions cyclopéennes que les Pélasges élevaient à Tyrinthe, il y a trois mille ans.

Quoique faisant usage de la pierre depuis des siècles, les Japonais n'ont fait aucun progrès dans l'emploi de cette matière, car on ne peut tenir compte de quelques arches de ponts bâtis à l'imitation des Hollandais à Kagosima et à Takasaki; ils se contentent d'aplanir la face externe de chaque bloc, laissant les autres irrégulières, et remplissant les interstices intérieurs avec un blocage à sec de cailloux. L'inconvénient de ce système est qu'en cas de tremblement de terre, les cailloux ainsi logés dans les intervalles, agissent comme des coins et repoussent les blocs hors du mur; on peut, en effet, voir en beaucoup d'endroits les pierres de ces fortifications faire saillie en corbeaux sur le parement. Des arbres couronnent ces talus; des poternes fortifiées donnent accès dans l'enceinte, et des tours carrées, aux toits courbes, aux murailles blanches, aux lucarnes étroites, en défendent tous les angles.

Rien n'est plus pittoresque que de voir, par un beau soleil d'hiver, ces étages de forteresses concentriques s'élever en pyramides jusqu'au donjon central d'où l'on domine toute la ville et la baie de Yédo, ou de suivre, au clair de lune, ces canaux silencieux où se reflètent les gigantesques murailles de granit. On croit remonter le cours des temps, contempler la gloire d'Assur et de Ninive, et, à défaut d'un sentiment artistique bien défini, ce colossal entassement a la poésie qui s'attache à toute manifestation de la puissance humaine.

On ne saurait parler de l'architecture japonaise sans ajouter quelques mots sur l'art de dessiner les jardins, qui est ici, plus que partout ailleurs, inséparable de celui de bâtir. A part les magnifiques ombrages qui entourent les temples et leur impriment toute leur majesté, il n'y a pas de jardin public; mais en revanche il n'est si misérable bicoque qui n'ait son petit jardin, son « matsu » soigneusement taillé et épluché, son petit bassin d'eau claire où nagent quelques poissons rouges, son *regard* pour l'écoulement souterrain des eaux. Les palais des daïmios, les résidences des riches marchands, comme le fameux Dai-Roku, quelques « tchaya » ou maisons de thé dans les environs des villes, sont entourés de parcs disposés avec un goût exquis. Il n'y faut chercher ni les grandes lignes droites ni les vastes percées d'un le Nôtre; les Japonais n'en ont jamais compris la majesté sévère et le calme solennel. Ils se soucient peu de cette régularité hospitalière qui permet au visiteur nouveau venu de s'orienter et de reconnaître facilement son chemin.

Le jardin est un lieu de récréation pour le propriétaire, qui vient s'y reposer seul ou s'y distraire avec ses femmes. C'est un boudoir de verdure et de fleurs, peu engageant pour l'étranger qui sans cesse y a besoin d'un guide. On y rencontre, comme dans le jardin anglais, une série d'accidents entassés suivant la fantaisie du maître, et imitant la nature; mais tout est taillé, émondé, châtié avec un soin qui révèle partout la présence d'un jardinier vigilant. Ici, c'est un petit lac que traverse un pont rustique au-dessus duquel un berceau de bambou soutient une glycine aux grappes pendantes;

quelques cygnes s'y promènent gravement : là, c'est un tertre où l'on arrive par une petite rampe tournante; plus loin, un « toro » marque le coin d'une allée étroite et sinueuse. Un petit édicule se cache dans les sapins, gardé par deux renards de pierre; un kiosque s'ouvre sur une pièce d'eau : c'est là qu'on fera apporter une collation et qu'on passera les heures paresseuses d'un beau jour de printemps à regarder danser les « guésha », au son du « shamisen ». Des dalles irrégulières, posées dans tous les sentiers, permettent de les parcourir même en temps de pluie sans se mouiller les pieds.

Sur une pelouse fraîche et rasée, un épicea, un camélia, un érable aux tons fauves, un de ces cryptomerias dont le Japon est si riche, quelque arbre d'une essence recherchée et d'une belle venue se dresse à l'écart; un peu plus loin, des bosquets de pruniers ou de cerisiers promettent à leur heureux possesseur la vue éphémère d'une floraison ravissante au mois d'avril. L'aspect de ces fleurs est si cher aux Japonais, qu'à certaine époque de l'année le peuple se porte en foule, pour les admirer, vers quelques jardins des environs où sont plantés, pour le plaisir des yeux, des parterres entiers de ces arbres, qui ne produisent pas de fruits sous le ciel pluvieux de Yédo.

L'horticulteur se garde bien ici, on le pressent déjà, de grouper, comme nous, ses fleurs en figures géométriques. Il les distribue d'une main discrète par petites masses séparées, ou bien les jette à profusion pour produire quelque puissant effet. Dans presque tous les beaux parcs, un des bords de la pièce d'eau se relève en un talus rapide, couvert, de la base au sommet, quelquefois sur une étendue de dix ou quinze mètres, d'azaléas rouges, blancs, roux, dont les tons éblouissants finiraient par lasser l'œil des habitants si leurs corolles ne se flétrissaient en quelques semaines. Le lis, l'iris, le glaïeul, plus persistants, le chrysanthème, l'héliotrope sont plus clair-semés.

L'artiste japonais mérite une place à l'écart du Français qui fait de l'architecture végétale, de l'Anglais qui reproduit purement et simplement la nature avec l'apparence de son désordre, du Chinois qui s'efforce de la contrecarrer et de la gêner. Notre jardinier sait consulter le génie du lieu, s'associer les effets du site environnant ; il ne contrarie pas la nature, mais, chose pire, il la contrefait et la travestit ; ses arbres sont trop bien ébarbés pour être de vrais arbustes ; ses fleurs, jetées avec une si aimable négligence, ne sont pas celles que les champs produisent avec ce même désordre ; il n'y a jamais eu tant de sinuosités dans une mare naturelle de cent mètres carrés ; tout cela étouffe et manque d'air et de lumière dans l'espace trop étroit où l'on a voulu entasser trop de choses ; nous sommes dans une serre au milieu des pots de fleurs : ce n'est plus un jardin, c'est un musée de verdure mal rangé.

Cette diversité paraît mesquine ; à force de découper, d'émietter les éléments de la décoration, on a réussi à faire de petites choses avec de beaux arbres et de grands espaces : au milieu de cette végétation gênée, dans ces sentiers où l'on ne peut aller deux de front, où l'on doit marcher à pas comptés d'une dalle sur l'autre, où l'on rencontre à tout jamais la même surprise au même détour, le même imprévu chaque jour plus prévu et plus insipide, j'étouffe comme dans un salon garni de porcelaines, où l'on n'ose faire un mouvement, et je réclame les larges horizons de la campagne, les lignes prolongées du sol, l'air libre, la tranquillité de la forêt. Mais non, l'impression me poursuit encore ! La nature, elle aussi, est petite, chétive, mesquine dans sa grâce et sa gentillesse, franchissons le mot : colifichet. Faut-il s'étonner que le jardinier qui lui demande ses inspirations et la répète sur une plus petite échelle ne fasse qu'une œuvre médiocre et sans grandeur? Non! les œuvres de l'homme reflètent celles de la création qui l'entoure et donnent du même coup la mesure de son génie.

C'est dans les longues et larges avenues de Versailles, de Rambouillet, de Fontainebleau, que devaient se plaire des promeneurs comme Louis XIV, Colbert, Bossuet : ce sont de vastes plaines comme celles de l'Ile-de-France qui devaient en révéler à un le Nôtre les accents majestueux ; mais ces petites retraites encaissées dans les fleurs, ces éternelles petites mignardises, ces étroites clôtures aux lignes brisées, ont pu renfermer un voluptueux, oublieux du monde, un philosophe désabusé et résigné à l'inertie, abriter les méditations d'un ambitieux disgracié ou les délassements d'un soldat entre deux campagnes ; elles ne sauraient contenir l'âme impatiente d'un chercheur d'infini ; elles ne sont pas faites à la taille d'un peuple épris d'idéal.

Si nous résumons ces premiers aperçus, l'architecture du Japon nous présente donc la contre-partie des qualités que nous sommes habitués à admirer : le caractère spiritualiste, idéal, l'ordre, l'harmonie ; elle nous révèle un naturalisme borné, une imitation parfois servile du monde extérieur, une copie souvent maladroite. Sans doute, avant de tirer de ces prémisses une conclusion relativement à la valeur morale de la race, il serait intéressant de suivre le développement historique de l'art, de rechercher dans quelle mesure l'influence considérable des Chinois, le climat pluvieux et orageux, la nature des matériaux, celle du sol volcanique, secoué par les forces intérieures, ont participé à cette médiocrité ; mais les documents font absolument défaut pour cette étude : aussi loin qu'on puisse remonter actuellement, c'est-à-dire à quelques siècles en arrière, on trouve les traditions déjà fixées et l'on ne découvre pas d'effort pour en sortir.

Et qu'importe d'ailleurs une telle recherche? Saurons-nous jamais à quel degré exact le milieu ambiant peut gêner ou favoriser le développement d'un peuple? ce qu'une nation peut faire en vertu ou en dépit du soleil qui luit pour elle? Peut-être le ciel de l'Attique est-il pour autant que le génie du climat dans l'heureux choix des formes du Parthénon? Mais sous un ciel plus sombre et plus inclément, Ictinus s'appelle Robert de Luzarches et construit la cathédrale d'Amiens. L'homme de grande race se renouvelle sans cesse de lui-même, et, puisant la conception du beau dans son propre fonds, en poursuit la réalisation à travers tous les milieux. Il n'est pas de la phalange d'élite, celui qui ne sait pas se redresser contre les obstacles et se diriger dans les ténèbres vers la perfection suprême.

§ II

LA SCULPTURE

Si l'architecture nous aide à préciser les aspirations d'un peuple et les sentiments qu'il éprouve au spectacle du monde extérieur, la statuaire ne nous est pas d'un moindre secours pour démêler sa philosophie et l'idée qu'il se fait de la nature de l'homme et de sa destinée. Réduit pour tout langage à l'imitation presque exclusive de la figure humaine, le sculpteur ne peut déguiser l'aveu des pensées que lui inspire son modèle. L'artiste égyptien ne songe à lui emprunter que des formes symboliques et abstraites par lesquelles il exprimera les idées chères à sa race, d'éternelle durée et d'impassibilité; il recommencera une architecture anthropomorphe. L'individu n'existe pas à ses yeux. Le Romain s'attachera à reproduire exactement, pour les transmettre aux âges futurs, les traits de ces maîtres du monde à qui la puissance et la gloire tiennent lieu de beauté, et qu'il croirait abaisser en les flattant. Il fera des portraits réalistes de gens positifs sans se mettre en peine de rechercher le type derrière le modèle. L'obscur artiste du moyen âge ne verra plus dans le corps humain que l'enveloppe palpable d'une âme souffrante et militante, et ne s'en servira que pour exprimer l'adoration, la prière et la résignation.

Placé à égale distance du symbolisme égyptien, du matérialisme latin et du mysticisme catholique, le génie de la Grèce voit dans l'homme divinisé le type accompli du beau, le maître tout-puissant des éléments, l'égal des dieux. Il ne sépare pas l'idée de la perfection morale de l'image de la beauté plastique; Socrate, avant d'enseigner la sagesse, sculpta un groupe des trois Grâces; mais, quelle que soit chez tant d'artistes leur conception de l'homme moral, nous sentons chez eux une tendance à lui prêter un rôle prépondérant dans la vie du globe, à voir en lui le principal facteur de tout ce qui se passe dans le monde. Tous, en multipliant son image dans les temples, sur les places publiques, sur les tombeaux, au portail des cathédrales, attestent la supériorité de la conscience sur l'univers.

Il n'en est pas de même au Japon. A part des représentations hiératiques, sur lesquelles nous reviendrons bientôt, on ne rencontre ici aucune de ces statues qui se marient si bien avec notre architecture européenne ou peuplent nos jardins, nos portiques, nos places publiques. La grande sculpture, celle qui représente l'homme dans la grâce de ses mouvements, la majesté de ses attitudes ou la profondeur de ses pensées, ne tient aucune place dans les mœurs artistiques du pays. On n'y connaît pas l'amour des belles formes, le besoin de grandir l'homme, d'affirmer la dignité humaine par le choix des lignes fines qui la caractérisent, et d'en éterniser le souvenir par le marbre et le bronze.

Et, en effet, qu'est-ce que l'homme dans la philosophie chinoise transmise aux Japonais? Un être tout passif, condamné à la vie et à la souffrance, comme à un stage pénible, avant de rentrer dans le non-moi et de s'absorber dans l'essence universelle qui seule existe de toute éternité. Il n'a point de destinée active, il n'est pas chargé de modifier la face du monde; c'est affaire à l'intelligence suprême; il n'a, lui, qu'à observer les lois qu'elle dicte et les rites qu'elle exige par la bouche de l'empereur. Esclave résigné des puissances divines et humaines qui l'écrasent, enchaîné pour un temps à cette terre où il ne laissera pas trace de son passage, quel besoin a-t-il et quel droit, — créature éphémère, — de dire aux générations à venir, dans une langue immortelle, comment il a porté son fardeau d'un jour? Il peut bâtir des temples pour ses dieux, des palais pour ses maîtres descendant du ciel, exécuter des images colossales de la Divinité; mais quant à sa personne, elle n'est pas digne d'être représentée et traduite en granit.

On reconnaît à ces traits l'infériorité morale d'une race découragée et inerte pour qui l'homme tient peu de place et n'a pas de rôle à jouer dans l'éternel avenir de l'univers. A ces causes d'ordre psychologique, il en faut ajouter d'autres purement accidentelles qui devaient à tout le moins gêner, dans une certaine mesure, le développement de la grande statuaire. Le bronze est cher et le Japon est pauvre; le marbre lui a été refusé; on n'y trouve en fait de calcaire que des granits grisâtres, rugueux, durs à tailler et peu propres au jeu des ombres. C'est seulement à l'instigation et avec les subsides des riches bonzeries que l'artisan a pu vaincre ces obstacles quand il s'agissait d'ériger des représentations de Bouddha; mais il ne s'est plus senti l'énergie de les affronter en l'honneur de simples mortels. De là deux genres bien différents dans leur inspiration, leur but et leurs dimensions, dont il faut parler successivement, la sculpture religieuse et la sculpture populaire.

L'art religieux a sa plus haute expression dans le type éternellement répété de Bouddha ou Daï-buts, assez vulgarisé aujourd'hui en Europe pour qu'il ne soit pas besoin de le décrire. Celui que M. Cernuschi a rapporté du village de Méguro, et qu'il a si libéralement exposé avec le reste de sa belle collection, peut être considéré comme un des plus admirables exemplaires de cette grande figure. Elle est répétée à satiété dans toutes les parties du Japon, tantôt en bronze, tantôt en pierre, presque toujours de grandeur colossale, invariablement assise dans la même attitude, avec des attributs différents, suivant le degré de perfection ascétique que l'artiste a voulu indiquer.

Que de fois le voyageur surpris la rencontre en avant d'un « téra », ou isolée dans la campagne, au milieu d'un petit bosquet de cèdres, et se recueille devant cette apparition surhumaine abîmée dans la contemplation de l'infini ! Une pensée lui vient alors qui surgit involontairement devant les œuvres importantes de l'homme : si quelque immense cataclysme venait à supprimer toutes les créations de l'art japonais, à l'exception de ces mille statues identiques, donneraient-elles aux exégètes futurs une idée juste de la puissance artistique et de l'intensité du sentiment religieux chez cette race disparue ?

A cette question la réponse est double et nous distinguerons. Oui, sans doute, l'uniformité de ces représentations, leur majesté imposante et monotone, leur stature et leurs proportions identiques attesteraient avec exactitude le génie peu créateur, l'invention limitée, le respect hiératique des traditions dans lesquelles l'art et la religion sont irrémédiablement figés; mais à l'inverse, on ferait fausse route en cherchant dans ces traits augustes l'étalon du beau, reçu au Japon et du type national. Le Bouddha n'est pas, en effet, une création indigène; il n'est pas sorti spontanément de la pensée de la nation, comme le Jupiter olympien, la Minerve Poliade ou la figure du Christ. C'est une importation étrangère qui, jetée sur le sol en même temps que le bouddhisme, s'y est multipliée sans variantes, sans addition originale à mesure que le culte s'étendait.

C'est donc à l'Inde, patrie du bouddhisme, qu'il en faut faire honneur. C'est surtout aux plis de la robe du Daï-buts qu'on peut reconnaître sûrement l'emprunt; on retrouve dans cette draperie le style ample et solennel dont le caractère adouci subsiste dans la procession des Panathénées. Partout cette figure s'est répandue avec le bouddhisme dont elle est la personnification accomplie; partout nous l'avons retrouvée identique, au Japon, en Chine, en Java, à Ceylan. Toutes les races ont adopté et répété dévotement cet archétype qui symbolise admirablement leur foi. Le Bouddha, tel qu'il est représenté, n'est ni un homme ni un dieu, c'est l'essence vivante, c'est une conscience visible, c'est la grande âme de l'humanité abîmée dans la contemplation de l'absolu, et travaillant par une concentration prodigieuse de la pensée à saisir les lois de l'univers.

Comment réaliser par la statuaire une pensée aussi abstraite sans tomber dans la raideur inanimée? Les beaux-arts s'exposent à des aveux d'impuissance lorsque, sortant de leur sphère, ils veulent rendre sensible aux yeux ce qu'il n'appartient qu'à la philosophie et au langage de présenter à l'esprit. La plastique n'a pas de formules pour l'absolu, elle ne vit pas de quintessence. Son rôle se borne à produire le beau d'une manière concrète, c'est-à-dire à créer des types en montrant dans la vie réelle les accents de la vie idéale. C'est ensuite affaire au spectateur de s'élever de la vue des belles œuvres à la notion générale et abstraite de la vérité et de la beauté. Laissez faire l'âme émue ; elle ne faillira pas à sa tâche.

L'extrême Orient ne l'a pas compris ; à force de vouloir saturer ses figures d'expression, il en a fait des symboles froids et sans vie qui nous étonnent sans nous toucher, parce qu'ils nous sont étrangers. Aussi a-t-il dû, pour racheter ce mépris des formes, cette insouciance de l'anatomie, sculpter dans le granit ou couler en bronze des colosses imposants par leurs dimensions. La solennelle inertie de ces géants d'airain produit en nous l'impression du sublime en arrêtant notre esprit sur des pensées de puissance éternelle et d'insondable rêverie. Ramenées à des proportions naturelles, ces statues perdent leur caractère et leur sens avec leur énormité ; la plus célèbre au Japon, parce qu'elle est la plus grande, est le Daï-buts de Kamakura ; les réductions qu'on en rencontre partout ne sont que d'insignifiantes idoles.

Il est d'ailleurs facile de distinguer ici un appauvrissement du sens esthétique, semblable à celui que révèle l'histoire de l'art égyptien. Entre les gigantesques effigies de Kamakura et de Kioto, qui remontent très-apparemment au douzième siècle de notre ère, et les œuvres plus modernes datant des Tokungawa (dix-septième siècle), on trouve la même dégradation qu'entre le Chéphrem du musée de Boulaq et telle statuette du temps des Ptolémées placée dans une salle voisine. La grande inspiration primitive s'est évanouie ; il ne reste plus qu'un cadavre pétrifié ; l'art, en voulant s'humaniser sans pouvoir s'arracher à la servitude des formes hiératiques, n'a réussi qu'à s'abaisser. Faute d'un idéal saisissable, il a perdu sa puissance en renonçant à ses dimensions, et cessé de rencontrer le sublime sans atteindre le beau.

Cette dépression est plus visible encore dans les statues qui représentent le fondateur de la religion avant sa vocation religieuse, la couronne ou la tiare en tête, la main levée, et faisant corps avec un massif de pierre ou de bois qui forme dais au-dessus de lui. Si on les compare avec les représentations identiques, mais bien antérieures, que nous avons vues à Java dans les bas-reliefs de Borobhoudhour, on trouve que la raideur et l'immobilité archaïques sont plus accentuées dans les œuvres postérieures que dans les œuvres jaillies spontanément, il y a douze siècles, de l'explosion religieuse du bouddhisme indien.

Ainsi pour résumer ces aperçus, dont le lecteur voudra bien excuser le caractère nécessairement intuitif et personnel, le type du Bouddha est sublime sans être beau; ce qu'il a de plus admirable vient d'une source hellénique ou commune avec l'hellénisme; mais transporté au Japon avec la religion indienne, il y a été constamment traité dans le style formaliste dont les Grecs surent si heureusement se dégager. L'artiste japonais n'a pas su transformer et vivifier cette donnée première pour créer un type original qui traduisît les aspirations particulières de sa race; bien plus, quand il a voulu représenter d'autres mortels divinisés, comme le Jiso Bosatz qu'on voit sur le champ d'exécution de Kotsu-ku-hara près de Yédo, il est retombé malgré lui dans la répétition des traits et des attitudes consacrés par la tradition. Mais n'importe! à défaut des accents pénétrants de la vie, ces images impassibles proclament par leur majesté sereine la vitalité et la grandeur des dogmes philosophiques qui s'enseignèrent à leur ombre. Si elles ne sont pas les œuvres d'un peuple de grands artistes, elles sont les essais d'un peuple et d'une époque sur lesquels un grand souffle a passé. On peut s'écrier en les voyant : *Mens agitat molem.* Un rayon du grand foyer de l'Inde aryenne est venu s'égarer sur le monde japonais.

Aussi quel pénible contraste, lorsqu'à quelques pas de ces grandioses figures on trouve les « Tengu, » ces dieux infernaux de la mythologie populaire, grimaçants, ventrus, trapus, difformes, qui gardent l'entrée des grands temples et reçoivent les hommages des fidèles. Un rictus hideux ouvre leur bouche jusqu'aux oreilles, leurs yeux s'écarquillent d'une manière féroce, leur face est boursouflée et tordue, leur posture n'est qu'une contorsion. Il ne se peut rien imaginer de plus grotesque et de plus répugnant que ces démons géants, sortes de croquemitaines de la statuaire, enlaidis encore par les tons violents de la polychromie et menaçant pour l'éternité la foule de leur vilaine grimace. Cette laideur voulue et cherchée détone bruyamment au milieu de la vie japonaise, si décente, si nette, si coquette, si délicate.

Il s'agissait d'exprimer la méchanceté, la cruauté des gardiens qui défendent aux profanes l'entrée du lieu saint. Pour rendre des idées analogues sans déshonorer le corps humain, le génie grec avait trouvé Pan, les Faunes, les Satyres, toutes sortes de personnifications poétiques qui conservaient leur sens moral sans offrir à l'œil des difformités. Moins bien inspiré, le sculpteur japonais taille dans le bois ces grossières idoles, les affuble de vêtements, d'armures, et les campe debout comme d'affreux épouvantails sous le portique du « tera ».

Il faut ranger dans la même catégorie le Fudo-sama, dieu de la guerre, qu'on voit à Narita et en maint endroit, le sabre au poing, entouré de flammes, brandissant une corde dont il s'apprête à lier les voleurs. Comment concevoir que chez le même peuple, à la même époque, ces magots soient reproduits aussi fréquemment et avec autant d'amour que le paisible Daï-buts? N'est-on pas porté à croire que, dépourvu d'inspiration originale et prenant ses modèles partout où il les trouvait, le Japon a imité et reproduit au hasard et sans choix tout ce qui lui venait de l'Inde et tout ce qui lui venait de la Chine?

En quittant le Daï-buts et ses deux étranges acolytes, nous n'en avons pas fini avec l'art religieux et le style hiératique; c'est ici en effet qu'il faut mentionner la tribu nombreuse des saints, des sages et des apôtres de la doctrine de Bouddha, dont on rencontre à chaque instant les statues en bois peint accouplées à celles du divin maître. Le temple des Go-hiaku-Rakkan à Yédo contient, comme son nom l'indique, 500 de ces statues semblables à celles que renferme à Canton la pagode des 500 dieux. C'est un musée, où le touriste pressé peut se former rapidement une idée assez juste de l'art bouddhiste.

Dans le but de glorifier ces saints hommes, presque tous célèbres par leurs pénitences et leurs macérations, la sculpture se fait ascétique; elle renonce au luxe des chairs, à l'exactitude du modelé, au rendu des contours, pour viser exclusivement à l'expression de la souffrance, de la résignation, des diverses affections de l'âme. Elle brave naïvement la difformité physique pour mieux produire son effet; c'est ainsi qu'elle nous offrira des fronts démesurément bombés, des crânes affilés ou semés de grosses bosses pour indiquer le développement de telle ou telle faculté, des oreilles ridiculement allongées en cornets pour nous rappeler sans doute les voix du ciel qui parlent au bienheureux.

Issu d'une réaction antipanthéiste, l'art bouddhiste, comme l'art chrétien du moyen âge, divinise l'esprit aux dépens de la matière. Il affecte avec une insistance puérile de ne voir dans le corps qu'une indigne enveloppe de l'âme et de faire des laideurs et des disgrâces de l'un un langage pour exprimer les agitations de l'autre. Il manque en un mot au premier devoir de la sculpture, qui est de faire beau, et se perd à la recherche d'un genre d'éloquence mystique interdit à l'ébauchoir.

Que de fois en visitant ces 500 génies rangés en ordre autour d'un autel central, il nous a semblé, brusquement transporté en France, au pied de quelqu'une de nos cathédrales gothiques, retrouver ces apôtres en prière, ces rois, ces saints et ces martyrs dont les âmes se lamentent sous le portail de Reims, de Bourges ou d'Amiens ! Mais dans notre art gothique, le corps participe du moins tout entier au mouvement, il agit, il s'élance, il s'agenouille, tandis que les Go-hiaku-Rakkan sont immobiles et que toute l'expression est systématiquement concentrée dans la physionomie dont la grimace exagérée contraste avec l'inertie du corps.

La polychromie vient ajouter un caractère de réalisme grossier à ces idoles. Sauf les grands Bouddha de pierre et de bronze, les statues sont généralement en bois doré et laqué. Les chairs, peintes en rose avec une habileté peu commune, font d'autant plus horreur qu'elles font mieux illusion ; on se croirait en présence d'un faux cadavre habillé. Le bariolage des œuvres plastiques est un reste de barbarie, qu'on s'explique d'ailleurs chez un peuple de coloristes de premier ordre.

C'est encore à la sculpture sur bois et à la polychromie qu'il faut rattacher les têtes d'éléphants et de chimères, qui ornent les saillies des poutres ainsi que les bas-reliefs, qui ornent les intérieurs des temples. Ce sont généralement des dragons rampants, des animaux fabuleux, accusant, il est vrai, une grande adresse de main, mais une ignorance complète des lois de la perspective ; c'est par l'épaisseur réelle que l'artiste nous fait sentir le relief, non par le jeu des ombres qui détachent le sujet du mur ; ce n'est pas un dragon de profil qu'il montre à nos yeux, c'est une moitié, une section de dragon appliquée au panneau.

Avec l'art orthodoxe des bonzeries, nous laissons la grande statuaire. Sauf de bien rares exceptions, les sujets d'ordre laïque sont traités en petite dimension et bien peu de statuettes s'élèvent au-dessus de 50 à 60 centimètres. Il s'agit moins en effet de représenter des formes que de rappeler quelque légende. Les matériaux employés sont : le bois, la terre cuite et surtout le bronze, dont nous ne parlerons en ce moment qu'au point de vue esthétique.

On s'attend naturellement à trouver dans cet art civil un plus grand choix de sujets, une plus grande part d'initiative chez l'artiste, une demi-liberté d'expression plus heureuse. Il n'y faut pas trop compter cependant. Si la plastique n'est plus enchaînée ici par les formules hiératiques, elle n'en est pas moins asservie par la routine et répète éternellement les mêmes sujets, dans les mêmes poses et les mêmes attitudes, avec une désolante monotonie. Rarement le modeleur se laisse aller à son inspiration personnelle et recherche dans son œuvre le mérite de l'invention.

Un amateur qui ne ferait qu'une rapide visite dans une collection bien choisie serait émerveillé, au premier abord, de la variété des objets placés sous ses yeux et de la fantaisie capricieuse qui semble présider à la conception de chacun d'eux. Mais si, étudiant de plus près et plus longtemps l'iconographie japonaise, il retrouve à chaque pas, copiés avec une servile exactitude, la pose, l'expression, le geste qui l'avaient ravi, cette menteuse fertilité lui paraîtra stérile ; ce perpétuel plagiat lui fera l'effet agaçant d'un bon mot souvent répété. Il constatera qu'il tourne dans un cercle borné où rien de nouveau ne s'invente, où le nombre des types représentés est aussi restreint que la manière de les traiter est invariable.

Ces types, qui ne les connaît déjà, qui ne les a vus vingt fois dans les expositions? C'est un guerrier debout ou à cheval sur un lourd destrier, d'un aspect rébarbatif, à longue barbe, et portant une lance au fer recourbé; c'est le sage, assis sur le dos d'un cerf docile, un rouleau de papier à la main; c'est le « sen-nin » ou saint, voyageant à dos de poisson ou juché sur un cheval: il a le crâne développé au point d'en être difforme; c'est l'ascète à longue barbe méditant sur son rocher, ou bien le dieu des richesses, Daï-koku, assis sur des sacs de riz; celui de la guerre, Bishammon, brandissant sa lance; tous ventrus, poussifs, burlesques, ricanants. Un homme découvre un thorax nu, dont les côtes sont saillantes à force de maigreur: c'est un héros du renoncement; un pèlerin se reconnaît à sa gourde; un autre est pris par un coup de vent et ses vêtements voltigent avec beaucoup de légèreté autour de lui. Il est visible que l'art a eu une époque classique qu'il faut placer au dix-septième siècle, au moment des grands temples de Nikko, de Shiba et des communications fréquentes avec les Chinois et les Hollandais, et que depuis lors il n'a fait que vivre sur son passé, se rééditer sans se renouveler.

Tel qu'il est cependant, quels sont ses mérites? Assurément ce n'est ni la beauté des formes, ni celle des traits du visage. Nous tenons compte, cela va sans dire, des conditions du milieu. Placé parmi des Mongols, l'artiste ne peut concevoir qu'un type de beauté mongole; mais dans les traits même de sa race il pourrait distinguer, choisir, et, cherchant dans les détails multiples de la réalité les accents de la vie générique, en constituer un exemple idéal de la beauté asiatique, comme l'Égypte en a fait un de la beauté coushite, car d'une race à l'autre, l'étalon idéal de la beauté peut changer, mais les lois du beau ne changent pas.

Eh bien! non, le Japonais ne fait pas le moindre effort

pour voir et montrer le réel par son côté éternel et typique; on ne sent pas chez lui la recherche individuelle, le ressouvenir inquiet d'une beauté supérieure entrevue dans quelque autre monde et poursuivie dans celui-ci. Aussi n'aborde-t-il jamais les difficultés du nu. C'est à peine s'il montre à découvert une moitié de torse, une jambe, un bras. Ce peuple, chez qui les deux sexes se baignent en public et en commun, ne sait ce que c'est qu'une nudité sculpturale. Il fait peu de cas de la forme humaine et ne se met pas en peine de représenter en grand cette enveloppe éphémère d'une âme elle-même chétive et périssable; il ne l'adopte que comme un langage de convention pour représenter une légende, une tradition, un souvenir populaire.

C'est précisément cette absence de beauté qui rend choquante la répétition des mêmes sujets. D'où vient que depuis trois mille ans l'art européen représente des Vénus, des Minerves, des Achilles, des Thésées, sans qu'on se lasse de les admirer? C'est que, sous des noms divers, l'art s'efforce d'exprimer de beaux sentiments par de belles formes, et qu'à chaque nouvelle tentative on attend un nouveau progrès. Mais s'il ne s'agit que de reproduire un *fac-simile* d'une scène célèbre, un monument commémoratif d'une tradition connue, sans souci du but esthétique, le premier exemplaire nous semble piquant, le second nous ennuie et le troisième n'est plus qu'un fastidieux radotage.

Encore une fois, par quelle secrète puissance réussissent-ils à nous plaire ces magots difformes, ces vieillards émaciés, ces sages au front glabre, qui n'ont ni muscles, ni squelette, ni grâce, ni proportions? C'est tout d'abord par l'intensité de leur expression toujours claire, saisissable, évidente; c'est parce que, du premier coup d'œil, l'homme le moins exercé saisit, à ne pouvoir s'y méprendre, l'intention belliqueuse, guerrière, résignée, réjouie, comique, qu'a voulu exprimer l'artiste. Cette intention, il ne la dit pas; il la crie, il la proclame, il la tympanise.

Quand Michel-Ange veut exprimer la méditation, la mélancolie, et nous en offrir les caractères universels et dominants, il est obligé de modérer le geste, d'atténuer le mouvement, de peur de représenter non plus le *Penseroso*, mais un certain homme ou une certaine femme, et de restreindre la portée de son œuvre en la particularisant. Mais le bronzier japonais ne pense à rien moins qu'à nous représenter des idées éternelles et générales; il veut nous montrer un vrai éclat de rire, une vraie mine d'affamé, le vrai embarras d'une vieille femme saisie par un coup de vent, et il ne craint pas d'appuyer sur la note pour en forcer l'effet. Qu'importe l'exagération à qui n'étudie qu'un accident particulier? De là cette éloquence d'attitudes, poussée souvent jusqu'à la charge, mais palpable, comme dans ces petites terres cuites grimaçantes qui représentent à nos étalages des singes avocats, médecins, procureurs, et devant lesquelles on ne peut passer sans sourire.

A la netteté de l'expression s'ajoute la vérité réaliste et minutieuse du détail, le rendu scrupuleux et souvent comique des moindres accessoires. Ah! ce n'est pas eux qui songent à dépouiller la réalité des accidents insignifiants pour en dégager des types. Leur bonheur est d'en surcharger, d'en empêtrer leur personnage avec une sorte d'insistance. Le costume, sous leur main d'une merveilleuse dextérité, traité avec une exactitude infaillible, les animaux familiers, les plantes, les instruments, les attributs, envahissant la composition, en submergent, pour ainsi dire, l'agent principal.

Ils semblent se complaire à mettre ainsi l'homme aux prises avec la nature et le milieu, à l'écraser sous le poids de son obésité, du fardeau qu'il porte, de la fatigue qui l'accable. On dirait que cette sculpture *de genre* raille sans cesse, et l'on serait tenté de rapprocher l'effet exhilarant qu'elle produit de la théorie de l'ironie dans l'art professée par l'Allemand Solger, d'après lequel le but de l'art est de révéler le néant des choses finies, des créatures contingentes en présence de l'absolu, et de faire ressortir l'ironie divine.

Il n'existe à notre connaissance qu'un seul spécimen de statuaire civile en grandeur naturelle et d'un grand style. C'est une statue en bronze, due à Murata Shosaburo Kunihissa, et datant de 1785; elle représente un bienfaiteur du peuple nommé Ban Kurobioë, âgé de soixante-quatre ans. Il est assis, une jambe pendante, l'autre ramenée sous lui, dans une posture très-fréquente aux Japonais; il a le bâton de voyage à la main; les yeux sont en porcelaine; la physionomie calme est belle et vivante; la jambe est d'une perfection admirable d'exécution; l'homme va se lever et parler, il est certain que cette fois Murata Shosaburo Kunihissa n'a pas voulu se moquer de nous. Ces accents réalistes, mais énergiques de la vie, m'ont fait songer au scribe de la cinquième dynastie, qui est au Louvre, et à ce Cheikel-Beled de Boulaq, si vivant encore après soixante siècles, si semblable au chef du village qui avait fourni la corvée pour l'extraire, que les carriers de M. Mariette lui donnèrent spontanément ce nom, qui lui est resté.

A part cet exemplaire unique, la statuaire ne sort pas des petites dimensions et des petits effets. Elle nous semble être à l'art, tel que le comprend l'Europe, ce qu'est un vaudeville de Scribe à une tragédie de Corneille. Elle est de petit aloi, parce qu'elle n'a pas d'idéal et borne son effort à l'imitation. Nous ne parlerons pas des figures en bois peint ou en cire vêtues de soie et de coton qu'on montre au temple d'Asaksa. Le musée

Tussaud n'a rien de plus horrible que ces spectres ricanants.

Quant à la statuaire éléphantine, elle atteste, comme tout ce qui sort des mains japonaises, une habileté sans pareille, mais dans ses dimensions microscopiques, elle ne peut avoir qu'un intérêt très-secondaire. Il est à remarquer cependant que dans leurs « nestkè » comme dans leurs statuettes, les Japonais, débarrassés sur ce terrain de l'asservissement religieux, ont secoué le joug chinois, et se sont fait une manière à eux, facile à distinguer de celle de leurs maîtres, moins raide, moins compassée, plus naïve et plus vraie. Leur tempérament observateur et fin a repris le dessus et dominé la tradition classique. Mais leur génie n'a pas su s'élever au-dessus de la sculpture de caractère.

§ III

LA PEINTURE

Tandis que la statuaire se développe chez un peuple en raison de l'importance qu'il prête à l'homme dans l'univers, et de l'admiration qu'il conçoit pour ses formes en tant qu'image de l'harmonie et de la beauté suprêmes, la peinture peut tirer sa fécondité d'un tout autre ordre de sentiments. Une population attachée au culte des ancêtres, aux légendes du passé, aux traditions religieuses, aime à reproduire et à contempler les scènes dont on berce dès le bas âge l'imagination des hommes. Chacun éprouve un secret plaisir à rencontrer constamment sous ses regards la représentation visible des mythes, des contes de fées, des fables poétiques dont on amusa son enfance.

Qu'on se reporte à notre moyen âge, auquel il faut toujours revenir pour comprendre et expliquer le Japon, qu'on se figure la place que tenaient dans les connaissances du vulgaire l'histoire sainte, les scènes du Nouveau Testament, les chansons de geste et l'interminable série d'anecdotes apocryphes qui étaient venues se greffer sur une histoire déjà merveilleuse elle-même ; on aura une idée des sentiments du petit peuple au Japon jusqu'à ces derniers temps. Un art qui sait à bon marché faire revivre pour les yeux toute cette légende de prédilection doit donc être naturellement très-cultivé et très-recherché. Aussi n'est-il pas de pauvre maison où l'on ne trouve quelqu'une de ces aquarelles sur soie ou sur papier qu'on appelle des « kake-mono » suspendue au fond de la plus belle salle. Les sujets sont tous connus, et forment en quelque sorte l'illustration d'un grand livre de la mythologie nationale, que chacun sait par cœur. A n'envisager tout d'abord la peinture qu'au point de vue du dessin, il faut y distinguer plusieurs genres qui se déterminent et par le choix du sujet et surtout par l'intention dans laquelle il est traité.

Le premier est le genre héroïque. Il représente des guerriers, des combattants, des chasseurs, tantôt à cheval, tantôt à pied, le plus souvent couverts de leurs armures, et se livrant dans l'entraînement de la lutte à d'épouvantables contorsions ; ou bien des mikados et des impératrices, des nobles de la cour, des « sen-nin » ou saints hommes, des bonzes gravement assis dans une complète immobilité, quelquefois encadrés dans un fond d'or. La dimension de tous ces personnages dépasse rarement quelques décimètres, sauf dans les peintures sur bois qui décorent l'intérieur des temples d'Hongaji et

Houdjkokudji à Kioto ; leurs gestes sont exagérés, leurs mouvements violents, les attitudes contraintes et compassées ; tout, jusqu'aux plis des vêtements, affecte des contours anguleux et crus ; quant à la forme, il faut encore moins la chercher que dans la sculpture. On a grand'peine la plupart du temps, en examinant une composition tant soit peu compliquée, à distinguer de quel corps dépendent telle tête et tel bras. Le sentiment de la mesure et la notion du dessin manquent absolument à cet art outré dans ses allures et purement conventionnel, qui rappelle à un certain point de vue les décorations des tombeaux égyptiens.

Ce n'est point par impéritie, ou par ignorance, c'est de parti pris que le peintre nous représente ces têtes plantées de profil sur un corps vu de face, ces gestes mécaniques, ces poses roides et sans grâce, ces types qu'on n'a vus nulle part, tous identiques, particularisés seulement par leurs attributs. La figuration du corps humain n'est pas à ses yeux un but, mais un moyen ; c'est un caractère hiéroglyphique agrandi, un signe conventionnel dont il se sert pour écrire un traité d'histoire. Dans ces compositions, traitées avec un formalisme étroit, on ferait en vain effort pour assigner à chaque peintre un style particulier, c'est-à-dire une manière personnelle de voir et de rendre la nature, puisque ni les uns ni les autres ne s'en occupent et qu'aucun n'a songé de sa vie à prendre un modèle. Il n'y a pas d'écoles diverses comme chez nous. Les maîtres ne se distinguent que par la délicatesse de leur *faire*.

A côté de ce genre héroïque, figé dans les formules, s'en place un plus familier qui, par des degrés continus, descend de la gravité d'une scène patriarcale à la représentation picaresque d'un mendiant en haillons ou d'un baladin sur son tréteau. Voici, par exemple, les différentes phases de la culture du riz, l'histoire de trois fils pieux; voici, tracés d'un pinceau moins sérieux, des pèlerins qui montent au Fusi-yama ; ou bien un daïmio qui, trouvant un champignon poussé en une nuit dans son jardin, le montre avec stupeur à ses serviteurs ébahis; enfin, descendant encore, nous trouvons les sept dieux populaires se livrant dans la nue ou sur un bateau en dérive, à la plus folle orgie, au milieu d'éclats de rires homériques. Des croquis jetés en quelques coups de pinceau à l'encre de Chine nous montrent un « ronin », l'épée au poing, féroce, guettant son ennemi et brusquement rappelé à la réalité par la pluie qui l'inonde, ou un lion chimérique portant un farouche « samuraï ».

L'artiste, on le voit clairement, n'a fait aucun effort pour élever son sujet, pour chercher la vérité typique dans la vie réelle ; il se tient pour satisfait s'il a rencontré la grimace exacte, rendu le geste, accentué l'intention, dût-il les pousser jusqu'à la caricature. Il cherche plus qu'il ne fuit le grotesque et s'attache avant tout à l'expression comique non de chaque figure, mais de l'ensemble. On sent percer ici cette pointe d'ironie qui est le fond du caractère japonais et se retrouve dans toutes les œuvres de son esprit. Adorateurs de la nature et railleurs perpétuels de l'homme, ils n'excellent qu'à le ridiculiser avec un entrain, une hardiesse, un *humour* inimitables.

Si dans la représentation de l'homme et des grands animaux tels que le cheval, le bœuf, le cerf, les Japonais pèchent par un dédain affecté de l'anatomie et du dessin, ils montrent en matière de paysage une ignorance plus complète encore de la perspective et de la composition. Ils n'aboutissent dans leurs grandes machines, quand ils s'essayent aux vues d'ensemble, qu'à superposer maladroitement des montagnes sur le toit des maisons, comme autant de dessins séparés et collés dans le même cadre.

Tout vient s'étager au premier plan, au lieu de fuir dans le lointain; bref, il n'y a place à aucune illusion optique. De plus, il n'y a aucune unité dans leurs compositions. Les diverses masses, au lieu de se faire contre-poids, sont disséminées au hasard ou accumulées d'un côté, tandis que l'autre reste vide ; l'œil n'est pas rappelé par une savante continuation des lignes à un point central vers lequel converge la scène; ce sont des séries de chemins, de ponts, de cascades, qui se succèdent de bas en haut, sans autre motif de s'arrêter que les limites matérielles de l'encadrement.

Ils n'ont pas non plus la moindre notion du clair-obscur, des demi-teintes, du jeu des ombres et de leur poésie, du relief qu'elles peuvent donner aux objets. Scènes et paysages, ils peignent tout à teintes plates, comme on peint un vase : ce n'est pas un tableau qu'ils exécutent ainsi sur la soie gommée, c'est une décoration et, à vrai dire, c'est comme procédé décoratif qu'il faut chez eux considérer la peinture, pour la juger selon ses mérites et ses prétentions. De l'homme, des grands ensembles, on n'essaye que d'éveiller l'idée dans l'esprit sans se flatter d'atteindre l'exactitude ; mais quand il s'agit des fleurs, des oiseaux, ils déploient toute l'adresse de leur pinceau, toutes les ressources de leur palette pour en rendre la grâce et le coloris.

Un faisan posé sur une branche de cerisier, un paon magnifique perché sur un sapin, étalant sa queue au soleil, quelques fleurs groupées ensemble avec une exquise entente des couleurs, voilà les sujets sur lesquels ces artistes, qui sont avant tout des horticulteurs, aiment à déployer les merveilles de leur goût. Ils recherchent surtout l'association de certains animaux et de certains végétaux, fondée sur un penchant des uns pour les autres, vrai ou hypothétique, mais de tradition, et comportant un emblème poétique. La grue accompagne le pin, double symbole de longévité; le moineau est perché sur un bambou; le lion de Corée et la pivoine sont accouplés comme gardiens des temples; la fouine et le saule pour la légèreté de leurs mouvements; le daim broute un érable; la chèvre un mûrier.

Le renard associé au chrysanthème fait allusion à un vieux conte populaire, comme on en pourrait citer mille : un prince royal de l'Inde était hanté par le renard à neuf queues, l'un des plus redoutables, sous la forme d'une belle jeune fille dont il était devenu éperdument amoureux. Un jour, s'étant laissée tomber de sommeil sur un lit de chrysanthèmes, celle-ci reprit tout à coup sa forme naturelle. Le prince, apercevant ce quadrupède, lui lança une flèche qui l'atteignit au front. Maître renard eut beau revenir sous son déguisement, le prince reconnut au front de sa maîtresse la blessure qui la dénonçait et fut ainsi guéri de sa passion.

C'est surtout par la délicatesse de l'exécution et par l'heureux maniement de la couleur que se recommande le peintre japonais; il en connaît par la tradition la science précise; il a appris la loi des contrastes et celle des complémentaires; mais il n'entrevoit pas la poésie, l'émotion de la couleur, telle qu'on la comprend devant certaines toiles du Titien; il applique mécaniquement les règles reçues sans s'élever au-dessus du procédé technique. Tout du reste se réduit à une opération manuelle; ces tiges élégantes, ces pétales légers, jetés avec un apparent laisser-aller, sont exécutés d'après une multitude de modèles fixés d'avance, que chaque peintre possède dans sa tête et qu'il a sur le bout du doigt, comme un pianiste son air favori. Jamais il n'a songé à considérer la nature pour l'imiter directement; il copie éternellement un gabarit déterminé une fois pour toutes. On nous permettra pour en donner une idée de pénétrer avec le lecteur dans un atelier japonais.

Quoiqu'un peu souffrant, Genzaburo s'empresse de nous recevoir avec cette politesse démonstrative qui n'abandonne jamais ses compatriotes. Introduits dans son atelier bien propre, bien éclairé, bien rangé, nous pouvons passer en revue les ressources dont il dispose et les modèles ou les ébauches entassés dans de grands placards. Quant à l'attirail d'un aquarelliste, il est fort simple. Dans un petit coffret, quelques pains de couleurs végétales ou minérales, un peu de colle de poisson délayée pour les vernis, un bâton d'encre de Chine, plusieurs pinceaux semblables à ceux dont on se sert pour écrire, en crins gris, effilés du bout, jamais bien gros; quelques grandes soucoupes formant godets, une plus grande remplaçant la palette, une petite terrine d'eau, tout cela étalé par terre à droite du travailleur. Lui s'accroupit à terre, allongé sur ses coudes, et promène le pinceau sur la feuille de papier étalée devant lui. Il serait trop long et trop compliqué de s'établir sur un chevalet, et d'ailleurs la disposition verticale ne permettrait pas aux grands lavis de sécher convenablement sur le papier ou sur la soie.

Notre homme se met au travail, accoudé dans la position que je viens de dire. La main gauche emprisonne la main droite pour en arrêter le tremblement; le papier commence à se couvrir d'encre de Chine. Voici d'abord en trois coups de pinceau une forme noire, confuse, qui tout à l'heure représentera un rocher; de là s'élance une tige menue, surmontée d'une roue à jantes évasées; cette roue se transforme en chrysanthème, puis la tige se garnit de feuilles; il s'en détache d'autres fleurs; dans chacune on peut compter le nombre de coups de pinceau; un seul suffit quelquefois pour représenter la révolution d'une feuille tordue. Jetant par-ci par-là une vigueur, sans jamais s'y reprendre à deux fois pour finir le même trait, sans se donner un instant de repos ou de réflexion, l'artiste travaille avec la rapidité et la sûreté d'une mécanique.

Hélas! c'est en effet vers ce but trivial que tendent tous ses efforts. Le mérite consiste dans une très-grande habileté de main et une très-grande promptitude d'exécution. Pour gagner sa vie, il faut pouvoir en très-peu de temps faire un très-grand nombre de ces dessins à bon marché, petits « kakemono », éventails, écrans, imagerie d'enfants, que la femme vend dans la boutique du rez-de-chaussée. On ne tombe pas tous les jours sur un amateur disposé à payer cher quelque grand travail sur soie. Alors du moins le peintre donnera-t-il carrière à son imagination? Pas davantage. Il fera comme celui-ci quand on lui demande un projet de « kakemono »; il tirera d'un vieux coffret des modèles calqués avec soin sur d'anciennes peintures, et vous offrira de recopier sur soie, à votre choix, celui qui vous plaira le mieux.

— Faites tout simplement mon portrait, disais-je à mon hôte.

Il en rit encore.

— Mais du moins, essayez! Vous voyez mes yeux, mon front, pourquoi ne pas les reproduire?

Et de se tordre plus fort. Peindre d'après nature est une idée qui ne leur vient pas.

On met entre les mains des commençants de petits manuels où les différents traits d'un dessin sont décomposés et indiqués par des carrés correspondant au modèle. L'élève divise son papier en autant de carrés, comme une carte géographique, et apprend à les remplir, dans l'ordre indiqué, d'un nez, d'un œil, d'une oreille.... On apprend à dessiner des fleurs, des oiseaux, des paysages, des bonshommes, sans avoir jamais mis le nez à la fenêtre ni compté les lignes sur un visage humain. Tout ce qu'il sait, l'élève l'apprend sur des modèles, et il reste élève toute sa vie, — élève des Chinois. C'est eux qui ont imposé à la peinture non-seulement leurs procédés et leurs règles, mais la plupart du temps leurs sujets. Bien des « kakemono » du genre héroïque représentent des scènes et des personnages empruntés à l'histoire anecdotique de la Chine. Les Japonais s'imposent un genre compassé qu'ils empruntent à leurs maîtres. Plus on est Chinois, plus on se rapproche de la perfection. Voilà pourquoi les anciens « kakemono » sont si estimés ; ils remontent à l'introduction de l'art au Japon et sont dus souvent à des élèves directs des premiers maîtres. Jusqu'à nos jours, on ne s'est préoccupé, depuis cinq cents ans, que de leur ressembler et de les reproduire mathématiquement.

Ainsi, quel que soit le genre que l'on considère, la peinture conventionnelle et machinale, ou négligée et capricieuse, insouciante, là de la vraisemblance, ici du dessin, ne cherchant ses effets que dans la couleur, ignorant la noblesse de la figure humaine, atteste tout à la fois un goût fin de la nature et une pauvreté d'imagination sans seconde, l'amour du fini, l'ignorance de l'idéal.

A la peinture se rattache naturellement la gravure ; mais quoique cet art ait été connu en Chine et au Japon avant d'être découvert par Finiguerra, il ne s'est jamais élevé assez haut pour mériter une place dans l'histoire artistique du Japon. Il n'a produit que des estampes au trait, confuses, monotones, mal venues, qui servent d'illustrations aux romans, aux petits traités populaires, et des caricatures quelquefois spirituelles par le sujet, rarement par l'exécution, qu'on vend pour quelques centimes après les avoir grossièrement passées en couleur. Comme exécution et comme sentiment artistique, cela rappelle notre imagerie d'Épinal, mais n'en est pas moins religieusement acheté dans les magasins parisiens par de prétendus amateurs, victimes d'un engouement bizarre, et trop heureux de se passer à bon marché la fantaisie de quelque objet venu de ce prestigieux pays du soleil levant.

§ IV

LA MUSIQUE ET LA DANSE

Un aperçu de la musique japonaise devrait compléter cette esquisse des beaux-arts; mais si cet art, le plus subjectif de tous, est plus propre qu'aucun autre à indiquer la température morale d'une nation à un jour donné, elle ne nous fait guère connaître sa chaleur spécifique et constante, sa valeur intellectuelle; on manque pour cela d'un criterium supérieur, d'un étalon commun à toutes les races. Autant la musique japonaise paraît barbare à nos oreilles, autant la nôtre déchire le tympan asiatique. Les Grecs, autant qu'on en puisse juger, n'avaient pas un système musical supérieur à celui des Sémites, la moins artiste de toutes les races.

Il nous serait d'ailleurs impossible d'exposer les principes de la phonologie japonaise, sans tomber dans des détails techniques, qui nous écarteraient du but de cette étude. Il nous suffira de dire que les intervalles ne sont pas les mêmes que dans notre gamme, et que les instruments ne donnent pas avec pureté les sons que l'on obtient sur les nôtres. Très-peu de personnes, parmi les Japonais, connaissent la notation; il faut les chercher parmi les musiciens de la cour, seuls capables de jouer la musique sacrée; c'était jadis une charge exercée par des daïmios; elle ne tarda pas à être abolie, et le secret de cet art étrange sera aussi complétement perdu dans quelques années que celui des modes dorien et lydien.

Il nous a été donné d'entendre cet orchestre de la cour. Rien ne peut rendre la sensation nerveuse que produit ce long gémissement, comparable à celui d'une horde en larmes, se perpétuant pendant des heures entières avec de très-légères inflexions. Des instruments à cordes, des flûtes de diverses sortes, des tambours petits et grands, des instruments à percussion en métal concourent à ce déchirant *lamentabile*. Dans le peuple, on ne connaît que quelques airs transmis oralement d'une génération à une autre, très-rhythmiques, d'un caractère gai, d'une allure vive, mais où l'on chercherait vainement une phrase musicale complète. On a peine à comprendre comment des Japonais peuvent supporter ces accents criards et la voix plus criarde encore des « guesha » qui s'en accompagnent, pendant toute une longue journée de ripaille.

La musique paraît être un art originaire de la Chine, quoique les Japonais s'en attribuent l'invention. Le mythe qu'ils racontent à ce sujet semble même identique à celui des Grecs sur l'invention de la lyre par Apollon : un des guerriers qui accompagnaient Jimu Tenno (an 665 av. Jés.-Chr.), ayant placé six arcs ensemble, eut l'idée d'en frapper les cordes et réussit à en tirer des sons délicieux. De là naquirent le « wangong » à six cordes, puis le « koto » à treize cordes, — sorte de harpe qui donne les plus beaux sons de tout l'orchestre japonais.

A la musique se rattache la danse qui nous rapproche des arts plastiques, car elle est avant tout la science du geste et l'harmonie des mouvements. Il en faut distinguer au Japon deux genres différents : les danses nobles et sacrées, qu'on ne voit qu'à la cour, dans les représentations de plus en plus rares des « no, » — sortes de pantomimes hiératiques ; — la danse populaire et profane, qu'on peut voir dans toutes les réjouissances, et que connaissent plus ou moins toutes les jeunes filles.

La première, qui réclame l'accompagnement d'un orchestre sacré, est exécutée, sur un rhythme très-lent, par des hommes et des femmes en costume de cour, coiffés d'un casque de forme spéciale, vêtus de longues robes flottantes; elle consiste dans des gestes des bras et des flexions de la taille, dont l'ampleur semble encore s'accroître par celle des vêtements et des sons qui l'accompagnent. Grave, majestueuse, élégante, elle a bien plus le caractère d'un rite célébré en grande pompe, conformément à son origine, que celui d'un amusement inventé pour le plaisir des yeux. Le spectateur le moins initié y pressent un sens religieux ; il sait qu'il assiste à la représentation d'un mystère [1].

Tout autre est la danse profane, plus vive en ses allures, plus libre en ses poses, quoiqu'elle n'atteigne jamais ni la vivacité de mouvements, ni la hardiesse de postures que nos danseuses déploient sur nos théâtres. Les robes longues et traînantes ne permettent ni sauts, ni pointes, ni écarts. Des attitudes gracieuses, des mouvements modérés et comme timides, donnent un charme réel à cette chorégraphie expressive sans être violente. La danse japonaise, comme le geste, est chez les Japonais bien élevés, sobre, concise et grave.

Comment concilier tant de mesure dans les attitudes de la mimique avec l'intempérance du rire, de la colère, des larmes, dans la statuaire et la peinture? Ce contraste est un trait saillant des mœurs locales. Élevés à l'école chinoise, les Japonais ont appris de leurs maîtres, déjà vieillis dans une civilisation raffinée, l'habitude de composer leur visage, de se faire un maintien grave et compassé; la pétulance, la brusquerie des manières leur paraissent le comble de la grossièreté; leur politesse est

---

[1] Voyez chap. XII, § 3.

surtout faite de froideur; ils ont un sentiment délicat de la bonne tenue, que déroutent singulièrement aujourd'hui le contact et l'imitation de nos mœurs de *Yankees*, mais qui ne les trompent jamais quand ils ne sortent pas de leur milieu d'éducation. S'ils s'inquiètent peu des libertés du pinceau et de l'ébauchoir, n'attachant pas comme nous à l'art l'idée de sacerdoce, ils ne sauraient voir sans dégoût l'homme s'abaisser par des gestes exubérants, par des postures forcées et des contorsions au-dessous de sa dignité naturelle. A défaut de l'intuition du beau ils ont un goût instinctif très-sûr et très-aiguisé de tout ce qui est décent, convenable, eurhythmique. C'est ce goût merveilleux que nous allons voir à l'œuvre dans des branches secondaires des beaux-arts, où, selon nous, ils excellent autant qu'ils se montrent inférieurs dans les plus importantes.

§ V

LES ARTS DÉCORATIFS

« Il y a trois choses, dit Théophile Gautier, dans la confection desquelles aucune nation civilisée ne peut rivaliser de goût avec une race barbare; savoir : un harnais, une cruche et une natte ». A son tour, un auteur anglais, sous une forme non moins humoristique, déclare que la perfection dans les arts décoratifs n'a rien d'incompatible avec le cannibalisme et la polyandrie. Il serait peut-être plus juste de dire que la grâce dans les petites choses peut se rencontrer à côté de l'insuffisance dans les grandes, et que, sans être barbare, un peuple peut être à la fois privé du sentiment intuitif du beau et doué cependant du goût le plus pur en matière d'ornement, de même qu'un homme dépourvu de génie peut avoir beaucoup de bon sens. Tel est le cas des Japonais.

Livrés à eux-mêmes et placés à l'abri des conseils et des exemples européens, qu'ils n'ont que trop de tendance à suivre sans discernement, ils mettent dans tout l'appareil extérieur de la vie cette bienséance qu'on trouve dans leurs manières, quand elles sont restées purement nationales, ainsi que la mesure qu'une civilisation raffinée exige de tout ce qu'elle emploie. Avant que ces heureuses qualités eussent été sophistiquées par notre contact, ils savaient partout se montrer inimitables dans le choix des meubles, dans l'association des couleurs, dans l'arrangement des décorations.

Pénétrez dans l'intérieur d'un Japonais resté fidèle aux anciennes modes, vous ne trouverez dans ces appartements simples, modestes même, mais d'une élégance discrète, aucune des discordances optiques, aucun de ces scandales des yeux qui déparent presque toujours nos salons bourgeois. Livrez des fleurs à un jardinier, à une jeune fille, ils sauront d'instinct les disposer en un bouquet sans symétrie, qui aura le piquant d'un impromptu. C'est par ce côté que le Japonais l'emporte sur le Chinois. Tandis que celui-ci demeure dans ses arts industriels, minutieux, ponctuel, stérilement méthodique, bref, un barbare consciencieux, son voisin se livre aux hasards de la fantaisie avec l'abandon d'un artiste. Le Chinois fantaisiste est un ours en délire et tombe dans le monstrueux; il est rare au contraire que le Japonais ne rencontre pas quelque effet agréable ou ingénieux.

Le régal des yeux et, si j'ose le dire, la gastronomie optique, la science du décor, ses applications à la céramique, aux bronzes, aux meubles, au costume même, voilà donc le terrain sur lequel triomphe et où nous allons suivre l'art ou, pour parler plus exactement, l'industrie du Japon, car nous sortons ici du domaine de l'artiste pour entrer dans celui de l'artisan.

Le principe de cette supériorité repose sur la connaissance approfondie des lois de la couleur; personne n'en possède la théorie et la pratique à un plus haut degré que les Chinois et les Japonais. Pourquoi ces dessinateurs maladroits sont-ils de si habiles coloristes? Pourquoi ces écoliers sans génie sont-ils en un seul point des maîtres? C'est que, pour dessiner, l'homme tire de son moi la beauté des formes et des proportions; il ne se contente pas d'imiter la nature, il la synthétise et la refait sur un patron idéal; c'est affaire d'imagination; la nature, au contraire, est le premier des coloristes; pour colorier, il suffit de l'aimer et de l'imiter; c'est affaire de procédé.

Où pourrait-on d'ailleurs lui demander de meilleurs modèles? N'a-t-elle pas au Japon des tons plus vifs, plus énergiques que dans nos climats brumeux? En hiver, quand le soleil s'élève peu sur l'horizon et répand ses rayons obliques, si favorables au relief du paysage, l'air balayé par les moussons est d'une transparence et d'une pureté incomparables; une clarté tranquille et irisée baigne et caresse tous les objets, leur donne des valeurs plus intenses, une coloration plus chaude. Qui ne s'est senti ému, en parcourant ces contrées bénies du soleil, par l'éloquence muette du décor qui flamboyait sous ses yeux? Quoi de surprenant que, charmés par cette fête de la lumière, les Japonais aient essayé avec bonheur d'en fixer l'éclat dans leurs œuvres?

Imitateurs patients et fidèles de la nature, ils n'ont pas eu d'autre maître. C'est d'elle qu'ils ont appris à chercher l'harmonie optique, non dans les dégradations savantes, mais dans la juxtaposition des tons francs portés à leur plus haute puissance et s'exaltant réciproquement par le contraste ; à faire vibrer et chatoyer la couleur par le rapprochement des diverses teintes ; en un mot, à étaler hardiment les trésors de leur palette en vue de produire un spectacle joyeux et invraisemblable, une féerie absurde et resplendissante.

C'est à cette école qu'ils ont pris l'audace de peindre sur un fond d'or mat des paysages, des oiseaux, semblables à autant de silhouettes entrevues dans l'atmosphère rutilante d'un coucher de soleil. Aussi combien ces décorations jurent à côté des froides couleurs étendues sur nos tissus, nos papiers! Et quel mauvais goût de les rapprocher, comme on le fait si souvent et chez nous et au Japon! Quel dommage de voir l'imitation européenne gâter ces dons naturels, notre timidité de coloris succéder à cet heureux laisser-aller, le secret des belles nuances se perdre, et la coruscation des anciennes porcelaines faire place à la tiédeur des nouvelles.

C'est dans les vieilles broderies de Kioto, qu'on appelle des « fusha », dans certaine grande tapisserie représentant la mort de Bouddha, dans les papiers de tenture, les paravents à fond d'or, les plats anciens ou les soieries à ramages qu'il faut chercher aujourd'hui ces riches décorations. C'est encore dans les papiers gaufrés, imitant le cuir de Cordoue dont on fabrique les blagues à tabac, et qui pourraient fournir des tentures magnifiques sans l'odeur d'huile dont on ne peut les désinfecter, ou bien dans les éventails peints avec une si charmante délicatesse de touche.

Il ne faut demander à toutes ces décorations ni formes, ni sujets bien déterminés. La composition n'est qu'un prétexte à d'heureuses combinaisons d'un motif à variations chromatiques, où l'absence totale de perspective prévient, au premier coup d'œil, le spectateur qu'il est devant une œuvre de pure fantaisie, sans réalité même apparente. C'est précisément cette bizarrerie conventionnelle qui rend un pareil art acceptable. Il ne peut subsister qu'à condition de s'éloigner de la nature; s'il s'en rapproche, s'il la copie niaisement, il tombe, comme nos enlumineurs de papiers peints et de faïences communes, dans une abominable platitude.

La céramique est peut-être de tous les arts industriels celui qui révèle le mieux, par le caractère et la variété indéfinie de ses formes, le style sobre ou abondant, austère ou riant du génie d'un peuple. De la difformité des potiches ventrues et trapues de la Chine à l'élégante cambrure des vases grecs et étrusques, il y a la distance qui sépare les deux pôles de l'esprit humain. Le Japonais s'écarte quelquefois du Chinois pour faire des rencontres heureuses, mais souvent sans savoir s'y fixer; il fait en ce sens des progrès quotidiens; mais, ce qu'il prise le plus jusqu'à présent, dans une poterie, c'est moins sa forme que sa pâte, sa couleur et les particularités de sa fabrication.

Que de fois, en furetant dans les échoppes où l'amateur doit faire sa moisson de curiosités, il nous est arrivé, comptant sur quelque bonne aubaine, de saisir avidement un petit objet soigneusement enfermé dans une gaîne de castor et de ne trouver, après l'avoir développé dans l'attente d'un trésor, qu'un vieux pot, de teinte uniforme, craquelé, pointillé ou flambé, dont notre inexpérience avait peine à comprendre la valeur et le prix exorbitant; mais c'était quelque faïence d'un bleu lapis, d'un vert céladon ou d'un rouge irisé dont la couleur, nuancée sur elle-même, ou la cuisson ravissait les gens initiés aux difficultés du métier. Encore ne trouve-t-on rien de comparable à cette magnificence que les Chinois ont obtenue par l'imitation du porphyre, du jaspe sanguin, de l'obsidienne ou de la serpentine.

Toute la porcelaine employée aux usages communs est à fond blanc avec ornement bleu de cobalt. Cette couleur, choisie par un empereur, dit la légende, à cause de l'agréable reflet qu'elle donne au thé, est universellement adoptée. C'est dans la province d'Owari qu'on fabrique en quantités prodigieuses toute cette poterie vulgaire. C'est de là aussi que viennent les belles jardinières à fond gros bleu, à ornements blancs en saillie, si prisées des indigènes par leur pâte fine, leur émail uni et leur belle teinte. Kanga fabrique des tasses petites, des théières minuscules, des vases lagènes et des cuvettes ornées de dessins rouges et or d'une grande délicatesse. Inari produit des plats dont les décorations chimériques envahissent un fond d'un ton grisâtre qui attiédit l'éclat des couleurs. Hizen envoie des plats à grands ramages, dont le fond disparaît complétement sous des teintes bleu de Prusse et rouge brique d'une épaisseur sensible au doigt et même à l'œil, des vases couverts de fleurs, d'oiseaux, de personnages, et aujourd'hui des services de table, copiés sur des modèles anglais, d'un mauvais goût lamentable. Nagasaki est le principal centre d'importation de la porcelaine du Japon ; il en a exporté en 1875 pour la somme de 280 000 francs. On fabrique encore, sous le nom de terre de Hizen, des théières d'argile brune couvertes par endroits d'un émail diversement coloré. C'est à Satzuma seulement que l'on trouvait jadis ces brûle-parfums ventrus et ces pitons d'une pâte tendre où des gerbes de fleurs d'une adorable exécution s'élancent sur un fond craquelé d'un blanc œuf d'autruche. Aujourd'hui, le vieux satzuma est devenu introuvable ; le nouveau est rare. C'est à Yédo que se fabrique la majeure partie des majoliques vendues sous ce nom, très-inférieures aux anciennes comme fini et comme éclat. Enfin Kioto, la ville artistique par excellence, n'a pas de rivale dans l'art de marier et de calmer les couleurs sur un fond terre de Sienne.

Il ne faut chercher dans aucune de ces provinces, sauf à Owari, une grande manufacture rappelant Sèvres ou le fameux établissement chinois de King-te-tchin. Comme toutes les autres industries du Japon, celle-là est morcelée et s'exerce sur une petite échelle dans des fabriques multiples et restreintes. Si, au penchant d'une colline vous voyez s'élever, sous une petite toiture inclinée, une série de huit ou dix compartiments en brique, étagés les uns au-dessus des autres et communiquant entre eux, de telle sorte que, le feu étant allumé dans celui du bas, la flamme et la fumée puissent les parcourir tous jusqu'en haut, entrez dans l'enclos, c'est un four à porcelaine, et vous n'en trouverez nulle part de plus considérable. Chaque patron a ses procédés particuliers de malaxage et de cuisson, qu'il tient soigneusement cachés, et de là vient l'infinie variété de la céramique japonaise.

Très-supérieurs aux Chinois, sinon pour la transparence et l'homogénéité de la pâte, au moins pour la décoration des porcelaines, qui demande un goût sûr et délicat, les Japonais sont au contraire dépassés par leurs voisins dans les émaux incrustés, où le procédé et la patience tiennent une place prépondérante. Ils ne connaissent pas l'art de champlever, c'est-à-dire de ménager sur l'excipient métallique les filets de cuivre qui doivent former des dessins et séparer les différentes cellules de la matière vitreuse diversement colorée. Ils n'emploient que le cloisonnage, qui consiste à promener sur l'excipient un mince fil de cuivre contenant l'émail dans ses volutes. Leurs ornements rouge brique ou jaune orange sur un fond vert de mer n'ont pu jusqu'ici rivaliser avec les colorations bleu d'azur, vert clair, blanc sale des cloisonnés chinois; mais ils font dans cette voie des progrès qui ne resteront pas longtemps inaperçus.

Le bronze ne joue qu'un rôle fort restreint dans les habitudes japonaises comparativement à la porcelaine ; il n'y entre qu'à titre de luxueuse inutilité, sous la forme de vases à fleurs, de brûle-parfums, de « chibatchi » ou brasero ; nous ne reparlons plus de son emploi dans la statuaire. Une bouteille au long col, à la panse aplatie, une fiole mince et allongée, sont les sujets les plus fréquents. Les brûle-parfums ont tous un galbe courtaud et ramassé qui leur vient de la Chine ; quelques vases à fleurs ont des cambrures sveltes et énergiques, une ampleur de formes dignes de l'art grec. Ce sont les plus anciens ; on les reconnaît à la nudité de leurs parois. Les modernes sont au contraire surchargés de sujets en haut relief, d'un style tourmenté et fatigant ; le véritable amateur japonais préfère de beaucoup placer sa branche de cerisier dans un récipient plus simple et d'aspect moins compliqué ; mais le mérite spécial des bronzes japonais, au point de vue industriel, est sans contredit leur belle patine. Elle est due non-seulement à la pureté du cuivre employé par les bronziers, exempt d'antimoine et d'arsenic, et chargé d'oxyde de cuivre, mais à la composition de l'alliage et à l'habileté patiente de ces artisans scrupuleux.

On ne saurait s'imaginer dans quelles misérables échoppes et par quels moyens primitifs ils obtiennent ces résultats.

Pénétrons, par exemple, au moment d'une coulée chez l'un des artistes les plus en renom, le vieux Obata. Dans une petite cuisine, un brasier contient les moules qui sèchent tandis que le métal en fusion bouillonne dans le creuset, sur un fourneau en terre réfractaire activé par un vieux soufflet à manche. Le vieil artisan, en costume de travail, se penche de temps à autre sur le fourneau, ajoutant tour à tour un peu de plomb, un peu de cuivre, un peu d'étain, — car il fait son alliage d'instinct et sans règle fixe, — tandis que l'un de ses fils manie le soufflet et que l'autre lui présente les outils dont il a besoin. On dirait un atelier d'alchimiste, et, pour compléter l'illusion, un entassement confus d'objets de toutes sortes, d'outils, de creusets, de vieux débris, de moules brisés, de modèles préparés, et de temps à autre l'antique moitié d'Obata montrant sa tête de sorcière et s'agenouillant devant ses visiteurs pour leur présenter une tasse de thé.

Presque tous les bronzes sont faits à cire perdue. Il faut voir la cire pétrie dans les doigts devenir en un clin d'œil un dragon, la gueule béante, la queue tordue, puis s'achever peu à peu sous le couteau. Quand le modèle tourné, retourné, mis de côté, repris, modifié, est enfin terminé, on l'enduit d'une couche de terre glaise très-humide, puis on applique la terre plus consistante qui prend exactement l'empreinte; et ce travail de modelé qui, après avoir été ébauché en un instant, n'a été achevé qu'au bout de plusieurs mois, qui ne peut être recommencé qu'avec des peines infinies, va être détruit en un clin d'œil.

L'instant est solennel : on penche le bloc de terre glaise qui contient la précieuse cire au-dessus d'un brasier; peu à peu la cire fond et tombe goutte à goutte; plus rien ne reste qu'une empreinte vide que va remplir le métal. C'est toujours un moment d'émotion que celui où commence à frémir le bronze en fusion. Il faut si peu de chose pour faire manquer la coulée : un peu trop d'humidité ferait éclater le moule, trop de chaleur ferait adhérer le métal.

Les moules remplis sont à mesure couverts de terre afin de hâter le refroidissement; le vieux *Tubal-Cain* se repose un instant entouré de ses fils. Comment ne pas partager ses anxiétés? Si la cire n'avait pas fondu tout entière ! s'il allait manquer une griffe au dragon ou une anse au vase ! si la glaise n'avait pas pris fidèlement l'empreinte ! si le bronze s'était boursouflé !... Mais non. Au bout de quelques minutes, le bronze est encore très-chaud, mais solide ; Obata peut démouler devant les curieux qu'il a convoqués ; voici que le moule de terre tombe sous le marteau, et à sa place apparaît un vase. Ce n'est d'abord qu'un bloc noir, et presque informe ; mais quelques semaines encore de travail et il sera débarrassé de ses scories, gratté, poli et devenu, après quelques retouches, définitivement immortel. Il rappellera, par le fini et la vérité de ses détails, ces descriptions, si chères à Homère et à Hésiode, de boucliers antiques dus sans doute à un art aussi grossier. Poétiques réminiscences qui viennent à chaque heure, en parcourant cette civilisation plus naïve que la nôtre, s'appliquer sur la réalité comme une laque d'or sur un bambou laqué ! C'est précisément le charme secret du Japon qu'on s'y trouve jeté tantôt au milieu du moyen âge, tantôt au milieu de l'antiquité, et qu'on y peut ressaisir le sens de ces souvenirs classiques dont la poésie intime ne se révèle qu'à celui qui les a vécus.

Que de visites il nous faudrait faire, si nous voulions conduire nos lecteurs chez les nielleurs, les orfèvres, qui font des bijoux en argent et des ustensiles de parade en or, les armuriers qui fabriquaient jadis des lames célèbres, qu'ils se contentent aujourd'hui de monter avec des gardes neuves ou vieilles artistement travaillées. Dans toutes ces industries, le Japonais déploie les mêmes qualités d'exactitude, de précision, les mêmes saillies d'originalité éclatant au milieu d'habitudes routinières.

On s'étonnera sans doute qu'étudiant le sentiment artistique dans l'appareil extérieur de la vie, nous n'ayons pas dit encore un mot du mobilier proprement dit ; mais autant vaudrait demander à un notaire de dresser un inventaire dans une maison vide. Les meubles sont rares en effet dans un appartement japonais ; on s'assoit par terre sur les « tatamis, » — nattes fines de paille de riz, qui couvrent le plancher ; — on dort sur un « fûton » — mince matelas de ouate — qui, chaque soir, est étendu et chaque matin replié dans un placard remplaçant l'armoire absente ; la tête repose sur un billot de bois garni d'une matelassure de papier. On écrit sur une petite table basse devant laquelle la personne se tient sur ses talons, l'encrier posé à terre, à côté d'elle. Les meubles ne peuvent être ni bien nombreux, ni bien haut perchés dans cette vie à ras de terre. Le Japon est un pays pauvre où l'on ne trouve pas cette richesse accumulée par les siècles qui se traduit dans le luxe des ameublements ; enfin la menace perpétuelle de l'incendie contribue encore à en arrêter l'essor.

Ce n'est donc que chez les riches qu'il faut chercher quelques pièces de mobilier. Voici d'abord le « todana », — sorte de commode cubique, — où l'on serre les habits ; le « tantsu », — petite étagère à tablettes et à tiroirs, — dont la symétrie et la planchette supérieure relevée en corne rappellent l'architecture des temples, puis des cabinets et des coffrets de différentes dimensions et de formes rectilignes sans grande variété ; enfin des supports aux lignes sobres, des boîtes à parfums, de petits nécessaires et l'indispensable « chibatchi », ce brasier à fleur de terre qui affecte mille formes diverses et répand sa chaleur sans flamme. Point de glaces, ils ne connaissent pas la verrerie.

Tous ces objets sont en bois laqué de différentes sortes. La laque rouge indique un meuble chinois ou directement imité du chinois. La laque d'or, la plus belle et la plus chère, atteint des tons presque métalliques ; on ne l'emploie guère qu'à de petites boîtes qui valent cent ou deux cents piastres. Le « nashiji » — ou peau de poire, — l'aventurine, s'emploient pour des objets plus gros. Mais c'est la laque noire qui est la plus usitée. Quand elle atteint une extrême finesse, elle a le poli d'un miroir, et sur cette surface unie l'artiste japonais excelle à représenter en laque d'or, parfois fort épaisse, des arabesques, des feuilles de bambou, des sujets de la mythologie ou de la légende, des paysages au milieu desquels se répète le « mon » — armoiries — du prince auquel est destiné l'objet. La fantaisie se donne en ce genre une carrière sans limite, et les motifs de décoration, presque toujours tirés du règne végétal, ont en général autant d'élégance que de hardiesse. Enfin le bois et le carton laqué entrent encore dans une foule d'ustensiles, forment la vaisselle, la coiffure, l'armure et jusqu'à la chaussure.

Mais le vieux laque seul mérite l'engouement dont tous les *bibelots* japonais sont aujourd'hui l'objet en Europe. On ne sait plus à présent consacrer des mois et des années à la confection d'un cabinet ; il faut produire vite et à bon marché pour l'exportation, et l'on finit par oublier les procédés patients des anciens laqueurs pour suffire aux commandes de nos marchands de nouveautés. Cette décadence s'accentue chaque jour ; aussi entre les produits envoyés à Vienne et ceux envoyés à Philadelphie, on pouvait constater la dégénérescence du goût et de la conscience artistique qui distinguait jadis l'ouvrier japonais.

En somme, c'est dans les musées et les collections d'Europe qu'il faut aujourd'hui chercher les plus beaux spécimens de cet art agonisant. Presque tout l'ancien stock a disparu du Japon, drainé par quelques commissionnaires et quelques amateurs ; c'est à grand'peine que l'on découvre encore une vraie curiosité. Et pour cela, que d'heures il faut passer dans la même échoppe à causer avec le brocanteur, tout en buvant ce thé fade qu'il vous offre, soulevant par-ci par-là une boîte, palpant un bronze ou une porcelaine, feignant d'examiner avec attention quelque médiocrité, tandis qu'on lorgne du coin de l'œil la maîtresse pièce qu'il s'agit d'emporter à un prix modéré.

§ VI

CONCLUSION

Quelle que soit l'opinion que l'on se forme du tempérament artistique des Japonais, il est incontestable que leur génie a dès maintenant atteint son complet développement, et rencontré sa plus haute expression. Loin d'être comparables aux tâtonnements d'un peuple naïf qui s'ignore et se cherche, leurs productions portent les signes visibles d'une civilisation mûre et parachevée dont tous les germes sont éclos, dont toute la séve est utilisée et prête à s'épuiser.

Si l'on jette en effet un coup d'œil sur l'histoire de l'art, on voit dès le huitième siècle les premières leçons données par les Chinois, puis jusqu'au douzième une période de progrès lents, troublée par les guerres civiles; du douzième au quinzième, avec le rétablissement des shogun à Kamakura, un moment d'éclat suivi d'une nouvelle éclipse jusqu'à la fondation du shogunat de Yédo par Yeyas au début du dix-septième siècle. Depuis lui jusqu'à nos jours, une paix profonde règne au Japon, et permet au génie national de s'épanouir à l'abri de tout contact étranger. C'est alors que l'art japonais devient lui-même, qu'il se sépare de l'imitation pure, conservant des maîtres chinois leurs procédés, leurs méthodes, leur science, mais pour les appliquer à des sujets nouveaux, traités dans un style propre, avec plus d'élégance et d'imagination. Il s'accomplit alors un mouvement comparable, toutes proportions gardées, à la naissance de l'art romain au contact de la Grèce. C'est l'âge le plus fécond et le plus brillant de l'histoire artistique.

Cette histoire est du reste difficile à faire d'une manière précise, faute de renseignements, faute d'esprit critique chez les amateurs, mais surtout faute de collections publiques. Il n'en faut pas chercher chez un peuple qui renie aussi violemment tout son passé, et d'ailleurs, combien peut-on compter jusqu'ici de nations arrivées à cette période qu'on pourrait appeler l'âge de réflexion, où elles aiment à regarder dans leurs annales pour y suivre la trace de leur propre développement? Il faut à un peuple un haut degré de culture intellectuelle pour ne pas rougir de sa barbarie primitive. Les vieillards ne reviennent-ils pas plus volontiers que les jeunes hommes sur les scènes et les puérilités de leur adolescence? Toute renaissance est iconoclaste, et bien souvent le règne des collectionneurs est aussi celui de la décadence.

D'ailleurs, le respect des souvenirs artistiques est en raison de la place que tient l'art dans la vie, et nous avons déjà eu l'occasion de dire qu'il n'en tient aucune ici dans la vie publique, puisqu'elle n'existe pas, sauf dans les temples, et encore les fidèles n'y sont-ils appelés que bien rarement à des cérémonies communes. La vie privée elle-même ne comporte guère, excepté à la cour, ces grandes réunions, ces fêtes entre égaux, qui provoquent les œuvres grandioses destinées à un Laurent ou à un Côme de Médicis; on ne se reçoit pas, on ne se donne ni bals ni réjouissances entre daïmios; on s'enferme au milieu de « kerai », de serviteurs dévoués, et l'on ne songe qu'à satisfaire les caprices d'une fantaisie purement individuelle. L'art n'est pas proscrit de ces demeures silencieuses où règnent une volonté et un goût uniques, mais il s'y rétrécit; il y prend la mesure du toit bas qui l'abrite et de l'hôte qui l'héberge. Il se fait fantaisiste ou solennel, lascif ou sévère, suivant le caractère du maître; il ne prend pas sa volée pour planer sur tout un public.

De là, l'absence de toutes les industries relatives à l'embellissement des festins, de là vient encore que les arts décoratifs prennent le pas sur les beaux-arts proprement dits. Le besoin d'orner sa demeure, commun à tous les hommes, se traduit diversement suivant le nombre d'hôtes qu'on y reçoit. Un solitaire aimera mieux une draperie gaie, une peinture murale capricieuse qu'une statue, qu'il serait bientôt las d'admirer sans faire partager son admiration à personne. De son côté, l'artiste n'ayant à satisfaire qu'un homme et non une foule, se gardera bien d'étudier et de rendre des sentiments généraux, de poursuivre dans son œuvre la réalisation d'un idéal commun à tous.

Quand Phidias faisait ce Jupiter olympien, si beau, que l'on considérait comme un malheur de mourir sans l'avoir contemplé, il savait qu'il allait traduire la pensée du monde hellénique et que toute la Grèce viendrait saluer sa statue. Mais qui viendra jamais saluer dans le « yashki », où elle est enfermée, l'œuvre de l'artiste japonais? Aussi l'artiste, tel que nous l'entendons, n'existe-t-il pas au Japon. Ce n'est qu'un artisan plus ou moins intelligent, mais de niveau social très-inférieur, auquel nul talent ne permet de s'élever à une caste plus haute; il est assimilé aux marchands qui forment la quatrième classe de la population. Il demeure un ouvrier comme son art demeure une besogne. Quelquefois, il est vrai, à l'ancienne cour de Kioto, des « kugé », réduits par l'indigence à gagner leur vie, s'adonnaient à des carrières libérales; mais ils se faisaient surtout professeurs de musique, peintres d'éventails, maîtres d'armes ou même de cuisine; jamais il ne leur vint à l'idée qu'une argile grossière pût ennoblir les mains qui la touchaient.

Telles sont les conditions dans lesquelles l'art a vécu et atteint sa maturité, toujours plus voisin du métier que du sacerdoce et plus enclin à s'étioler qu'à s'élargir. Faut-il s'étonner après cela d'y constater les caractères et les lacunes que nous avons signalés au cours de cette étude ? Faibles dans la conception, inimitables dans l'exécution, maîtres en matière de goût, toutes les fois que la figure humaine est hors de cause, écoliers maladroits quand ils veulent la traiter, les artistes japonais ont moins visé au beau qu'au sublime qui émeut plus aisément un public moins cultivé; ils l'ont parfois rencontré; mais le plus souvent ils sont tombés dans une emphase ridicule, et, voulant faire grand, n'ont réussi qu'à faire énorme. Admirateurs passionnés de la nature, ils ne savent pas y « ajouter l'homme », suivant la belle pensée de Bacon; ils ne savent que l'imiter avec un scrupule inintelligent ou la défier avec une naïveté puérile. Leur mépris de la forme rappellerait notre moyen âge, si l'on retrouvait au Japon le sentiment profond qui donne la vie à notre vieil art gothique.

Inhabiles à employer la figure humaine pour exprimer l'impression réfléchie des sentiments, ils se rejettent dans le domaine de la sensation et produisent ces choses jolies à l'œil, éclatantes, coquettes, parfois spirituelles et suffisantes à satisfaire un dilettantisme banal, mais dépourvues de toute haute portée esthétique, que l'on admire tant, que l'on admire trop aujourd'hui. Qu'on y prenne garde en effet ! Cet art minutieux mais trivial ne parle qu'aux yeux, ne réjouit que par la bizarrerie des sujets ou la nouveauté des procédés, il n'élève pas l'âme ; il est, suivant une expression fort en vogue aujourd'hui, « amusant ». Soit : qu'on s'en amuse donc ; mais gardons-nous de cet engouement excessif et quelque peu moutonnier pour des niaiseries exotiques et des industries dépassées depuis longtemps par les nôtres ; défendons-nous de cette recherche exclusive qui veut se donner pour un goût élégant ; gardons-nous surtout dans nos tableaux, dans nos compositions de toute sorte, de ces imitations et de ces emprunts dont l'afféterie égale la maladresse.

Non, ce n'est pas à l'extrême Orient de nous fournir des modèles. Ce n'est pas à cette source épuisée que notre imagination se renouvellera. L'art japonais comme l'art chinois est un art dépourvu de souffle, d'aspirations élevées, d'élans vers l'absolu. L'idéal ne s'est jamais pour lui dégagé de la chimère ; il prend pour imaginaire ce qui est pour nous la vérité par essence, le beau absolu. Réaliste et prosaïque ou bien fantastique et monstrueux, il ne procède d'aucune conception supérieure et n'en saurait provoquer. Il atteint quelquefois le caractère, rarement le style, jamais le beau. La différence entre le monde bouddhiste et le nôtre, entre les races touraniennes et les fils des Aryas, c'est que nous cherchons encore, nous chercherons à perpétuité, le type éternel de la beauté, — l'idéal ; tandis qu'ils ne cherchent plus, ne comprennent pas même nos aspirations, nos révoltes, nos angoisses et déclarent le cercle des idées définitivement clos. Si loin que puissent aller les progrès de l'extrême Orient dans la sphère matérielle, on ne voit pas jusqu'à présent qu'ils aient porté remède à cette incurable cécité morale. Un avenir lointain apprendra à nos descendants si un long contact et un effort continu peuvent adoucir les lois inexorables de l'ethnologie, ou si, au contraire, une race porte à jamais l'empreinte du moule primitif où elle a été fondue.

CHAPITRE XVI

LA SITUATION ÉCONOMIQUE ET FINANCIÈRE

§ Ier

LES RÉCENTS PROGRÈS

A mesure que le centre de gravité du monde commercial tend à se déplacer vers l'Orient, l'attention publique, en Europe, s'arrête plus volontiers sur ces nations lointaines, dont elle se contentait jadis de savoir les noms ; elle veut connaître leur constitution politique et sociale, leur développement historique, leurs ressources morales, économiques, financières. On ne demandait autrefois à la vieille Asie que de nous révéler l'origine des peuples sortis de son sein ; la science interrogeait ses langues, ses monuments, ses religions, pour y découvrir les vestiges d'un passé reculé. C'était le domaine de quelques philologues. Sans négliger l'antiquité, on en veut aujourd'hui savoir davantage sur le présent : le commerçant et le banquier s'informent du trafic qu'ils peuvent faire et des garanties qu'ils peuvent trouver ; le politique s'enquiert des antagonismes qui peuvent surgir et des forces qui peuvent être mises en présence dans les conflits de l'avenir. L'ouverture du canal de Suez et l'extension de la navigation à vapeur ont fait entrer l'extrême Orient dans l'orbite européenne ; désormais ses révolutions nous touchent, ses désastres nous atteignent, ses progrès nous profitent.

Aucune de ces contrées n'excite une plus vive curiosité que le Japon, longtemps inconnu et inaccessible, et tout à coup jeté dans la voie des transformations hâtives. Le spectacle qu'il offre est en effet unique ; il faudrait remonter jusqu'à la Russie de Pierre le Grand pour en retrouver un autre analogue ; mais il est difficile de s'en faire une idée juste par quelques renseignements épars, et les opinions européennes que nous renvoient les échos de la presse attestent généralement de profondes méprises.

Tandis qu'aux yeux de certaines personnes le Japon demeure encore un pays à demi chimérique, bizarre et plongé dans la barbarie, d'autres, prenant à la lettre les réclames dont on accompagne chacun de ses progrès réels ou supposés, le regardent volontiers comme entré définitivement dans le concert des peuples civilisés. Qu'on ne s'y trompe pas, cependant : sous les différences de race et d'habitudes, on retrouve ici les hommes ce qu'ils sont ailleurs, bons et mauvais à la fois, cupides et généreux, intelligents, quand l'orgueil ne les aveugle pas ; on voit se présenter les mêmes crises sociales et politiques, les mêmes problèmes économiques ; les manières changent, les mobiles restent, et la féerie s'évanouit devant une réalité très-positive.

Mais, s'il n'est plus permis de reléguer le Japon parmi les nations réfractaires aux réformes, il ne faut pas oublier que ses facultés, sous ce rapport, se sont encore peu exercées et qu'il a une longue carrière à parcourir avant d'atteindre le but qu'il se propose, c'est-à-dire une civilisation identique à celle de l'Occident. C'est une métamorphose complète qu'il a entreprise, et, tandis que la Chine, au contact forcé de l'Europe, reste fidèle à ses vieilles traditions politiques, morales, administratives, et se promet d'arrêter à ses portes le flot dévastateur des coutumes étrangères, son voisin prétend dépouiller tout d'un coup la coque orientale où il a dormi durant vingt siècles, et en sortir rajeuni pour se mêler aux peuples modernes.

Après avoir essayé, dans de précédentes études, d'esquisser les caractères de la race à laquelle est proposée cette étrange transformation, nous voudrions la considérer au cours même de ce travail extraordinaire, marquer les pas faits en avant, les difficultés qui retardent ou arrêtent sa marche, dire l'action qu'exerce sur le développement national la situation financière, économique, commerciale, politique, enfin les espérances ou les inquiétudes que l'état des esprits ou des ressources permet de concevoir pour l'avenir.

Un voyageur qui, après dix ans d'absence, reviendrait aujourd'hui à Yédo, aurait quelque peine à reconnaître, sous son nom moderne de Tokio, l'ancienne capitale. Ses yeux seraient frappés çà et là par des constructions de formes exotiques, des cheminées d'usines, des étalages de marchandises étrangères, des travaux de toutes sortes, accomplis suivant des règles et pour des fins inconnues à l'ancien Japon, et, tandis qu'à son départ la diplomatie européenne était obligée d'employer la menace et de suivre de longues négociations pour obtenir l'admission des ministres résidents en présence du souverain, il aurait vu avec surprise, le 2 janvier 1876, les principaux Européens employés par le gouvernement admis à venir saluer l'empereur et l'impératrice, introduits par un chambellan en frac, chamarré d'or, en présence de leurs Majestés, qui répondaient aux saluts par une légère révérence.

Il serait encore plus surpris de reconnaître quelques-uns des anciens hommes à deux sabres parmi les promeneurs, vêtus de redingotes étriquées et chaussés de bottines trop larges, qui circulent pacifiquement, le parapluie sous le bras. Enfin, ce qui le dérouterait par-dessus tout, c'est la quantité de noms nouveaux qu'il entendrait employer pour désigner certaines fonctions, certaines institutions et jusqu'à des divisions territoriales. Que si toutefois, remis d'un premier étonnement, il allait au fond des choses et se demandait quels changemets réels se sont accomplis sous ces métamorphoses extérieures, il découvrirait peut-être qu'au demeurant, sous d'autres habits se cachent les mêmes cœurs, sous d'autres noms fonctionnent les mêmes choses, et qu'il retrouve les Japonais à peu près tels qu'il les avait laissés.

C'est là une vérité trop naturelle pour que l'on s'en irrite, mais que les peuples en voie de se transformer n'aiment pas à entendre. Le progrès véritable n'est pas l'œuvre d'un jour ni d'un décret ; il faut du temps, beaucoup de temps, à une nation pour se donner une éducation toute nouvelle, et si l'effort et l'activité peuvent aider l'action des années, elles ne suffisent pas pour la remplacer. La civilisation, en effet, se compose avant tout de matériaux intellectuels, qui ne se forment pas du jour au lendemain dans une nation, mais s'y déposent lentement et comme par alluvion.

Si l'on essayait de ramener à un mobile dominant tous les changements auxquels nous assistons, on le trouverait sans doute dans ce besoin de paraître, dans ces exigences de la vanité, qui forment le trait saillant du caractère japonais. De là, un grand nombre d'innovations dont on ne comprend pas la cause ou le but efficace, et qui coûtent souvent au pays plus cher qu'il ne serait sage de les payer. On se demande, par exemple, pourquoi des uniformes de sénateurs ont remplacé l'ancien costume dont le pays pouvait fournir l'étoffe, pourquoi, dans les cérémonies, on voit tous les fonctionnaires d'un grade inférieur affublés d'habits noirs où ils grelottent, pourquoi la construction des chemins de fer précède celle des routes, pourquoi enfin l'on fait à si grands frais des choses qui ne seraient pas moins utiles entreprises sur un pied plus modeste.

La réponse qui s'impose à toutes ces questions, c'est qu'il faut frapper les yeux et montrer à l'Europe, coûte que coûte, le décor de la civilisation ; toutefois ces tentatives maladroites, ces tâtonnements, ces mesures inconsidérées ou excessives sont ordinairement le propre des époques d'évolution populaire, et les contemporains dont elles blessent les yeux et les sentiments ne sauraient oublier, sous peine d'injustice, que c'est le patrimoine des générations à venir qui sortira de ces efforts incohérents. D'ailleurs au sein même de ce chaos il est de réels progrès qui frappent tous les regards, ce sont, parmi les transformations actuelles, celles qui répondent à un véritable besoin et constituent une amélioration de l'état général du pays.

Il n'est que juste de citer en première ligne, parmi les grands travaux publics entrepris par le gouvernement, l'arsenal maritime de Iokoska, car il est à la fois l'un des plus anciens, l'un des plus considérables et l'un des plus utiles. La fondation de l'arsenal, qui remonte à 1867, est l'œuvre de notre compatriote M. Verny, qui l'a dirigé jusqu'au 1er janvier 1876 : il occupe une superficie de 18 hectares dont 17 000 mètres de surface couverte ; il emploie 1 200 ouvriers, dirigés par 30 employés français, dont 2 ingénieurs, et 56 officiers japonais ; la construction a coûté 1 400 000 piastres, et les dépenses ou recettes annuelles s'élèvent à environ 500 000 piastres.

Il peut recevoir dans ses cales sèches des navires de première grandeur, et rend des services incomparables, soit à la marine nationale, soit à la navigation étrangère. Le Mikado y est venu, à plusieurs reprises, assister au lancement des navires construits sur ses chantiers. Une annexe, placée à Yokohama même, comprend des ateliers de construction dont la dépense annuelle s'élève à 30 000 piastres. On ne peut que regretter la récente mesure qui vient d'enlever la direction unique aux mains européennes pour la remettre à des mains japonaises moins expérimentées.

L'arsenal militaire de Yédo remonte à 1872 ; il a été fondé par le capitaine Lebon, membre de la mission militaire française, sur l'emplacement d'un ancien « yashki » du prince de Mito, dont il a pris le nom. La construction totale en est à peine achevée, mais on peut dès à présent y fabriquer affûts, voitures, harnachements, en un mot, tout le matériel d'artillerie, à l'exception des canons de bronze, pour lesquels une fonderie spéciale existe à Osaka, au centre des provinces métallifères. L'arsenal comprend un atelier d'ajustage possédant des machines-outils des derniers types et une fonderie de fer. Une manufacture d'armes et un établissement de pyrotechnie y sont annexés ; la manufacture d'armes devait fonctionner à partir du 1ᵉʳ janvier 1876 : les événements extérieurs en ont fait suspendre provisoirement les travaux. L'établissement de pyrotechnie, comprenant une école centrale de pyrotechnie, est outillé pour fabriquer 50 000 cartouches Boxer par jour. L'ensemble de ces trois établissements, groupés autour de l'ancien parc de Mito, occupe une étendue de 60 hectares et possède 7 moteurs à vapeur et un hydraulique. Le personnel européen s'élève à 7 personnes ; le nombre des ouvriers varie, suivant l'abondance des travaux, entre 1000 et 4000. Comme à Iokoska, des jeunes gens soumis à la loi militaire sont appelés à y recevoir une instruction théorique et pratique, qui en fera des contre-maîtres et des ingénieurs.

A trois lieues de Yédo, sur le bord d'une petite rivière, le Takino-gawa, s'élève, par les soins du capitaine Orcel, une poudrerie qui emploie une force motrice de 25 chevaux au minimum, utilisée au moyen de quatre grandes roues hydrauliques; elle occupera 150 ouvriers et artificiers, et pourra fournir jusqu'à 500 kilogrammes de poudre par jour. Enfin, pour compléter ces travaux militaires, un vaste système de fortifications dont les études préparatoires ont été faites par le lieutenant-colonel Munier et le capitaine Jourdan, doit, si l'on ne recule pas devant l'énormité de la dépense, embrasser les côtes du Japon et spécialement les abords de la Mer-Intérieure.

Depuis le mois de juin 1872, un chemin de fer relie Yédo à Yokohama; la construction a été dirigée par des ingénieurs anglais, qui ont continué d'en surveiller l'exploitation jusqu'au 1er janvier 1876. L'établissement de la ligne a été démesurément coûteux; on parle d'une dépense de 3 millions de piastres (15 millions de francs) pour un parcours de 28 kilomètres en pays plat, ce qui représenterait le quadruple du prix moyen en Europe. Il est assurément fort agréable pour les résidents des deux villes de franchir en une heure l'espace qui les sépare, au lieu d'en dépenser trois sur une mauvaise route; mais l'importance du trafic est loin de répondre aux déboursés de l'entreprise, et cette voie n'a pas sensiblement augmenté les relations commerciales. La recette se maintient aux environs de 8000 piastres par semaine.

Une autre section, dont la dépense a atteint 5 millions de piastres, a été ouverte entre Kobé et Osaka; sur un parcours égal à celui de la section précédente, elle réalise environ 4000 piastres par semaine. On pousse activement les travaux entre Osaka et Kioto ; plus tard, un embranchement devra relier Kioto à la mer du Japon, tandis que la ligne principale réunirait Kioto à Yédo en passant par les vallées centrales qui serpentent à travers les provinces séricicoles. On peut éprouver de grands doutes sur l'utilité et l'opportunité de ces travaux, alors que les routes carrossables font défaut presque partout et que les voies ferrées manquent précisément des ramifications qui devraient les alimenter.

L'installation des télégraphes a précédé celle des railways. Une ligne purement japonaise court de Nagasaki à Hakodaté et jusqu'à Satsporo dans l'île de Yéso. En même temps, des traités passés entre le gouvernement et les compagnies Reuter et du *Great-Northern telegraph* mettent Yokohama en communication avec l'Europe par les deux voies de l'Inde et de la Sibérie.

Le service des postes a de tout temps fonctionné régulièrement au Japon ; il n'a subi d'autres modifications que l'emploi des timbres-poste et des cartes postales ; le tarif est peu élevé et l'exactitude ne laisse rien à désirer ; quant à la rapidité, elle est mesurée aux moyens employés, les seuls possibles jusqu'à présent, c'est-à-dire les relais de coureurs sur les principales routes.

Les communications par mer sont de deux sortes : le petit cabotage a lieu par des jonques qui n'ont rien modifié depuis trois siècles à leur gréement ni à leurs allures, irrégulières comme le vent qui les pousse ; la navigation à vapeur prend chaque jour plus d'extension ; une foule de petits *steamers*, débris européens d'une construction souvent médiocre, sillonnent l'océan le long des côtes, transportant d'un port à l'autre des marchandises et des passagers.

Presque toutes ces entreprises sont fondues dans une

grande compagnie, la *Mitsu-Bishi*. Celle-ci, soutenue par le trésor, a entrepris contre la ligne américaine de Yokohama à Shanghaï une concurrence de prix telle que pendant quelques mois on a pu faire pour cent francs cette traversée, plus longue que celle de Marseille à Constantinople. Quand on a été las des deux parts, la compagnie américaine a vendu ses bateaux et cédé ses officiers à la compagnie rivale, et c'est aujourd'hui sous pavillon japonais que l'on peut se rendre en Chine. Les prix ont été relevés, mais le trafic, assez faible, ne permettrait guère à la compagnie propriétaire de 49 *steamers*, de réparer des pertes énormes, si elle n'était soutenue par un gouvernement fier de posséder une ligne de bateaux à vapeur et de porter les correspondances européennes entre Chine et Japon, sous son propre pavillon.

Si la création et l'encouragement des voies de communication appartiennent d'une façon plus ou moins directe au gouvernement, c'est à regret qu'on le voit se mêler presque seul d'exploitations agricoles ou industrielles que les particuliers n'osent aborder, faute d'initiative ou de capitaux, ou plus encore faute de cette sécurité que le capital demande partout avant de se risquer.

Le principal des établissements de ce genre est celui du « *kayetakushi* » ou département colonial, qui s'est proposé pour but les encouragements à l'agriculture. A sa tête se trouvait un général américain, M. Capron, qui a quitté le Japon à l'expiration de son engagement. Il y a deux centres d'exploitation : l'un, à Yédo, n'est qu'une ferme-modèle, modèle de propreté plutôt que d'administration, car elle coûte beaucoup plus cher qu'elle ne rapporte. Elle fournit du lait, des légumes, des graines, et fait des essais de culture et d'élevage; l'autre, véritable établissement colonial, a été placé au milieu de l'île de Yéso et représente l'une des plus folles tentatives des dix dernières années.

Au centre d'un pays toujours détrempé par la pluie quand il n'est pas couvert par la neige, on a jeté une prétendue capitale, Satsporo, taillée à grands frais dans les forêts voisines, et là, on a appelé et essayé de retenir par force une population transportée et mécontente, qui n'a jamais réussi à cultiver assez de terre pour se nourrir ; on a tracé une route coupée par 12 lieues de mer, creusé un canal pour amener au rivage des produits qui n'ont jamais été obtenus, et institué dans le voisinage du port de Hakadoté, à Nanaï, une ferme-école, où l'on emploie, il est vrai, des charrues et des hoyaux perfectionnés, mais qui ne produit pas de quoi nourrir les chevaux qu'elle emploie. Coût total : 30 millions de francs.

L'agriculture a reçu d'autres encouragements plus modestes, mais plus utiles : de vastes plateaux qui s'étendent au nord-est de Yédo ont été défrichés, semés de villages, bâtis et surveillés par le gouvernement, et se sont couverts de récoltes ; mais le riz n'y pousse pas, et rien n'a pu jusqu'ici arracher le paysan japonais à sa préférence pour ce genre de culture. Il est, comme tous ses pareils du monde entier, routinier à l'excès et si attaché à ses vieilles méthodes que la production n'a pas varié d'un million de « koku »[1] depuis Yéyas.

Si le bœuf se trouve employé à peu près partout, quoique en petit nombre, aux travaux des champs, on ne voit ni ânes ni mulets ; de vastes pâturages restent inutiles faute de moutons pour les fertiliser : on objecte, il est vrai, qu'ils ne sont pas propres à les nourrir ; mais des éleveurs expérimentés assurent qu'on pourrait acclimater l'espèce ovine ; la question ne fait même pas

---

[1] Le *koku* vaut 5,13 boisseaux ou environ 66 litres.

de doute pour les chèvres. L'introduction du bétail constituerait un progrès essentiel et augmenterait d'une manière incalculable les ressources agricoles, qui sont les principales et peut-être les seules réelles.

La richesse forestière du Japon est considérable, mais laissée à l'abandon jusqu'à présent. Un ingénieur français, M. Dupont, a accepté la tâche de régulariser le régime des forêts. La grande difficulté provient de l'absence de routes pour faire les charrois, de sorte qu'on est obligé de débiter le bois sur place, au milieu de montagnes inaccessibles, pour le faire flotter ensuite sur les torrents; mais les bois de construction ne pouvant être coupés que sur des crêtes basses et d'un abord commode, celles-ci se dépeuplent rapidement sans qu'on prenne les mesures nécessaires pour le reboisement et pour arrêter les eaux.

L'île de Yéso presque tout entière est couverte de vastes forêts, qui attendent la hache faute de routes. On se fera une idée de l'étrange manière dont on surveille les richesses forestières, par le mode employé pour compter les arbres et pour en prendre le calibre. L'opération dure trois jours; le premier jour, des cantonniers se répandent dans la forêt et entourent chaque tronc d'arbre d'une ficelle; le second jour, l'inspecteur constate que tous les arbres sont munis de leur collier; le troisième jour, on détache toutes les ficelles, on les réunit et on les compte en les groupant par rangs de taille : l'inventaire est fait.

On sait de quelle importance est pour le Japon l'industrie de la soie. Afin d'améliorer la fabrication du fil par l'emploi des procédés européens, on a érigé à Tomyoka, sur les plans de M. Brunat[1], une filature de 300 bassines où l'on a obtenu d'excellents produits;

---

[1] Voir chap. VII.

mais faute de suivre les conseils qui lui étaient donnés, le gouvernement a subi des pertes annuelles considérables, que ne compense pas suffisamment la satisfaction de voir les provenances de Tomyoka cotées à Lyon au prix des meilleures soies de France. D'autres filatures modèles s'élèvent, soit à Yédo, soit dans la province de Tosa; les ouvrières y apprennent, sous la direction européenne, des procédés perfectionnés.

Bien d'autres industries sont ainsi entreprises ou commanditées par l'État, qui est fabricant de papier, de gaz, entrepreneur de bâtisses, maître de forges. On voit s'élever, par exemple, non loin du temple de Shiba, une haute cheminée en briques; en approchant, on reconnaît un superbe et solide bâtiment destiné à une usine métallurgique; mais, le bâtiment fini, on a réfléchi que le cuivre ainsi laminé coûterait trop cher, et l'on y a installé une école d'application industrielle.

Le ministère des travaux publics, qui centralise la plupart de ces services, emploie à Yédo ou en province 186 Européens, presque tous Anglais. C'est lui qui a, en outre, la direction des phares, plus indispensables que partout ailleurs sur les côtes du Japon; c'est lui qui dirige la monnaie située à Osaka, magnifique établissement qui a dû interrompre ses travaux faute de matière première et qui a coûté 5 millions de francs; il sera bientôt remplacé, hélas! par une fabrique de papier-monnaie annexée au ministère des finances.

Malgré de grands efforts et des sommes immenses dépensées, ces entreprises n'ont pas jusqu'à présent sensiblement amélioré les conditions générales de la production; dirigées par une pensée d'ostentation, elles sont restées improductives et n'ont pas rendu le centième du capital qui y a été enfoui. Il semble qu'on se soit promis avant tout de dérober aux étrangers le secret de leur force, en leur empruntant des applications mécaniques très-inutiles à qui ne dispose pas des matières premières qui en font l'objet.

De tous les travaux d'amélioration, le premier, le plus élémentaire, le plus indispensable, est ici le plus négligé par le gouvernement que cependant cette tâche concerne directement; je veux parler des routes. A part quelques tronçons, aux environs de Yédo, il y en a peu qui puissent porter des voitures, et celles-là même deviennent impraticables par la pluie et se transforment en fondrières. Les transports ne peuvent se faire qu'à dos de cheval ; encore est-il des provinces séparées plutôt que réunies par des sentiers où un cheval ne peut passer. Sans doute, c'est là une œuvre immense à entreprendre, dans un pays dont la configuration montagneuse double les difficultés à vaincre, où les matériaux convenables manquent le plus souvent ; mais le développement du pays est à ce prix, et ni l'agriculture, ni les mines, ni les forêts, ne pourront donner des produits rémunérateurs tant que cette amélioration fondamentale ne sera pas accomplie. Malheureusement le trésor est déjà épuisé par mille autres dépenses, et, forcé de s'arrêter dans cette voie, malgré les vœux émis par les assemblées provinciales, le gouvernement doit méditer avec amertume cette sentence d'un auteur anglais : « Parcourez le monde, et là où vous n'aurez pas trouvé des chemins commodes pour aller de la ville au bourg et du village au hameau, vous pourrez prononcer que vous êtes en pays barbare. »

Loin de répandre dans les provinces le bienfait des communications faciles, l'activité des ingénieurs se concentre à Yédo, à Yokohama et dans quelques ports ouverts aux étrangers ; c'est là, sous les yeux des ministres résidents et des voyageurs, qu'on allume le gaz, qu'on élève des façades prétentieuses, qu'on installe des usines et qu'on exhibe sur un théâtre restreint le panorama de la civilisation.

Ceux qui suivent avec attention le mouvement de réforme du Japon ont pu remarquer une évolution latente, mais suivie, qu'il faut faire remonter au retour d'Iwakura, en octobre 1873. Il semble que cet homme d'État ait rapporté d'Europe l'impression que tous les emprunts directs faits dans la sphère matérielle, toutes les imitations serviles ne représentaient que l'extérieur et l'écorce de la civilisation occidentale, mais que, pour en extraire la séve féconde, il fallait avant tout transformer, redresser l'intelligence de la nation et y jeter les germes des progrès futurs.

On s'est attaché dès lors avec moins d'ardeur aux travaux publics d'apparat, aux bâtisses, aux entreprises industrielles, et avec plus de zèle que jamais à l'éducation nationale dans toutes les directions. Reçu assez froidement par les divers cabinets de l'Europe, le premier ministre se rendit compte qu'il fallait désespérer pour le moment de traiter avec eux sur le pied d'égalité et s'arranger de manière à refuser cette ouverture du pays qu'ils croyaient obtenir lors du renouvellement des traités. Il semble que depuis lors le Japon se soit renfermé dans une sorte de recueillement, attendant son heure, préparant en silence des générations nourries du suc de la science, faisant, un peu tard peut-être, des économies nécessaires, et se condamnant lui-même, comme le candidat évincé à un examen, à quelques années de plus d'une préparation laborieuse. Le règne des entrepreneurs fit place à celui des professeurs. On comprit qu'il était urgent de se donner des précepteurs pour n'avoir pas un jour à subir des maîtres, et l'enseignement public devint plus que jamais la préoccupation constante de l'État. Heureuse la nation, si cette sage mesure avait été prise dix ans plus tôt avec l'énergie qu'on semble vouloir déployer aujourd'hui !

C'est avec un véritable plaisir que nous allons parcourir les diverses ramifications de cet enseignement, auquel manquent parfois l'étendue et la saine entente des programmes, mais non pas le zèle des maîtres ni celui des élèves.

L'instruction primaire n'a jamais été négligée au Japon ; elle y est parvenue à un degré qu'elle atteint rarement ailleurs, car il est peu d'enfants qui n'aillent à l'école et peu d'hommes qui ne sachent lire et écrire les caractères vulgaires ; mais elle est très-restreinte, et celui qui l'a reçue ne peut guère s'instruire par la lecture des livres, presque tous écrits en caractères idéographiques.

L'instruction secondaire ne s'adressait jadis qu'à la classe des « samuraï ; » elle est ouverte aujourd'hui à toutes les classes et accessible aux bourses les plus modestes ; elle comprend avant tout l'étude des caractères et des livres chinois, qui absorbent malheureusement une grande partie des années d'école. L'abandon de cette écriture marquerait un pas immense fait en avant, mais il est reconnu impraticable quant à présent. Elle embrasse aussi l'étude des langues étrangères, quelquefois sous des maîtres japonais, système fort défectueux, mais dans les écoles du gouvernement sous des maîtres étrangers.

La principale de ces écoles est à Yédo ; elle comprend le « koga-kko » ou petit collége, qui correspond à nos classes de grammaire, et le « kaï-sei-gakko, » qu'on peut assimiler à nos classes d'humanités. On y enseigne le français, l'anglais, l'allemand, et on y fait des cours de sciences morales, physiques et mathématiques dans ces trois langues ; mais les cours de science ne se faisant plus, d'après une mesure récente, qu'en anglais, les jeunes gens voués à l'allemand sont forcés de se tourner vers les écoles de médecine, et ceux qui ont pris goût au français à entrer à l'école de droit ou aux écoles militaires. Les cours supérieurs comprennent les cours de nos classes de mathématiques spéciales, l'étude des lois anglaises et la préparation à l'école des mines. Ce collége, honoré du titre d'impérial et visité par le mikado lors de la réouverture de ses cours, comprend 39 professeurs, dont 25 européens, et 349 étudiants internés, pourvus d'uniformes décents, de livres, d'une bibliothèque, de laboratoires, et beaucoup de nos bacheliers seraient étonnés de s'y trouver classés au-dessous de leurs camarades asiatiques.

Outre cette école publique, on compte, tant à Yédo que dans les principales villes de province, un grand nombre d'institutions privées où sont enseignées les langues et les sciences européennes ; les traductions de nos livres élémentaires se multiplient et réduisent chaque jour davantage le domaine de l'enseignement chinois. C'est là le but qu'il faut atteindre ; si l'on ne peut repousser complétement une littérature qui est demeurée jusqu'ici nationale, il faut soustraire le plus possible les jeunes générations aux méthodes pédagogiques d'autrefois, qui ne s'adressent qu'à la mémoire, et leur apprendre à considérer les choses dans leur réalité positive, à les observer avec précision, à en déduire les conséquences avec logique, à former en un mot des jugements.

Au-dessus de l'enseignement secondaire on ne rencontre pas un enseignement supérieur distribué dans des facultés comme les nôtres, mais une série d'écoles spéciales où les jeunes gens reçoivent une instruction technique et professionnelle. La première difficulté que rencontre le professeur européen, c'est de se faire comprendre avec le secours insuffisant d'un interprète. On a généralement constaté que la langue indigène, même parlée par un lettré de première force — et tant s'en faut que les interprètes le soient tous, — ne peut se plier à toutes les inflexions de la pensée, ni reproduire la terminologie compliquée de nos sciences. C'est donc en anglais, en allemand, en français, que se font presque tous les cours, et l'étudiant, pour les suivre, a dû se rendre maître au préalable de l'une de ces langues. Aussi chaque école spéciale traîne-t-elle à sa suite des classes préparatoires de langues, où elles entretiennent une pépinière d'auditeurs. C'est là un inconvénient grave; l'enseignement secondaire devrait fournir un assez grand nombre d'étudiants suffisamment au fait des trois principaux idiomes étrangers pour suivre les leçons des professeurs européens; mais il faudrait pour cela une régularisation générale de tout l'enseignement, qui ne peut résulter que d'une loi d'ensemble, et cette loi n'est ni faite ni projetée.

L'une des plus anciennes écoles spéciales est celle de médecine, précédemment établie à Nagasaki, sous des maîtres hollandais, aujourd'hui installée à Yédo; elle comprend 19 professeurs, dont 11 japonais, 8 allemands, et 242 étudiants, dont 50 seulement suivent les cours supérieurs et 192 les cours préparatoires. On y enseigne la médecine, la chirurgie, l'anatomie, l'histoire naturelle, la physique, la chimie et la pharmacie.

Organisée plus récemment et sur un pied plus modeste, l'école de droit comprend actuellement 20 étudiants, qui suivent les cours de deux professeurs français; elle en a détaché 8 autres en France et doit en posséder un jour un beaucoup plus grand nombre; on y enseigne le droit naturel, le droit civil et commercial comparé, les éléments du droit pénal et l'organisation administrative.

Au ministère des travaux publics est attachée une école analogue à notre École centrale, *technical school*, dont le directeur et les professeurs sont Anglais. Construite sur de vastes proportions par un de nos compatriotes, M. de Boinville, et dirigée avec lumière par M. Dyer, elle possède actuellement 250 élèves et pourra, quand elle sera terminée, en contenir 360. Onze professeurs anglais, auxquels sont adjoints des instructeurs pratiques, y enseignent ou y enseigneront les mathématiques élémentaires et spéciales, la physique, la chimie, la mécanique, la topographie, la construction, la télégraphie, la minéralogie, la géologie, la métallurgie : vaste programme, trop vaste même pour le personnel restreint qui est chargé de le mettre en œuvre. Le cycle complet des études comprend six années, dont deux sont employées à des travaux pratiques poursuivis dans des ateliers de métallurgie dépendant de l'école même. Cet enseignement devra fournir des ingénieurs des mines et des constructions navales, des mécaniciens, des arpenteurs, des architectes; c'est l'un des plus utiles et des mieux organisés qui soient à Yédo. Il convient de nommer après cette école celle des mines, qui possède une trentaine d'étudiants confiés à des maîtres allemands; puis viennent les écoles placées près des arsenaux maritimes et militaires.

Les jeunes gens travaillent avec ardeur dans ces différentes branches et profitent avec une facilité remarquable des leçons qu'ils entendent; la mémoire est leur faculté prédominante; le raisonnement n'est pas toujours à la même hauteur, mais rien n'empêche d'espérer que l'esprit de méthode se formera chez eux sous le joug des procédés scientifiques de l'Occident. Ils fourniront plus tard à leur pays des hommes compétents dans toutes sortes de connaissances.

Malheureusement beaucoup d'entre eux, pressés de gagner le pain quotidien, abandonnent leurs études à moitié chemin et se découragent d'une préparation au bout de laquelle ils n'entrevoient avec certitude aucune position fixe, car ils n'ont pas, comme dans nos écoles normale et polytechnique, la perspective assurée d'une carrière au sortir des épreuves finales, et les fonctions publiques, surtout les plus relevées, étant données, non pas comme en Chine, au grade, mais encore à la faveur ou à la naissance, mille considérations peuvent ouvrir les places aux incapables, tandis qu'elles restent fermées aux plus instruits.

Il n'est pas moins intéressant de considérer les progrès de l'enseignement dans les écoles de filles; celles-ci ont de tout temps été nombreuses, mais resserrées dans d'étroits programmes; on songe aujourd'hui à en élargir le cadre. Elles ont reçu un puissant encouragement de la jeune impératrice, qui, non contente de contribuer pour 5000 « rio » sur sa cassette à la construction d'une école normale, a voulu présider elle-même à l'ouverture des cours; elle a prononcé à cette occasion un petit discours qui se terminait ainsi : « Mon plus vif désir est que cette école prospère et qu'il me soit donné de voir les fruits de l'éducation féminine se répandre à profusion dans tout l'empire. » Des dames américaines sont attachées à cet établissement et à d'autres d'un caractère privé, qui se multiplient de jour en jour. Les jeunes filles apprennent non-seulement les langues, l'anglais surtout, mais la couture et les travaux d'aiguille.

L'enseignement professionnel n'est pas négligé : à Yédo, à Tomyoka, les filatures reçoivent des ouvrières-élèves; une papeterie nouvellement installée en possède également; il n'est pas jusqu'à un cours d'obstétrique qui ne soit professé par une dame anglaise qui a régulièrement gagné ses grades sur les bancs de nos facultés.

Sans doute, il y a bien des forces perdues, bien du temps gaspillé, dans toutes ces leçons faites en des langues multiples, sans programme général, sans vue d'ensemble, par des professeurs souvent choisis au hasard, dépendant de ministres différents et obligés de se partager entre les fonctions d'instituteurs et un service actif. Il manque à tout cela l'unité de plan et de direction ; ce sont des lambeaux épars plutôt qu'un système d'éducation nationale, et l'on peut dire que l'enseignement, quoique très-répandu, n'est pas organisé ; les mesures partielles que chaque ministre prend dans son département ne servent qu'à le désorganiser davantage. Mais tel qu'il est cependant, il donne des fruits, et son développement constitue pour le pays le plus réel progrès, le plus riche en promesses pour l'avenir.

On se demandera sans doute si le Japon est condamné à nourrir éternellement cette armée de pédagogues étrangers, dont nous n'avons pas terminé le dénombrement, et qui atteint le chiffre total de trois cents employés, presque tous consacrés à l'instruction publique, sous diverses formes, portés au budget ordinaire pour une somme de un million et demi de dollars. Ce n'est au contraire un mystère pour personne que le gouvernement est impatient de licencier ces maîtres, encore plus vexants pour son amour-propre qu'onéreux pour son trésor, et nul désir n'est plus légitime ; mais il faut ajouter que le moment de le réaliser ne semble ni arrivé ni même proche.

A moins d'abandonner la tâche qu'il s'est imposée, de répandre chez lui toutes les lumières de la science moderne, il faut que l'État remplace par un professeur japonais chaque professeur européen qu'il renverra ; or il ne possède peut-être pas encore un seul étudiant en mesure d'enseigner lui-même la médecine, le droit, la mécanique, la technologie, etc. L'enseignement, on le sait, n'exige pas seulement la connaissance approfondie du sujet, mais encore la possession de certains procédés intellectuels dont on ne se rend pas maître en une génération, et les meilleurs candidats à l'examen feraient une piteuse figure en chaire. Le temps lui-même suffira-t-il? Pourra-t-on jamais enseigner et apprendre la philosophie, la psychologie, les mathématiques transcendantes, dans cet idiome rebelle à l'analyse, encombré de mots et dépourvu de termes abstraits, rétif à la construction? On peut se le demander, et bien des philologues penchent à croire que le japonais ne deviendra un instrument de propagation scientifique qu'à la condition de se modifier considérablement.

Si nous n'avons pas encore parlé de l'instruction militaire, c'est afin de l'excepter des critiques que nous avons dû formuler jusqu'à présent; elle ne mérite que des éloges. Des juges compétents et désintéressés n'ont pu s'empêcher d'admirer avec quelle souplesse et quelle rapidité une nation guerrière, mais indisciplinée, s'est pliée aux règles de l'art militaire moderne, aux exigences d'un armement compliqué et au joug de la discipline. L'armée japonaise est pourvue de fusils de divers modèles, principalement d'Enfield, Snider et Chassepot, de canons de bronze de 4 de campagne et 4 de montagne; son équipement est à peu près copié sur le nôtre, sauf quelques changements de couleurs; la hiérarchie des grades est la même. Le 8 janvier 1876, la garnison de Yédo défilait devant le prince Fusimi-no-mya, et chacun pouvait constater la bonne tenue des troupes dont on avait apprécié l'instruction dans de précédentes manœuvres.

L'honneur de ces heureux résultats revient tout d'abord à l'armée elle-même, à son zèle, à son activité, et en second lieu à la mission militaire placée par le gouvernement français à la disposition du gouvernement japonais. Déjà en 1867, une première mission française avait jeté les bases de l'organisation actuelle; les événements politiques interrompirent ses travaux. En 1872, une nouvelle mission commandée par le lieutenant-colonel Marquerie, que remplace depuis 1874 le lieutenant-colonel Munier, reprit l'œuvre commencée[1] ; elle se consacre non-seulement à l'instruction pratique des troupes sur le terrain, mais encore à l'enseignement théorique distribué dans des cours aux officiers et sous-officiers des diverses armes. De ses mains sortent des instructeurs japonais qui, répandus dans les corps, y propagent les connaissances reçues à Yédo. Chaque année, au printemps et à l'automne, les troupes vont camper à dix lieues de Yédo, sur le vaste plateau de Sakura, où des baraques leur ont été préparées et où l'artillerie trouve un polygone disposé pour ses écoles à feu.

Une école militaire sur le modèle de Saint-Cyr et de West-Point, élevée d'après les plans du capitaine Jourdan et dirigée avec le concours des capitaines Vieillard et Percin, reçoit les élèves déclarés admissibles, qui en sortent avec le grade de sous-lieutenant après deux années d'études au moins. Elle contient aujourd'hui cent cinquante élèves de première année, cent cinquante de seconde année, auxquels soixante-cinq professeurs japonais, cinq officiers et trois sous-officiers français donnent une instruction théorique et pratique. Pas plus que les autres employés étrangers, les membres de la mission ni leur chef n'ont dans le conseil une autorité décisive, mais leurs avis ont l'influence qui s'attache à leur position de fonctionnaires français, à leur constitution officielle en corps hiérarchique, et, comme ils sont les mieux écoutés, ils ont obtenu les meilleurs résultats.

L'armée japonaise a fait preuve de courage et d'énergie à Formose, où elle a eu à lutter contre le pire des ennemis, un climat mortel ; elle attend avec impatience

---

[1] Elle se compose actuellement de 15 officiers et 11 sous-officiers.

l'occasion de se mesurer avec un ennemi extérieur. Sera-t-elle alors aussi redoutable qu'elle paraît bien organisée dans une parade? Nous savons tous à nos dépens que le courage des soldats et l'instruction des officiers ne suffisent pas à une armée en campagne, qu'il lui faut avant tout une administration prévoyante et une direction générale éclairée. Or administrateurs et généraux en sont encore à faire leurs preuves. Quoi qu'il en soit, le Japon possède dès à présent un instrument défensif avec lequel un ennemi, quel qu'il fût, aurait sérieusement à compter. L'effectif ordinaire s'élève à environ vingt-cinq mille hommes; il pourrait d'ailleurs être indéfiniment augmenté par l'application de la nouvelle loi militaire, sur laquelle nous reviendrons bientôt.

Une marine est toujours plus lente à former qu'une armée. L'école est dirigée par des officiers anglais qui se consacrent principalement à l'instruction théorique; instructeurs et sous-instructeurs atteignent le chiffre de trente-deux; ils ont deux cent quarante élèves, plus des bataillons d'infanterie de marine; mais ils ne sont pas appelés à commander les navires de l'État et à faire faire à leurs aspirants de véritables croisières. Les Chinois montrent en cela plus de confiance et plus de lumières: nous avons vu entrer dans la rade de Yokohama une frégate sortie de leurs arsenaux et commandée par un capitaine de la marine britannique, en route pour son tour du monde, à la tête de son école. Ce qui manque le plus à la marine japonaise, ce sont des navires de guerre; elle s'est procuré un cuirassé américain, le *Stone-Wall*, et des paquebots dont elle a fait des transports; mais son budget ne lui permet pas d'élever la flotte au-dessus de seize navires, dont un seul est blindé.

Dans la sphère législative, comme dans celle de l'éducation nationale et plus encore, le Japon a procédé jusqu'ici par essais timides, par tâtonnements un peu incohérents, plutôt que par des réformes d'ensemble, opérées suivant un plan arrêté et un système défini. D'une part l'anarchie des bureaux, reflet de celle des esprits, de l'autre la résistance des intérêts froissés, ont retardé et retarderont longtemps encore une refonte générale des lois en harmonie avec le nouveau régime politique et les exigences de la civilisation moderne. Dans le droit pénal, dans la législation civile et administrative, le jurisconsulte européen retrouvera pendant longtemps des lacunes, des prohibitions ou des pénalités qui, en attestant l'originalité d'une race exotique, choqueront ses notions d'ordre et d'équité. C'est en effet dans ce domaine que les Japonais acceptent le moins volontiers les conseils dont ils croient pouvoir se passer et les changements dont ils redoutent la portée. Il en est ainsi toutes les fois que des nations de culture différente entrent en contact; si l'on est forcé de se rendre à l'évidence quand on voit rouler des chemins de fer et marcher des bateaux à vapeur, et de reconnaître la supériorité de ces engins mécaniques, la perfection des lois ne parle qu'à l'esprit et ne s'impose pas avec la même nécessité. Il n'y a pas d'ailleurs entre deux races différentes une commune mesure à laquelle elle puisse être rapportée, et c'est dans la prééminence qu'il accorde à son organisation sociale, à ses traditions domestiques, à ses mœurs, que l'orgueil national, battu sur un point, se retranche obstinément.

Nous avons essayé précédemment[1] de donner une esquisse de l'ancien droit coutumier. Aujourd'hui que la vieille constitution a été renversée, le système législatif qui l'accompagnait est tombé avec elle, et c'est le chaos qui leur a succédé. Nous n'entreprendrons pas d'en pré-

[1] Voir chap. XIII.

senter le tableau; il nous suffira de dire que, dans l'état actuel, il n'est pas un Européen soucieux de sa dignité qui voulût s'y soumettre, et par là se trouve arrêtée court l'ambition d'imposer aux étrangers la juridiction indigène. Cependant quelques réformes partielles ont été accomplies : une tentative a été faite pour séparer le pouvoir judiciaire du pouvoir exécutif; elle a abouti sinon à un divorce réel, du moins à une distinction d'attributions qui en ouvre la route. Les fonctions de juges qui étaient exercées par les gouverneurs de province ont été remises à des magistrats spéciaux; des tribunaux de première instance sont installés dans soixante-cinq « ken » — division correspondant à notre département; — un second degré de juridiction a été institué : il est représenté par quatre cours qui se divisent le territoire de l'empire et délèguent des membres pour faire deux fois par an un *circuit* dans le ressort. Les règles fondamentales de notre organisation judiciaire sont observées; mais l'institution du jury a paru avec raison prématurée; quant à la procédure civile et criminelle, elle est loin d'être entourée des garanties que nous sommes habitués à regarder comme nécessaires.

Au-dessus de ces cours est placée une haute cour de justice, le *daï-shi-nin*, destinée, dit la loi du 28 mai 1875, à maintenir un système de loi uniforme pour tout le pays. Elle se rapproche par là de notre Cour de cassation; mais comme elle ne peut se borner à casser des jugements pour violation d'une loi qui n'existe pas, elle est en même temps chargée de réformer les sentences qui paraissent mal rendues et constitue par là un troisième degré de juridiction. On espère que sa jurisprudence finira par former à la longue un corps de doctrine comme celle du banc de la reine.

Les lois criminelles ont subi une refonte dans le « Sin Ritz-ko-rio »; mais cette compilation, dépourvue de tout esprit scientifique, n'est qu'un travail préparatoire pour une nouvelle œuvre encore à l'état de projet. L'esprit moderne et les préjugés locaux ont peine à se mettre d'accord sur des questions aussi délicates que la classification des délits, la graduation et le choix des peines. Le criminaliste doit peut-être ici se garder de réagir par un excès d'indulgence contre l'excès de sévérité du code actuel.

Le système pénitentiaire, destiné à poursuivre la réforme morale du condamné en même temps que sa punition, est encore rangé parmi les rêveries humanitaires ; mais il faut signaler comme un progrès la construction d'une prison cellulaire sur le modèle de Mazas, où les prévenus sont traités avec moins de barbarie que par le passé.

Une infinité de règles de police, quelquefois un peu puériles, indiquent une intention marquée de supprimer toutes les manifestations extérieures qui pourraient choquer la pudeur europénne ; telle, l'interdiction des bains publics ouverts sur la rue, la défense de se livrer à certaines exhibitions un peu trop naïves. La physionomie du peuple y perd, mais la décence y gagne, et les amateurs décidés du pittoresque n'ont que quelques lieues à faire dans l'intérieur pour y retrouver des spectacles « de haulte graisse ». C'est en effet ici la destinée de bien des décrets nouveaux d'être publiés à plusieurs reprises avant d'être observés ou suivis à la ville, tandis qu'ils restent non avenus cinq lieues plus loin. Il y a quelques années, une loi fort sage déclara nuls les contrats si fréquents par lesquels les parents pauvres vendent leurs filles nubiles au « yoshivara » pour les soumettre à la triste servitude que les jeunes Grecques allaient subir à Corinthe ; mais l'habitude l'a emporté sur la réforme, et la débauche n'a pas interrompu son déplorable recrutement.

Une mesure d'une importance capitale a été prise par le gouvernement au sujet du service militaire, qui avait été jusqu'ici le privilége de la classe des « samuraï ». C'est uniquement parmi ces serviteurs inféodés aux anciens clans et dévoués au système féodal, que l'État pouvait prendre ses soldats, souvent plus dévoués à leur ancien prince qu'à leur pays. L'armée était entre les mains ou du moins sous l'influence de la noblesse déchue. Par une loi qui remonte au mois de décembre 1872, le gouvernement du Mikado proclama le service obligatoire et universel, en dépit de l'opposition du prince de Satzuma. La résistance organisée par celui-ci mit longtemps obstacle à l'application du nouveau mode de recrutement, mais il semble actuellement sur le point d'être repris.

Cette innovation démocratique n'aura pas seulement pour résultat de faire entrer dans l'armée la partie la plus saine et la plus robuste de la population, en même temps que la plus disciplinable; elle mettra en outre à la disposition de l'État une force obéissante qui lui permettra de se faire respecter et d'imposer sa volonté aux dissidents. On ne verra plus, comme au printemps de 1874, des bataillons entiers, sous-officiers et soldats, quitter leur casernement et s'en aller, bannières en tête, rejoindre l'insurrection ou lui tendre la main. Le ton du préambule qui accompagne le décret est digne d'attention et sort de la banalité ordinaire des documents de ce genre :

« D'après les anciennes lois de notre empire, tous les habitants du pays sans exception étaient soldats. Lorsque des troubles s'élevaient, l'empereur prenait le commandement, appelait à lui tous les jeunes gens propres au service, et, la rébellion châtiée, les renvoyait dans leurs foyers reprendre leurs occupations accoutumées. On ne voyait pas alors ce qu'on vit plus tard, des hommes à deux sabres nommés *samuraï*, pleins d'arrogance, vivant sans rien faire et dispensés, quand ils faisaient voler d'un coup de sabre la tête de quelque homme du peuple, d'en répondre devant l'autorité... Plus tard les monarques perdirent leur puissance, et le mal devint plus grand que les mots ne peuvent l'exprimer; mais, revenus aux principes de l'ancienne monarchie, nous avons rendu au peuple ses droits et sa liberté. Tout le monde a aujourd'hui les mêmes devoirs envers l'État... Il en est un que les étrangers appellent l'impôt du sang. Chacun en consacrant sa vie à l'État ne fait que se protéger lui-même contre les calamités publiques qui l'atteindraient... En conséquence, les jeunes gens âgés de vingt ans dans les quatre classes de la population seront enrôlés sur les registres militaires et devront se tenir prêts au premier appel. »

Si nous nous proposions dans ces pages de donner un tableau général et complet de la civilisation du Japon, il nous resterait à parler d'une foule de sujets qui ne peuvent trouver place dans les limites de cette étude; mais nous avons voulu seulement indiquer les principaux progrès accomplis ou en voie de s'accomplir au contact de l'élément européen. A travers des obstacles nombreux, des efforts maladroits, des tentatives puériles pour s'arracher à toute tutelle avant l'heure, le Japon marche dans une voie de développement où il est aidé par les exemples, les leçons, les conseils de l'Europe, qu'il suit parfois avec plus de sagacité qu'il ne met de bonne volonté à les écouter. Dans cette voie, il lui reste de longues étapes à parcourir. Dans quelles conditions se trouve-t-il pour aborder cette vaste entreprise? Quelles sont ses ressources? Sur quels secours extérieurs peut-il compter? Quelles difficultés intérieures a-t-il à craindre? Enfin le génie de la race sera-t-il à la hauteur de ses ambitions? C'est ce que nous nous proposons d'examiner. Les peuples ont, comme les malades, leurs époques de crise, d'où ils attendent le salut ou la mort; le médecin, les amis se demandent, pleins de crainte et d'espoir, dans quel état de forces le patient abordera l'épreuve décisive.

§ II

LES RESSOURCES ET LES DÉPENSES

La superficie totale des 3800 îles qui composent le Japon est de 22 286 « ri » carrés, soit 2800 myriamètres carrés ; elle est divisée en 65 « ken » ou préfectures, plus 3 « fu » ou capitales, comprenant au total 63 659 villes, villages ou hameaux, et renfermant 33 millions d'habitants, s'il faut s'en rapporter aux recensements faits jusqu'à présent. Mais on a peine à croire que la population soit aussi dense, quand on a parcouru les déserts qu'on rencontre dès qu'on s'éloigne des sentiers battus pour gagner les montagnes qui occupent une bonne partie du pays. On n'a pas encore calculé la surface cultivée ; elle produit 32 millions de « koku[1] » de riz, supportant une taxe de 11 650 000 « koku ». A part le produit des douanes, qui s'est élevé pour 1875 à 1 500 000 piastres, la principale ressource du trésor est l'impôt foncier, qui est à la fois écrasant et inégal, puisqu'il varie entre 35 et 50 pour 100 du revenu net des propriétés.

On ne peut échapper à la nécessité de dresser le cadastre général en vue de la péréquation de l'impôt ; mais, si l'on songe aux difficultés qu'un pareil travail soulève en France, où l'on possède tous les éléments d'appréciation, on ne peut qu'être effrayé des obstacles qu'il rencontre au Japon, alors qu'il n'existe même pas

---

[1] 21 millions d'hectolitres.

une mensuration exacte du pays, ni une commune mesure de dimensions ou de prix. La situation du Japon à cet égard est pire que celle de la Turquie, et ce n'est malheureusement pas le seul point de rapprochement qui s'offre à l'esprit. Le mode de payement ne donne pas moins d'embarras que l'assiette de l'impôt.

Autrefois le paysan payait en nature sur sa récolte, et le gouvernement, n'ayant à solder que des dépenses locales, se libérait à son tour en donnant des sacs de riz à ses employés et à ses pensionnaires. Aujourd'hui, forcé, pour une foule d'achats à faire à l'étranger, de disposer d'une grande quantité de numéraire, il a ordonné que le payement de l'impôt se fît en espèces : mais, pour convertir ses produits en argent, il faudrait au fermier des centres de commerce, des marchés, des routes pour s'y rendre, et une production assez abondante pour s'adresser à l'exportation ; il lui faudrait, enfin, un système de banques solidement organisées et excitant sa confiance. Faute de ces éléments, il lui est impossible de s'acquitter en argent, et quand il sent le joug peser trop lourdement sur ses épaules, il se révolte, comme il est arrivé tant de fois dans le cours des dernières années. Soumis pour tout le reste, l'homme de la glèbe redevient féroce quand le fisc tente de lui arracher la subsistance de sa famille, pour la jeter dans les dépenses d'apparat qui ne profitent qu'à la capitale. La réforme est d'autant plus urgente que l'excès des taxes, en empêchant le cultivateur de faire aucune économie, met obstacle aux améliorations qu'il pourrait réaliser, et tarit par suite les sources mêmes de la production ; mais, d'autre part, la diminution des taxes foncières aurait nécessairement pour résultat d'augmenter celles qui frappent le commerce, et dans la situation précaire où est celui-ci, on ne saurait l'atteindre sans le tuer.

Avant d'entrer dans l'examen de la situation financière, il est nécessaire d'observer qu'il n'existe pas encore de comptabilité publique au Japon. Le gouvernement a pris, depuis quelque temps, l'habitude de publier à l'avance le budget projeté de chaque année ; mais le public ne possède pas les éléments d'un contrôle sérieux, et d'ailleurs le règlement des comptes est secret, et nul ne sait ni comment le projet a été mis à exécution, ni quelles augmentations ou quelles diminutions ont subies les chiffres du budget estimatif. Sans doute, le chapitre des recettes contient invariablement un article qui représente l'excédant de l'exercice précédent ; mais comme cette déclaration n'est ni appuyée par des comptes, ni vérifiée par une assemblée ou un conseil quelconque, elle n'a d'autorité que celle qui s'attache à la personne du ministre des finances. Or, en tenant même sa véracité pour indubitable, on doit encore se mettre en garde contre des erreurs d'appréciation qu'il est difficile d'éviter en pareille matière. L'une des principales, c'est l'estimation de l'impôt foncier ; cet impôt est en effet encore payé en nature dans une grande partie du pays et là même où il est payé en espèces, il est calculé d'après le prix courant de la mesure de riz prise pour unité, le « koku ». Or quel est le prix du « koku » ? Ce prix est variable et peut s'abaisser jusqu'à 2 « yen[1] », ou monter jusqu'à 4 et au delà ; suivant qu'on aura choisi l'une ou l'autre limite extrême, le revenu estimé peut varier du simple au double, et un équilibre fictif s'établir sur le papier.

L'évaluation des recettes, pour l'année financière qui va du 1er juillet 1875 au 30 juin 1876, s'élève à la somme totale de 68 588 266 « yen », dans laquelle figurent l'impôt foncier pour 54 505 967, le produit des postes pour 1 676 555, celui des douanes pour 1 744 857,

[1] Le *yen* vaut environ 1 dollar ou 1 piastre (5 francs) ; le *sen*, qui en est la centième partie, vaut 1 *cent* (5 centimes).

l'impôt du revenu assis sur les salaires des employés, les pensions, etc., pour 2 576 095, le produit des divers travaux publics, mines, chemins de fer, télégraphes, manufactures, imprimerie de l'État, pour 1 841 753. Le premier et le plus important de ces articles présente une différence considérable avec celui de l'exercice 1874, qui ne s'élevait qu'à 44 600 000 « yen »; cette augmentation provient principalement de ce que le prix du « koku » était évalué précédemment à 3 « yen », 92, tandis qu'il l'est actuellement à 4 49.

Mais voici l'inconvénient d'un pareil système : si la récolte est abondante, le prix du riz baissant, le trésor est en perte ; le gouvernement se voit alors obligé de faire des exportations pour relever le marché ; mais vienne une année de disette, la réserve se trouve épuisée. En réalité, le trésor se trouve forcément dans la position d'un accapareur qui ouvre ou ferme, suivant son intérêt du moment, la barrière du commerce extérieur. De là ces décrets contradictoires en apparence, qui tantôt permettent, tantôt défendent l'exportation ; de là une gêne constante du marché et l'impossibilité pour la population de profiter du bas prix des années fertiles, tandis qu'elle supporte le poids des mauvaises années.

Les dépenses prévues s'élèvent à 68 498 506 « yen », qui comprennent 4 345 655 affectés au service de la dette nationale, dont 1 829 475 afférents à la dette étrangère ; les pensions dues aux « samuraï » dépossédés par la révolution de 1868 figurent pour 17 805 366 « yen » ; le ministère de la guerre pour 6 950 000, celui des travaux publics pour 4 750 000, etc. La balance en faveur des recettes est de 89 760 « yen ». On remarquera de quel poids pèsent sur le trésor les pensions, qui absorbent plus d'un quart du budget. C'est là que réside la principale difficulté financière du moment : l'État succombe sous cette charge, dont il ne peut se débarrasser sans courir les chances d'une révolution politique.

La dette publique atteint le chiffre total de 142 289 580 « yen », qui se décomposent ainsi : dette étrangère, emprunts contractés à Londres, l'un à 7, l'autre à 9 p. 100, 14 480 912 « yen » ; dette inscrite envers les créanciers indigènes, 33 004 848 ; dette flottante représentée par le papier-monnaie, qui, seul aujourd'hui, sert aux transactions locales, 94 803 819. Cette énorme quantité de papier-monnaie n'est représentée par aucune encaisse métallique, car le fonds de réserve, qui s'élève à 24 416 257 « yen », consiste lui-même pour la plus grande partie en papier retiré de la circulation ; c'est donc une valeur fictive d'environ 475 millions de francs qui circule et remplace absolument la monnaie d'or et d'argent, sans autre garantie que le crédit de l'État qu'elle déprécie considérablement. L'habitude du papier-monnaie est tellement invétérée chez les Japonais, qu'ils acceptent très-volontiers cet état de choses ; mais les payements à faire au commerce étranger ne peuvent s'exécuter qu'en numéraire, et il en résulte un appauvrissement inquiétant du stock métallique : il est sorti 9 455 274 « yen » des divers ports du Japon, contre 86 544 entrés pendant les six premiers mois de 1875.

Les budgets s'équilibrent-ils, s'équilibreront-ils longtemps ? Telle est la première question qu'on se pose devant cet exposé financier. Le ministre des finances actuel, comme on vient de le voir, répond en annonçant un excédant de recettes ; son prédécesseur répondait en avouant un déficit annuel de 10 millions de « yen » et en pronostiquant la banqueroute à courte échéance, après quoi il donnait avec fracas sa démission, accompagnée d'un mémoire qui présentait un tableau sanglant du désordre des finances. Entre les deux ministres, nous ne déciderons pas ; mais le fait suivant permettra au lecteur de se faire une idée de l'état réel des choses.

Dans le budget de 1874, on présentait le fonds de réserve, porté alors à 30 594 000 « yen », comme formé en partie de l'emprunt de 2 millions sterling contracté à Londres, et en même temps on déduisait de ce fonds de réserve les intérêts de la dette, de sorte que le Japon apparaissait comme un débiteur qui contracte un nouvel emprunt pour payer l'ancien, à la façon de la Porte. Cet article des intérêts a été porté avec raison, dans le dernier budget, au compte des dépenses ordinaires couvertes par les recettes ordinaires; mais on peut juger par là une comptabilité sujette à de pareilles méprises.

L'équilibre budgétaire fût-il établi, ce qui reste douteux, le gouvernement ne serait pas encore au bout de sa tâche. Il ne faut pas oublier en effet que le Japon est entré dans une voie de développement où il ne peut s'arrêter à moitié chemin; il est déjà trop engagé avec les prêteurs européens pour leur fermer la porte au nez et revenir à son ancien isolement; il est donc condamné à surmener sa production pour faire face à ses obligations, et à maintenir ses dépenses sur le pied qu'exigent ses relations européennes et ses projets de perfectionnement national. C'est ainsi qu'il doit entretenir une armée, se créer une marine, étendre l'instruction publique, les travaux d'utilité générale, faire face peut-être à une guerre avec la Corée ou la Chine, se libérer d'une manière ou d'une autre envers les « samuraï » pensionnés, etc. En un mot, sous peine de retomber dans un état de faiblesse où son indépendance même serait menacée, il faut qu'il marche, qu'il se transforme, et pour cela qu'il dépense beaucoup. Il ne peut faire d'économies, parce qu'il n'en pourrait réaliser que sur les dépenses nécessaires et vitales; il est obligé au contraire, comme un père de famille accablé de lourdes charges, de grossir son revenu en faisant travailler son capital. Or ce développement économique peut-il être attendu de l'initiative privée, de la libre activité des particuliers? En aucune façon; nous dirons bientôt pourquoi.

Il faut donc que l'initiative vienne encore du gouvernement, qui est par la force des choses le grand industriel, le grand cultivateur, le grand commerçant, sans être toujours le plus éclairé. Il faut que le trésor avance des capitaux pour la mise en valeur du pays; mais le trésor n'a pas de quoi suffire à ses propres obligations et ne peut faire d'avances pour les dépenses extraordinaires, qui sont cependant inéluctables. Où trouver ces ressources exceptionnelles? Il ne faut pas songer à une augmentation des impôts, déjà trop lourds, et qui appellent un dégrèvement. Il ne faut pas davantage compter sur une augmentation du produit soit des douanes, soit des railways, télégraphes, etc., contre laquelle protestent les chiffres et les faits.

Quel moyen reste donc? — L'emprunt.

L'emprunt par souscription nationale ne donnerait rien, parce qu'il n'y a pas de numéraire entre les mains du prêteur. Il faut donc de nouveau recourir à l'emprunt étranger; mais alors pour que le troisième emprunt ne soit pas à un taux usuraire et accablant, il faut offrir aux capitalistes européens des garanties sérieuses. La principale de ces garanties devrait être le crédit; il n'en faut pas parler dans un État qui a une circulation fiduciaire de 475 millions de francs. Reste l'hypothèque. Elle ne peut porter sur les douanes, déjà affectées à l'emprunt de 1870 (Lay), ni sur les chemins de fer qui garantissent à l'Oriental-Bank l'emprunt de 1873. Elle ne peut donc être établie que sur cet élément multiple, insaisissable, incertain, qui consiste dans le développement à venir, ou sur un élément matériel, mais mal déterminé, les mines. Nous sommes ainsi conduits à examiner quelle est l'étendue actuelle, l'accroissement présumable des ressources matérielles du pays, et en second lieu quelles espérances on peut fonder sur les mines.

La fortune d'un pays peut se décomposer en plusieurs éléments, qui sont : la fécondité naturelle du sol, l'aptitude de ses habitants au travail, le capital considéré comme instrument industriel ; en un mot, la terre, l'homme, la richesse accumulée : telles sont les sources de prospérité publique qu'il faut rapidement passer en revue.

On a vu que la superficie est d'environ 28 millions d'hectares, mais tant s'en faut qu'elle soit toute entière livrée à la culture ; on évalue à un dixième la surface de culture du riz ; chaque hectare cultivé nourrit à ce compte 10 habitants. Les pâturages manquent pour le mouton, mais la place ne manque pas pour créer des prés artificiels, et l'on a calculé que le Japon pourrait nourrir 28 millions de moutons produisant chacun 5 livres de laine par tonte. Le sol volcanique est d'une fertilité remarquable ; mais le climat constamment humide ne convient pas à toutes les cultures ; c'est ainsi que les fruits du pays sont dépourvus de saveur et ceux qu'on a transportés d'Europe perdent rapidement leur goût. Le thé, le tabac, poussent en abondance et suffisent largement aux besoins de la population, qui en fait une grande consommation. Il est impossible de connaître le chiffre des récoltes, mais on connaît le chiffre des exportations, qui, pendant les six premiers mois de 1875, s'est élevé pour le thé à 7 527 000 « catties », pour le tabac à 1 855 000 « catties ». Le coton ne suffit pas au contraire aux habitants. On recueille encore le camphre, la cire végétale, le miel, le *sea weed*, sorte d'herbe marine comestible très-goûtée en Chine ; le chanvre japonais est réputé pour ses qualités particulières et coté sur la place de Londres au-dessus de toutes les autres provenances de même espèce, mais il n'atteint le marché européen que grevé de tels frais, qu'il ne peut rivaliser avec les produits moins coûteux de Manille et d'Europe. Enfin le ver à soie, exempt jusqu'à présent des maladies qui l'ont atteint en Europe, prospère dans presque toutes les vallées du Centre et fournit au commerce non-seulement des cocons, mais des graines longtemps recherchées des éducateurs de Provence ou d'Italie, et des soies filées de qualité inférieure.

En résumé, le Japon, quoique dénué de bétail, est richement doué sous le rapport des produits agricoles ; la pêche y donne des résultats considérables et prend une place prépondérante dans l'alimentation. Grâce à cette abondance naturelle, le sol suffit sans peine à nourrir ses habitants.

Telle est la matière ; quel est l'artisan ? Le travailleur japonais, l'homme des champs, l'ouvrier des villes, est généralement intelligent, ingénieux, de mœurs douces et même joviales, d'un commerce plus aimable à coup sûr que la plupart des hommes de même condition dans beaucoup de pays civilisés. Il est plutôt actif que laborieux et plutôt patient qu'énergique. Il remplit sans trop gémir la tâche immédiate nécessaire à lui assurer la subsistance de sa journée ; mais là s'arrête son effort. Il ne cherche ni à améliorer sa condition, ce que les lois ne lui permettent guère, ni à grossir ses économies ; il ne rêve pas de devenir un capitaliste ; imprévoyant au suprême degré, dès qu'il a quelque argent disponible, il le dépense en amusements. A-t-il le nécessaire, il ne songe pas à se procurer le superflu. Jamais on ne le voit se surmener en vue d'un gros bénéfice, se hâter de terminer une tâche pour en aborder une autre. Si vous commandez à un ouvrier un travail quelconque, il vous demandera toujours plus de temps qu'il n'en faut ; menacez de retirer la commande, il y renoncera plutôt que de s'exposer à plus de fatigue qu'il ne veut s'en donner.

Entrez dans un atelier ; on fume, on rit, on cause ; de temps en temps on donne un coup de marteau, on soulève une pierre, puis on discute sur la manière de s'y prendre, et on recommence ; le jour baisse, enfin l'heure sonne, et voilà la journée finie. On a toujours un prétexte pour chômer, la chaleur, le froid, la pluie et surtout les fêtes. A quoi bon s'exténuer ? Il faut si peu pour élever une famille. Un adulte peut, dans les villes, se nourrir pour 2 « yen » 75 « sen » (14 fr.) par mois, à raison de trois repas par jour, composés de riz, de poisson, de légumes, et arrosés de thé faiblement coloré. Dans la campagne, il vit avec 20 « yen » (100 fr.) par an. Grâce à la douceur relative du climat, l'homme rustique a peu de besoins : une méchante cabane, quelques vases de laque ou de porcelaine grossière, une natte pour tout mobilier et quelques vêtements de coton ou de soie qu'il aime à tenir propres, voilà à quoi se bornent ses désirs. Augmenter sa production, ce serait travailler pour le fisc bien plus que pour lui-même, et il fait si bon s'endormir dans une douce somnolence en regardant monter aux poutres la fumée du brasier !

Les familles sont peu nombreuses ; on aime mieux avoir peu de bouches à nourrir et moins de bras à employer. Grâce à l'adoption, qui lui permet de placer ses fils sous un autre toit, le père s'arrange pour n'avoir que deux ou trois enfants à élever. Vers cinquante ans, il renonce complétement, s'il le peut, au travail, garde la maison et reste à la charge de son fils aîné, qui le nourrit pieusement jusqu'à sa mort.

Tel est le type de la race appelée depuis des siècles à mettre le Japon en valeur ; sans besoins, sans ambition pour lui ni pour ses enfants, l'homme du peuple s'estime heureux s'il ne meurt pas de faim et s'il peut, quand on lui demande compte de son passage sur la terre, répondre, comme ce personnage illustre qui avait sauvé sa tête au milieu des tourmentes révolutionnaires : « J'ai vécu ».

Considéré au point de vue social, il n'est nullement malheureux ; il vit doucement, au grand air, au soleil, en flâneur, et sa condition est cent fois préférable à celle du travailleur besoigneux, haletant, surmené, qui gagne péniblement sa vie dans les ateliers de Manchester ou végète dans les bouges infects de Londres ; mais, considéré comme machine humaine, on conçoit qu'il ne progresse pas et rende peu. De là vient que, malgré le bon marché de la main-d'œuvre, — résultat du bon marché de l'alimentation, — l'industrie japonaise n'arrive pas à produire à des prix rémunérateurs ; on obtient des œuvres fines, délicates, soignées, mais qui, compte fait, ne peuvent lutter de prix avec la concurrence européenne.

Le commerce étranger s'est évertué à créer dans la population des besoins qui n'existent pas ; le gouvernement a semblé lui-même encourager ce mouvement. On a tenté de vaincre cette apathie, on a échoué jusqu'à présent, et l'on a constaté, comme le disait un peu brutalement l'auteur d'une de ces tentatives malheureuses, « qu'on ne peut faire boire un Asiatique qui n'a pas soif ». Quant aux autres agents du travail, il n'est pas besoin de dire que les machines n'existent pas et que l'ouvrier n'a pas de quoi en acheter ; le seul auxiliaire de l'homme, c'est le cheval, qui sert parfois au labour, mais principalement au transport. Il est, comme son maître, patient, sobre, docile, mais sans énergie et incapable d'une besogne trop rude.

Voici donc une nation de plus de 20 millions d'hommes qui depuis des siècles cultive le pays et depuis trois cents ans jouit d'une paix profonde. Qu'a-t-elle fait? Quel legs les générations passées ont-elles transmis aux générations présentes? On cherche à la surface du sol ces gigantesques travaux qui témoignent de la grandeur des peuples et qui marquent le passage des Égyptiens, des Grecs, des Romains ; ces aqueducs, ces chaussées, ces canaux, ces ports, dont le flot de l'invasion a été impuissant à supprimer les débris. Que trouve-t-on? Rien, ou presque rien ; quelques rivières canalisées, quelques chemins plutôt tracés que faits, des temples de bois et ces « siro » ou châteaux forts derrière les remparts desquels s'abritait l'indépendance des daïmios. Mais de travaux réellement profitables à l'industrie, à la prospérité générale, aucun ; moins qu'en Espagne, moins qu'en Chine. Les ancêtres n'ont pas fait assez d'économies pour les placer dans des œuvres, ou s'ils en ont fait, elles ont été absorbées par cette classe inutile et dévorante des « hattamoto », qui pèse encore aujourd'hui de tout son poids sur le peuple laborieux.

Si on jette les yeux sur le présent, on voit, il est vrai, s'élever de ci de là quelques hautes cheminées de brique, quelques usines, quelques becs de gaz, quelques tuyaux de locomotives. Vient-on aux chiffres, on constate que ces entreprises ont coûté des prix fabuleux, hors de toute proportion avec les résultats qu'elles peuvent donner ; que les usines feraient faillite si elles n'étaient alimentées par le trésor ; que le chemin de fer coûte par an une somme d'intérêts dix fois supérieure à celle de ses recettes ; qu'en un mot, ces travaux commencés à la légère dans toutes les directions sont pour la plupart des sources de nouvelles dépenses et non de richesses. Au lieu de tendre à développer la source principale et pour le moment unique de la fortune indigène, l'agriculture, forcer la production du riz, faciliter son écoulement sur le marché, augmenter l'industrie des soies, créer celle du chanvre, le but à atteindre semble surtout de fabriquer sur place des objets que le pays ne peut produire ou qu'il ne peut créer à des prix raisonnables et capables de rivaliser avec le commerce européen. Ceux mêmes d'entre ces travaux qui seront utiles un jour sont aujourd'hui prématurés, parce qu'ils précèdent celui qui devrait marcher avant tous les autres, l'établissement des communications.

A défaut d'un capital industriel en nature, trouve-t-on un capital en numéraire qui puisse le remplacer? L'argent manque dans la circulation, et rien ne permet de supposer qu'il se cache au fond des tiroirs. Le stock métallique n'a jamais dû être considérable, si l'on songe que les petits souverains locaux émettaient jadis du papier-monnaie et que les échanges se faisaient principalement en sacs de riz. Aujourd'hui, ce stock a baissé dans des proportions dont un journal indigène se déclare avec raison effrayé : il compare, avec des lamentations patriotiques, le chiffre des importations et des exportations, dont le tableau suffit à expliquer le drainage d'espèces dont le commerce japonais a été victime. En 1868, les résultats se balancent; de 1869 à 1870, l'importation excède de 30 432 125 «yen» l'exportation; de 1870 à 1872, les chiffres diminuent; mais l'excédant est relativement aussi fort et s'élève à 10 030 743 «yen». En 1874, l'excédant est de 12 952 750 «yen». En admettant avec notre auteur que la réserve monétaire tant ancienne que moderne doive être évaluée à 58 millions de «yen», on voit en combien d'années et même de mois elle serait épuisée, en tenant même compte d'une fabrication mensuelle de 205 000 «yen».

On se demandera naturellement en lisant ces chiffres comment l'or n'obtient pas une prime énorme sur le papier, — le change n'atteint pas 5 pour 100. Cela tient aux coutumes traditionnelles du peuple, qui a plus de confiance dans les « kinsat », papier revêtu de la griffe impériale, que dans les monnaies facilement altérables et souvent altérées jadis. Le commerce étranger profite de cette insouciance pour attirer à lui tous les métaux précieux, qui vont s'accumuler dans les caves des banques européennes : mais cette quiétude ne peut durer toujours ; à mesure que les générations qui grandissent acquerront la notion des lois économiques, elles se rendront compte de l'inanité du signe placé entre leurs mains ; elles s'apercevront que les achats à l'étranger leur sont interdits, et il se produira infailliblement une crise dont il est difficile de calculer la portée.

Dès aujourd'hui le manque de numéraire a produit des inconvénients assez graves pour qu'on y cherchât un remède : on a cru le trouver dans la création des banques, on n'a rencontré que des mécomptes. Obéissant à des conseils peu éclairés, les Japonais ont pensé découvrir du premier coup un moyen de changer leur plomb en or, et, sans tenir compte des lois économiques qui condamnaient leur tentative, se sont plu à croire qu'un système de banques à l'instar des États-Unis leur fournirait les facilités de circulation qui leur manquaient. Ils ne songeaient pas que l'immense et incessante production de l'Amérique la place dans des conditions différentes de l'état restreint et gêné de l'industrie japonaise, et que le système financier d'un peuple aventureux et libre ne convient pas à une nation timide et nouvelle aux transactions, entravée par mille règlements. Un journaliste rappelle à ce propos avec quelque malice l'aventure du tailleur chargé par le roi de Laputa de faire un habit à Gulliver ; il vint prendre l'altitude du héros au moyen d'un sextant et d'un compas, et après en avoir dressé la topographie, tailla un habit qui n'allait pas, faute d'un zéro dans son calcul.

On s'était proposé d'attirer les capitaux dans un vaste réservoir d'où ils pussent être déversés sur le commerce, ainsi que cela se passe en France, en Angleterre, en

Amérique; mais les banques nationales qui dans ces pays ne sont que les régulateurs du crédit et du prix de l'argent, ne créent pas le numéraire là où il manque; ce sont des bassins de partage des richesses, non des sources, et leur rôle se réduit à rien, leurs opérations sont même factices et dangereuses quand il leur manque la matière première : c'est dans une pareille question, plus qu'en toute autre, qu'il est périlleux de vouloir forcer la nature des choses, et, pour revenir à Dan Swift, de tailler des pantalons tout faits; la faillite du grand banquier Onö l'a trop bien prouvé.

La gêne que causent dans les transactions, d'une part ce système protecteur, de l'autre l'appauvrissement, se manifeste par une diminution considérable dans le chiffre des affaires, qui était en 1872 de 50 482 973 piastres, et qui est tombé en 1874 à 44 225 266, pour s'abaisser encore en 1875 et 1876. En voyant cette stagnation, qui menace d'être durable, nos négociants se rappellent avec amertume les premiers jours de l'ouverture, le temps des *princes merchants*, des fortunes rapides, et s'accusent tout bas sans doute de ne pas s'être demandé plus tôt si la poule devait toujours pondre des œufs d'or. Beaucoup se retirent, quelques-uns liquident avec perte; on a vu des faillites, on en craint d'autres; une banque assise à la fois sur la Chine et sur le Japon, qui jusqu'en 1873 avait 542 000 piastres de bénéfices annuels pour un capital de 5 millions, annonçait en 1874 à ses actionnaires un bénéfice net réduit à 104 000 piastres et ses actions tombaient misérablement. « La crise est grave, disait un jour quelqu'un. — Non, lui répondit-on, l'époque est arrivée. »

Ainsi, dépourvu de capitaux accumulés, insuffisamment pourvu pour le moment d'instruments d'échange, le Japon se trouve hors d'état de mettre en valeur les richesses naturelles de son sol. Est-il donc condamné à rester éternellement dans cet état stationnaire? — Nullement. Le remède est fort simple et saute aux yeux. Ce qui manque, c'est le capital industriel; puisqu'il n'existe pas dans le pays, il faut aller le chercher ailleurs, il faut faire appel à la bourse de l'Europe, qui ne demande pas mieux que d'étendre son activité sur un terrain nouveau, comme elle l'a fait aux Indes, en Australie, au Brésil et ailleurs. Mais l'industriel anglais ou le colon américain ne se contenteront pas de prêter leur argent; il leur faut des garanties, et la première de toutes, ce serait de leur laisser gérer eux-mêmes les entreprises qu'ils commanditeraient, de leur permettre d'être propriétaires, manufacturiers, concessionnaires, et de déployer en personne cette activité qui a déjà changé la face de tant de pays. On verrait alors le bien-être pénétrer partout, le sol, qui nourrit déjà ses habitants, les enrichir, et l'énergie nouvelle du Japon provoquer la confiance et fonder son crédit.

Mais pour cela il faudrait ouvrir le pays, il faudrait établir une législation civile, qui donnerait aux étrangers des droits égaux à ceux des indigènes, une législation commerciale et industrielle comme celles de la France et de l'Angleterre; il faudrait par conséquent ouvrir toute grande la porte entre-bâillée, et c'est ce qu'on ne veut à aucun prix. On craint l'exemple de l'Inde, on craint le sort qui semble menacer l'Égypte, on voit l'indépendance nationale compromise, et l'on se promet intérieurement de sauver la situation économique sans laisser entamer la situation politique, sans abandonner surtout l'honneur du sauvetage à d'autres instruments que des mains japonaises.

Si, faute d'employer des fonds européens, le Japon ne peut établir son crédit sur un développement agronomique et industriel, il ne lui reste plus qu'une chose à hypothéquer, ce sont ses mines. On en est encore à se demander quelle est la vérité au sujet de la richesse minérale de la contrée. Qu'il existe de très-nombreux gisements de charbon et de métaux, particulièrement d'argent et de cuivre, c'est ce que personne ne conteste et ce que révèle un tableau statistique placé sous nos yeux, qui n'indique pas moins de cent cinquante emplacements différents. Mais la valeur de ces gisements laisse place à de grands doutes.

Nous devons à la plume élégante de M. Plunkett, alors premier secrétaire de la légation britannique à Yédo, le premier travail sérieux qui ait été écrit sur les mines et d'où sont extraits la plupart des détails qui vont suivre. A l'exception des mines de charbon de Takasima, toutes celles du pays sont exploitées par galeries; les Japonais ne creusent jamais un puits, et, comme ils n'ont pas d'autre moyen d'épuisement que l'emploi des pompes faites avec des tuyaux de bambou, l'abandon des exploitations devient presque partout rapidement inévitable. Les travaux sont entrepris sur des proportions mesquines, faute d'argent; on creuse au hasard là où l'on soupçonne un gisement, sans prévoyance ni système; on pratique une ouverture dans le flanc de la montagne, et, si l'on rencontre le minerai, on poursuit; sinon on ouvre un autre orifice un peu plus loin. Si la seconde tentative n'est pas plus heureuse, on se déplace encore, mais chacune des baies ainsi formées, n'en eût-on retiré qu'une demi-tonne de minerai, prend le titre de mine, et de là viennent ces longues listes qui étonnent le voyageur et entretiennent l'illusion que le Japon est un véritable Eldorado. Cependant une impression toute contraire ressort de l'examen des chiffres, et la conclusion qui s'impose est que le Japon, quoique riche en affleurements de différentes sortes, n'est pas appelé à prendre un rang élevé parmi les contrées métallifères. Le produit total s'est élevé pour 1874 à une valeur de 5 687 275

« yen », où le charbon entre pour plus de la moitié[1].

Il n'existe pas de code applicable à la propriété souterraine. Quelques règles empruntées à nos lois ont été décrétées, il y a deux ans, mais elles n'ont pas réussi à l'emporter sur les coutumes locales. L'esprit en est avant tout d'exclure avec un soin jaloux les étrangers de toute participation à l'industrie minière. Ils ne peuvent avoir ni une action, ni une créance hypothécaire ; un propriétaire qui admet un étranger à la participation de ses bénéfices s'expose à la confiscation, et les ingénieurs européens, qu'on est forcé d'employer, doivent, avant de signer un contrat, attester par une lettre écrite au directeur des mines, qu'ils n'ont aucun intérêt dans l'exploitation, et qu'ils renoncent même d'avance à saisir la mine pour sûreté de leur salaire, le tout à peine de dépossession pour le Japonais qui les emploie.

Le principe que la propriété du dessus emporte celle du dessous n'est pas admis ici, et le propriétaire qui découvre une mine chez lui doit en obtenir la ferme moyennant une rente annuelle. Il ne peut céder son droit que du consentement du ministre des travaux publics à un candidat accepté par celui-ci. L'inventeur d'une mine,

---

[1] Tableau estimatif de la production des mines pour l'année 1874 fourni par l'administration des mines.

			Prix de chaque unité.		Valeur en dollars.
Charbon. . . .	390,000	1/2 tonnes. . .	5	yen . .	1,950,000
Cuivre. . . .	3,000	— . . .	300	— . .	900,000
Fer.	5,000	— . . .	30	— . .	150,000
Plomb. . . .	175	— . . .	115	— . .	21,275
Étain.	7 1/2	— . . .	400	— . .	3,000
Argent. . . .	8,000	kilogr. . . .	48	— . .	390,000
Or.	400	— . . .	600	— . .	250,000
Huile minérale. .	575,000	sho	0 04 sen. .		25,000
		Total.			3,687,275

Ce tableau ne comprend ni le soufre, ni le mercure, ni l'antimoine, dont les produits ne sont pas connus. Le *sho* vaut 1 litre 60 centilitres.

quand même il n'est pas le propriétaire du sol, en est le fermier de plein droit, si le maître du dessus ne réclame pas la préférence. Il n'y a rien de constant dans le montant de la redevance, qui varie pour chaque mine; mais toutes sont soumises à un droit fixe de 3 « yen » par hectare, réduit à 1 « yen » 1/2 pour le fer et la houille. Toutes les redevances ont été d'ailleurs suspendues, à titre d'encouragement à l'industrie.

La loi de 1873, pour être mise en vigueur, demanderait un corps d'ingénieurs qui manquera longtemps encore au gouvernement ; la surveillance, ne pouvant être générale et profitable, se réduit à quelques tracasseries qui gênent l'initiative au lieu de l'aider. « Comme conclusion, dit M. Plunkett, je penche à croire que, malgré la présence de gisements métallifères en beaucoup de points, il est extrêmement douteux qu'il y en ait beaucoup dont l'emplacement, le rendement et les conditions autorisent, quant à présent, à risquer de grands capitaux dans les entreprises métallurgiques. Il y a probablement de bonnes mines, mais je crains qu'elles ne soient plutôt l'exception que la règle, et, tout compte fait, la richesse minérale du Japon me semble avoir été jusqu'ici estimée par le public bien au delà de la réalité. »

De ces appréciations, qui résument avec autorité l'opinion aujourd'hui établie, il résulte que les ressources métallurgiques du Japon n'existent pas encore industriellement, qu'elles attendent comme ses champs, comme ses landes, l'alluvion des capitaux qui doit les féconder. Le Pactole peut couler ici comme ailleurs, mais il faut l'y amener, et la source est loin. Les mines, dans leur état actuel, ne peuvent donc servir de garantie à un emprunt d'État, à moins que le prêteur ne soit en même temps autorisé à mettre en valeur un gage qui pour l'instant n'en a pas. On est donc ramené à cette nécessité que le gouvernement ne veut envisager à aucun prix : ouvrir le pays aux capitalistes.

La situation ne peut se prolonger ainsi pendant très-longtemps ; il faut prendre un parti, ou renoncer absolument à un commerce extérieur ruineux pour le pays, rentrer dans l'ancien isolement, rejeter le rôle de peuple civilisé qu'on a voulu jouer, ou accepter franchement la liberté commerciale, la concurrence, la solidarité internationale avec toutes leurs conséquences. On comprend que c'est là une question qui domine toutes les autres et se mêle sans cesse à chacune d'elles dans les relations diplomatiques que nous nous réservons d'examiner.

CHAPITRE XVII

LA SITUATION POLITIQUE ET SOCIALE

—

§ Ier

LES RELATIONS EXTÉRIEURES

Les relations extérieures du Japon sont de deux sortes et sont régies par des principes très-différents, suivant qu'on envisage ses rapports avec les puissances européennes et les États-Unis, ou qu'on étudie ses relations avec ses voisins asiatiques. Tandis qu'avec ces derniers il traite sur le pied d'égalité et affecte même volontiers un ton de supériorité, il est avec les autres lié par des actes formels, qui le constituent dans une dépendance impatiemment supportée. Ces actes, identiques pour tous les gouvernements signataires, créent entre eux une sorte de solidarité, une communauté d'action dont le résultat est de mettre constamment en présence l'intérêt et les préventions de la race européenne d'un côté, l'intérêt japonais de l'autre. En outre, chacune des puissances représentées poursuit pour son compte un objectif particulier en vue duquel elle essaye de faire prévaloir son influence propre. De cette double antinomie d'intérêts distincts et souvent opposés résulte une situation assez complexe que nous allons essayer de définir.

Lorsque la navigation à vapeur et l'expédition américaine du commodore Perry eurent ouvert à l'Europe la route du Japon, chacune des grandes puissances vint à son tour réclamer un traité de commerce et d'amitié, que le gouvernement d'alors n'osa pas et ne pouvait refuser. L'histoire curieuse de ces premières relations nous entraînerait trop loin du sujet qui nous occupe et mérite une étude spéciale; elle montrerait le Japon forcé dans son antique isolement, cédant à regret à la menace d'une violence qu'il ne pouvait arrêter, tiraillé entre le repentir d'avoir consenti et la crainte de se compromettre encore davantage en retirant le consentement donné, se résignant enfin à prendre de mauvaise grâce la main que lui tendaient des amis aussi gênants qu'impérieux. L'Amérique, l'Angleterre, la Russie, la France, la Prusse, l'Autriche et les États secondaires à leur suite, conclurent successivement des traités séparés, mais copiés les uns sur les autres, qui forment la base du droit international européen-japonais [1].

Ces conventions établissent le régime de l'exterritorialité plus strictement encore qu'il n'est pratiqué dans les pays barbaresques. Cinq ports seulement — aujourd'hui sept — sont ouverts aux étrangers. Dans ces ports, qui sont Yokohama, Osaka, Hiogo, Nagasaki, Hakodaté, Yédo et Niegata, un emplacement déterminé leur est réservé, sous le nom de concession. Là seulement ils peuvent af-

---

[1] Celui que le baron Gros signa au nom de la France date du 11 octobre 1858.

fermer des terrains à titre d'emphytéose, bâtir ou acheter des maisons, mais sans jamais devenir pleins-propriétaires du sol. Dans l'étendue de la concession, il n'y a d'autre autorité municipale que celle des consuls; eux seuls exercent la juridiction sur leurs nationaux, et dans un procès entre deux parties de nationalité différente, la compétence appartient au consul du défendeur. Bien plus, un procès intenté par un Japonais contre un résident européen doit être porté devant le consul de celui-ci; un délit commis par un Européen doit être jugé par le consul, conformément à la loi nationale du délinquant, de telle sorte que l'État japonais, — abdiquant le plus précieux attribut de la souveraineté, — renonce à la fois à juger les délits et à imprimer législativement le caractère de délit à tel ou tel acte. Il n'a ni pouvoir réglementaire, ni pouvoir judiciaire à l'égard des étrangers.

D'autre part, l'étranger est parqué dans des concessions étroites autour desquelles il ne peut se mouvoir qu'à une distance maximum de 10 « ri » (40 kilomètres); il lui est interdit de circuler dans l'intérieur, à moins d'être pourvu exceptionnellement d'un passe-port, que le gouvernement est libre de refuser, sauf aux ministres et aux consuls. La liberté commerciale n'est soumise à d'autre restriction que la défense d'importer, pour compte d'autre que le gouvernement, des munitions et des armes de guerre, et de payer des droits de douane très-modérés.

Telles sont les principales stipulations qui, avec quelques règlements postérieurs, forment la base des rapports diplomatiques et commerciaux du Japon avec l'Europe. Ce qui frappe à la lecture du traité, c'est l'idée deux fois répétée (art. 3 et 7) qu'en cas de difficultés survenues entre un étranger et un indigène la question doit être réglée par les autorités consulaires, qui se mettent d'accord avec les autorités japonaises ; il n'y a pas d'autre solution prévue, ni régulièrement possible. Cela revient à dire que les ministres résidents ont forcément mille réclamations à faire à chaque instant aux ministres japonais, et que ceux-ci, quand ils ne réussissent pas à décourager la patience de leurs solliciteurs, sont obligés de céder. S'agit-il d'un intérêt collectif, l'action des légations devient solidaire, et leur influence généralement décisive. Elles exercent ainsi en commun sur le gouvernement auprès duquel elles sont accréditées, une sorte de tutelle tacite, qui, pour n'être pas inscrite en toutes lettres dans le traité, n'en résulte pas moins de la nature des choses.

Si indolentes que soient parfois les mains qui tiennent ce joug paternel, il est impatiemment supporté par les Japonais ; leurs tentatives détournées pour s'y soustraire ne servent qu'à en mieux accuser le caractère à la fois tempéré et inéluctable, et leur chimère la plus caressée est de rejeter une autorité que l'Europe est toute prête à déposer dès qu'elle en croira le moment venu ; mais ce moment doit être signalé par certains progrès qui n'ont pas encore paru suffisamment constatés. Jusque-là on hésite à traiter sur le pied d'égalité une nation qui a longtemps regardé toutes les autres comme des ennemies ; la politique du Japon, depuis qu'il a été forcé d'ouvrir ses ports aux étrangers, consiste à se présenter à l'Europe comme converti au progrès, comme enthousiaste des idées modernes, et à demander en conséquence à entrer de plain-pied dans le concert européen ; mais ce zèle de néophyte semble un peu suspect à une vieille diplomatie placée déjà tant de fois aux prises avec les Orientaux, sachant qu'avec eux toute concession est une faiblesse, que toute promesse non garantie est bien vite éludée. Ainsi se poursuivent, à travers un antagonisme décidé, des relations pacifiques, mais souvent tendues ; il n'est pas difficile d'entrevoir le jour où le Japon, se sentant ou se croyant assez fort pour repousser toute ingérence européenne, revendiquera son indépendance sur un ton qui n'admettra d'autre réplique qu'une rupture ouverte.

Au cours de ce conflit permanent, il est deux questions qui reviennent sans cesse dans les conférences comme dans la presse locale, soit indigène, soit européenne : la juridiction et l'ouverture complète du pays. Sur la première, les Japonais ne se lassent pas de réclamer l'égalité internationale : de même qu'ils sont soumis aux lois et aux tribunaux européens, quand ils sont en Europe, de même les étrangers, disent-ils, doivent au Japon accepter l'empire des lois et des magistrats du pays. « C'est là, répondent les Européens, une thèse insoutenable ; les Japonais sont si peu aptes à administrer la justice aux étrangers qu'ils ne sont même pas en état de concevoir pourquoi c'est impossible. Les lois et la procédure des pays civilisés ont pour objet de garantir aux citoyens des droits qu'on ne soupçonne pas ici ; ce n'est pas après avoir versé son sang et joué le jeu terrible des révolutions pour conserver et consacrer ces droits imprescriptibles que l'Européen ira les abdiquer devant un tribunal japonais. »

Que l'on consulte les quelques personnes qui ont eu affaire à la justice locale, quel est leur éternel sujet de plainte? C'est qu'il est rare d'obtenir justice, que les délais, les moyens dilatoires, les équivoques, les dénis de justice arrêtent les plaideurs à chaque pas, qu'il n'y a ni système fixe de procédure, ni principes invariables de lois. Est-il, par exemple, quelque chose de plus arbitraire que la loi des faillites, qui laisse le règlement des créances et la disposition de l'actif à l'arbitraire du juge? Rencontre-t-on une loi assez claire, assez complète, assez équitable, des juridictions assez éclairées, assez indépendantes, pour que les puissances européennes puissent leur abandonner la vie et la propriété de leurs sujets?

Repoussés sur ce terrain, les apologistes invoquent l'exemple récent de l'Égypte et demandent du moins des tribunaux mixtes; mais là encore on leur objecte qu'il n'y a pas d'assimilation possible; que l'Égypte, ouverte depuis trois siècles aux Européens, vivant aujourd'hui de leur vie, engagée dans des transactions journalières avec les étrangers qui l'habitent en grand nombre, n'a obtenu d'ailleurs qu'une faible concession, puisque les cours nouvellement installées contiennent une forte majorité d'Européens. Ce serait là un présent onéreux pour le Japon, et l'état embryonnaire de son système législatif ne lui permet pas d'y prétendre.

L'ouverture ne soulève pas moins de controverses. A l'origine, le motif mis en avant pour restreindre le séjour des étrangers était l'excitation des esprits animés contre les *barbares;* le gouvernement se déclarait incapable de garantir la vie et la sécurité des Européens à quelques lieues des ports. Ce serait faire une injure à la population douce et bienveillante du Japon que de prendre cet argument au pied de la lettre. Sans parler d'une expérience personnelle de plusieurs années, fruit de courses dirigées dans tous les sens, il est reconnu que le voyageur étranger trouve partout un accueil plus ou moins aimable, rarement hostile, jamais menaçant.

Mais ce jeu cruel que les « ronin » jouaient en 1859 et 1860 de jeter des têtes européennes entre les ministres résidents et ceux du shogun, les ennemis du gouvernement actuel ne pourraient-ils pas le recommencer contre lui? Se croit-il assez fort pour l'empêcher? — Oui, sans doute, et s'il refuse d'ouvrir l'intérieur, c'est par le motif qu'il ne peut laisser circuler dans le pays des gens qui n'en acceptent ni les lois ni les règlements de police, et qu'il faut à la moindre infraction ramener, et Dieu sait avec quelles précautions, devant leur consul. A cela, il n'y a rien à répondre, sinon que la mesure proposée profiterait plus au Japon qu'aux Européens ; que ce serait le meilleur moyen de faire pénétrer la vraie civilisation dans l'intérieur, où elle n'avance guère, et de préparer le terrain pour cette égalité internationale qui demeure l'objectif perpétuel du cabinet de Yédo.

Ces deux questions connexes formaient, avec le droit réclamé par le Japon, de modifier à son gré les tarifs de douanes, les principaux points à débattre dans les conférences ouvertes en 1874 pour la révision des traités. Jamais pourparlers attendus avec plus d'impatience n'aboutirent à un plus chétif résultat. Des deux parts on comptait sur la réalisation des espérances caressées, et du côté des plénipotentiaires européens la confiance était si grande, qu'ils n'hésitaient pas, contrairement aux usages diplomatiques, à mentionner leur objectif dans l'adresse de nouvel an, qu'ils présentaient à l'empereur le 1er janvier 1874 : « Nos souverains désirent que la suppression de toutes les entraves apportées aux libres relations, dans l'intérieur de votre empire, entre leurs sujets respectifs et ceux de Votre Majesté, rende plus complets les avantages qui résultent des bons rapports déjà existants... » Le Mikado répondait avec plus de réserve. C'est dans cet esprit qu'on aborda les négociations, bien résolus, les uns à ne rien céder sur les juridictions, les autres à ne pas accorder l'ouverture, sans y mettre la condition tout au moins des tribunaux mixtes. La conséquence facile à prévoir fut qu'on ne put tomber d'accord sur aucune modification, et qu'après s'être avoué mutuellement que les traités ne satisfaisaient personne, on les laissa tels qu'ils étaient.

Ces discussions semblent cependant avoir amené une légère détente dans la situation : on a adopté un *modus vivendi* plus amical que par le passé, et les puissances européennes ont donné les premières un gage de condescendance en retirant les troupes qui jusqu'ici étaient restées en station à Yokohama. Un régiment anglais, deux compagnies d'infanterie de marine françaises avaient été débarqués en 1867 et maintenus sur la concession européenne comme une sauvegarde pour les résidents. Aujourd'hui, la sécurité n'étant plus menacée, et la présence des troupes ne constituant plus qu'une atteinte gratuite à l'indépendance du territoire et une dépense inutile pour la France et l'Angleterre, elles s'embarquaient au mois de mars 1875, après une fête d'adieu, au milieu des manifestations amicales de la population européenne.

Un autre gage de bonne entente résulte du traité postal conclu entre le Japon et l'Amérique. Jusqu'ici la France, l'Angleterre et les États-Unis avaient à Yokohama leur bureau de poste chargé d'expédier et de distribuer les correspondances d'Europe. Aujourd'hui les États-Unis, donnant les premiers l'exemple, ont supprimé leur office, et c'est désormais à des agents japonais qu'est confié le service des lettres expédiées, soit en Amérique, soit en Europe, *via* San-Francisco. Cette administration fonctionne régulièrement, quoique ses dépenses excèdent jusqu'ici ses recettes de 25 pour 100, et l'on peut espérer que des résultats plus satisfaisants engageront la France et l'Angleterre à suivre la voie ouverte par l'Amérique.

A côté des questions d'intérêt commun dans lesquelles les légations usent de leur influence collective, il en surgit d'autres qui regardent seulement l'un des pays représentés. Si, dans les premières, le cabinet de Yédo s'étudie à rester sur la limite des refus possibles, dans les secondes, au contraire, on doit rendre justice à l'habileté qu'il déploie pour renvoyer chacun content et neutraliser les ministres les uns par les autres. Son but visible et souvent atteint est de tendre à chaque nation des amorces particulières et de lui créer des intérêts spéciaux assez puissants pour exiger de sa part le sacrifice des intérêts généraux. Chacune reçoit assez d'avances pour se croire favorisée, sans cependant l'être assez pour porter ombrage à ses rivales, et l'on divise ainsi non pour régner, mais pour rester libre d'agir à son gré.

C'est surtout sur le choix du personnel étranger employé par le gouvernement que s'exerce cette politique oscillatoire, à laquelle, il faut le dire à regret, chaque nation se laisse tromper; chacune pousse ses candidats et s'efforce de remplir les places occupées par l'autre; les deux tronçons de la race anglo-saxonne poursuivent ici leur vieille rivalité; l'Allemagne cherche à supplanter la France, l'Italie travaille à se faire une place, la Russie se réserve une influence qui n'a besoin d'aucun témoin vivant pour se faire sentir; chaque peuple déploie dans cette compétition les qualités qui le distinguent.

Malgré l'exactitude avec laquelle il tient la balance, le Japon n'a-t-il rien à craindre de l'esprit envahissant de quelques-unes des puissances étrangères? Non, sans doute, si l'on envisage une période de temps limitée; non surtout, s'il réussit à prendre place parmi les nations civilisées avant que certains appétits ne soient mûrs; mais, il ne faut pas l'oublier, les règles du droit international n'ont jamais lié que ceux qui ne pouvaient les enfreindre impunément, et si la justice a quelque force entre races qui se croient égales, elle n'en conserve guère d'une race prétendue supérieure à une race dite inférieure.

On a vu si souvent la conquête se déguiser sous une philanthropie hypocrite et se couvrir du prétexte de répandre les bienfaits d'une bonne administration, des lumières, de la justice, de l'ordre, — il y a aux yeux de certains peuples une anomalie si choquante, une violation si manifeste des décrets de la Providence, à se trouver privés des ports nécessaires à leur marine de guerre, ou à voir le stock de leurs marchandises s'accumuler, quand il reste des débouchés inexplorés ou à peine ouverts, — enfin les révoltes de la conscience publique sont si facilement apaisées par un accommodement satisfaisant, — qu'aucune puissance asiatique ne peut aujourd'hui s'estimer en sécurité si elle n'a réussi à établir dans le monde l'idée de son inviolabilité par un long commerce entretenu avec l'Europe sur le pied d'égalité.

C'est à établir cette égalité morale, sauvegarde de son indépendance nationale, que le Japon travaille avec ardeur; c'est pour cela qu'il s'endette, pour cela qu'il a failli dernièrement aller en guerre. Y parviendra-t-il? Nous le lui souhaitons de grand cœur; mais il est entré bien tard dans la carrière où il s'efforce de rejoindre ses aînés. L'intrusion violente des étrangers l'a placé dans l'alternative cruelle ou de demeurer un peuple inférieur et dépendant sous des noms plus ou moins mensongers, ou de devenir en quelques années l'égal en forces, en richesses, en capacité, en connaissances acquises, des races de l'Occident, qu'il a passé trois siècles à proscrire et à mépriser, et dont au fond il méprise encore la religion, la philosophie, les conceptions métaphysiques. Doit-il s'imputer à faute de s'être maintenu si longtemps dans un isolement où il ne pouvait que s'endormir et s'alanguir? Existe-t-il une loi supérieure qui oblige un empire insulaire, isolé par la nature, pourvu d'une civilisation *sui generis*, mais complète et délicate, à entrer en relations avec des races étrangères et antipathiques? L'Europe n'a-t-elle pas plutôt à se reprocher une violation du droit des gens, lorsque, abusant de sa supériorité militaire, elle force les portes d'un pays, y apporte non ses lumières, mais ses marchandises, ses besoins, ses prétentions, et remplace les préjugés orientaux par les siens ?

Au Japon notamment, la présence des étrangers n'a pas sensiblement amélioré jusqu'à présent la condition de l'homme ; les « samuraï » ont été ruinés, le porteur de « kango » est devenu traîneur de « djinrikisha », il travaille plus et meurt plus jeune ; les impôts sont restés écrasants, ils augmentent tous les jours, et 75 millions de francs sortent du pays chaque année. Nous avons créé des besoins nouveaux et donné le sentiment de la pauvreté à des gens qui ne l'avaient pas ; chaque Japonais serait en droit de nous jeter la farouche apostrophe du paysan du Danube : Qu'avez-vous appris aux Germains ? Ce n'est pas ici toutefois le lieu de discuter la justice de l'ingérence forcée des peuples dans leurs destinées respectives. Les victimes d'ailleurs n'ont garde d'exprimer le reproche indiqué tout à l'heure ; loin de là, il est de bon ton de vanter à l'envi la civilisation et les lumières de l'Occident, et, comme pour couper court à toute retraite vers l'ancien isolement, le Japon, s'appropriant les principes qu'il combattait, il y a quinze ans, se pose en champion du progrès moderne ; ceux qui criaient naguère : « Mort aux étrangers, expulsion des barbares, » vont porter, nouveaux Polyeuctes, une main destructrice sur l'autel qu'ils embrassaient hier, et, brûlant les dieux qu'ils ont adorés, faire en Chine et en Corée ce que nous avons fait chez eux.

Il est curieux de suivre sur ce nouveau terrain l'évolution de la politique du cabinet de Yédo. Lié par les traités que l'on connaît avec toutes les puissances européennes et placé vis-à-vis d'elles sur un pied d'inégalité, il cherche autour de lui un État avec lequel il puisse du moins traiter d'égal à égal, sinon prendre à son tour le ton de maître et le rôle de pionnier de la civilisation. Cette attitude fait songer à ce jeu d'enfants qu'on appelle « la maîtresse d'école », où les fillettes répètent gravement à leurs compagnes la morale qu'on vient de leur faire, heureuses si elles sont entendues de leur institutrice et peuvent lui prouver ainsi qu'elles ont profité de ses leçons. On retrouve la même pensée dirigeante dans toute la conduite du Japon avec ses voisins asiatiques.

Un navire péruvien chargé de coulies chinois vient-il, poussé par le mauvais temps, relâcher à Yokohama, on saisit la cargaison humaine, on juge le capitaine et l'on renvoie les coulies dans leur patrie, qui s'empresse de les réexporter. Voilà une bonne leçon d'humanité donnée à cette Chine rétrograde qui laisse pratiquer chez elle la traite des blancs, et au Pérou, qui fait ce honteux trafic. Les insulaires à demi sauvages de Formose ont-ils maltraité des pêcheurs japonais jetés sur leur côte, on part en guerre pour réduire, coloniser et civiliser cette peuplade ennemie de la sécurité des mers, que la Chine contient à grand'peine, et dont plusieurs nations européennes avaient déjà subi les insultes, sans songer à en tirer autre chose que des représailles. Un groupe d'îlots stériles habités par quelques écumeurs de mer, les *Bonins*[1], vient-il à se réclamer de la souveraineté nominale du Japon, on ne manque pas à cette occasion d'y établir une juridiction qui s'étendra peut-être sur des blancs. Est-il question d'une guerre, on se préoccupe avant tout des règles du droit international et des conventions de Genève et de Bruxelles, pour les appliquer à des peuples qui certainement ne s'en embarrassent guère.

---

[1] Les îles Bonin, petit archipel situé par 160 degrés de longitude est et 36 degrés de latitude nord, sont peuplées par les Kanaks, au milieu desquels se trouvent une soixantaine de blancs, la plupart baleiniers déserteurs.

En un mot, dans tous ces conflits que l'on va chercher, on poursuit moins un but direct, un intérêt immédiat, que l'occasion de jouer publiquement un rôle, dans lequel on pourra se montrer tel que l'on veut paraître désormais.

Le dernier exemple de cette politique a été donné dans l'affaire de Corée : à la suite d'anciens dissentiments, le Japon se préparait à venger des insultes qu'il avait été chercher et à porter chez ses voisins une croisade civilisatrice, quand on apprit, non sans surprise, à Yokohama, au commencement de mars 1876, que la paix était signée. Le Japon renonce à toute réclamation au sujet du tribut imposé jadis aux Coréens et en fait désormais remise ; la Corée consent à ouvrir ses ports au commerce japonais et reconnaît aux consuls que l'on enverra le droit de juridiction sur leurs nationaux. Il faut féliciter sincèrement le « pays du soleil levant » d'être sorti pacifiquement d'une aventure qui eût pu sans doute être glorieuse, mais qui eût été ruineuse à coup sûr. L'expédition de Formose n'a pas coûté moins de cinq millions de piastres ; celle de Corée en eût coûté bien davantage ; ce sont là des triomphes à la façon de Pyrrhus, dont un État obéré doit se garder. Quiconque excède ses forces les détruit, ou finit comme la grenouille de la fable : voilà ce que disent tout bas quelques Japonais sensés, ce qu'ils se risquent même à insinuer dans les journaux ; ces humbles avis sont goûtés des hommes d'État qui voudraient les suivre, mais qui ne voient d'autre moyen qu'une guerre en perspective, de sortir d'une situation dont ils ne sont pas les maîtres. C'est dans cette situation intérieure qu'il faut chercher les causes de presque toute la politique japonaise, que nous voudrions essayer de retracer.

§ II

LA POLITIQUE INTÉRIEURE

Quand un nouveau débarqué a passé vingt-quatre heures au Japon et entendu dire que le chef de l'État représente le pouvoir sans l'exercer, il ne tarde pas à demander entre quelles mains se trouve la puissance, où est le gouvernement. A cette question les uns répondent par un ou plusieurs noms propres, jamais par le nom d'une institution; les autres se contentent de secouer la tête pour toute réponse, et le questionneur devine sans peine que la véritable force motrice de tous les ressorts politiques est une force occulte, anonyme et irresponsable, qui agit sous le nom et quelquefois par la bouche du souverain. Mais où prend-elle sa source? Entre quelles mains réside-t-elle? Quel est son mode d'exercice? Quels sont ses éléments de permanence ou d'instabilité? C'est ce que nul ne peut se flatter de dire à coup sûr.

Il faut ici se défaire de nos idées européennes, de nos façons modernes de juger les pouvoirs politiques. Dans nos habitudes d'esprit, la direction des affaires publiques est un dépôt remis entre certaines mains, par la volonté ou du consentement de la nation; le jeu des partis qui se la disputent, les moyens dont ils disposent, les fins qu'ils poursuivent, la source des pouvoirs, leur mode d'action, leurs ressources, leurs points d'appui et leurs périls sont à chaque moment divulgués par des débats au grand jour, par des manifestes, par la presse, par les exposés de motifs des lois. Le gouvernement réside dans un palais de verre où chaque citoyen un peu attentif peut suivre toutes ses oscillations et juger sa conduite. Il en est tout autrement dans un pays où l'activité gouvernementale a conservé les allures du sérail. On en est réduit aux conjectures sur la nature et l'assiette de la puissance centrale, dont on voit l'action extérieure sans en apercevoir les ressorts cachés : il en est d'elle comme de ces météores de l'atmosphère, dont l'œil est frappé longtemps avant que l'esprit curieux ait pu en saisir les causes.

On sait qu'en dépit des mesures législatives plus ou moins radicales, plus ou moins uniformes prises à ce sujet, la population du Japon se divise en quatre classes qui peuvent se ramener à deux : d'une part le peuple, — artisans, commerçants, laboureurs, marchands, — constitue avant tout la masse gouvernée, imposée, exploitée, muette et soumise ; de l'autre, l'aristocratie, qui après avoir longtemps exercé, à divers degrés, sous la forme féodale, une domination absolue, essaye de la ressaisir sous des formes diverses.

Au-dessus de tout se place une autorité, ou plutôt un représentant sacré de l'autorité divine, le mikado, dont on sait la légende théocratique. Jamais sa souveraineté n'a été niée en principe par aucun des partis qui l'ont tantôt confisquée à leur profit, tantôt méconnue dans leurs actes ; jamais une main profane, un esprit sceptique, n'ont attaqué le théorème du droit divin, inviolable, quoique souvent suspendu en la personne du petit-fils des dieux. Au temps des guerres civiles, quand il était à la merci du général vainqueur ; au temps du shogunat, quand il était relégué à Kioto et qu'un autre disposait en fait de l'administration, c'était encore la source de laquelle émanait virtuellement toute puissance ; c'était en son nom que se faisaient tous les actes, même les plus contradictoires, et s'il était personnellement beaucoup moins libre que le roi le mieux garrotté par une constitution, l'étendue théorique de l'autorité qui reposait sur sa tête était illimitée. Il pouvait, en un mot, tout faire, excepté ce qui déplaisait aux courtisans qui disposaient de lui, et l'on peut dire qu'il n'y eut jamais de monarque à la fois moins obéi et moins contesté.

De là un prestige immense dans l'imagination populaire, prestige que les tendances incrédules du jour et les fautes du cabinet n'ont pas encore altéré, et qui constitue, à vrai dire, le seul élément de stabilité du gouvernement nouveau. Si, comme ses premiers ancêtres, l'empereur Mutsu-hits disposait d'une volonté indépendante et d'une force militaire effective, il serait le plus parfait représentant contemporain de cet absolutisme oriental à la fois impeccable et paternel dont nous ne retrouvons nulle part la trace dans notre passé européen.

Mais, si le maître apparent des destinées du pays ne l'est pas en réalité, qui donc l'est sous son nom? C'est une coalition dont la formation remonte à 1867. Quand la vieille organisation féodale établie par Yéyas, au dix-septième siècle, minée par le temps, par les dissensions des clans et par l'arrivée des étrangers, eut donné des signes visibles de décrépitude, l'idée vint à quelques hommes de la cour de Kioto de reprendre à leur profit l'exercice de cette puissance que les shoguns avaient, de fait, sinon de droit, détenue pendant près de trois siècles. Les forces militaires leur manquaient; ils en cherchèrent auprès des grands daïmios, jaloux depuis longtemps du shogun et las d'une souveraineté plus nominale qu'effective. Les princes de Satzuma, Tosa, Nagato, Hizen, prêtèrent leurs soldats ; les défenseurs du shogun ne tinrent nulle part contre la bannière impériale déployée par leurs adversaires, et tandis qu'il prenait la route de l'exil, le mikado, amené de Kioto à Yédo, inaugura une nouvelle ère ou « nengo », celle de « mei-dji » — gouverner clairement. La féodalité suivit de près son chef; les

« han » ou provinces des daïmios furent abolis, leurs noms même changés, et l'on institua des divisions territoriales nouvelles, les « ken », à la tête desquels furent mis des gouverneurs dévoués au nouveau pouvoir.

Le coup d'État avait réussi au delà de toute espérance ; restait la partie de l'œuvre la plus difficile : partager les fruits de la victoire. Les quatre clans principaux qui l'avaient obtenue espéraient bien avoir opéré chacun à leur profit, et si les princes héréditaires — sauf celui de Satzuma, le fameux Saburo — se contentaient d'une indolente et somptueuse retraite, leur entourage contenait des hommes ambitieux avec lesquels il fallait compter, parce qu'eux seuls disposaient des troupes de leur clan, c'est-à-dire de la seule force armée dont on pût se servir. Ces hommes, pour la plupart autrefois « karo » — intendants ou ministres — de leur daïmio, devinrent des ministres du gouvernement nouveau qu'ils avaient fondé. Il se forma à leur suite toute une caste de postulants fort exigeants et parlant haut, qui au nom du service rendu demandèrent des places qu'il fallut leur donner. Les deux chefs originaires du mouvement, nés à la cour de Kioto, Iwakura et Sanjio, durent subir pour employés, pour collègues, les parvenus des divers clans coalisés qui, regardant le pouvoir comme leur part du butin, n'attendaient leur mot d'ordre que des « leaders » de leur parti, sans souci des autres ministres, et apportaient dans les fonctions beaucoup moins de dévouement à la cause de l'État qu'aux intérêts particuliers de leur petite patrie d'origine.

Cette invasion eut pour résultat de remplacer d'anciens fonctionnaires nés dans les rangs de la noblesse shogunale par des ignorants ou des demi-lettrés sortis des provinces ; c'est de là que date cette révolution regrettable dans les manières qui a substitué à l'urbanité proverbiale de l'officier japonais, grave et compassé, la brusquerie, le mauvais ton et la suffisance déplacée que l'on remarque aujourd'hui dans les bureaux. L'État se trouve aujourd'hui servi par bien des gens qui autrefois n'eussent pas osé parler debout à un des employés qu'ils coudoient à présent ; ils sont partis de très-bas, et, comme toujours, la politesse est en raison inverse du chemin parcouru.

Outre ces nouveaux venus, il y eut d'autres appétits à satisfaire. Il fallut réserver des places aux anciens serviteurs des Tokungawa, qu'on voulait rallier pour n'avoir pas contre soi une influence personnelle que l'on redoutait ; il en fallut donner encore aux candidats des daïmios dépouillés par le coup d'État, qui mettaient cette condition à leur soumission, et c'est ainsi que les ministères se remplirent d'un élément disparate, hétérogène, disposant d'une influence considérable et d'une bonne volonté médiocre. L'aristocratie était tombée, la bureaucratie la remplaça.

Nulle part et à aucune époque ce mot n'a eu une signification plus étendue. Les bureaux ne sont pas seulement les rouages de la machine, ils en sont les moteurs, ils représentent un pouvoir, ils sont en quelque sorte des délégués des clans. On peut juger ce qu'est une administration où les ministres obéissent et où les chefs de bureau commandent, une locomotive où les roues feraient mouvoir la bielle. Tout le monde se mêle, dans un département, de dire son avis et quelquefois de l'exécuter ; le ministre est souvent le dernier consulté ; il est des cas où il n'a pas de cabinet particulier et travaille au milieu de trente subalternes, qui ne se gênent ni pour lui couper la parole, ni pour avoir l'oreille au guet.

Le désordre de chaque ministère se retrouve dans le cabinet lui-même et par les mêmes causes. Chaque ministre, chaque membre du conseil privé, y vient apporter les prétentions, les appétits du clan qu'il a derrière lui. Il s'engage des luttes d'influence qui ont pour prétexte telle ou telle mesure gouvernementale, pour motif réel des intérêts spéciaux et pour résultat, quand elles aboutissent, des distributions de places. On voit à la tête de l'État des hommes dont les lumières, le dévouement au bien public sont évidents, mais entravés dans leur œuvre, ou poussés sans cesse au delà du but par les funestes alliés dont ils ne peuvent encore ni dédaigner le secours nécessaire ni braver le mécontentement. C'est à reconquérir pied à pied une situation indépendante qu'ils travaillent avec une patience de Sisyphe ; c'est afin de pouvoir, à un jour donné, « couper leur queue », comme on l'a dit dans un cas analogue, qu'ils essayent de former une armée nationale mikadonienne, et non pas composée des contingents des anciens clans, obéissant au mot d'ordre de leurs chefs occultes ; c'est dans ce dessein qu'un jour on dissout la garde, composée des bataillons de Tosa et de Nagato, pour la reformer avec des « shintaï », sortis du recrutement populaire ; c'est, guidé par cette pensée, qu'on veut, par des relations extérieures suivies, se donner le prestige d'un gouvernement indiscuté.

Mais, dans cette lutte de tous les instants, que de déboires, que de pas en arrière, que de concessions forcées ! Un jour, c'est un bataillon de Tosa qui se rend en armes aux obsèques de son prince, malgré la défense qui lui en est faite ; un autre jour, c'est une rébellion qu'on signale dans le sud, ayant à sa tête un membre du conseil suprême en personne. A peine a-t-on fait un pas que survient une nouvelle incartade du prince de Satzuma et qu'il faut reperdre tout le terrain gagné. A chaque instant, on est menacé d'une réaction qui rétablirait un shogun et renverrait le chef de l'État à Kioto. Nul historien ne saura jamais tout ce qui se dépense d'habileté, d'astuce et d'énergie dans ces batailles obscures, où le premier ministre Iwakura a failli laisser sa vie [1].

Un despotisme qui n'est pas au service d'une volonté unique et puissante incline rapidement à l'anarchie; si pénible qu'il soit de prononcer le mot, il n'en est pas d'autre pour qualifier une situation où les chefs de parti ne peuvent ni s'entendre ni se dominer réciproquement, et où les princes du sang eux-mêmes rédigent des manifestes contre le cabinet. Toutefois on ne doit pas évoquer ici les idées de désordre, de guerre civile en permanence, qu'un tel mot éveille dans l'esprit d'un Européen; c'est plutôt un état morbide dans lequel, parmi plusieurs volontés contradictoires, il n'en est pas une seule assez forte pour se faire obéir: aussi aucune n'est suivie et rien ne se fait, ou, si une mesure est prise, elle est bientôt révoquée par un mouvement naturel de la bascule politique.

Il faudrait, pour sortir d'embarras, faire intervenir une nouvelle force dans une des directions; mais quelle force invoquer? L'aristocratie est morte ou hostile; quant au peuple, masse inerte et docile, il est trop loin du trône et trop voisin de l'esclavage, car le Japon présente ce phénomène étrange qu'ayant l'anarchie au centre, il a en même temps l'obéissance passive aux extrémités, et que les plus dangereux ennemis du repos public sont près du pouvoir ou dans son sein.

Dans un pays où n'existe aucune liberté politique, on s'attend à rencontrer une impulsion unique et vigoureuse. Il n'en est rien. Il n'est pas une question d'ordre administratif qui appartienne à une compétence précise et

---

[1] Quelques mois après son retour d'Europe, M. Iwakura fut attaqué dans sa voiture comme il sortait du palais impérial, à la tombée de la nuit, par une bande d'hommes armés et masqués. Quoique grièvement blessé, il put sauter à terre assez vite pour échapper à ses assassins, en se laissant rouler au fond des douves du château, d'où il ne fut retiré que plusieurs heures après, dans un état presque désespéré.

sur laquelle on puisse jamais se flatter d'obtenir une décision en dernier ressort; les plus mesquines comme les plus graves sont commentées, discutées du haut en bas de la hiérarchie, et le plus souvent se perdent dans ces méandres sans aboutir à une solution. Le véritable pouvoir de décision et d'initiative appartient aux coteries, qui se forment et se dissolvent sans cesse. C'est là qu'on imagine des systèmes, qu'on forge des plans, qu'on invente des utopies en toute sorte de matières. S'il se trouve dans ces petits groupes un homme plus intelligent, plus entreprenant ou plus intrigant que les autres, le voilà bientôt chef de coterie; son influence grandit peu à peu, il représente une petite fraction de cette autorité émiettée, impalpable, qui n'est nulle part et qui est partout. Adressez-vous à lui, et vous serez sûr d'obtenir, s'il en fait son affaire personnelle, la justice ou l'injustice que vous demandez. Ce sera souvent un très-médiocre personnage; ne le dédaignez pas cependant; il peut à son gré faire réussir le projet le plus ridicule ou faire avorter le plus sensé. Ce ne sont pas les choses qui pèsent dans la balance, ce sont les personnes qui les présentent.

Rien n'est plus curieux que de suivre ces opérations de fourmilière dans un moment de crise politique : tout travail cesse dans les ministères, on s'agite, on pérore, les *leaders* vont et viennent, on se fractionne en petits conciliabules, on s'envoie des émissaires; il se forme de tout cela une opinion générale, et, quelqu'un plus hardi attachant le grelot à un moment donné, on est tout surpris d'apprendre le lendemain qu'il y a une révolution de plus.

Tout ne se borne pas malheureusement à des colloques. Les rivalités des coteries se manifestent aussi par l'accaparement des places pour leurs préférés, sans égard au talent ni aux aptitudes du candidat, et surtout par les compétitions pour les marchés de fournitures, l'une des plaies les plus incurables de l'administration japonaise. Il règne, à l'égard des deniers de l'État, une facilité de conscience déplorable ; il n'y a plus rien à dire sur la corruption des fonctionnaires orientaux et mieux vaut, en glissant sur ce chapitre, rendre un hommage exceptionnel à ceux qui sont connus pour échapper à la règle.

On rencontre d'ailleurs dans ce désarroi des hommes de mérite, de bonne volonté, indifférents aux mesquines tracasseries de ces clubs ministériels, occupés seulement de faire leur devoir, sans briguer une influence qui vient quelquefois les chercher malgré eux. Quiconque a vécu au Japon en a rencontré quelques-uns et doit leur savoir d'autant plus de gré de leur attitude qu'elle contraste davantage avec celle de la masse. Ceux-là restent longtemps en place, parce qu'ils ne font ombrage à personne ; les autres ne font qu'y passer, et, leur fortune faite, cèdent généralement le terrain à de nouveaux venus.

Il est facile de deviner ce que devient dans ce désordre la gestion des affaires publiques. On se décide et l'on se repent ; on délibère longuement pour agir ensuite à l'aveuglette ; après avoir fait venir à grands frais un ingénieur, on s'aperçoit qu'il n'aura rien à faire et on le renvoie ; mille choses sont entreprises et abandonnées ; on trouve mille prétextes pour laisser inachevé ce qui est à moitié fait et le recommencer à nouveaux frais ; on supprime un poste dont le titulaire déplaît pour le rétablir le lendemain au profit d'un autre ; tantôt on procède par demi-mesures insuffisantes, tantôt par violentes secousses ; on annonce de grandes choses et l'on en fait de petites ; on s'épuise en efforts décousus, incohérents et stériles ; on semble obéir plutôt à une sorte de fascination pour les choses de l'Europe que suivre un système raisonné d'imitations utiles ; les vieilles institutions tombent de toutes parts au profit de nouveautés mort-nées, et, faute de suite dans les idées, la moitié des innovations sont des avortements ou des pastiches maladroits. On a tous les inconvénients du despotisme : la responsabilité placée trop haut, les vrais sentiments de la nation ignorés, sans avoir aucun de ses avantages : la sûreté des vues, l'unité de la direction.

Las de gouverner dans le vide, et incapable de résister longtemps à ses rivaux avec le seul secours qu'il emprunte au prestige impérial, le parti au pouvoir a voulu, pour se donner un point d'appui, s'entourer d'une représentation plus ou moins sincère, et créer autour de lui des organes constitutionnels. Mais c'est le malheur des vieux despotismes de ne plus retrouver au moment du péril l'énergie populaire qu'ils ont savamment éteinte. La nation qui n'a appris qu'à obéir n'est plus capable d'autre chose ; il faut refaire son éducation libérale, comme on a fait son éducation servile. Le peuple, jusques auquel il faudrait descendre pour trouver un contre-poids à l'influence aristocratique, n'est ici qu'un troupeau indigne, quant à présent, du droit de suffrage. Ses lumières fussent-elles même plus grandes, il serait vain de donner des institutions représentatives à une nation où il n'a jamais existé d'autre force collective que celle des clans, qu'il s'agit précisément d'abattre. Elle ne peut que renvoyer au trône un stupide écho : les idées ne s'y forment pas à l'état de volontés ; les aspirations confuses n'ont pas de but défini, pas d'expression saisissable, parce qu'elles n'ont jamais eu d'organes pour s'exprimer. Il en est en effet de l'opinion publique comme de la pensée : elle n'arrive à se fixer que par le secours d'un langage qui lui fait défaut là où manque toute vie politique.

A bien des symptômes on peut prévoir que l'intention du gouvernement est de former ce tiers état, dont il a besoin pour se soutenir ; mais il faut pour cela des générations, et l'œuvre est à peine ébauchée. Les idéologues, dont le Japon foisonne, n'en ont pas moins ardemment embrassé le projet d'une chambre des communes, semblable à nos parlements, sans très-bien se rendre compte de ce qu'on appelle le système parlementaire, ni de ses conditions d'existence. L'agitation à cet égard a été des plus vives et des plus inquiétantes pour le cabinet, trop sûr à l'avance de n'avoir que des ennemis dans une chambre élue. Les partis se faisaient de cette réclamation une arme contre lui; les mémoires, les démissions, les maladies simulées, précurseurs ordinaires des coups de tête, les rassemblements de « samuraï » prenaient une tournure fâcheuse; il fallut parlementer et enfin céder.

Les essais faits jusqu'à présent n'étaient pas de nature à encourager beaucoup des innovations de ce genre; le parlement fondé en 1868, sous le nom de «gi-dji-in», pour satisfaire au serment prêté par le chef de l'État, avait été dissous en 1869, comme incapable. Mis en demeure cependant de satisfaire aux sommations qui l'accablaient de tous côtés, le gouvernement s'est gardé cette fois d'une complète et maladroite imitation des institutions européennes.

Tant s'en faut en effet qu'on puisse prendre à la lettre les mots de sénat et de chambre basse par lesquels on a traduit les noms des deux corps nouvellements constitués. Le Japon n'est pas le seul pays où l'on aime à décorer de titres pompeux les réformes les plus modestes et où les révolutions s'arrêtent à la terminologie. Il existait sous le nom «sa-ïn» une sorte de conseil d'État dont la compétence était fort mal définie et les occupations presque nulles; il fut aboli, et les membres en furent pour la plupart nommés au «gen-ro-ïn» — assemblée des vieillards — créé par un décret du 17 avril 1875, qui ne définit ni les attributions, ni la composition du corps qu'il institue. On y nomma, outre des fonctionnaires en activité, quelques anciens daïmios, fantômes d'aristocratie destinés à simuler une chambre haute : ce fut le sénat. Le mikado en fit l'ouverture le 5 juillet et prononça un discours où il était question des pouvoirs législatifs de l'assemblée.

Mais l'activité législative ne s'est pas manifestée ; le nouveau corps n'est même pas consulté sur les questions les plus graves ; il s'est borné tout d'abord à discuter son règlement, c'est-à-dire l'étendue de ses pouvoirs ; après des débats orageux qui ont occasionné la retraite du prince de Satzuma jusque-là ministre de gauche, « sa-daï-jin », l'accord n'ayant pu s'établir entre lui et le gouvernement, il a été finalement prorogé. Une commission de préparation des lois dépendant du conseil suprême a été instituée à sa place et le cabinet seul a continué, comme par le passé, de légiférer sans contrôle.

Comme tous les essais du même genre, la création de cette chambre avait surtout pour objet de fournir une retraite honorable aux vétérans des partis ; quelques Européens y sont attachés en qualité de conseillers-adjoints ; le plus clair de la besogne, c'est l'enseignement théorique qu'ils donnent, dans des consultations et dans des cours, aux sénateurs, sur des questions d'administration, de statistique, de législation, soit française, soit anglaise ou américaine, et même d'économie politique. Tous les bureaux d'ailleurs sont peuplés de cette race que Montaigne appelle énergiquement « les vieillards abécédaires », forcés ou du moins s'astreignant à retourner à l'école passé l'âge où l'on apprend.

Il est rare de rencontrer un esprit assez solide pour se placer en face d'un problème législatif quelconque et en chercher la solution par les seuls secours de l'expérience et du raisonnement. C'est aux dictionnaires de droit, aux codes européens, qu'il aura recours, ou même en désespoir de cause à l'un de ces glossaires vivants et dociles que le Japon entretient à grands frais sous le nom de conseillers, et c'est avec ces idées exotiques, pillées çà et là, qu'il compose un projet sans l'avoir digéré ni conçu. C'est par ce procédé qu'on essaye d'habiller à l'européenne les lois japonaises, et par suite les nouvelles institutions rappellent ces premières culottes de l'enfance économe, taillées tant bien que mal dans la garde-robe de l'aïeul.

La création du « gen-ro-in », jugée d'après ses premiers travaux, n'a fait que donner un organe légal aux ennemis du cabinet ; on a dit là ce qu'on publiait auparavant dans des pamphlets. C'est le malheur et le perpétuel embarras de ce gouvernement que, sorti d'une oligarchie qu'il prétend dominer et d'une nation qu'il ne peut appeler au scrutin, il est obligé de s'entourer ou de ses créatures ou de ses adversaires ; ne rencontrant de part ni d'autre le soutien dont il a besoin, il ne peut rien fonder qui ressemble à une constitution.

A côté de « l'assemblée des vieillards », le décret du 17 avril instituait une autre assemblée, qui, sans être plus représentative que la première, sans avoir plus qu'elle le pouvoir de décider aucune question, a un rôle beaucoup plus pratique et plus défini ; c'est le « chio-kuan-kai-ji ». Sous cette dénomination, que la presse européenne n'a pas manqué de traduire par « chambre des communes », il faut tout simplement entendre une réunion annuelle de tous les préfets des différents « ken » au nombre de soixante-cinq, convoqués pour donner, dans une session d'été de cinquante jours, leur avis sur les questions d'administration générale et locale.

Les préfets ou « ken-rei », nommés et révocables par le gouvernement, envoyés par lui dans les provinces, ne sont que des fonctionnaires administratifs, dont il n'a ni beaucoup d'opposition à craindre, ni beaucoup d'autorité à retirer. Toutefois cette institution pratiquée de bonne foi peut rendre des services analogues à ceux de notre conseil supérieur de l'agriculture et du commerce, tandis que le « gen-ro-in » pourrait être assimilé à notre section de législation au conseil d'État. Les débats sont secrets dans ces deux corps. En résumé, malgré les paroles pompeuses dont était accompagné le décret de 1875, la réforme se réduisait, on le voit, à une innovation de mots, et elle n'a pas changé sensiblement la situation du cabinet, ni les difficultés qui l'obsèdent.

De ces difficultés, la plus grave est sans contredit la question des pensions accordées aux « samuraï », qui grèvent le budget d'une charge énorme et excitent à la fois l'irritation du peuple, qui les paye, et l'hostilité des pensionnaires, qui en redoutent la suppression. L'origine première de ces pensions remonte aux premiers siècles de la féodalité. Quand les dissensions intestines eurent appelé à la vie une classe militaire toujours aux ordres des petits souverains locaux, quelques-uns des paysans tenanciers quittèrent la charrue pour s'adonner uniquement au métier des armes ; ces *fidèles* reçurent de leurs chefs des revenus annuels payables en riz, qui représentaient le salaire d'un service rendu, ou des terres dont la rente était payable entre leurs mains par les hommes restés attachés à la glèbe.

En 1870, lorsque le gouvernement du Mikado déposa l'aristocratie, il prit à son compte le service des pensions héréditaires aux « samuraï », et s'engagea d'autre part à payer annuellement aux deux cent dix-huit daïmios et à leur postérité le dixième du revenu de leurs possessions antérieures. Ceux-ci se laissèrent pousser par leurs tenanciers à accepter une combinaison qui assurait à ces derniers leurs moyens d'existence, en même temps qu'elle enrichissait les daïmios, désormais déchargés des pensions qu'ils avaient à payer à leurs serviteurs et des frais d'entretien d'une armée, d'une cour, etc. Cependant cette charge retombait de tout son poids sur l'État, dont le budget se trouvait grevé de ce chef de vingt-cinq millions de dollars; il fallut faire un emprunt pour racheter les droits des rentiers; mais l'amortissement n'a pas donné les résultats qu'on en attendait, et la rente annuelle est encore pour 1876 de dix-sept millions cinq cent mille piastres.

Le gouvernement est assiégé de pétitions qui demandent l'abandon des revenus par les « shizoku » et les « kazoku » — c'est ainsi qu'on désigne les « samuraï » et les daïmios dans la nouvelle nomenclature; — il a même fallu interdire les suppliques; mais le sentiment public ne se manifeste pas moins avec énergie. On accuse les « shizoku » d'être « une classe inutile et dispendieuse, de vivre dans la paresse et de consumer en débauches ou en futiles dépenses le fruit du travail des « heïmin » — la classe populaire. » On les adjure de restituer de leur propre mouvement des revenus qu'ils doivent rougir de toucher; on fait remarquer que beaucoup d'entre eux, quoique pensionnés, sont en même temps revêtus de différentes fonctions et cumulent leur pension avec leur salaire. Enfin, s'écrie-t-on, « s'ils sont, comme ils le prétendent, de race supérieure, qu'ils le prouvent en donnant l'exemple du désintéressement. » L'excitation populaire, l'exagération forcée de l'impôt et plus encore l'état du trésor exigent à ce sujet une mesure de salut public.

Mais, dès qu'il en est question, l'agitation la plus vive se manifeste dans la classe des « samuraï », tantôt sous la forme de pétitions hardies, tantôt sous une forme tumultueuse et insurrectionnelle, comme au printemps de 1874. L'opposition se personnifie dans le prince de Satzuma, qui n'accepte une place dans le conseil suprême que pour y faire entendre les doléances de la classe qu'il représente, et donner brusquement sa démission sitôt qu'on refuse d'y faire droit, puis se retirer menaçant dans sa province. L'influence dont il dispose, la toute-puissance qu'il exerce sur les hommes de son clan, en font un adversaire redoutable, avec lequel jusqu'ici on a mieux aimé user de prudence qu'engager la lutte. Sa dernière retraite date du 27 octobre 1875; elle a mis le cabinet dans un état de malaise visible, en rompant la trêve avec les « samuraï ». Mais le gouvernement semble cette fois décidé à ne pas se laisser tenir en échec par un vassal : il a réussi à établir dans la province même de Satzuma des juridictions que jusqu'ici on n'avait pu y introduire, et qui assureront désormais l'exécution des décrets de Yédo; le service militaire, qui était naguère le privilége des « samuraï », est devenu obligatoire pour tous les jeunes gens, et permet au gouvernement de recruter une armée ailleurs que parmi ses adversaires; enfin la défaite subie à Saga par les rebelles de 1874, leur a ôté à la fois le prestige et la confiance en eux-mêmes, de sorte que le moment paraît favorable pour prendre, à l'égard des pensions, une mesure radicale que justifie la raison d'État, plus que l'équité.

Si graves d'ailleurs que soient ces embarras, de plus graves se sont présentés à toutes les époques chez d'autres peuples qui en ont triomphé; il n'en est point que ne puisse vaincre l'énergie d'une nation unie. Aussi ce tableau serait-il incomplet, si nous n'examinions en dernier lieu l'état moral de la nation, ses mœurs politiques et les caractères de l'esprit public.

§ III

L'ÉTAT SOCIAL

Dans un peuple divisé en castes, c'est une série de nations superposées qu'il faut connaître, avant de fixer les traits du caractère national. On peut ici en distinguer trois : une minorité infime de nobles, d'hommes de cour ou de parvenus, qui gouvernent ou aspirent à gouverner, une caste aristocratique d'anciens daïmios et « samuraï » formant aujourd'hui les « kazoku » et les « shizoku », enfin le peuple, depuis le riche marchand de soie jusqu'au misérable traîneur de « djinrikisha », compris sous le nom de « heïmin ». On a vu les hommes d'État à l'œuvre; il est inutile d'y revenir. Les « kazoku » peuvent se grouper autour de deux types principaux, qui sont les hommes de l'ancien et ceux du nouveau régime. Le « kazoku » de l'ancien régime n'a pas quitté les vêtements de soie; il demeure aux environs de Yédo dans un « yaski » soigneusement entretenu, entouré de « keraï » qui le servent à genoux; il est à peu près inaccessible aux étrangers, n'apprend pas les langues, se désintéresse de la politique et de la vie nationale, ne sort pas, ne voit personne et passe ses journées dans une sorte de torpeur rêveuse, à soigner ses fleurs, visiter ses collections, écouter les chants de ses femmes, se délasser en un mot dans des plaisirs souvent enfantins, rarement renouvelés, de la fatigue de vivre. Ses fils d'ailleurs vont aux écoles européennes, voyagent en Angleterre, en France, en Amérique, et grandissent en général entre les mains de précepteurs qui en font des princes gâtés. Ainsi s'écoule et s'éteint sans bruit l'existence d'une quantité d'hommes qui portent les premiers noms du Japon et y ont exercé nominalement des pouvoirs de souverains.

Le « kazoku » du nouveau régime est converti à ce qu'il croit être le progrès; il se bâtit à Yédo une maison en briques, revêtue d'une couche de chaux blanche, avec persiennes vertes, bref en style de banlieue; il a, s'il se peut, une voiture, s'habille chez le tailleur européen du port voisin, mange une cuisine européenne qu'il arrose de champagne, reçoit volontiers la visite d'un étranger, porte aux jours de cérémonie un costume analogue à celui de nos anciens sénateurs, n'est jamais plus heureux que quand il peut mêler à sa conversation un mot anglais, dépense enfin en fantaisies d'un goût moderne la pension que lui fait le trésor. Souvent aussi il est spéculateur : il se fait le bailleur de fonds de certaines entreprises commerciales où le plus souvent les bénéfices sont pour ses associés et son intendant, et les pertes pour lui. Avec moins de dignité que le précédent, il mène une existence aussi inutile. Quelques individus exceptionnels ont conservé une sorte d'énergie, adressent de temps à autre un mémoire à l'empereur; c'est parmi eux qu'ont été pris quelques sénateurs; on y a aussi rencontré des adversaires.

Parmi les « shizoku », presque tous les hommes d'une valeur quelconque sont attachés au gouvernement ou occupés à le combattre. Les autres, au nombre de soixante mille environ, mènent une existence désœuvrée et improductive : ils sont un lourd fardeau qui pèse sur le peuple. La somme des connaissances va, il est vrai, se répandant dans cette classe; c'est dans son sein que se recrutent les écoles de toute sorte, et les générations qui se préparent seront plus instruites que leurs aînées.

La dernière classe, celle des « heïmin », qui comprend la nation tout entière, sauf quelques milliers d'hommes, est réduite à une extrême pauvreté, vouée exclusivement au travail, privée d'épargne, insouciante de la forme du gouvernement et résignée, tant qu'on ne lui arrache pas le pain quotidien, à une obéissance passive. L'homme du peuple se sent pour ainsi dire étranger au pays, dont d'autres sont les maîtres, au sol qu'il ne possède qu'à titre précaire; il n'a pas d'aspirations vers un état meilleur, point d'esprit de sacrifice à la chose commune.

Il est remarquable que la notion de la patrie manque partout où n'existent ni liberté politique, ni propriété fixe. Nos premières milices datent de l'émancipation des communes; on a beaucoup de peine au Japon à enrôler les jeunes gens de la plèbe; à leurs yeux, c'est affaire aux « hommes à sabre » de défendre le pays qui les nourrit, au peuple de le féconder de ses sueurs. Dès l'origine de leur lutte contre la féodalité, les rois de France trouvèrent dans les magistrats municipaux, dans les héritiers des décurions et des propriétaires d'alleux, une catégorie d'hommes tout prêts à les soutenir, qui devint le tiers état. Au Japon, cette bourgeoisie énergique, intelligente, hardie, n'est pas encore sortie d'une foule énervée par un long despotisme. Obligé de s'appuyer sur des auxiliaires, le pouvoir cherche autour de lui la nation et n'aperçoit qu'à une distance incommensurable, sous ses pieds, une poussière humaine encore inerte et sans volonté, incapable de le seconder. La division n'est pas moins tranchée entre les territoires qu'entre les classes. L'esprit de séparatisme local travaille le pays tout entier, particulièrement les provinces du sud. C'est la condition inévitable de toute monarchie qui veut se fonder sur les ruines de la féodalité, et le phénomène n'a en lui-même rien d'alarmant.

Il en est une autre qui mérite de retenir plus longtemps l'attention. C'est la direction générale des esprits, la tendance des opinions, qui forment peu à peu l'éducation nationale. Il est extrêmement curieux de consulter à ce sujet les manifestations de la presse indigène. Que l'on ne s'y trompe pas cependant : la presse, qui ailleurs sert à marquer en quelque sorte le degré de température et les variations du sentiment public, s'efforce ici de le créer ou tout au moins de l'éveiller par son initiative. Le journal se préoccupe moins de refléter une image que d'offrir un modèle. Les conceptions individuelles y tiennent une large place ; l'écrivain se pique moins de penser avec ses lecteurs que de les faire penser avec lui.

Tel qu'il est néanmoins, le journalisme offre un singulier tableau du mouvement qui s'opère dans le pays ; l'indépendance de son langage contraste d'une manière frappante avec l'obséquiosité que le pouvoir rencontre partout ailleurs : dans ses colonnes semble s'être réfugiée la franchise bannie du reste de l'empire ; on y appelle un chat un chat, et certains ministres des incapables. Si bien que le gouvernement s'est vu obligé de fouiller dans l'arsenal si bien fourni des lois françaises pour en extraire les armes qui lui manquaient contre cette nouvelle venue tout à fait inattendue, la liberté de la presse.

Le nombre des organes de publicité périodiques qui est passé dans les quatre dernières années de 1 à 15, et surtout leur ton inquiètent sans doute vivement le cabinet, car il a frappé fort. En vertu du décret du 28 juin 1875, les journaux sont soumis à l'autorisation préalable, à la signature obligatoire et à des restrictions rigoureuses dans le choix de leurs sujets ; les infractions exposent leurs auteurs à des peines qui peuvent aller jusqu'à trois ans d'emprisonnemet, ou même, en cas d'excitation au crime suivie d'effet, égaler la pénalité infligée à l'auteur principal. On voit que du premier coup l'extrême Orient est arrivé aux procès de tendance.

Malgré cette rigueur excessive, l'opposition ne capitule pas ; les écrivains prennent seulement le soin d'aiguiser leurs traits avec assez de finesse pour qu'ils passent à travers les mailles du décret. Il se forme ainsi parmi eux des habitudes de polémique railleuse et délicate auxquelles se prête à merveille la tournure d'esprit qui prédomine chez les Japonais. L'ironie leur fournit des ressources inépuisables. Voici, par exemple, un passage du *Choya-Shimbun* dirigé contre la dureté des lois sur la presse :

« La date de l'apparition de nos dieux, descendant du ciel, et celle du Koran des Mahométans sont obscures, ce qu'il faut sans doute attribuer à la négligence des historiens. Il y a plus, une certaine obscurité plane toujours sur tout ce qui tombe du ciel, hormis la pluie, la neige et la grêle ; mais à notre heureuse confrérie, la presse, le ciel a départi un bienfait sans pareil. Depuis que nous l'avons reçu, nous n'avons pu nous empêcher de faire des offrandes et de nous confiner dans le recueillement et la solitude (allusion aux amendes et à la prison) ; mais nous admettrons, si l'on veut, que c'est là un acheminement au bonheur. Grâce à ce présent céleste, nos souscripteurs et nos collaborateurs ont augmenté, le style de nos écrivains s'est affermi, nos copistes et nos compositeurs sont dans la joie. Quant à nos propriétaires, inutile de dire que c'est eux qui profitent le plus et sont les plus contents ;... mais contrairement à l'apparition des dieux et de Mahomet, notre félicité a une date bien connue : c'est le 28 juin 1875 (date du décret répressif), et nous nous proposons de la consacrer annuellement par des actions de grâces. »

Le trait n'est pas toujours mordant, mais il touche juste. Voici maintenant une appréciation sur la sincérité financière du dernier budget présenté par le ministre du trésor :

« Nous avons entendu dire qu'il existe un certain pays à demi civilisé, privé d'institutions représentatives, où le ministre des finances publie et notifie des budgets estimatifs; mais on ne peut s'y fier, car, dit-on, le ministre fait plusieurs tableaux à la fois, un pour son usage particulier et un autre pour être montré au souverain et au public. Dans ce pays, le ministre ne présente que le compte des dépenses à venir et jamais celui des dépenses faites, parce qu'il règne dans sa gestion un tel désordre qu'il n'en viendrait jamais à bout. Voilà ce qu'un de nos amis nous a raconté jadis. Le nom du pays nous échappe, mais le fait nous a tellement frappé que nous nous en souvenons à merveille.... Si maintenant nous revenons à nos propres affaires, nous trouvons qu'elles ne ressemblent en rien à ce tableau, car le Japon est bien loin d'être un pays demi-civilisé, et notre ministre des finances est un honnête homme qui ne ressemble en rien à celui dont nous parlions plus haut. »

On voit se révéler, dans ces essais de littérature populaire, le vrai génie de la race, à la fois très-hardi et très-timide, obéissant et gouailleur, satirique et esclave des conventions, plus habile à critiquer les abus qu'à en trouver le remède. Malgré les entraves mises à la presse, elle rend donc assez nettement compte de la fermentation d'idées qui s'accomplit en ce moment dans les têtes en travail. Certes, il ne faut pas s'exagérer l'importance de ce mouvement; il est limité à quelques demi-lettrés mécontents, qui ont puisé dans la lecture des manuels anglais et américains la connaissance superficielle des mœurs politiques de l'Europe; il n'est pas moins singulier de voir s'engager de graves discussions sur les droits du peuple, la nécessité d'une représentation nationale, l'accession des femmes à la vie publique.

C'est avec surprise qu'on retrouve le commentaire de la déclaration des droits de l'homme sous la plume de ces disciples de Confucius, devenus soudain des prosélytes de Rousseau. « Un pays, dit un article récent, n'appartient pas à son gouvernement, mais au peuple qui l'habite; au peuple, le ciel a donné des droits et des libertés, le gouvernement n'a d'autre devoir que de lui en assurer la jouissance. Un pouvoir arbitraire fait la paix ou la guerre, cède ou acquiert des territoires, sans consulter la volonté nationale ; il impose de lourdes taxes dont il gaspille le produit, fait des emprunts étrangers, et, quand on lui présente des remontrances, institue des peines contre ceux qui les font. C'est de la tyrannie.... Si le gouvernement n'agit pas conformément aux droits du peuple et pour son bonheur, mieux vaut n'en pas avoir du tout. Il est donc naturel qu'en pareil cas, le peuple renverse son gouvernement pour en obtenir un meilleur. » On voit jusqu'où va le désir de regagner le chemin perdu sur les frères aînés du libéralisme européen. Tandis que règne dans la constitution le principe du droit divin, c'est le droit à l'insurrection qu'on professe dans la presse. Toujours préoccupés d'aller vite, plus que d'aller droit, les Japonais sautent sans transition de Louis XI à Robespierre, comme ils passent des sentiers de piétons aux chemins de fer ; ils se refusent à toute force le temps de grandir, de parcourir les étapes nécessaires sans lesquelles il n'est pas de progrès véritable. Dans leur croissance hâtive, ils rappellent,— car c'est toujours à l'enfance que ramène la comparaison, — ces collégiens qui répètent gravement à leurs camarades les bribes d'entretiens politiques entendus chez leur père.

Ce qui frappe au point de vue psychologique dans ces dissertations quotidiennes, c'est une tendance à l'utopie, à ce qu'un maître en fait de précision d'esprit qualifiait d'idéologie ; c'est une propension irrésistible à déplacer les questions pour les grossir, à procéder par axiomes et non par arguments, par principes généraux et théoriques plus que par observations précises ; un génie, en un mot, plus spéculatif que pratique. Dans une polémique engagée entre deux hommes d'État, au sujet de l'établissement d'une chambre des communes, on voit citer Stuart Mill, Frédéric II et M. de Bismarck, mais il n'est pas dit un mot de la condition spéciale du Japon et des avantages ou des inconvénients qu'y offrirait une semblable institution. La dernière chose que les Japonais consentent à étudier, c'est leur pays, ce sont leurs besoins, leurs aptitudes propres; il s'agit, à leur avis, non de se connaître, mais de se transformer; non de ce qu'ils sont, mais de ce qu'ils veulent devenir. Vainement essaye-t-on de leur insinuer que, pour tailler une statue dans un bloc de marbre, il faut au moins s'assurer de sa consistance et de ses dimensions.

Ce n'est pas seulement par ces revendications platoniques que se manifeste l'activité des radicaux frais éclos. Ils abordent avec la même intrépidité des problèmes bien plus pressants, des questions sociales qui pourraient amener de graves discordes. Ils commencent à se demander pourquoi le peuple paye une si large part des produits de son travail au trésor, et, trouvant que c'est pour subvenir à l'entretien d'une aristocratie discréditée, ils discutent les droits de cette caste dispendieuse. Entreprise avec le secours de nos écrivains socialistes, on devine à quelle conclusion mène la discussion : l'opinion publique ou ce qui la remplace se soulève avec véhémence contre ces parasites inutiles. Toute classe privilégiée tombant forcément dans le mépris dès qu'elle cesse de remplir la fonction politique sur laquelle se fondaient ses prérogatives, la jacquerie révolutionnaire est toujours proche de la décadence féodale.

Comme il arrive toujours au lendemain d'une semblable chute, l'esprit public est plus avide d'égalité que de liberté et plus porté vers le césarisme que vers le *self-government*. Le ministère laisse volontiers attaquer la légitimité des castes, sans trop réfléchir qu'une fiction détruite en entraîne une autre, et qu'après l'origine de la féodalité, c'est celle du trône que l'on discutera un jour. Peut-être eût-il été plus sage de relever, de vivifier cette aristocratie acceptée pendant des siècles, de conserver les liens qui cimentaient l'édifice social. Mais il est trop tard ; le souffle du scepticisme a dispersé à jamais les débris de la vieille constitution de Yéyas, violemment jetée à terre en 1867 ; l'aristocratie est morte, la bourgeoisie n'est pas née ; il ne reste en présence qu'un fonctionnarisme sans contrôle et sans assises, en face d'une plèbe sans direction et sans instincts politiques.

Le pouvoir actuel restera-t-il toujours le maître de modérer et de diriger à son gré l'évolution démocratique qu'il a lui-même suscitée? Aura-t-il le temps de voir sortir des rangs du peuple cette classe moyenne dont il escompte en ce moment l'assistance ? Cette éclosion ne sera-t-elle pas arrêtée par les discordes imminentes ? Verra-t-on s'accomplir ici une lente métamorphose, comme celle qui se poursuit en Russie, ou une révolution orageuse et désordonnée comme celle dont la France actuelle n'a pas encore liquidé l'héritage ? L'avenir le dira. En ce moment, l'édifice japonais ressemble à certain temple majestueux qu'on voyait, il y a quelques années, s'élever au milieu de Yédo : la toiture démesurément lourde reposait sur de minces colonnes de bois ; le monument avait toutes les apparences de la solidité, mais l'incendie vint un jour souffler sur ces fragiles appuis, et après s'être maintenu pendant quelque temps l'énorme masse tomba, d'un seul bloc, sur le sol qu'elle joncha de décombres. Puisse le Japon avoir le temps de substituer de fortes colonnes de pierre à ses piliers de bois !

En résumé, le Japon est en face d'une tâche extraordinaire, au cours de laquelle il ne peut plus s'arrêter sous peine de décadence et de perturbation ; elle consiste dans le changement radical d'un régime politique, économique et industriel voisin du moyen âge contre les conditions de la vie moderne des peuples européens. Il possédait une civilisation propre, complète et même avancée à la façon orientale ; il a porté légèrement la pioche dans ce champ cultivé, comme on fait dans une terre en friche ; il doit maintenant achever son œuvre et planter après avoir arraché. Nous avons vu quels embarras et quels obstacles rencontre cette tentative surprenante, qui réclamerait un grand génie servi par des circonstances exceptionnelles.

Cette entreprise est poursuivie par une race fière et énergique à qui la sélection insulaire, fortifiée par un isolement de trois siècles, a donné une originalité propre et assigné une place à part dans la famille humaine. Si l'on essaye de résumer en quelques aperçus synthétiques les qualités de cette race, on constate tout d'abord une certaine vivacité d'intelligence, une grande facilité d'assimilation, beaucoup de mémoire, des aptitudes variées, une certaine recherche de pensée qui se traduit surtout dans les œuvres d'art, un goût délicat pour tout ce qui est net, décent, civil ; en un mot, les caractères d'une nation arrivée à la maturité et à l'apogée d'une civilisation *sui generis*, vieillotte et raffinée.

Si l'on se demande cependant où se rencontre cette lacune, que l'on sent plutôt qu'on ne la définit dans la conscience japonaise, on s'aperçoit à la longue que, tout élément moral mis de côté, le principal défaut de l'esprit oriental est l'absence de tout raisonnement méthodique, qu'il est rebelle à cet exercice de l'analyse et de la synthèse qui apprend à voir clair dans un sujet, dans une entreprise, dans une étude quelconque, et donne seul à la pensée la vigueur, la précision et la sûreté. Beaucoup de notions s'entassent dans ces têtes, sans s'y classer, sans s'y grouper autour de certains centres. On dirait d'un musée en désordre, où l'on ne peut trouver à propos la pièce que l'on cherche.

De là tant d'efforts épars et sans résultat, parce qu'ils

sont sans unité, un travail à bâtons rompus, beaucoup d'agitation et peu de fruits. Ce n'est peut-être point un vice constitutionnel, mais un effet de l'éducation toute scolastique empruntée aux Chinois ; la tournure d'esprit peut changer avec le système d'instruction ; elle peut en changeant amener les Japonais à des conceptions moins mystiques et moins étroites sur la vie, les devoirs, le but de l'humanité. C'est de cette double condition que dépend leur réussite dans la voie des progrès réels, leur accès au nombre des peuples qu'ils imitent aujourd'hui. L'avenir dira s'ils sont destinés à rester les plus sympathiques de la race jaune ou à prendre place à côté de la race blanche.

En terminant cet aperçu de l'état actuel du Japon, résumé consciencieux des observations d'un séjour de quatre ans, nous ne ferons pas aux Japonais qui pourraient le lire l'injure de leur présenter une excuse pour certaines sévérités d'appréciation auxquelles l'observateur le plus bienveillant doit à regret donner une place. Assez d'autres, sans nous, les comblent des caresses et des flatteries qui siéent aux enfants ; nous avons toujours cru leur faire plus d'honneur de les traiter en hommes. Leurs meilleurs et leurs seuls amis, qu'ils le sachent bien, sont ceux qui leur disent et leur apprennent à entendre la vérité.

LES ÉCHELLES

DE L'EXTRÊME ORIENT

DE YÉDO A PARIS

NOTES D'UN PASSANT

CHAPITRE PREMIER

HONG-KONG — CANTON — MACAO

§ 1er

DE YÉDO A HONG-KONG

6 mars, rade de Yokohama.

Tout dort déjà à bord du *Sunda*, *steamer* de la Compagnie péninsulaire et orientale, lorsque, à onze heures, je saisis le tire-veille et monte à l'échelle de tribord. Le navire doit partir demain au point du jour, il a fini le chargement de sa cargaison, rempli ses soutes à charbon, fait ses approvisionnements de vivres pour une traversée de huit jours; hommes et machines se reposent cette nuit pour la dernière fois, en toute sécurité, dans la rade paisible de Yokohama, tandis que le paquebot suit insensiblement le mouvement de la marée, qui le fait pivoter sur ses ancres.

C'en est fait, la dernière coupe de champagne a été vidée tout à l'heure, le dernier toast a retenti ; le sampang, qui s'éloigne et regagne le rivage, emporte le dernier ami qui m'ait serré la main : le long du *bund* les lumières dont chacune signale une maison familière où se sont passées de douces heures, s'éteignent une à une ; on n'entend plus que le faible clapotement de l'eau le long du bord, et le son métallique de la cloche des divers navires à l'ancre autour du nôtre, qui pique l'heure à intervalles réguliers.

Combien de fois j'ai appelé de mes vœux ce moment du retour! et cependant ce n'est pas sans un déchirement que je le vois arriver. On a beau sentir la patrie qui vous appelle, le foyer qui vous attend, on ne peut, après quatre ans de séjour, s'arracher brusquement, sans regarder en arrière, à cette nouvelle patrie qu'on s'est faite par l'habitude et l'amitié, au milieu d'un cercle intime et restreint, ni rompre d'un cœur léger des liens qui ne se reformeront plus.

Dans la vie ordinaire, le jour s'enchaîne au jour, et tant s'en faut que les diverses périodes de la vie se terminent d'une façon précise comme les chapitres d'un roman ; c'est dans la vie du voyageur qu'on retrouve cette impression avec une netteté parfois saisissante et douloureuse. Entre hier et aujourd'hui, entre ce matin et ce soir, entre cette rive et ce navire, vous sentez toute la distance qui sépare le présent du passé, vous pouvez mesurer le chemin laissé derrière vous, comme sur une route kilométrée ; voici une étape finie, une page du livre qu'on vient de tourner....

Mais ces réflexions mélancoliques risqueraient, si je n'y coupais court, de me retenir sur le pont toute la nuit, et le cigare qui s'éteint dans ma main m'avertit qu'il faut regagner ma cabine, m'y installer et reprendre l'habitude des couchettes trop dures et trop étroites, des réduits étouffants et des voisins qui ronflent. Demain, la trépidation de l'hélice nous réveillera.... *cras ingens iterabimus æquor*.

7 mars. — Yokohama s'efface derrière nous; tous les villages, toutes les collines environnantes disparaissent une à une, nous dépassons le phare de Kawasaki, placé à l'étranglement de la baie de Yédo. Nous voici bientôt en pleine mer, comme l'indique déjà la houle qui soulève l'avant du *steamer*; seul le magnifique Fusi-yama dresse sa tête encore couverte de neige, à 14 000 pieds au-dessus de nous, et plane dans un isolement grandiose dominant les montagnes qui l'avoisinent.

Avec quels yeux différents on regarde un même paysage à l'arrivée et au départ! Quand on entre pour la première fois dans une baie, c'est la jumelle braquée en avant, le regard avide, le cou tendu, essayant de se multiplier, explorant de tous côtés, et furetant, à chaque tour de roue, plus loin encore, pour découvrir plus vite cet inconnu tout à coup révélé; on se récrie à chaque nouvelle merveille, comme un amant à son premier triomphe, et, comme lui, impatient, on passe outre; n'aura-t-on pas le temps de revoir à loisir tous ces tableaux!

Lorsqu'on s'éloigne au contraire, après un long séjour, ce n'est plus tel ou tel détail qui vous charme et vous retient, c'est l'ensemble, c'est un horizon familier, une ligne de montagnes où vous avez longtemps laissé flotter vos rêveries, une terre où vous avez semé un peu de votre vie; vous essayez de graver ces contours une dernière fois dans votre mémoire, comme les traits d'un mort chéri. Dans le premier cas, c'est l'avenir qui accourt au-devant de vous; dans le second, c'est le souvenir qui s'enfuit à tire d'aile.

Au moment où le rivage cesse d'être distinct pour les passagers d'un paquebot, il se produit invariablement parmi eux un mouvement analogue à celui qu'on voit s'opérer dans une salle de spectacle au moment où tombe le rideau de l'entr'acte. L'attention, retenue jusque-là par la scène, se porte sur les spectateurs; on s'examine avec la curiosité de gens appelés à vivre ensemble pendant des jours et quelquefois des mois; on s'épie, on commente intérieurement un mot, un geste, pour découvrir le caractère et la profession de gens qu'au bout de huit jours on quitte parfois avec des protestations d'amitié, et que huit autres jours plus tard on a peine à reconnaître.

Après l'examen des passagers et de l'équipage vient celui des êtres matériels; les plus novices ne manquent pas de faire une visite générale du navire qui les porte, tandis que les plus experts vont droit à certaines parties dont ils savent qu'on doit redouter la construction défectueuse, s'informent du fumoir, des salles de bains et de la bibliothèque; heureux lorsqu'ils n'y trouvent pas comme moi pour toute pitance une trentaine de Bibles et de *Prayer-books;* en un mot, on s'installe, les uns vite, les autres plus lentement, sur cette île flottante qui porte et ballotte au gré des flots ce que chacun des passagers a de plus cher, en général du moins, c'est-à-dire sa propre existence. Bientôt cette prison de bois devient un monde qui vous fait presque oublier l'autre, et sur lequel se concentrent toutes les préoccupations, toutes les pensées. Les moindres événements du bord, les résultats du sextant et du chronomètre qui donnent le *point*, la direction du vent, la distance parcourue, les incidents de la navigation font l'objet des conversations et des questions dont on assaille les officiers.

Les deux penchants rivaux qui se disputent l'homme, c'est-à-dire l'égoïsme d'une part, et de l'autre la sociabilité, concourent à lui faire accepter très-vite tout genre d'existence qui l'isole pour l'associer à un groupe limité, tel que le couvent, le régiment, la tribu, ou, dans une certaine mesure, le bord. Il se meut à l'aise dans ce milieu restreint et s'intéresse à tout ce qui s'y passe. Il est probable, par exemple, que le voyageur le plus exact qu'ait fourni la minutieuse Angleterre ne songera pas, voyageant par terre, à noter sur son carnet les conversations échangées par son conducteur avec les autres passants, tandis que ceux de nous qui ont l'habitude de résumer chaque soir dans quelques lignes les faits de la journée, n'ont pas manqué de signaler la rencontre d'un *man-of-war* qui tire un coup de canon pour nous enjoindre de laisser arriver, et nous interroge par signaux sur le sort d'un voilier démâté qu'il cherche encore en mer, et que le courant a porté hier à Yokohama.

J'ai dit que le *Sunda* est un navire de la Compagnie péninsulaire et orientale, ou plutôt, pour employer l'abréviation adoptée, de la *P and O* (prononcez Piano). C'est dire que tout est anglais à bord, hommes, choses et habitudes, y compris la cuisine; c'est dire également qu'il n'y a que des passagers anglais, car toutes les autres nationalités préfèrent, les prix étant pareils, voyager par les Messageries maritimes françaises, qui font un service bimensuel alternant avec celui de la *P and O*. On est d'ailleurs très-confortablement installé sous tous les rapports, et, sauf l'inconvénient de faire quatre repas par jour, dont trois fort copieux, on n'a à se plaindre de rien.

Les Anglais, du reste, s'entendent à voyager mieux que peuple du monde; ils traînent partout avec eux, sous mille formes ingénieuses et portatives, ce confort dont ils ne peuvent se passer et dont l'absence constitue à leurs yeux quelque chose d'*improper*, d'humiliant; ils savent s'installer en un tour de main, disposer leur existence d'une façon appropriée aux circonstances; au lieu de cette précipitation, de cet effarement dont nous donnons le spectacle, ils s'étudient à faire chaque chose nouvelle comme s'ils l'eussent faite toute leur vie. Ce flegme imperturbable, cette égalité sereine d'humeur et de manières, qui étonnent au premier abord, attachent ensuite et font de leur commerce une habitude aussi difficile à changer qu'à prendre.

Du 8 au 15. — Favorisés par un beau temps bien rare dans ces parages et légèrement aidés par la mousson de nord-est, qui est sur le point de changer, nous longeons à toute vitesse les côtes montagneuses du Japon. Voici Ohosima, qui signale l'entrée de la mer intérieure, — cette merveille incomparable que j'ai parcourue dans de précédents voyages ; — c'est là que les navires circulent entre des îles innombrables, couvertes de verdure, ornées de villages et de châteaux forts ; si pressées les unes contre les autres que l'on se demande à chaque instant comment on trouvera sa route pour sortir du dédale, et que chaque coup de barre découvre de nouveaux aspects, de nouveaux enchantements ; mais nous n'y pénétrons pas cette fois et, traversant dans sa largeur le canal de Kio, nous faisons route le long de la côte orientale de Sikok, reconnaissant chaque cap l'un après l'autre, tantôt perdant de vue la côte quand elle se creuse en baies profondes, tantôt retrouvant les lignes de crêtes volcaniques familières aux navigateurs ; enfin nous franchissons le détroit de Van-Diemen, large à peine de quelques milles et signalé par un phare juché au milieu des montagnes tourmentées qui terminent la grande île de Kiusiu ; c'est là qu'il faut saluer une dernière fois le pays du soleil levant et dire adieu à la terre hospitalière, où se sont dépensées pour plusieurs de ces passagers des années que quelque jour sans doute ils déclareront les plus belles de leur vie.

Nous voici désormais bercés entre le ciel et l'eau, dans la solitude morne de l'Océan, « qui ne produit pas de vignes », jusqu'à l'approche des côtes de Chine que nous signale la rencontre des jonques de pêche. C'est en effet l'écueil de Turn-about, surmonté d'un phare qui le signale aux vaisseaux, qu'on voit poindre au milieu d'îles désolées. Nous le laissons à tribord ; la mer est si calme qu'on pourrait descendre en canot sur le récif ; c'est là cependant que ce même *Sunda* qui nous porte a été jeté par la tempête, il y a quelques mois, et a dû rester plusieurs semaines avant d'être renfloué, tandis que la malle française suivante se chargeait de porter son courrier, ainsi que cela se pratique régulièrement en pareil cas entre les deux services postaux.

§ II

HONG-KONG

En longeant les côtes de Chine, la brume, qui rend la navigation si dangereuse dans ces parages, nous empêche d'y voir à une demi-encablure du beaupré ; il faut constamment siffler et faire tinter la cloche pour avertir les barques de pêche très-nombreuses qui nous entourent et ne prennent aucune précaution pour indiquer leur présence. La nuit, ce sifflement et le ralentissement brusque du navire, quand l'officier de quart doute de ce qu'il a devant lui, donnent à la marche le caractère lugubre d'une descente fantastique dans l'empire des ténèbres.

Le brouillard, en effet, est le plus terrible ennemi du marin, qui préfère le gros temps et la tempête à l'obscurité. Il se dissipe cependant pour nous laisser voir l'*Hoogly* et le *Menzaleh*, deux paquebots des Messageries qui se rendent, l'un à Shanghaï, l'autre à Yokohama, garnis de passagers qui agitent leurs mouchoirs, tandis que s'échangent les saluts d'usage. Enfin nous pénétrons dans les chenaux qui mènent à travers plusieurs petites îles basses et inhabitées jusqu'à l'îlot de Hong-kong, et nous entrons à minuit, par un beau clair de lune, dans le port de Victoria, où le *Sunda* vient s'attacher à sa bouée.

La ville est éclairée au gaz, on y donne sans doute une fête, car les accords lointains de la musique parviennent jusqu'à nous; les collines aux vives arêtes et les villas en amphithéâtre se dessinent vaguement sous un ciel étoilé, au milieu d'une atmosphère tiède et calme, on dirait une nuit vénitienne, et volontiers on chercherait des yeux les gondoles, mais il faudrait n'avoir pas mis le pied en Chine pour se laisser aller un seul instant à l'illusion. Il faudrait n'être jamais encore passé à Hong-kong ni à Shanghaï, — Shanghaï, ce petit Londres jeté audacieusement par le génie anglais sur le Wampoa, à 12 milles de Yang-tse-kiang, avec ses quais magnifiques, ses banques installées dans des palais, son luxe étourdissant, mais adossé à la ville chinoise du même nom, où grouille dans un cloaque infect une population de plus de 100 000 coulis déguenillés. Ici la population chinoise n'est pas moins nombreuse, mais l'administration est purement anglaise. Tandis qu'en effet Shanghaï est un *settlement*, c'est-à-dire une concession emphytéotique de terrain faite aux diverses puissances européennes par le gouvernement chinois, Hong-kong est une colonie proprement dite de la Grande-Bretagne, sur laquelle flotte seul le pavillon britannique.

14. — C'est toujours une opération grave qu'un débarquement; nos escadres l'ont éprouvé plus d'une fois, notamment sur le sol chinois que je foule en ce moment, soit à l'embouchure du Pei-ho, soit en Corée; le mien a été un véritable désastre. Pas plus à Hong-kong que dans les autres ports de l'Asie en général, les navires d'un fort tirant d'eau ne peuvent accoster à quai; tandis que les marchandises sont déposées sur de lourds chalands qui font va-et-vient entre le *steamer* et les

wharfs, les passagers sautent dans de légères embarcations, les sampangs, où ils entassent leurs bagages, et franchissent ainsi à la rame ou à la voile la distance qui les sépare du rivage.

Je m'étais installé ainsi avec un de mes compagnons de voyage dans un fragile esquif dont le roulis exagéré ne nous rassurait qu'à moitié; arrivés à terre, je saute le premier pour quérir des porteurs de bagages; mais la cohue de coulies qui se presse autour de l'escalier de débarquement ne me donne pas le temps de choisir; trois, quatre, huit hommes se précipitent sur notre malheureux chargement, se disputent les malles, s'arrachent les portemanteaux au milieu de vociférations sauvages, sans que la menace d'un parapluie inoffensif que brandit mon infortuné compagnon les décide à lâcher prise; le canot décrit sous cette pression les mouvements les plus inquiétants, et enfin, perdant tout à fait l'équilibre, chavire sens dessus dessous. Les huit coulies, mon camarade, le batelier, sa femme, les trois marmots, les caisses, les malles, les engins de pêche, de cuisine, un prodigieux amas de brimborions informes logés dans ce bateau, en un clin d'œil tout cela est à la mer, flotte, barbote, s'accroche au voisin, hurle et suffoque dans six pieds d'eau au milieu d'une confusion indescriptible. On repêche tant bien que mal nos colis, mais les auteurs de cette déplorable équipée à peine sortis de l'eau se dissimulent dans la foule et s'enfuient au plus vite. Je réussis cependant à en attraper un, qu'un policeman empoigne par la queue, et tandis que mon compagnon essaye de se réchauffer, tandis que *Hong-kong-hotel* est transformé en séchoir, je me dirige séance tenante vers le tribunal de police.

Il faut avouer que si la surveillance des quais est mal faite, la justice est en revanche expéditive. En moins de vingt minutes, j'ai comparu devant un officier de police qui a reçu ma plainte et l'a inscrite sur un registre ; le prévenu a été interrogé sommairement, nous avons été conduits à l'audience. Le magistrat, averti par l'officier instructeur qu'il s'agissait d'un *washing case*, — c'est ainsi, paraît-il, que le fait est qualifié dans le langage de la magistrature locale, — a entendu sous serment ma déposition, m'a approuvé d'avoir dénoncé ce méfait, contre lequel il faut, dit-il, faire un exemple, et a remis à deux jours sa sentence afin de rechercher les autres coupables et condamner tout le monde à la fois, en me dispensant très-courtoisement de me représenter. Le surlendemain en effet, les huit coulies, reconnus à leurs vêtements mouillés, — ils auraient eu peine à en changer, — et amenés devant le juge, étaient condamnés chacun à cinq piastres d'amende ou quatorze jours de travaux forcés.

Cet incident terminé, je reprends la flânerie du touriste, et me remets à parcourir les rues animées et les quais turbulents de la ville. Si l'on voulait donner à quelqu'un une idée imposante de la race anglaise, c'est ici qu'il faudrait le conduire, pour lui montrer tout ce que l'énergie et l'âpre volonté d'une nation peuvent accomplir, en dépit de la nature et des saisons.

Sur les pentes abruptes et presque inaccessibles d'un îlot stérile et désolé de 30 milles carrés par 1/2 degré du tropique du Cancer, exposé aux ardeurs d'un soleil implacable, aux typhons, aux pluies énervantes, l'Angleterre a conçu le projet audacieux de créer un port franc destiné à être l'entrepôt du commerce entre l'Europe et la Chine méridionale ; elle a trouvé à Victoria un mouillage convenable, et sans hésiter a jeté là de vive force une ville qui compte aujourd'hui 80 000 âmes, dont 3950 Européens. Le terrain plat manquant, il a fallu étager les constructions en terrasse sur les flancs des montagnes exposées au nord, où ne souffle pas la moindre brise, pendant toute la mousson de sud-ouest ; il a fallu tracer des rues en lacets où les voitures ne peuvent monter, maçonner des terrasses, planter des jardins, créer un sol artificiel, construire des routes au flanc des coteaux, pour circuler dans l'île, appeler une population indigène très-nombreuse et entretenir une police considérable pour la surveiller.

Vue de loin, Victoria rappelle ces villes de palais superposés qu'on voit au sud de l'Italie baigner dans la Méditerranée leurs assises bariolées. Si l'on parcourt les rues, on rencontre des constructions spacieuses, les hôtels, le club, les banques, les casernes, le *city-hall*, le palais du gouverneur, où l'on a essayé de lutter par l'immensité des appartements et l'épaisseur des murailles contre l'inclémence de la température. Une propreté admirable, une variété inouïe d'étalages, une animation constante font de ces aspects extérieurs l'un des plus curieux spectacles qui puissent s'offrir aux yeux d'un voyageur qui les voit pour la première fois. Sous ce ciel inhospitalier, le négociant qui sent arriver la fortune veut se donner tout le confort que lui peuvent offrir les raffinements de la civilisation à défaut des faveurs du climat, et les villas qui s'entassent les unes dominant le toit des autres, si elles ne réalisent pas toujours le type de l'élégance parfaite, forment du moins un ensemble des plus pittoresques.

L'Européen circule vêtu de blanc de la tête aux pieds, coiffé du casque, rarement à pied, quelquefois en tilbury dans les rues qui portent voiture, le plus souvent dans la chaise à porteurs, vigoureusement manœuvrée par deux coulies auxquels les résidents imposent généralement une livrée de fantaisie. Le marchand chinois se tient patiemment dans sa boutique, fumant avec gravité sa longue pipe au fourneau microscopique ; l'homme de peine se fraye difficilement un chemin au milieu des passants, les avertissant par un petit cri guttural et saccadé de ne pas se heurter au double fardeau qu'il porte suspendu aux deux extrémités d'un bâton passé sur son épaule. Le *policeman* anglais, chinois ou hindou, qu'on rencontre à chaque pas, se promène gravement le bâton à la main et voit tout du coin de l'œil. De pauvres diables défendent comme ils peuvent un étalage en plein vent, dont l'odeur et l'aspect, repoussants pour nos sens exotiques, sont, paraît-il, des plus affriolants pour les yeux et les narines des fils du Céleste-Empire. Au milieu de tout cela, on crie, on se bouscule, on se dispute, mais le tout rapidement, comme des gens qui n'ont pas de temps à perdre et que le gain appelle bien vite ailleurs. Le Chinois, actif, laborieux, âpre au lucre, semble au premier abord fait pour subir le joug de l'Anglais pratique et infatigable qui se sert de lui en l'enrichissant.

Cependant, malgré son caractère pittoresque et ce mélange original de la civilisation de l'Occident juxtaposée à celle de l'extrême Orient, Hong-kong ne retient pas. Tandis que les véritables beautés de l'art ou de la nature nous enchantent d'autant plus que nous les revoyons plus souvent, et que nous arrivons à nous faire une habitude et une nécessité de revoir périodiquement des merveilles comme Venise ou le lac Léman, — ce qui ne nous a séduits au premier abord que par la bizarrerie et par l'imprévu nous charme de moins en moins par la suite ; à une seconde visite, le souvenir de la première s'efface plutôt qu'il ne se ravive, il ne reste plus dans l'esprit qu'une image fruste et décolorée qui échappe à la description. Le voyageur débarqué d'hier est plus capable de tracer le tableau d'une pareille ville que le résident, dont les yeux blasés ne perçoivent plus mille détails auxquels l'étrangeté seule donne quelque relief.

Par contre, un des charmes du voyage, pour quiconque a habité quelques années ces pays lointains, c'est de s'y retrouver à chaque étape dans un milieu sympathique dont on connaît d'avance le ton et où l'on se trouve introduit de plain-pied par une communauté d'idées, de manières ou de relations. L'échange de communications entre la Chine et le Japon est assez considérable, et le cercle européen dans chaque ville est assez restreint pour qu'un Français de Yokohama ne puisse circuler dans les rues, les hôtels, les clubs à Hong-kong sans y rencontrer quelques visages de connaissance et recevoir plus d'une invitation cordiale.

La présence du nouveau venu apporte quelque variété à la mortelle uniformité de la vie quotidienne : il met en circulation la monnaie de ses observations dans le pays d'où il arrive; ceux qui l'accueillent ne sont pas fâchés de leur côté de trouver une oreille attentive et neuve qui écoute leurs discours, se prête à leurs appréciations, à leurs vues, et souvent à des plaintes qui ne sont pour les compagnons ordinaires que d'insipides redites. Vous sentez, à l'attitude de vos hôtes, que vous leur rendez un service, celui de secouer la torpeur d'une vie monotone. Comme on se familiarise vite, et comme, grâce à une sorte de franc-maçonnerie des visages blancs, on s'associe rapidement à un genre de vie dont on a soi-même ailleurs connu les émotions, l'arrivant voit s'ouvrir devant lui le cercle où on lui désigne sa place sans phrases comme sans hésitation : simplicité, cordialité, tel est le ton général des rapports sociaux.

Ici, comme dans les ports ouverts au commerce étranger, et plus que partout ailleurs, il existe des lignes de démarcation très-tranchées dans la population. Il est à peine besoin de dire qu'aucun mélange n'a lieu ni dans les hôtels, ni dans les lieux publics, entre Européens et indigènes; qu'il ne s'est jamais établi entre eux de relations sociales ni d'autre commerce que celui qu'exigent les affaires. Le Chinois, bien plus fidèle que le Japonais à ses mœurs, à ses traditions, à ses préjugés, ne se mêle à l'Européen que pour acheter et vendre, mais vit renfermé chez lui, habillé, nourri, logé strictement à la façon chinoise. L'Anglais a, de son côté, transporté avec lui tout l'appareil de la vie opulente de Londres et se prélasse dans les délices et les recherches du *high life*.

C'est sans contredit un des caractères de la race anglaise que le besoin de dépenser pour paraître, de devancer l'heure de la fortune. Tandis que le Français expatrié croit sage d'économiser le plus qu'il peut afin de hâter le moment de la retraite qu'il rêve de prendre dans son pays natal, et vit le plus modestement possible, l'Anglais dépense hardiment tout ce qu'il a, se fiant à l'avenir, au développement de son activité et de ses affaires, pour combler les vides et assurer son sort. Il ne songe guère d'ailleurs à rentrer quand même chez lui; il fera, dans un temps limité, une grande fortune et reviendra étonner ses compatriotes, ou bien mourra à la peine sur le sol étranger. En attendant, puisqu'il est ici pour la vie peut-être, il faut la passer joyeusement.

Ajoutons qu'au début de la colonie le Pactole coulait dans les caisses des négociants; c'en est assez pour expliquer le pied luxueux sur lequel est montée l'existence de bien des gens partis de chez eux avec plus d'espérances que de capitaux. Quelquefois, il est vrai, le ballon trop gonflé crève : quelques mauvaises années suffisent pour amener la faillite et la ruine de ces colosses aux pieds d'argile, forcés de quitter des palais inondés de champagne, en donnant 2 pour 100 à leurs créanciers; mais quoi! ne fallait-il pas vivre en grands seigneurs, en *princes merchants*, et avant tout tuer l'éternel ennemi de ces régions énervantes : l'ennui?

Aussi Hong-kong offre-t-il aux yeux le spectacle de la vie élégante dans tout ce qu'elle a de plus brillant, sinon de plus délicat. Grands hôtels splendidement meublés, où l'on tient table ouverte, service, livrées, écuries, bals et fêtes, jeux, paris, régates, courses, tout donne l'idée de la richesse, et par-dessus tout l'habitude de semer l'argent sans compter en fantaisies d'un moment.

Pour les courses, il a fallu choisir, à quelques milles de la cité, un emplacement, faire une route carrossable, le tout aux frais de la municipalité enrichie par des taxes volontaires; mais on ne s'est pas contenté d'y faire courir des poneys chinois, certains amateurs déterminés ont fait venir d'Angleterre des pur-sang dont le prix, rendus en Chine, est resté légendaire. Quant au luxe des dames anglaises, on m'assure, — je me fie peu à mon propre jugement en pareille matière, — qu'il dépasse toute vraisemblance.

Cette existence à grandes guides n'est menée du reste que par une petite élite de négociants qui constituent l'aristocratie de l'endroit, c'est-à-dire sont plus riches que les autres et excluent avec un soin jaloux tout ce qu'ils ne jugent pas à leur niveau. On me parle de plusieurs catégories ainsi établies, lesquelles ne frayent guère entre elles, s'observent, se jalousent : je m'en montre surpris; on ajoute qu'il y a beaucoup d'argent et beaucoup de femmes inoccupées, de là les discordes.

De ces catégories, la dernière, parmi les gens établis, est celle des *store-keepers* ou commerçants ayant boutique et vendant au détail; jamais le négociant qui vend la soie et le riz par *piculs* ou par balles n'admet dans son salon ou à son club celui qui vend ces mêmes produits en sacs ou en écheveaux. Ici d'ailleurs, comme dans toute la Chine, comme au Japon, les beaux jours du commerce sont finis. Il est passé, le temps des fortunes rapides, étourdissantes, que l'on rencontre parfois dans les pays nouveaux. La concurrence excessive, l'habileté chinoise ont ramené les bénéfices à un taux modéré ; la baisse de la piastre a fait le reste, et tel qui menait jadis grand train a dû se réduire à un modeste emploi pour vivre.

Ce que l'Angleterre a voulu s'assurer à Hong-kong, c'est moins encore une importante place de commerce qu'une station navale dans les mers de Chine, où ses flottes et sa marine marchande pussent se ravitailler et se mettre à l'abri. Aussi est-on décidé à faire tous les sacrifices pour le maintien de ce nid d'aigles. Malgré le poids des impôts, le revenu, qui s'est élevé en 1874 à 178 107 livres sterling, s'est trouvé inférieur de 14 000 livres aux dépenses, et le trésor anglais a dû combler le déficit. Sur ce budget, 20 000 livres sont consacrées aux services militaires, 89 000 aux traitements des divers fonctionnaires. Hong-kong est ce que les Anglais appellent *crown colony*, c'est-à-dire qu'elle ne dépend que de la reine et qu'elle est gouvernée au moyen des ordonnances royales par un fonctionnaire unique, assisté d'un conseil non électif et nommé par la couronne.

En 1841, l'île n'était qu'un repaire de malfaiteurs et de pauvres pêcheurs s'élevant au nombre d'environ 5000 ; elle compte aujourd'hui 122 000 habitants. Il entre par an dans le port 25 000 navires de diverses grandeurs, d'un tonnage total de 3 119 190 tonnes et montés par 385 576 hommes d'équipage. Ce qui a fait la rapide prospérité de Hong-kong, c'est que les Anglais n'ayant pas hésité à le déclarer port franc, presque toutes les marchandises d'Europe qui entrent en Chine viennent s'y transborder avant de franchir la ligne des douanes chinoises.

Mais on peut lire sur bien des figures ce que coûte la grandeur de l'Angleterre. Il est peu de résidents blancs qui, au bout de quelques années, échappent à l'anémie, à l'hépatite, à la dyssenterie ; les femmes surtout, pâles, amaigries, les enfants décolorés, sans gaieté, sans vie, font peine à voir. En vain les hommes essayent-ils de réagir par une hygiène violente, de s'entraîner au cricket, aux courses, aux luttes de vitesse, ils tombent presque infailliblement dans l'abus des *drinks*, des boissons alcooliques : l'estomac s'affadit, l'appétit disparaît, le régime des *pickles* détruit les tissus, et les médecins renvoient bien vite leur malade guérir ou mourir chez lui.

§ III

CANTON

Du 15 au 22. — Me voici à bord du *Kiu-kiang*, *steamer* d'une compagnie anglaise qui fait le service entre Hong-kong et Canton. Ces navires sont construits pour remonter les fleuves avec un faible tirant d'eau, et leur aménagement disposé pour recevoir de nombreux passagers. En ce moment, 600 Chinois s'entassent, au dernier coup de cloche, dans l'entre-pont des secondes, tandis que j'occupe, moi deuxième, le salon des premières, interdit aux gens de couleur. Nous ne tardons pas à entrer dans les eaux limoneuses du Chu-kiang, ou Rivière des perles, plus généralement appelée Rivière de Canton, dont la configuration fait la richesse de Canton.

Les deux provinces du Kuang-si et du Kuang-tong forment en effet un vaste demi-cercle, borné par des montagnes, d'où s'échappent une multitude de cours d'eau, qui tous viennent se réunir au pied des murs de Canton pour se jeter de là à la mer par une infinité d'embouchures, dont la principale, Bocca-tigris, celle que nous franchissons, a été défendue par des forts aujourd'hui en ruine. Grâce à cette disposition en double éventail, c'est à Canton que se concentre forcément le négoce de tout l'intérieur, qui de là reflue vers les diverses parties du littoral, par un mouvement semblable à celui de la circulation du sang. Le delta formé par l'alluvion est d'une fertilité remarquable : le riz et le mûrier y croissent en abondance.

Bien que les villages soient rares, la population est cependant, paraît-il, très-nombreuse; mais les chaumières se cachent dans la verdure et beaucoup de gens vivent sur des bateaux, qu'ils dissimulent le mieux possible dans les criques pour échapper aux collecteurs de l'impôt. Nous dépassons beaucoup de ces barques, qui se laissent emporter doucement, leurs voiles déployées en éventail, tandis que la famille du pêcheur vaque, au milieu d'un désordre indicible, à des opérations passablement prosaïques. De temps en temps on voit des mariniers tirer leur barque sur la plage, remmailler leurs filets ou renouveler les offrandes consacrées aux divinités protectrices de la mer, et placées dans de petites niches rouges et noires sur maint îlot et maint promontoire.

Chemin faisant, je feuillette le *directory*. Dans chaque colonie, dans chaque *settlement* anglais, on est sûr de trouver sous ce titre une petite monographie succincte et claire donnant au voyageur tous les renseignements nécessaires sur la ville où il arrive : population, liste des résidents, productions, statistique commerciale, tarifs, voies de communication, historique rapide, etc.

La prospérité de Canton remonte au huitième siècle de notre ère : c'est en 1517 que les premiers Portugais y abordèrent; en 1637, on y vit arriver quelques marchands anglais. La compagnie des Indes y établit une factorerie importante, et la capitale si bien placée du Kuang-tong devint le grand *emporium* de la Chine du sud ; mais les vexations des Chinois amenèrent la guerre de l'opium en 1840, et le traité de Nankin en 1842 ouvrit au commerce européen les ports de Canton, Amoy, Fuchéou, Ningpo et Shanghaï. Le refus d'exécuter ce traité et le pillage des factoreries européennes déterminèrent la dernière guerre. Canton fut pris le 15 décembre 1856 par les Anglais, puis une seconde fois par les Français, le 29 décembre 1857. On a vécu en bons termes depuis le traité de Tien-tsin (1858).

La population s'élève à 700 000 habitants, entassés dans un mur d'enceinte de 6 milles de longueur ou groupés dans les faubourgs adjacents. La concession européenne, qui porte le nom de Shamien, est un îlot de 2800 pieds de long sur 950 de large, séparé de la ville par un canal ; on y a tracé de larges rues, planté quelques arbres, construit des quais, fait en tout une dépense de 325 000 piastres, dont un cinquième a été supporté par la France et quatre cinquièmes par l'Angleterre.

Cependant le *Kiu-kiang* remonte rapidement la rivière aux flots jaunâtres ; il dépasse Wampoa, où l'on voit les restes abandonnés d'un dock de radoub construit par les Anglais et détruit en 1875 par l'épouvantable typhon qui a désolé tous ces parages. Les collines se resserrent autour des rives ; quelques pagodes se dressent sur les bords ; des tombeaux isolés ou groupés ensemble émaillent la plaine çà et là. Le mouvement des jonques sur le fleuve annonce que nous approchons, et bientôt l'on voit se dessiner dans le brouillard d'une journée grisâtre la silhouette d'une immense citadelle aux hautes murailles surmontées de leurs seize portes, et de vastes édifices semblables à des tours dont l'œil, au premier abord, ne s'explique pas bien la destination ; mais un autre spectacle le rappelle sur le fleuve, dont on peut du pont dominer toute la largeur.

Nous voici en effet entrés dans la ville même, car elle s'étend jusque sur l'eau ; plus de 20 000 sampangs, contenant chacun une famille, abritée sous une légère toiture de jonc et de bambou arrondie en demi-cercle, se pressent entre les rives, forment de véritables îlots coupés par des canaux livrés à la circulation. De grandes jonques marines, et même des jonques de guerre, s'y trouvent mêlées, et si loin que l'œil puisse voir, on n'aperçoit que ces longues files d'embarcations.

Notre *steamer* se fraye à grand'peine une voie au milieu de cette cohue de petits bateaux manœuvrés à la godille par des femmes. Quand nous stoppons, c'est bien pis ; tous font force de rames vers le navire, qui leur lâche sa vapeur de plein fouet, se bousculent autour des panneaux de déchargement, sous les roues, sous les manœuvres, se heurtant, s'entre-choquant au milieu d'une confusion inouïe et de clameurs assourdissantes. Les plus audacieuses des batelières escaladent notre paquebot et s'emparent des premiers colis venus, entraînant avec elles les propriétaires affolés. Je ne sais par quel prodige maîtres et ballots ne tombent pas dans l'eau, ni comment ils réussissent à se dépêtrer de cet inextricable fouillis d'esquifs branlants et roulants.

C'est toujours sous ces auspices désagréables que le voyageur fait son entrée dans les ports de l'Asie et en général dans les villes de tous pays.

Ce qu'on voit aux abords d'une grande cité,
Ce sont des abattoirs, des murs, des cimetières ;

c'est aussi la plus vile populace, gens sans aveu, sans métier, que la police la plus vigilante aurait peine à contenir et contre laquelle le gouvernement chinois se garde bien de prendre la moindre précaution.

Au bout d'une demi-heure, un calme relatif s'est rétabli, le *Kiu-kiang* a vomi ses 600 Chinois et sa cargaison de marchandises; j'ai sauté du pont sur le *wharf;* une virago s'est saisie de ma valise, et je la suis à travers les ruelles jusqu'à la factorerie peu distante où réside le cicérone auquel je suis recommandé, puis de là à l'hôtel assez misérable, unique ressource de l'imprudent qui ne s'est pas fait annoncer à Canton chez quelque compatriote. En route, je perds une illusion sur la femme chinoise; celle qui me conduit est vêtue d'un large pantalon et d'une large blouse de lustrine noire; elle a des pendants d'oreille et une fleur artificielle passée dans ses cheveux, relevés avec soin; mais, loin de cacher pudiquement des pantoufles de Cendrillon, elle étale dans toute leur nudité les cals de deux larges pieds plats.

La coutume de comprimer les pieds des filles pour les réduire à d'informes moignons est infiniment moins répandue en Chine qu'on ne le croit généralement; c'est une distinction réservée à un très-petit nombre de femmes de naissance; la femme du peuple est une bête de somme qui n'a pas trop de toutes ses forces physiques pour suffire à sa rude besogne. Toutefois ces batelières portefaix forment une caste à part : dans la ville, on ne voit pas d'autres femmes occupées à un travail extérieur. Il ne s'en trouve jamais dans les boutiques ni dans les rez-de-chaussée où l'on peut glisser un furtif coup d'œil; elles sont cachées aux regards et la plupart du temps reléguées hors de la ville, dans des fermes où leurs maris vont les voir lorsque la fantaisie leur en prend.

Je termine ma première journée à Canton en visitant la cathédrale et la concession européenne. La cathédrale est en construction; mais, abandonnée faute de fonds pour continuer les travaux, elle semble plutôt une ruine. Si respectable que soit le zèle qui a poussé nos missionnaires à entreprendre un édifice aussi peu en rapport avec les progrès du catholicisme en Chine, il est permis de regretter qu'il se soit obstiné à cette tentative, qui semble une provocation jetée aux vieux préjugés chinois et blesse la population cantonnaise. Une école, un asile s'élèvent à côté et fonctionnent sous la direction des pères jésuites ; là, comme à l'établissement de Zikawé que j'ai vu près de Shangaï, on recueille des enfants que l'on baptise et qu'on essaye de s'attacher en les instruisant, en leur conférant même les ordres. Quand on voit de près ces institutions, le pied modeste sur lequel elles sont établies, on a autant de peine à comprendre l'ombrage qu'elles portent au fanatisme indigène que l'importance de leur rôle dans notre diplomatie.

On sait du reste que la question des missions en Chine est une des plus controversées de toutes celles que soulèvent nos rapports avec l'extrême Orient. Les uns soutiennent que donner aide et protection aux missionnaires, c'est s'aliéner l'esprit des gouvernements locaux, se rendre suspect, se fermer la porte du commerce, s'engager d'ailleurs à prendre à son compte toute atteinte portée à des hommes respectables sans doute, mais souvent entraînés par un zèle irréfléchi à dépasser la lettre des traités, qu'en un mot, c'est se placer dans la situation fausse d'endosser affronts et responsabilités, ou de tirer à chaque instant l'épée hors du fourreau. Les autres allèguent que c'est le rôle traditionnel de la France de répandre, aussi loin que se montre son pavillon, les bienfaits de la civilisation et de la foi, que c'est pour elle le seul moyen de lutter dans l'extrême Orient contre la grandeur des nations plus commerçantes sans être complétement éclipsée par elles, que la France subirait une diminution dans son prestige le jour où elle abandonnerait cette tâche. Les commerçants professent généralement la première opinion, les diplomates la seconde : la matière mériterait en tout cas d'être examinée avec soin par l'opinion publique en France, et de ne pas être laissée uniquement à la discrétion du ministre, ou plutôt des bureaux du ministère des affaires étrangères.

De la cathédrale, une chaise à porteurs me ramène à la concession située sur le bord du fleuve, en face de l'hôtel où je suis descendu, seul endroit de la ville où l'on trouve de larges voies plantées de multipliants, de l'air, de l'espace. La partie réservée aux Anglais est couverte de maisons à deux étages, construites dans de vastes proportions et dans un style commun à toutes les habitations européennes en Chine, qui tient le milieu entre l'hôtel et la villa. Quant à la partie française, ce n'est qu'une plaine inculte qui attend encore des acquéreurs, triste contraste que le voyageur français est forcé de constater trop souvent. Il y règne peu d'animation, quoique l'heure soit celle de la promenade : quelques cavaliers font galoper leur poney le long d'une allée trop tôt parcourue, quelques couples s'acheminent lentement le long de la berge; on vient saluer le soleil qui se couche tristement dans un horizon bas et brumeux. C'est à peine s'il y a une trentaine d'Européens résidant à Canton, parmi lesquels deux ou trois dames anglaises seules ont osé affronter les ennuis de cette reclusion aux portes d'une grande cité.

Voilà bien, sauf les améliorations du confort moderne et la fréquence des communications, la vie des anciennes factoreries, des premiers pionniers du commerce occidental jetés par l'énergie de nos pères au milieu de populations hostiles, sous un climat inhospitalier, et soutenus dans leur triste existence par l'âpre volonté du gain. Mais, hélas ! ceux-ci subissent la crise générale dont souffre le négoce dans tout l'extrême Orient : les affaires se ralentissent, le chiffre des *imports*, qui était en 1865 de 7 900 000 taëls, et celui des *exports*, qui était de 13 500 000, ont considérablement baissé, et d'ailleurs l'habileté des négociants chinois sait se priver de l'intermédiaire des commissionnaires établis à leur porte, pour pratiquer des échanges directs avec l'Europe en passant par-dessus leur tête. Ce marasme apparaît dans l'aspect même du *settlement;* plusieurs maisons sont inhabitées et tombent en ruine ; ce n'est pas la prospérité qui arrive, c'est la vie qui s'en va. Partout même phénomène ; production et consommation semblent, dans les deux parties de l'ancien monde, avoir été surmenées et subir l'abattement qui succède au paroxysme.

Il est impossible de rendre la sensation d'ahurissement que produit une course de quelques heures à Canton, faite avec l'allure rapide des porteurs. Ces ruelles étroites et sombres, ces maisons hautes et noires, pressées les unes contre les autres, cette cohue triste, cette agitation d'une fourmilière humaine, puis ces cris discordants de portefaix, ces heurts perpétuels d'une foule qui étouffe dans un cloaque trop resserré, le mouvement désordonné des chaises portant des mandarins à toute vitesse, tout cela papillote devant les yeux et bourdonne dans le cerveau comme les visions décousues d'un cauchemar. On sent le besoin de se rattacher à un fil conducteur, de faire un effort pour se convaincre que tout cela n'est pas un rêve, une fantasmagorie du genre macabre, et qu'on est bien réellement au sein de la plus grande cité d'un vaste empire, peuplée de vivants et regorgeant de richesses.

A tout prix, il faut non-seulement un cicérone qui dirige vos porteurs et vous aide à sortir du labyrinthe, mais un guide éclairé qui vous mette au fait, vous explique d'un mot ce qui se cache sous les dehors et satisfasse vos étonnements au retour de chaque excursion. On m'a procuré le premier. Quant au second, j'ai l'inestimable bonheur de le rencontrer dans la personne de M. Dabry de Thiersant, consul général de France, qui ne m'a pas permis, dès qu'il a su mon arrivée, de résider ailleurs que sous son toit, et chez qui je trouve réunis les charmes de la plus gracieuse hospitalité et l'attrait d'une conversation piquante et intarissable. Résidant depuis longtemps en Chine, possédant à fond la langue, initié par ses longues études à l'histoire de la civilisation, aux mystères de la politique et de l'administration, M. de Thiersant est non-seulement le plus séduisant, mais le plus instruit et le plus instructif des hommes que le hasard, souvent heureux, des voyages m'ait fait rencontrer.

Le consulat se trouve placé à trois quarts d'heure de la concession, au milieu de la ville tartare, dans un « yamen » — palais de fonctionnaire chinois — approprié aux usages européens. Canton est en effet, comme toutes les grandes villes de la Chine, divisé en ville chinoise, ville tartare et faubourgs ; chacune des deux villes a son enceinte de murailles et communique avec l'autre par quatre portes monumentales. Dans les faubourgs, plus sales, plus infects, plus misérables d'aspect que tout le reste, s'exercent les industries locales, se tisse la soie, se fabriquent les meubles de bois dur qui portent dans le commerce le nom de meubles de Canton ; c'est là, dans de misérables échoppes, où l'on ne pénètre qu'avec dégoût, que l'ouvrier chinois produit, à force de patience et de dextérité, ces merveilles de goût que se disputent les amateurs parisiens. Dans la ville chinoise s'exerce le commerce proprement dit.

Dans la ville tartare, véritable citadelle, réside exclusivement le monde officiel tant civil que militaire, c'est-à-dire la race tartare, celle des conquérants, qui aujourd'hui encore vivent à part des Chinois conquis, les gouvernent, les exploitent et reçoivent du trésor des traitements et des pensions. Le Tartare se distingue très-nettement du Chinois ; il a les yeux mieux fendus, expressifs, hardis, le nez moins épaté, les membres bien pris, les cheveux plus abondants, plus souples et retombant sur ses talons en une queue mieux fournie. Il fuit les occupations serviles et le négoce, s'adonne au métier des armes, est même soldat de naissance et reçoit à ce titre une pension de un picul de riz par an et par tête; un demi-picul est accordé aux filles. 8000 soldats tartares sans aucune organisation résident à Canton et sont placés sous les ordres d'un général, dont le quartier est situé sur une petite éminence voisine de l'enceinte.

Cette partie de la grande cité a un caractère tout différent de la partie marchande. Ici les voies sont plus larges, presque désertes; on ne voit pas une boutique, pas un étalage; les rues sont bordées de longues murailles de moellon, interrompues de temps en temps par une porte basse qui donne accès à une petite cour d'entrée; quant à l'intérieur de la maison, il est soigneusement caché aux regards des curieux par une sorte de grand paravent en maçonnerie placé à un mètre en arrière de la porte et ne permettant d'entrer dans la cour que latéralement. C'est le « yamen », le foyer d'où l'étranger est sévèrement banni.

Beaucoup d'habitations ne sont plus que des masures en ruine; le préjugé qui défend de détruire les vieilles choses, joint à l'incurie qui empêche de les réédifier, donne à toute la Chine un aspect délabré des plus repoussants : si l'on ajoute que la voirie est uniquement confiée aux oiseaux de proie et aux chiens errants, on aura encore une faible idée du spectacle misérable qui s'étale sous mes yeux et qui se résume dans ce mendiant en haillons étalant sans vergogne des loques hideuses où il picore au hasard, — chose horrible à dire, — la plus immonde des nourritures!

Que de fois il a fallu que mon guide me tirât par la manche pour m'arracher à quelques-uns de ces épisodes de la vie des rues, si caractéristiques, si énigmatiques parfois pour un nouveau venu! Que de questions se pressent! Qu'est-ce, par exemple, devant chaque temple que ces dragons ailés, ces animaux fantastiques dessinés sur la muraille, de l'autre côté de la rue, dans un grand espace réservé à cet effet? Ce sont des signes cabalistiques destinés à écarter le mauvais esprit et à protéger le Fung-shui, la bonne influence. Qu'est-ce que ces hautes tours carrées, crénelées, munies d'énormes portes, qui se dressent au nombre de soixante dans toutes les parties de la ville? Le cicérone m'apprend que ce sont des monts-de-piété : cet appareil formidable est destiné à les mettre à l'abri des voleurs ; sur la plate-forme est constamment un veilleur ; et des pierres, des bonbonnes d'huile bouillante, de résine, d'acide sulfurique, placées à sa portée, pourraient accueillir les audacieux qui tenteraient une escalade. Il n'en faut pas moins, paraît-il, pour donner la sécurité aux prêteurs ; il est vrai que ces établissements contiennent des trésors, car nulle part le prêt à usure n'est plus répandu, ni la puissance du crédit mieux mise à profit.

Que signifient ces trous carrés percés dans le sol à certains endroits où la rue se rétrécit et où un arceau enjambe d'une maison à l'autre? Ce sont autant de portes qui à la nuit se ferment et séparent complétement chaque quartier ; de fortes solives sont encastrées dans ces trous et dans les mortaises correspondantes de l'arceau, où elles sont retenues au moyen d'un encliquetage ingénieux qui permet de les rendre fixes ou mobiles en manœuvrant une clef. Chaque porte a son gardien, qui refuse absolument passage à un indigène étranger au quartier, mais qui ouvre à l'Européen une ou deux solives, suivant la corpulence du postulant, ou toutes les quatre quand il se présente en chaise. Quoique fort gênante, cette précaution est encore insuffisante contre les malfaiteurs qui infestent Canton et y rendent la promenade de nuit extrêmement dangereuse pour quiconque ne peut montrer aux chevaliers du ruisseau, comme une tête de Méduse, cette face blanche qui est dans tout l'extrême Orient un porte-respect plus sûr que tous les revolvers. La certitude du châtiment en cas d'attaque sur un étranger est la meilleure des sauvegardes.

Mais la sécurité des résidents à Canton ne tient qu'à la protection du gouvernement, et ce gouvernement n'est pas toujours maître d'une population de 700 000 âmes, qui contient la lie de tout ce que la Chine a de désespérés. Le jour où la faible barrière de l'habitude qui retient toute cette populace féroce tomberait, ou romprait sous l'effort, on se demande ce qui adviendrait d'une poignée de malheureux perdus dans cette foule, ou plutôt le souvenir lamentable de Tient-sin ne répond que trop vite à la question ; mais on n'y veut pas penser, on dort sur ce volcan avec cette insouciance dont les natures même les plus timides se font une habitude.

Tandis que je me livre à ces réflexions, la chaise m'emporte à toute vitesse d'un monument à l'autre. Voici d'abord le temple des Cinq cents dieux, qui ressemble moins à un temple qu'à un musée et me rappelle celui qui porte le même nom à Yédo, Go-hiaku-Rakkan. Ce sont des statues de grandeur naturelle en bois sculpté et doré des sages, des apôtres, des génies secondaires du bouddhisme ; ils viennent d'être restaurés ; l'exécution en est très-remarquable. S'il y a peu de sentiment esthétique, on est surpris de la perfection de certains détails, dans les traits, dans les mains surtout ; du reste, c'est toujours un art conventionnel et hiératique enfermé dans des types immanents d'où il ne parvient pas à s'échapper.

On n'est pas peu surpris de trouver, au milieu de ces figures d'ascètes, la face réjouie d'un marin italien surmontée du petit chapeau rond que chacun connaît; ce personnage dépaysé dans l'iconographie cantonnaise n'est autre que le célèbre voyageur vénitien Marco Polo, qui vint en Chine en 1271, vécut pendant de longues années à la cour de Koublaï-khan, dont il fut conseiller, et nous a laissé de ses aventures extraordinaires un récit des plus curieux.

La pagode des artistes est élevée sur le modèle bien connu de toutes les pagodes chinoises : portique, cour intérieure dallée, entourée d'une galerie, sanctuaire au toit lourd et relevé à chaque angle en cornes munies de clochettes de cuivre doré. Ce qui en fait l'originalité, c'est la collection des œuvres d'art, laques, bas-reliefs, vases de bronze, etc., que chaque année les corps de métiers viennent y déposer comme offrande.

La pagode de la longévité contient une série de lits destinés à un singulier usage. C'est là que les couples privés d'enfants viennent, sous les regards protecteurs de la divinité, essayer de rendre leur union féconde en joignant à leurs prières tout ce qu'il faut pour faciliter le miracle. De la haute tour qui la domine on aperçoit l'ensemble des faubourgs. Dans une salle basse accessible au public, les bonzes prennent leur nourriture *coram populo;* elle ne se compose que de riz et de légumes, et ils doivent s'abstenir de rien jeter. Ils forment, comme au Japon, une caste avilie et méprisée, vivant dans la paresse et la saleté, accusée des vices les plus honteux, entretenue cependant par la libéralité d'une population plutôt superstitieuse que religieuse. Leur principal revenu consiste dans les prières que tout bon Chinois doit faire dire pour le repos des mânes de ses ancêtres.

Non loin s'élève la tour de Bouddha, qui date de 250 ans avant Jésus-Christ; c'est un monument en briques, couvert de bariolages nouvellement restaurés, qui ne manque pas d'élégance. La tour mahométane que l'on trouve un peu plus loin remonte à l'an 850 de notre ère : elle est fortement inclinée comme celle de Pise ; on en attribue la construction à un voyageur arabe que la légende a personnifié sous le nom d'Arabian.

Le mahométisme, très-répandu dans le sud de la Chine, compte 50 000 adhérents à Canton ; les exercices sont suivis dans la mosquée située au pied du minaret, et quelques écoliers, destinés à devenir des ulémas, apprennent à épeler le Koran, en arabe, dans une petite annexe de l'édifice consacré aux prières. Les progrès de l'islamisme en Chine formeront un jour un des chapitres les plus intéressants de l'histoire si mal connue des révolutions asiatiques. Ce sujet a déjà fixé l'attention de plusieurs savants ; il a fait l'objet d'une étude intéressante de M. Dabry de Thiersant, qui prépare sur cette question un travail étendu.

La pagode des génies nous ramène en pleine légende chinoise ; elle est consacrée à la mémoire de cinq rebelles qui, après avoir été changés en béliers en punition de leur désobéissance à l'empereur, ne recouvrèrent leur forme primitive qu'en arrivant à la place où s'élève le monument. On peut constater, sur les bas-reliefs très-détériorés qui subsistent encore, que dans les temps anciens les Chinois portaient tous leurs cheveux ; ce n'est que depuis la conquête tartare que les conquérants imposèrent leur mode de raser la tête et de laisser seulement pousser une longue queue. Le portique qui précède la pagode contient une cloche gigantesque à laquelle s'attachait un grand prestige : la tradition disait que, lorsqu'elle viendrait à sonner toute seule, la ville serait prise ; en 1857, lors du bombardement par nos troupes, un boulet vint frapper la lourde masse d'airain qui rendit un son lugubre ; dès cet instant, tout le monde considéra la résistance comme désespérée.

Il faut traverser la rivière en sampang pour se rendre au temple de Honam, situé sur l'îlot du même nom en face de la ville ; c'est le plus vaste édifice religieux de Canton ; il s'élève dans une campagne plate et triste, au milieu de jardins où l'on cultive les fleurs dont les Cantonnais sont très-amateurs. Le temple est consacré à l'éducation et à la reproduction d'un animal qui tient une grande place dans la nourriture et dans les rues du Céleste-Empire, je veux dire le cochon. Deux étalons de la plus belle taille s'y prélassent dans une porcherie dont le caractère sacré ne semble gêner en rien leurs ébats.

C'est là aussi que l'on brûle les bonzes morts. L'opération se fait dans un modeste petit réduit dont je trouve le foyer encore chaud ; autour des parois sont rangées les urnes contenant les cendres des défunts récemment livrés à la crémation ; chaque année, on vient chercher ces urnes et on en jette le contenu aux vents, pour que rien ne reste, après la mort, de celui qui ne fut rien pendant la vie. L'âme est rentrée dans le néant, le corps y retourne à son tour ; cependant, par une singulière contradiction, comme en comportent ces religions livrées à l'ignorance des prêtres, un caveau voisin est disposé pour recevoir la nourriture destinée à ces morts anéantis tout entiers ; on vient chaque année en desceller la pierre, et dans l'ouverture béante on jette toute sorte de victuailles, poulets, œufs, cochons, etc., puis on referme soigneusement.

En traversant de nouveau la rivière, je cherche vainement ces fameux bateaux de fleurs qui tiennent une place si considérable dans les récits des voyageurs ; il paraît que j'arrive trop tard, — c'est le mot qui aujourd'hui, hélas ! retentit à chaque pas aux oreilles du touriste avide de spectacles nouveaux et de mœurs pittoresques ; le monde tend à s'uniformiser, à prendre d'un pôle à l'autre les mêmes allures, les mêmes dehors réguliers et monotones. Les bateaux de fleurs, où les riches marchands et les fonctionnaires du plus haut rang allaient dépenser en folles orgies toute leur fortune et celle de leurs créanciers, ont été supprimés par la police. On n'en voit plus aujourd'hui que la carcasse abandonnée, dépouillée de ses tapis, de ses tentures, de ses guirlandes de fleurs et surtout de ses danseuses lascives, qui faisaient tourner la tête aux plus graves mandarins, et dont le souvenir colore les relations de quelques jeunes *globe-trotters* d'un reflet d'enthousiasme.

Toutefois, l'habitude de faire de la rivière le témoin des fêtes joyeuses n'est pas encore perdue; notre sampang rase une jonque pavoisée où l'on entend un orchestre et des cris qui veulent être des chants; c'est une noce. Tout à l'heure j'ai croisé le cortège dans les rues; il était précédé d'enfants portant au bout de longues perches des étendards rouges et des banderoles annonçant en caractères d'or le rang et la fortune des époux; puis venaient des chaises dont l'une, fermée aux regards, contenait sans doute la mariée, tandis que dans l'autre se pavanait le marié en habits de fête, ensuite les parents; après avoir parcouru la ville on est venu dîner sur l'eau, et le repas s'achève au milieu d'une animation bruyante. C'est la première fois que je vois un Chinois s'amuser publiquement; encore est-il en goguette plutôt que gai.

Je termine enfin la visite des monuments religieux par celle de la pagode des horreurs, où sont exposées des représentations en bois sculpté et peint des divers supplices infernaux empruntés au code pénal chinois, tels que l'écartellement, la scie, l'écrasement dans un mortier, la roue, l'enfouissement, la noyade dans un puits, etc., et de la pagode aux cinq étages bâtie sur le point culminant d'un monticule qui a été notre centre d'opérations lors de la prise de Canton en 1857. C'est là que nos soldats purent enfin prendre quelque repos après l'assaut, et s'étendirent sans façon sur le plancher du temple, qui n'a plus été depuis lors qu'un sanctuaire profané et délaissé. Du plus haut étage, on découvre à ses pieds la ville, les faubourgs, le cours de la rivière au milieu de la plaine et les collines environnantes dont la plus élevée, distante de 4 ou 5 lieues, désignée en anglais par le nom de White-Cloud, à cause du nuage qui la couronne presque constamment, mesure 1200 pieds et sert de lieu de promenade et de pique-nique aux résidents européens.

L'architecture de ces différents monuments ne varie pas sensiblement; elle est trop présente à tous les yeux pour qu'il soit besoin de la décrire ; l'ornementation en est plus ou moins soignée, suivant la ferveur du culte dont le sanctuaire est entouré ; l'ensemble est lourd, disgracieux, massif sans être grandiose, et donne une idée peu avantageuse du génie esthétique de la race. Toutefois il faut se hâter d'observer que, si c'est ici la première cité commerçante, je ne suis pas dans la capitale religieuse de l'empire du Milieu et qu'on ne peut juger l'art bouddhiste qu'à Pékin.

Quels que soient les charmes de la chaise à porteurs, au bout de deux jours de ce balancement cadencé, c'est un plaisir de se dégourdir les jambes, et je m'applaudis d'en voir l'occasion se présenter lorsque s'ouvre devant moi la porte du *camp d'examens*, précédée d'une grande cour entourée de murailles, où s'étale, selon l'usage, le dragon ailé.

Le camp d'examens est un vaste quadrilatère d'un kilomètre de côté destiné à recevoir les candidats au grade de mandarin, qui viennent chaque printemps, de toutes les parties de la province, subir les épreuves. Une série d'avenues parallèles, étroites, symétriques, le coupe dans toute sa largeur d'un mur à l'autre ; sur chaque avenue sont disposées des cellules d'environ 4 mètres carrés, séparées par des cloisons et ouvertes sur l'avenue sans porte ni fenêtre ; il y en a 10 000. Chaque candidat doit se confiner dans sa cellule avec ses livres, ses pinceaux, sa moustiquaire, pendant les six semaines qui précèdent l'examen. Grâce à la disposition ingénieuse de ces longues enfilades, la surveillance est très-facile, et l'on peut empêcher, entre candidats, les communications, qui sont strictement interdites dès que la période des examens est commencée ; elle dure trois jours sans désemparer. L'interrogatoire a lieu dans une grande salle située au bout du quadrilatère, et munie de deux portes latérales par lesquelles on fait sortir à droite les refusés, à gauche les élus ; le jury est composé de hauts mandarins.

Il est fâcheux que les programmes de ces examens ne soient pas aussi judicieux que l'appareil en est solennel. Rien des lumières de l'Europe n'y a encore pénétré, et tandis que la Chine achète des canons Krupp et des frégates blindées, ce qu'elle demande à ses mandarins militaires à l'épreuve pratique, c'est de tirer de l'arc avec adresse. Malheur aux nations qui ne se renouvellent pas, qui essayent d'acheter le calme au prix de l'immobilité ! Ce n'est pas la stabilité qu'elles obtiennent, car nul pays n'a subi des bouleversements plus terribles que la Chine ; ce n'est pas même la permanence d'une civilisation accomplie, car la décadence suit de près l'interruption de la croissance intellectuelle. De la grande école littéraire et philosophique de la Chine, que reste-t-il? Quelques livres qu'on récite sans les comprendre, quelques préceptes officiels méprisés en secret ; le legs des générations passées est tombé aux mains de générations ignares et abâtardies.

Lasciate ogni speranza..., ne serait-ce pas l'inscription qu'il conviendrait de placer sur la porte d'une prison chinoise? A la suite de corridors obscurs, où

> . . . Chaque pas en glissant
> Semblait sur les degrés se coller dans le sang,

une dernière porte, grinçant sur ses gonds noircis par le temps et la crasse, me donne accès dans une cour fangeuse où règne cette odeur animale, fade, écœurante, qui s'exhale de tout entassement humain. A deux pas, derrière les épais barreaux de bois d'une cage, une cinquantaine de malheureux de tout âge et de tout sexe, entassés les uns sur les autres dans un espace trop étroit, se vautrent dans une ignoble promiscuité au milieu d'un monceau d'ordures qui souillent leurs vêtements, leurs mains et leur visage. La misère, la famine, le crime, la férocité, dessinent sur ces faces patibulaires un rictus féroce ; ils s'élancent vers moi comme un tigre bondit contre les barreaux de sa cage, me tendant leurs poings crispés avec des vociférations de bêtes fauves; l'haleine d'un chacal sur ma face me ferait reculer avec moins d'horreur que le souffle empesté qui s'exhale de cette bande furieuse. On me dit qu'ils ne sont guère nourris que par la charité publique; je leur jette imprudemment quelques paquets de sapèques moyennant lesquels les gardiens leur achèteront un peu de riz en prélevant la plus forte part pour eux; mais alors commence une lutte acharnée autour des pièces qu'on s'arrache, c'est un combat de dogues ; le gardien me fait signe de sortir, et aux cris de douleur qui suivent les cris de rage, je comprends en m'éloignant que le bambou fait son office pacificateur.

Est-il donc vrai que ce sont là des hommes, qu'une mère les a bercés sur son sein, que ces créatures auraient pu vivre au soleil, sourire, aimer? Que penser d'un pays où ces choses subsistent, d'un peuple qui les accepte, d'un gouvernement qui les croit nécessaires? Il est des laideurs devant lesquelles on se demande avec épouvante si quelque inconcevable caprice de la nature n'a pas donné la forme humaine à certains monstres de l'animalité inférieure. Ceux-là sont de simples voleurs, d'ailleurs voués à la mort; celle-ci est une homicide que l'on a laissée seule, elle attend son exécution : un peu plus loin une vieille femme folle, qui pousse en m'apercevant des ricanements sinistres, me fait comprendre, par des gestes cyniques, qu'elle a empoisonné son mari et qu'on va bientôt lui couper le cou, puis tout à coup elle entre dans un accès de fureur et tombe en syncope. Quand je me retrouve dans la rue, quoique laide et sombre, il me semble sortir du troisième cercle de l'enfer.

Épuisons vite, s'il se peut, les émotions de ce genre et courons au lieu d'exécution. C'est une sorte d'allée entre deux murs qui débouche sur une rue très-fréquentée; les jours d'exécution, le juge se place à une extrémité et fait aligner les quinze ou vingt condamnés en longue file devant lui, puis le bourreau passe et d'un seul coup de sabre fait voler chaque tête l'une après l'autre; quelques minutes à peine suffisent à l'opération; il y a environ 1500 décapitations par an. On emporte les corps, qui sont rendus à la famille quand elle les réclame; quant aux têtes, on les laisse sur place.

En parcourant ce lieu sinistre, je trouve des crânes à tous les degrés de décomposition, depuis l'os dénudé qui remonte à quelques mois jusqu'à la face violacée qui atteste une récente exécution. Les chiens errants et les oiseaux du ciel se partagent cette triste proie; quelquefois une tête disparaît. Les touristes à l'imagination facile mettent dans leurs notes qu'elle a été mangée, et finissent même par se persuader à eux-mêmes qu'ils ont assisté à ce repas d'Ugolin ; il est plus probable que les parents viennent soustraire les traits de leur frère ou de leur cousin à cette suprême injure de l'exposition publique. Il est, — j'en ai connu, — des amateurs décidés du pittoresque qui ont emporté une tête à titre de souvenir.

Mais la mort dans ce qu'elle a de plus hideux est moins repoussante que la dégradation bestiale dont le spectacle m'attend dans les bouges sans nom où l'on trouve les fumeurs d'opium, la débauche, le jeu, les existences à jamais flétries et désespérées, la lie, en un mot, d'une population de grande ville. Ah! mes neveux, mes neveux! si vous n'êtes des ingrats, vous me saurez gré d'être entré, pour pouvoir vous en parler, dans ces infâmes repaires, où l'air manque, où la lumière vacille faiblement dans une atmosphère méphitique, où la main, cherchant à tâtons un mur où s'appuyer, craint de se souiller à cette crasse épaisse et visqueuse qui couvre tout, et d'où l'on s'enfuit bien vite comme d'un épouvantable cloaque. Et cependant chaque soir cela s'illumine, se remplit de monde ; on s'habille, on se farde, et des gens y festoient au son d'une musique infernale !

Je vais chercher un peu d'air sur la rivière, où je visite les canonnières du vice-roi de Canton, commandées, l'une par un Anglais, les deux autres par deux capitaines au long cours. Ici, quel contraste, quel ordre, quelle netteté sur ce joli navire, où trois Européens attachés au service du vice-roi commandent un équipage chinois! Le gouvernement de la province fait du reste de grands sacrifices d'argent pour le service militaire. Je vois décharger, par des moyens fort primitifs, des pièces de 16, de 19, de 24. On me parle d'une acquisition de 500 000 cartouches faite chez l'un de nos plus célèbres fabricants; mais, quand les cartouches furent mises à l'essai, on obtint cinq ratés sur dix coups, et la commande fut refusée. Voilà comment le commerce français entend l'exportation; connaissant fort mal les contrées lointaines, nous nous figurons volontiers qu'on n'y sait pas distinguer un bon produit d'un mauvais, et nous y envoyons des objets de rebut qui nous ferment le débouché en nous ôtant la confiance de gens qu'on ne trompe pas deux fois. Ce n'est pas, du reste, l'armement seul de l'armée qu'il faudrait changer, c'est aussi son organisation, c'est son instruction. Il lui manque tout esprit militaire, toute vertu guerrière. Tout le monde s'accorde à dire cependant qu'encadrés dans des troupes européennes ou même dirigés par des officiers européens, les soldats sont capables de se comporter bravement, même en rase campagne; mais, conduits par leurs propres officiers, ils se débandent au premier feu ou passent à l'ennemi.

Il y a en ce moment une rébellion inquiétante dans la province du Kuang-si: on craint fort que les 2000 hommes envoyés contre les rebelles ne fassent cause commune avec eux; il en est constamment ainsi dans ces guerres intestines qui travaillent presque sans cesse la Chine, et font la faiblesse du plus vaste amas d'hommes qu'on ait jamais vus réunis sous la même autorité nominale. Si les 500 ou 600 millions d'êtres qui peuplent l'Empire du Milieu étaient aussi unis qu'ils sont nombreux, aussi braves qu'ils sont intelligents et laborieux, aucune force au monde ne pourrait contre-balancer cette puissance formidable, ni l'empêcher de submerger l'Europe. Quant à présent, l'empire chinois ressent plus de craintes qu'il n'en inspire à ses voisins; mais si l'État ne fait pas ombrage, la population croissante de la Chine, avec sa force d'expansion au dehors, menace de détrôner dans une partie du globe les races moins industrieuses et moins aptes aux affaires; c'est une question que je retrouverai bientôt et à plusieurs reprises au cours de ma tournée sur le Pacifique.

De toutes les courses, la plus intéressante pour l'étranger est celle que son guide ne songe guère à lui indiquer, je veux dire la promenade dans les rues. C'est là qu'on saisit la physionomie du peuple et qu'on se fait une idée rapide des mœurs. Je ne puis m'arracher à cette ville marchande, si uniforme cependant, mais à la façon de l'océan, qu'on ne se lasse pas de voir battre le rivage. De chaque côté d'une ruelle, d'environ deux ou trois mètres de large, s'élèvent des maisons en brique grise, sans ornements, mitoyennes, étroites, dont le rez-de-chaussée forme une boutique ouverte et remplie de marchandises. Une solide fermeture la met, dès que le soleil se couche, à l'abri des voleurs. Dans une niche préparée à cet effet, de petites bougies odorantes fument toute la nuit en l'honneur des dieux lares. Le patron est à sa caisse, de grosses lunettes sur le nez, sans cesse occupé de compter et de recompter des piles de sapèques et de mettre ses écritures à jour. Il surveille du coin de l'œil tout ce qui se passe au dehors et au dedans, prêt à courir sus à un *pick-pocket* ou à réprimander un apprenti paresseux. Ne perdre ni une minute de temps, ni un pouce d'espace, telle semble la préoccupation de ces Shylocks à face jaune.

Immense est la variété des négoces qui se poursuivent dans ces échoppes ; je renonce à en faire l'inventaire : comment cependant ne pas se laisser entraîner chez les marchands de bibelots, de porcelaines, de laques, de meubles, d'ivoires, d'étoffes, de curiosités chinoises ! Ce sont d'ailleurs les industries les mieux installées. On sent moins dans ces magasins l'odeur de renfermé qui me poursuit depuis mon arrivée à Canton. Mais ce n'est que par une sorte de faveur que l'on y entre ; je dois cet honneur à mon cicérone. L'étranger qui n'est pas introduit ne pénètre guère et achète encore moins dans ces tabernacles interdits aux profanes. C'est à peine si on daigne tourner la tête vers lui quand il demande le prix et lui jeter un chiffre du bout des lèvres. Quant à son offre, on n'y répond même pas. L'initié lui-même ne réussit jamais du premier coup à conclure un marché définitif; il faudra bien des fois revenir, reprendre les pourparlers avant que le marchand lâche à un prix raisonnable l'objet convoité.

Grave, compassé, le commerçant traite les affaires avec la solennité d'un pontife : il se ménage une réputation d'intégrité ; on s'accorde d'ailleurs à reconnaître la sûreté et la solidité des relations commerciales avec les Chinois. Ils apportent dans l'exécution des contrats une exactitude qui n'exclut pas une certaine duplicité dans l'interprétation, une certaine habileté à confondre un contractant maladroit. Ce n'est là qu'une adresse permise à leurs yeux et capable de faire honneur à celui qui sait la déployer. Le mensonge ne porte atteinte qu'à la considération de celui qui s'y laisse prendre.

Après les objets d'art, ce qui attire le plus les regards ce sont les restaurants aux vitraux bariolés, où les gourmets viennent déguster toutes sortes de mets dont nos yeux inexpérimentés ont peine à déterminer la nature, et parmi lesquels on me montre cette espèce de pâte de vermicelle fameuse sous le nom de nid d'hirondelles. Rien de plus compliqué, rien de moins appétissant que la cuisine chinoise; plus de la moitié des échoppes de Canton sont occupées par des marchands de victuailles, sans compter les petits débitants ambulants, qui offrent aux passants leurs gâteaux, leurs fruits, leurs légumes.

On voit de toutes parts pendre des chiens écorchés, des cochons à demi consommés : des poissons, des coquillages, des crustacés vivants, des œufs savamment amenés au degré de pourriture convenable par un long séjour dans le four, remplissent les étaux et débordent jusque sous les pieds des passants. Le canard joue un grand rôle dans l'alimentation; on tombe quelquefois au milieu d'un troupeau de 200 ou 300 de ces palmipèdes, qui obstruent complétement la rue; un gardien les conduit à la rivière, où il les embarque sur des radeaux *ad hoc* pour aller de l'autre côté paître dans l'île d'Honam. Malgré cette apparente abondance, la misère est grande dans cette foule qui semble constamment occupée à se disputer la subsistance. Les infirmités vont avec la misère; on me donne comme exact le chiffre de 8000 aveugles, 5000 lépreux; le choléra règne en permanence. Par quelle influence climatérique ne fait-il que des ravages modérés dans une ville aussi mal entretenue et d'apparence aussi insalubre? On compte environ 150 morts par jour, soit 8 pour 100 par an.

L'unité monétaire est le sapèque, petite pièce de cuivre, ronde, percée d'un trou carré; elle vaut environ la moitié d'un centime; grâce à la modicité de cette monnaie, le pauvre peut se procurer à bon marché une petite portion de nourriture, quelques patates, une moitié de poire, et le citoyen à qui ses ressources ne permettent pas de s'offrir une orange entière, peut se régaler d'un quartier.

Chacun sait la puissance prolifique des Chinois; il faut bien se garder toutefois de prendre à la lettre le récit exagéré des infanticides qui se commettent. Si j'en crois de vieux résidents, c'est là une de ces calomnies dont on accable les pays lointains, faute de les connaître, et par je ne sais quel besoin de grossir démesurément un des traits qu'on nous cite pour suppléer à ceux qui nous échappent. Il y a aux environs de Canton des étangs où il n'est pas sans exemple qu'une femme, abandonnée par son mari, noie un enfant qu'elle ne peut élever;

mais ce n'est pas avec la cynique indifférence que lui prêtent les narrateurs de fantaisie. Le crime, hélas! ne se voit-il que là?

L'heure est venue de quitter Canton; malgré l'intérêt de ce spectacle original et multiple, je n'éprouverais qu'une sensation de soulagement à m'éloigner de cet immense cloaque, qui étreint dans ses murailles une population trop dense, laide et grossière, si je n'étais forcé en même temps de me séparer du plus aimable des hôtes et d'interrompre un commerce d'un charme incomparable. Que d'aperçus généraux, que de détails curieux j'ai recueillis en quelques jours sans pouvoir les noter ici! Mais il faut mettre un terme trop court à ces passe-temps délicats! C'est le sort du voyageur de rompre, à peine formés, les liens qu'il voudrait consolider, et de partir aussitôt qu'il s'attache aux lieux qu'il parcourt. Que ce ne soit pas du moins sans regarder en arrière avec un sentiment de gratitude.

§ IV

MACAO

Le *Spark* est le nom du *steamer* anglais qui fait en dix heures le trajet de Canton à Macao. De même que sur le *Kiu-kiang*, toute communication est interdite entre les passagers chinois et les Européens; un gardien, le sabre au poing, est placé près de la porte barricadée, et un autre se tient dans la même attitude à côté du pilote; enfin le salon des premières est rempli de revolvers et de fusils tout chargés à la disposition des passagers. A qui demande compte de ce déploiement de forces, on répond par une histoire lamentable dont ce même navire qui me porte a été le théâtre, il y a trois ans.

Le *Spark* faisait alors le service de Hong-kong à Macao et partait avec sa cargaison ordinaire de passagers chinois ; on n'avait pas remarqué un certain nombre de drôles à mine suspecte qui s'y étaient installés avec les autres passagers : c'étaient des pirates. A peine le *steamer* est-il entré en pleine mer, qu'ils fondent sur le pilote et le mécanicien, égorgent le capitaine, le second, tous les Européens du bord, et se contentent de menacer les autres passagers d'une mort immédiate en cas de résistance ; puis, ayant changé de route, ils mettent le navire au pillage, déchargent toutes les marchandises dans leurs jonques qui sont venues les rejoindre et laissent le *steamer* échoué sur un banc de sable. On juge de la fureur causée par cet audacieux attentat, dont on n'a jamais pu châtier tous les auteurs. On prend depuis quelques précautions défensives, sans rien faire pour prévenir le danger par une surveillance plus active à l'embarquement. Quelques années encore, et l'on oubliera même de charger les armes, grâce à cette insouciance du danger qui est souvent faite d'incrédulité plutôt que de courage.

Macao est le plus ancien établissement européen en Chine ; les Portugais le fondèrent en 1556, à la suite de croisières contre les pirates qui infestaient les côtes : l'empereur Chi-tsang, alors régnant, voulut leur payer le service rendu en leur permettant, moyennant quelques redevances, de résider dans la presqu'île où ils sont encore ; un mandarin y exerça jusqu'en 1849 les fonctions de gouverneur ; mais à la suite de massacres qu'il ne sut pas empêcher, les Portugais s'en débarrassèrent et gouvernent seuls aujourd'hui une colonie d'environ 35 000 habitants, dont 5000 de sang portugais.

Avant même d'arriver à Macao, vous entendrez répéter à satiété que cette cité puissante, dont l'influence rayonnait par toute la Chine et jusqu'au Japon, n'est plus qu'une ombre d'elle-même, que les jours de sa gloire sont passés. Toutes les calamités se sont accumulées sur l'établissement portugais : d'abord le traité de 1842, en donnant aux Anglais Hong-kong, dont ils se hâtèrent de faire un port franc, détourna la plus grande partie du trafic, qui ne trouvait à Macao qu'une mauvaise rade et une douane exigeante. Vainement en 1846 la reine de Portugal abolit les droits de douane, le coup était porté, le rôle d'entrepôt était pris par d'autres ; puis plusieurs campagnes de la presse et de la diplomatie anglaises entraînèrent la suppression du trafic des coulies qui faisait la fortune de la ville ; enfin en 1874 un épouvantable typhon, compliqué d'un incendie, détruisit la ville de fond en comble, et c'est à peine si elle commence à se relever. De plus il est question en ce moment d'un bureau douanier que le gouvernement chinois veut établir sur l'île de Patera, située juste en face de Macao, territoire contesté entre les deux nations, et dont le commerce chinois se servait jusqu'à présent pour exporter ses produits, voie Macao, sans se soumettre au contrôle des douanes indigènes. Ce serait le coup de grâce porté à la vieille métropole du commerce asiatique.

Après avoir longé, sur la rive gauche du Tschu-kiang, l'île de Ki-o, puis la grande île chinoise qui porte le nom de Macao, on découvre, au bord d'une langue de terre de quelque cent pas de large, les collines pittoresques sur lesquelles s'élève la ville, jetée au milieu de la mer comme un phare au bout d'une longue digue. Il faut contourner la presqu'île tout entière pour arriver jusqu'au quai de débarquement, de sorte qu'on passe une première fois à l'est de la cité pour virer, toute barre dedans, et s'arrêter à l'ouest.

A peine a-t-on mis le pied sur la terre ferme qu'il semble qu'on vient de parcourir 4000 lieues et qu'on est passé subitement de Chine en Europe. La partie haute offre l'aspect d'une petite ville de province dans le midi de la France, avec ses rues désertes et mal alignées, ses maisons serrées, ses églises, ses couvents. On tombe en effet ici en plein catholicisme, et l'on rencontre, outre la cathédrale, quatre églises paroissiales et de nombreuses chapelles. Aucune d'ailleurs n'offre d'intérêt comme monument.

La *Praya* s'étend le long de la mer, faisant face à l'orient ; c'est là que s'élèvent les plus belles maisons de la ville ; beaucoup ont été ruinées par l'ouragan de 1874, mais se relèvent de leurs décombres. Le gouvernement portugais fait d'immenses sacrifices pour restaurer sa colonie et lui rendre la vie et la prospérité. Les dépenses normales, qui sont de 194 523 piastres, ont atteint, dans ces années de sinistre mémoire, des chiffres qu'on ne dit pas volontiers, mais qui attestent l'énergie avec laquelle le Portugal défend ses intérêts coloniaux.

A tout seigneur, tout honneur ; mon guide, qui est officier d'artillerie, me fait passer en revue tout d'abord les défenses militaires, qui font de Macao une citadelle presque imprenable : les différents forts qui la dominent commandent tous les abords à grande distance et peuvent, avec un bon armement, défier les meilleures flottes ; les casernes sont vastes, bien installées, l'hôpital militaire est tout nouvellement construit sur de vastes proportions, d'après les meilleurs plans indiqués par l'expérience. La garnison, peu nombreuse en ce moment, composée de soldats portugais, manœuvre avec ensemble, mais ce n'est pas sous le soleil du tropique qu'il faut chercher les apparences de la vigueur physique.

Présenté dès le soir même au cercle militaire, je me vois entouré d'officiers instruits, aimables, parlant admirablement français ; on se sent un peu compatriotes à de pareilles distances entre races de civilisation latine, toutes deux éliminées par l'élément anglo-saxon. La sympathie ne tarde pas à naître de l'identité des griefs, et c'est un gage de bon accueil ici que de ne pas appartenir à la nation qui a ruiné Macao par sa concurrence et vient monopoliser jusque sur la *Praya* le peu de commerce qui subsiste encore.

Rien de plus mélangé, rien de plus curieux que la population de Macao. Les Portugais de race pure, nés en Europe, sont très-peu nombreux ; les différents fonctionnaires civils et militaires sont à peu près les seuls avec quelques négociants ; puis viennent les macaïstes, c'est-à-dire les individus nés en Chine de parents tous deux portugais, puis les métis nés d'un mélange à des degrés divers de sang européen et de sang chinois ; ceux-ci comptent de 4000 à 5000 âmes ; enfin les Chinois qui, soumis depuis des siècles au contact des étrangers, ont contracté une certaine urbanité de manières qu'ils n'ont pas ailleurs ; ils se livrent au commerce et exercent les métiers les plus variés. Il y en a malheureusement dans le nombre qui sont d'affreux bandits ; malgré les efforts d'une police vigilante, on ne peut purger la ville des pirates dont elle est l'asile et le magasin de recel. Quant aux métis, qui tantôt se rapprochent du type portugais, tantôt se confondent avec les Chinois, ils vivent tout à fait séparés de la société européenne, s'occupent d'affaires et enferment soigneusement leurs femmes.

On a quelque chance de voir toutes ces catégories sociales se coudoyer autour des jeux installés sous l'œil tolérant de la police dans le quartier chinois. C'est là que se trouvent invariablement groupés côte à côte le tripot, le restaurant et un troisième genre de bouge dont la réunion offre au joueur l'occasion facile de se consoler de ses pertes, ou de jouir de son gain. Le jeu de hasard usité est celui dit de la *petite tasse*. Le croupier a devant lui un monceau de sapèques qu'il couvre avec une sébile de cuivre ; on fait les jeux, puis il commence à compter les sapèques quatre par quatre, jusqu'au dernier groupe restant, qui se trouve être nécessairement de 1, 2, 3 ou 4 pièces. On gagne ou l'on perd suivant qu'on a parié pour un de ces numéros.

J'ai vu jouer là des sommes de 100 piastres par des malheureux en guenilles ; la table n'est pas assez grande pour le nombre des joueurs, aussi a-t-on ingénieusement doublé la salle en ouvrant le plafond et créant à l'étage supérieur une galerie d'où les joueurs peuvent en se penchant suivre tout ce qui se passe sur le tapis, envoyer leur enjeu et recevoir leurs gains dans un petit panier qui trop souvent remonte vide. Il y a des Européens de Hong-kong qui viennent ici tout exprès pour tenter la chance.

Le son, inusité pour moi, d'une volée de cloches annonce le dimanche. C'est une bonne fortune qu'il ne faut pas laisser échapper, d'autant meilleure que la fête de san José, célébrée avec une certaine solennité, va attirer dans les églises toute la population catholique. Voici en effet le long des rues, plus silencieuses que jamais, une porte qui s'ouvre discrètement pour donner passage à des femmes vêtues de noir de la tête aux pieds, le visage entièrement couvert par une mante de soie noire qui leur tombe jusqu'à la ceinture et ne laissant voir de toute leur personne qu'une main bien gantée et un pied mignon finement chaussé. Ce sont les dames macaïstes, dont la laideur est proverbiale, et chez qui cette exagération de pudeur passe pour n'être qu'une savante coquetterie. A en juger en effet par quelques coups d'œil furtifs jetés sous un capuchon rebelle, il faut avouer qu'elles font aussi sagement de se cacher, que leurs voisines portugaises de montrer sous la légère mantille classique leurs jolies têtes blondes ou brunes.

L'autel est inondé de fleurs et de lumières ; le gouverneur don José Maria Lobo d'Avila et sa famille sont à leur banc, la garnison porte « armes, » présente « armes » au commandement, la foule prosternée ou accroupie sur les dalles dépourvues de siéges s'incline aux paroles des prêtres ; l'étranger se croit déjà rapatrié en retrouvant dans toute leur pompe es cérémonies d'un culte universel.

On ne saurait mieux employer 'après-midi d'un dimanche à Macao qu'en allant visiter la fameuse grotte de Camoëns. C'est ici en effet que le grand poëte, expulsé du Portugal à la suite d'une intrigue de cour, interné d'abord à Goa, vint en 1556 chercher un refuge contre ses ennemis. Au milieu d'un jardin planté depuis lors, au flanc d'un amas de rochers d'où l'on découvre une vaste étendue de mer, on montre une excavation creusée dans le roc ; c'est là qu'il venait, dit-on, composer ses immortelles *Lusiades*. Ce grand souvenir donnerait à ces lieux un mélancolique attrait, sans le mauvais goût du propriétaire, qui, après avoir fait blanchir les parois de la grotte, y a placé un buste de Camoëns, des inscriptions poétiques, tout un appareil banal. Quant aux platitudes en toutes langues qu'on lit sur les parois des environs, il serait fastidieux d'en faire l'inventaire. Il est triste de voir avec quelle complaisance la sottise aime à s'étaler à l'ombre du génie et marie des noms obscurs aux noms des grands hommes.

En redescendant des jardins de Camoëns, on me montre les ruines laissées par le typhon ; on a peine à comprendre que la seule force du vent ait détruit des constructions qui semblaient abritées et solides, tandis que des pans de muraille délabrés résistaient à quelques centaines de pas. Dans une plaine qui s'étend au pied des forts, on avait exposé, avant de les enterrer, les cadavres rejetés par la mer au milieu des débris de barques, de toitures emportées par le cyclone ; mon guide, qui présidait à la sépulture de ces victimes, m'avoue que le chiffre de deux mille qui a été donné officiellement est inférieur de plus de moitié à la vérité. On a voulu dissimuler l'étendue du désastre.

Là aussi s'étendaient les barracons où l'on entassait les coulies chinois en attendant le moment du départ pour le Pérou. On sait qu'aujourd'hui le gouvernement portugais, sur les instances de l'Angleterre, a renoncé à ce commerce ; il ne pouvait en effet se continuer avec les abus qui s'étaient introduits dans l'embauchage de ces malheureux, victimes parfois d'odieux guet-apens. Mieux eût valu, en supprimant les exactions des traitants, conserver à Macao une industrie qui n'a fait que changer de lieu et de forme et se transporter à Hongkong.

L'heure de la musique militaire me ramène au jardin public situé au bout de la Praya ; on y voit quelques promeneurs qui ont bravé les menaces d'un ciel chargé de nuages ; mais les dames portugaises n'ont pas osé exposer à la pluie leurs toilettes à la dernière mode de Paris ; quant aux Macaïstes, elles ne se rendent pas à ces réunions profanes, elles vivent presque cloîtrées ; leur costume et leurs allures les feraient prendre volontiers pour les religieuses d'un des nombreux couvents qui s'élèvent dans la ville : il paraît cependant que, lorsqu'on pénètre dans leur société, ce qui n'est guère donné qu'à leurs compatriotes, on les trouve moins farouches.

Macao était même jadis une ville de plaisirs, mais la roue de la fortune a tourné, et la vie élégante a fait taire ses grelots en attendant de meilleurs jours. C'est dans la colonie purement européenne qu'il faut aller goûter les charmes de la bonne compagnie. J'ai l'heureuse chance de les rencontrer dans toute leur plénitude chez M. et Mme de M..., à la table desquels je trouve réunie l'élite du monde officiel. Rien n'égale l'aisance et la délicatesse avec laquelle on y sait accueillir l'étranger, lui parler en termes chaleureux de son pays, de ses affections. Malgré ses malheurs, la France exerce encore autour d'elle un prestige moral, une influence intellectuelle dont je n'ai jamais été plus frappé : notre littérature, nos arts, nos théâtres, Paris surtout, ce Paris magique qu'on ne peut oublier au bout du monde, façonnent l'esprit et défrayent la conversation de nos voisins de langue latine.

Il y a bien sans doute quelque chose d'un peu choquant à nous voir jugés par les productions les plus légères et les moins recommandables de l'esprit français; on ne connaît guère de nos mœurs que la surface et pour ainsi dire la mousse. Paris est avant tout la capitale du luxe, du plaisir et de la gaieté qu'on y vient chercher : c'est là le souvenir qu'on en conserve, — souvenir reconnaissant et vivace; — aussi lorsque s'offre l'occasion de rendre à un Parisien un peu de cette joyeuse hospitalité qu'on a trouvée chez lui, on sait le faire avec une grâce incomparable. On sait lui montrer qu'il n'est pas de culture intellectuelle sans lectures françaises en lui citant à propos Victor Hugo et Musset, dont les vers sonores ne perdent rien à passer par les lèvres d'une dame portugaise. C'est une charmante habitude que celle des toasts qui terminent le repas et donnent à la maîtresse de la maison l'occasion d'adresser une parole bienveillante à chacun de ses convives. Le premier est pour la France renaissante et guérie de ses blessures; c'est avec émotion qu'il est porté et rendu. La soirée s'achève chez le gouverneur, où l'on prend le thé en famille.

Le lendemain le *White-Cloud*, armé selon l'usage de son râtelier de carabines et de sabres, m'emporte loin de ces aimables hôtes et me ramène à Hong-kong. L'impression que laisse Macao est celle d'une puissante énergie luttant contre la fatalité pour reprendre une place longtemps occupée avec gloire dans le monde colonial ; on souhaite en le quittant que le gouvernement de Lisbonne réussisse dans ses efforts. Les Portugais en agissent avec le Chinois d'autre façon que l'Anglais ; ils ne procèdent pas violemment, au nom de la force, ils préfèrent user de persuasion. Sans juger en principe le mérite de chaque système et en tenant compte des différences entre une colonisation de deux siècles et un contact de trente ans à peine, il faut reconnaître que les résultats obtenus à Macao sont préférables, et que l'élément indigène y semble plus soumis et moins brutal qu'à Hong-kong.

A peine de retour à Hong-kong, je m'informe d'un *steamer* pour Manille. Le *Leonor*, petit vapeur de 400 tonneaux, naviguant sous pavillon espagnol, quoique appartenant à une maison anglaise, a annoncé son départ pour le 22 ; j'y prends passage. En arrivant à bord, je ne suis guère flatté d'y trouver 340 coulies chinois entassés sur l'avant, débordant jusqu'à l'entrée du salon, tandis qu'un chargement de légumes encombre tout le pont de l'arrière ; tout cela ne promet pas une traversée agréable. Heureusement elle ne doit durer que trois jours.

Du 22 au 26. — Tout en essayant de me caser à bord du *Leonor*, tout en regardant fuir une dernière fois les côtes de Chine couvertes de nuages sombres, je résume les impressions que me laissent ce séjour et les précédents, et je me pose la question, qui revient sans cesse, des mérites respectifs du peuple chinois et du peuple japonais. Sans contredit, le Japonais est plus affable dans ses manières, plus jovial, plus doux dans ses mœurs; son contact est infiniment plus attrayant, ses dehors sont plus séduisants, son esprit plus vif, plus éveillé, plus ouvert aux choses inconnues, plus curieux de nouveautés; mais chez le Chinois des dehors repoussants cachent une nature solide, une volonté inébranlable, une âpreté au gain qui ne se dément ni ne se relâche jamais. Ni l'un ni l'autre n'ont ni franchise ni tendresse, mais l'un a des formes plus aimables que l'autre; le premier est né flâneur et artiste, le second marchand et spéculateur. Tous deux sont également intelligents, mais l'un gaspille ses facultés sur mille objets divers, l'autre les concentre sur un but unique et pratique. Le Japonais aime sinon le progrès, du moins le changement; il se laisse tromper avec une facilité puérile par tout ce qui brille et l'amuse; le Chinois n'aime pas les nouveautés, il les craint comme un vieux renard craint les arbres poussés trop vite et qui cachent un piége; mais, quand il les a reconnues bonnes et utiles, il les adopte et sait en user à merveille.

La Chine emprunte en ce moment à l'Europe, sans faire de bruit, tout ce qu'elle juge approprié dans nos mœurs industrielles à sa propre constitution; mais elle se soucie peu d'imiter quand même. Le Japon veut se mettre en toutes choses à la mode de l'Occident, mais il s'épuise et disperse ses efforts dans cette tâche multiple. Aussi l'une devient chaque jour plus riche et plus formidable, tandis que l'autre s'endette d'une manière inquiétante. On a souvent appelé les Japonais « les Français de l'extrême Orient, » par une comparaison qui ne manque pas de justesse; ils ont en effet beaucoup de nos défauts; on pourrait achever le contraste en comparant les qualités des Chinois à celles de nos voisins d'Angleterre. Si vous m'en croyez, mes neveux, vivez au Japon, mais placez vos fonds en Chine.

Le soleil des tropiques darde ses rayons perpendiculaires sur la tente trop mince du *Leonor ;* on étouffe dans le salon, on étouffe sur le pont ; mais la pointe du Caïman qui se dessine à l'horizon nous annonce la fin du voyage ; pendant toute une journée nous rangeons les montagnes boisées, escarpées et désertes qui forment la côte de Luçon, puis la sierra de Mariveles, pour tourner à la nuit tombante l'île du Corrégidor qui ferme la baie de Manille.

On n'entre pas de nuit dans le Passig, et quoique notre tirant d'eau nous permette de le remonter, force nous est de coucher en grande rade. Ce n'est pas d'ailleurs la nuit seule qui nous arrête, c'est la douane, c'est la police, ce sont toutes les formalités qu'impose au navigateur la surveillance soupçonneuse des Espagnols. A peine avons-nous jeté l'ancre qu'un « carabinero » vient se poster à la coupée, tandis qu'un autre fait sentinelle sur le pont. Déjà avant de s'embarquer, chaque passager avait dû faire viser son passe-port par le consul d'Espagne, moyennant 20 francs, et le remettre au capitaine en montant à bord. Bien d'autres ennuis nous attendent, paraît-il, à la douane.

CHAPITRE II

MANILLE — SINGAPORE

§ 1er

MANILLE

26 mars. — Le soleil, en se levant, illumine la baie et la ville ; les montagnes volcaniques de Luçon se dressent tout autour de nous et nous cachent la haute mer ; dans la brume matinale on distingue les mâts, les dômes, les clochers de Manille, surgissant au-dessus d'une cité plate, bâtie au niveau de la marée. Quelques heures se passent à attendre la libre pratique, et nous entrons à petite vitesse dans les eaux jaunes du Passig, dont l'embouchure est protégée par un fort et une jetée. De chaque côté sont rangées les embarcations pontées, d'une forme toute spéciale, qui servent aux petits voyages dans l'archipel. Sur la rive gauche s'étend la ville de guerre, enfermée dans ses bastions et ses retranchements ; sur la rive droite, la ville marchande, où nous abordons après un mille environ de navigation ; c'est là que le port maritime se termine par un pont en pierre.

C'est aujourd'hui dimanche et la douane est fermée. On ne peut cependant ni rester à bord jusqu'à demain ni descendre sans bagages. J'essaye de descendre à terre avec un sac à la main, mais le « carabinero » m'arrête : il n'est permis d'emporter que le contenu d'un mouchoir. Fâcheuse aventure! ce sac renferme tout un arsenal indispensable et inamovible; que faire? Je prends le parti de l'emporter suspendu dans une serviette nouée par les quatre coins. La consigne est observée.

Il faut, pour gagner la rive, se risquer dans les petites pirogues longues, étroites, taillées dans un seul tronc d'arbre et surmontées d'une légère toiture d'osier; le tout vacille à chaque mouvement, mais les naturels les manient avec tant de dextérité qu'elles ne chavirent pas toujours. C'est en cet équipage que je débarque à la « fonda » de Lala, le moins mauvais des deux hôtels que possède Manille.

Au seul aspect des lieux je reconnais bien vite le vieux « meson » espagnol, et la vue de la table d'hôte où je prends place me le rappellerait assez à défaut même de l'odorat; mais ces petits inconvénients disparaissent devant le plaisir de trouver une réunion cosmopolite des plus intéressantes, parlant toutes les langues et exerçant toutes les professions. Je ne tarde pas à lier connaissance avec un jeune naturaliste français qui explore depuis deux ans les Philippines, à la recherche d'oiseaux inconnus, dont il a réuni déjà cent cinquante espèces, et avec un docteur autrichien qui poursuit dans les parties inexplorées de Luçon des expéditions fertiles en découvertes anthropologiques. Grâce à eux et à l'obligeance de M. Ducourthial, notre consul, je suis mis, avant la fin du jour, en relations avec le petit nombre de nos compatriotes résidant à Manille et avec quelques-uns des principaux étrangers.

Les Espagnols se divisent en deux catégories : les commerçants, peu nombreux et d'une fréquentation peu attrayante; les fonctionnaires, qui voient d'un mauvais œil les étrangers arriver chez eux et ne les admettent pas aisément dans leur intimité; on vit un peu à part les uns des autres.

Les rues de la vieille colonie catholique, un dimanche à l'heure de la sieste, sont complétement désertes, et le voyageur, emporté par une maigre haridelle dans un tilbury de louage, a tout loisir d'en considérer la structure uniforme. La plupart sont étroites, poudreuses; la plus large, l'*Escolta*, contient les bazars, les magasins européens et offre l'aspect d'une rue marchande de petite ville; les maisons, bâties en pierre de taille, à deux étages, sans jardin, n'offrent de notable que le mode de fermeture. C'est une série de châssis grillagés en forme de losanges, sur lesquels sont appliquées des lamelles plates au reflet nacré, fournies par un coquillage transparent très-répandu dans l'archipel indien, le planorbe. C'est ainsi qu'on s'abrite de la pluie et du soleil, en sacrifiant nécessairement beaucoup de lumière.

En traversant le Passig, bordé de maisons qui viennent se baigner coquettement dans sa fange, on entre dans la ville forte, entourée de murailles et de glacis : ici le calme est plus grand encore; le long des fossés extérieurs s'étend sur le bord de la mer le *Patio*, promenade d'environ un mille, brûlante tout le jour, où l'on ne se rend qu'au coucher du soleil. Je constate cette fois la parfaite exactitude de cette phrase avec laquelle le nouvel arrivant est partout accueilli par les résidents blasés : Il n'y a rien à voir.

Notons cependant la cathédrale de 1664 et le palais du gouverneur, ruinés de fond en comble en 1803 par un épouvantable tremblement de terre; la statue de Charles IV, bienfaiteur de Manille, — c'est Philippe III qui lui a donné ses armoiries et son titre de « très-noble cité ; » — le palais neuf du capitaine général.

Après diverses visites, l'heure habituelle de la promenade me ramène au Patio, animé cette fois par une foule d'équipages qui vont et viennent, et s'arrêtent enfin à l'une des extrémités, au bout d'une esplanade, où la musique de la garnison joue des airs médiocres et peu écoutés. Là, les dames descendent au bras de leurs cavaliers et daignent poser leurs petits pieds sur le sable; on se rencontre, on se salue, les groupes se forment et se séparent. N'était l'encadrement magnifique de la baie inondée des feux d'un soleil couchant, on se croirait au Prado ; l'éventail frémit dans ces petites mains bien gantées, la mantille s'agite coquettement. Les caquets vont leur train; c'est ici la patrie du commérage, et tout le long de l'année on y mène l'existence désœuvrée et babillarde des villes d'eau. Quel dommage que la nuit vienne si vite avec la brusquerie particulière aux latitudes tropicales, et ne permette pas plus longtemps de distinguer ces gracieux profils d'Espagnoles, auxquels se mêlent les visages plus basanés de quelques « mestizas »! Elles mettent une certaine coquetterie à n'arriver que juste au moment où le jour baisse; encore n'est-ce que depuis peu d'années qu'elles consentent à faire quelques pas, liberté qui choque singulièrement la pruderie de la vieille école.

Il s'en faut bien cependant que la société manillaise apparaisse en ce moment dans tout son éclat, m'apprend une dame espagnole avec qui j'ai le plaisir de dîner le soir même : non-seulement la vieille colonie, visitée à plusieurs reprises par les typhons et les tremblements de terre, frappée dans son commerce par la concurrence des autres nationalités qui sont venues exploiter l'extrême Orient, bouleversée dans son administration par les changements politiques survenus en Espagne, a perdu son antique splendeur et du même coup renoncé aux fêtes, aux réjouissances, à la vie légère et somptueuse d'autrefois; mais elle est en outre, en ce moment, sous le coup d'une guerre qui prive les dames de leurs maris et de leurs cavaliers, fait le vide dans les cercles et préoccupe fort le gouvernement. Le capitaine général s'est rendu sur le théâtre de l'action avec toutes les troupes disponibles, et l'on attend chaque jour avec anxiété des nouvelles de la flotte, qui n'arrivent pas.

Voici l'origine de cette guerre, dirigée en apparence contre des pirates, et provoquée en réalité par de graves considérations politiques. Les Espagnols sont si peu maîtres des différentes parties des Philippines, qu'ils craignent à chaque instant de voir s'y établir, dans quelque île indépendante du Sud, une de ces nations inquiétantes dont les flottes sillonnent les mers de Chine en quête d'un point favorable pour y planter leur pavillon et y établir un port de commerce et une station navale. Si l'Angleterre a besoin de se maintenir, l'Allemagne a envie de s'installer, et fera ombrage à tout le monde tant qu'elle n'aura pas choisi sa victime. Un pareil voisinage, outre qu'il porterait atteinte à la souveraineté théorique que l'Espagne réclame sur tout l'archipel des Philippines, annulerait complétement le profit qu'elle retire de sa colonie par les monopoles et les douanes, car tout le commerce des épices s'écoulerait par le nouveau port, où d'habiles concurrents ne manqueraient pas d'instituer la franchise.

Or le sultan de Sulu, maître d'un petit groupe d'îles à l'extrémité méridionale de l'archipel, bien loin de respecter la ligne de douanes dans laquelle le gouvernement espagnol voulait l'enfermer, a noué presque ouvertement des relations commerciales avec les marines anglaise et allemande, qui lui apportent notamment des cargaisons d'armes, alors que l'importation même d'un simple fusil de chasse est ici l'objet d'une prohibition absolue.

On a vu dans ces faits la menace d'une intrusion étrangère, et, pour faire cesser un trafic qu'elle regarde comme une violation de ses règlements, aussi bien que pour établir en fait son droit de souveraineté, l'Espagne a entrepris, sous le prétexte de châtier quelques pirates, une guerre dirigée moins contre ceux qu'elle frappe que contre leurs alliés occultes. Les débuts n'ont pas été heureux, on a opéré un débarquement maladroit, perdu beaucoup de monde sans combat; il a fallu envoyer successivement 8000 hommes, dépenser beaucoup d'argent pour affréter des navires qui manquaient et qui reviennent chargés de malades; enfin on a rencontré un insuccès matériel et moral, là où l'on espérait un facile triomphe, et Manille est en ce moment sous le coup de cette pénible situation où chacun craint pour un parent ou un ami. Cependant on annonce le retour du capitaine général à qui doit être offerte une fête triomphale : il ne faut pas laisser trop longtemps dans le deuil cette population impressionnable et avide de démonstrations bruyantes.

27. — Quiconque n'a pas pris le parti de dormir en compagnie des jackos et des cancrelats doit renoncer à goûter ici un instant de repos : les premiers sont de petits lézards inoffensifs dont on finit par aimer à la longue le petit cri strident; les autres sont une des plus dégoûtantes créatures de Dieu, qui se glisse effrontément partout où il y a quelque chose à ronger; quant aux moustiques, on peut facilement les défier sous un rempart de gaze, mais c'est alors en sacrifiant le peu d'air qui reste à respirer dans une rue de Manille, cette rue fût-elle un canal comme celle sur laquelle s'ouvre ma fenêtre. A tous ces avantages, il faut ajouter l'apprentissage des lits, composés simplement d'un treillis de rotin semblable à celui de nos chaises de canne, tendu

sur un cadre, sans matelas, et couvert d'un unique drap. Autant de précautions contre la chaleur qui ne sont pas moins efficaces contre le sommeil.

J'essaye de *dédouaner* mon bagage; mais entre-temps j'ai appris qu'il faut, pour introduire un fusil, — ma malle en contient un, — être préalablement muni d'un port d'armes qu'on n'obtient pas sans beaucoup de protections et de démarches; impossible d'y songer; il ne faut pas penser davantage à l'entreposer en douane : on ne me le rendrait qu'après une demande justifiée, j'en aurais pour quinze jours avant de me rembarquer. J'y renonce et, laissant ma malle à bord du *Leonor*, j'emporte, — toujours dans un mouchoir, — le linge qui me manque : mais tout n'est pas fini là. On va faire la visite minutieuse du navire et faire ouvrir toutes les caisses pour saisir la contrebande. Or j'ai, outre mon Lefaucheux, deux sabres japonais destinés à des cadeaux; me voici immédiatement passé à l'état d'agent provocateur, introduisant un arsenal. Le cas est pendable. Ma foi! advienne que pourra; je laisse le *chief-master* du *Leonor* se tirer de là comme il voudra, en lui donnant plein pouvoir de me livrer à la sévérité des lois, moi et mes munitions, ou de m'épargner la corvée du déballage.

Dix jours après, j'entrais en possession de ma malle, la veille de mon départ pour Singapore; il en avait coûté quatre piastres pour fermer les yeux du « carabinero, » qui, fort heureusement pour ma bourse, n'était que caporal. C'est par ces tracasseries, par ces mesquins obstacles, que le gouvernement espagnol se propose d'écarter et de dégoûter les étrangers; il s'enferme chez lui, se cache, essaye de faire le silence autour de son empire insulaire, comme un mari jaloux confine la femme trop belle dont il ne se sent pas digne. Le système des douanes est essentiellement prohibitif, les droits énormes arrêtent la production et détournent le consommateur; la surtaxe de pavillon interdit à la marine marchande l'accès du port : on en est ici encore au vieux système colonial du dix-septième siècle, on ne tolère que les rapports avec la métropole, on veut tuer la concurrence, et c'est la colonie qu'on étouffe.

Dans les rues, qui ont repris avec le travail leur animation, on voit circuler toutes les variétés de type, de couleur et d'allures. Voici d'abord le Chinois, non plus sale, déguenillé, livré aux plus rudes métiers, comme à Hong-kong, mais grave, net, décent, parvenu par sa patience au rang de patron, plein de morgue, faisant sentir sa supériorité à l'indigène, qui l'accepte. Ce sont les Tagals dans le nord de Luçon et les Bissayos dans le sud, qui, sous la désignation très-vague d'Indiens, composent l'élément indigène soumis aux Espagnols. Quoique se rattachant à la famille malaise et à la race brune, les Tagals parlent un dialecte très-différent du malais, subdivisé lui-même en plusieurs sous-dialectes qui varient suivant les provinces. Hors de la ville même, très-peu d'entre eux comprennent quelques mots d'espagnol. Leur teint est d'un brun clair et semble susceptible de se rapprocher du jaune olivâtre quand ils mènent une vie sédentaire à l'abri du soleil; leurs cheveux sont noirs et lisses, leur barbe rare, leur nez épaté, leurs lèvres épaisses, mais non saillantes comme celles du nègre, leurs yeux bien ouverts, noirs, expressifs, ombragés de longs cils; ils sont de taille moyenne et généralement bien faits.

Les hommes coupent leurs cheveux courts, et, quand ils ne se coiffent pas, par économie ou par coquetterie, d'un chapeau de fabrication européenne, portent un chapeau de paille ou de cuir, terminé en pointe, dont la forme convexe rappelle exactement celle d'un couvercle de soupière et dont les ornements d'argent atteignent quelquefois une grande valeur. Ils vont généralement pieds nus et n'ont pour tout vêtement qu'un pantalon de toile et une courte chemise retombant par-dessus, le tout d'une blancheur toujours irréprochable. Il est rare qu'ils sortent, sauf pour un travail de force, sans emporter sous leur bras, attaché à la patte par un fil, leur inséparable ami, le coq de combat, qu'ils entretiennent dans un état d'exaspération perpétuel.

Les femmes se contentent de relever par un peigne leurs cheveux, qu'elles laissent flotter sur les épaules; elles portent une jupe d'indienne rouge faite d'une pièce d'étoffe qu'elles entortillent sans ceinture autour de la taille; leur camisole courte, soulevée sur la poitrine par une gorge ferme et opulente, flotte au-dessus de la jupe sans s'y rattacher et laisse souvent voir la naissance des hanches. Un scapulaire pend toujours à leur cou; elles sont laides et ont l'allure moins dégagée que les hommes. Comme eux, elles ne cessent de fumer le cigare que pour chiquer le bétel.

La seule coquetterie des femmes se concentre dans le choix de la camisole qui couvre leurs épaules et du fichu dont elles s'entourent quelquefois le cou; le coton et la mousseline sont les étoffes les plus employées, mais la plus recherchée est le « pina, » c'est-à-dire un tissu d'un blanc mat, léger et transparent, fait avec l'écorce d'ananas. Quand le « pina » est couvert de broderies, il ressemble à une dentelle et atteint une finesse admirable et des prix énormes : une simple chemisette se vend jusqu'à 100 piastres; les naturels des Philippines y attachent une valeur de convention sans limite. Ils ont aussi un goût immodéré pour les bijoux, les bagues surtout, les pierres précieuses, et ne se laissent pas tromper facilement par le clinquant et les imitations que le commerce européen essaye de faire passer chez eux. La bijouterie est un des principaux articles d'importation à Manille. La domination espagnole est bien loin de s'étendre sur toute la population des Philippines. Sans parler des îles où elle ne s'est jamais établie et des nombreux districts indépendants de Tagals et de Bissayos, il y a des races entières qui lui échappent dans l'intérieur même de la grande île de Luçon, qui n'a jamais été complétement explorée ni par la conquête ni par la science. Le gouvernement ne fait aucun effort pour agrandir ses connaissances sur la géographie et l'ethnographie de cette belle colonie ; c'est tout au plus s'il consent à délivrer des passe-ports aux étrangers plus curieux qui essayent de pénétrer dans ces régions nouvelles.

Je dois au docteur autrichien dont j'ai parlé plus haut, M. Körbel, l'explorateur le plus hardi de cette région, des renseignements qui peuvent se résumer ainsi. Deux races distinctes et sans parenté apparente entre elles habitent l'intérieur de Luçon, les Négritos et les Hygrotes. Les premiers, connus et classés depuis longtemps sous le nom d'Andamènes, rappellent le nègre d'Australie, placé au dernier échelon de la race noire. Petits, courts, les cheveux crépus, les membres grêles, ils errent en petites bandes dans les montagnes, n'ayant ni villages, ni maisons, ni tribus, et possédant à peine un rudiment de langage incompréhensible et d'organisation ; ils se rapprochent de cet état dit de nature qui inspirait tant de regrets à Jean-Jacques Rousseau. Armés d'arcs et de flèches empoisonnées, ils se livrent à la chasse et incendient les hautes herbes qui poussent aux flancs des montagnes, afin de faciliter le développement des jeunes pousses qui attirent les daims. Ils se nourrissent aussi d'insectes, de fourmis notamment, de toute sorte de choses dégoûtantes ; leur peau est couverte de dartres et de squammes ; à part la fabrication de leurs armes grossières, il n'y a chez eux aucune industrie. Ils se trouvent principalement sur la côte occidentale, et dans leurs courses approchent parfois des centres habités, mais sont assez inoffensifs.

Les Hygrotes, plus grands et plus forts que les Tagals, appartiennent à la race noire, mais au rameau papou, et se rapprochent, par leur structure, des nègres de la Nouvelle-Guinée. Peuple cultivateur et guerrier, ils vivent par tribus, toujours en guerre, retirés dans les montagnes au penchant desquelles ils font pousser le riz. Ce sont les femmes qui travaillent la terre et se livrent à toutes les opérations serviles, tandis que les hommes fortifient le camp retranché. Ils ont des chevaux, des bœufs, dont ils mangent la chair. Leur façon de faire cuire le riz est particulière : dans l'entre-nœud d'un fragment de bambou on fait une entaille, le riz est introduit dans l'ouverture ainsi pratiquée; on bouche hermétiquement le trou en rappliquant le fragment détaché, et l'on place le bambou sur le feu ; le riz est cuit avant que ce fragile récipient ait eu le temps de se consumer. Ils habitent des maisons de bois spacieuses, car le sapin, qu'on va chercher à grands frais au Japon, se trouve ici même en abondance; il ne manque que des chemins pour l'amener jusqu'au lieu de consommation.

Le gouvernement de la tribu est entre les mains du conseil des anciens, les vieilles femmes ont aussi voix au chapitre ; l'esprit de sociabilité semble très-développé chez eux. Aussitôt en âge de travailler et d'apprendre, les enfants des deux sexes sont séparés de leurs parents et envoyés dans des « camerias » où ils apprennent, suivant leur sexe, les différents travaux de la vie rustique ou le métier des armes. Très-braves, ils sont armés de la lance et du bouclier; leur suprême orgueil est de réunir le plus grand nombre de têtes coupées sur leurs ennemis; ils les laissent pourrir au-dessus de leur porte comme des trophées. Un jeune homme n'a le droit de prendre femme que lorsqu'il possède au moins quatre têtes ; mais dans les sauvages conditions de ce calcul, une blanche vaut deux noires. Il paraît qu'ils ont contre les Espagnols en particulier une haine profonde. Un gouverneur de province, dans une expédition, ayant été massacré avec 35 hommes, son successeur fit de vains efforts pour se faire rendre la tête du malheureux, qui se trouvait être un beau blond barbu, devenu pour son propriétaire l'objet d'un engouement spécial, arrosé chaque jour d'huile de coco et entretenu avec mille raffinements dans sa châsse.

Ils ont un dieu du bien, qui est honoré, et un dieu du mal qui est battu, garrotté et étranglé quand il arrive quelque malheur; le docteur Körbel en a envoyé à Vienne une statuette au quart de grandeur naturelle, qui n'est pas trop grossière.

Dans les montagnes habitées par les Hygrotes on trouve le climat et la flore de l'Europe centrale ; il y a une grande quantité de gisements de cuivre et d'or que les naturels n'exploitent pas, mais dont ils connaissent parfaitement la valeur ; si leur dialecte est inconnu, quelques-uns d'entre eux comprennent le tagal et font des échanges avec les Indiens de la plaine. Tout porte à croire que de grandes richesses sont enfouies là sous la garde de ces farouches pasteurs.

28 avril. — Muni d'un léger bagage et d'un itinéraire que je dois à l'obligeance de mon jeune naturaliste, pourvu d'un domestique tagal avec lequel j'échange quelques mots d'anglais mêlé d'espagnol, je prends place sur le bateau à vapeur qui remonte le Passig et la lagune, grand lac d'eau douce d'où s'écoule le fleuve. La sortie de la ville est charmante ; les deux rives du fleuve sont encadrées de cases indiennes, dont beaucoup servent de maisons de campagne à des Européens ; elles

sont élevées sur un solide pilotis de 2 mètres environ, précaution nécessaire contre l'humidité pendant la saison des pluies ; un vaste toit de chaume, couvrant une charpente légère ceinte d'un clayonnage d'osier et de bambou, s'avance au-dessus des vérandas garnies de fleurs et de plantes grimpantes ; les terrasses descendent jusque dans le lit du Passig, étalant à l'œil enchanté leurs riches végétations. Le bananier, le bambou, l'ananas, le cocotier, rivalisent de vigueur et conservent sous un ciel de feu la fraîcheur de leurs tons variés. Dans les appartements largement ouverts, on voit de jeunes femmes savourer dans un élégant déshabillé la brise matinale, tout en jouant avec leurs perroquets.

Rien ne peut rendre l'impression de bien-être qui se dégage de tout cet ensemble harmonieux et calme ; voici enfin dans leur plénitude la nature exubérante des tropiques, la vie molle et facile, le laisser-aller créole ; on voudrait ralentir la marche du *steamer*, qui file de toute sa vitesse devant ces tableaux délicieux. Il laisse cependant Manille derrière lui ; les villas disparaissent, mais l'animation ne diminue pas ; les cases d'indigènes, plus petites et moins élégantes, mais toujours pittoresquement juchées sur leurs échasses, se multiplient à mesure qu'on avance. Des hommes circulent sur les berges, poussant leur mule ou portant des fardeaux ; les femmes entrent dans la rivière jusqu'à la ceinture pour y laver leur linge aux bariolages éclatants ; les enfants barbotent à plaisir dans cette eau tiède, et leur nudité chaste donne au paysage je ne sais quoi de primitif et de patriarcal. Le long des rives glissent, du milieu des nénufars, des pirogues maintenues en équilibre par deux longs bambous fixés latéralement à la hauteur de la flottaison, chargées de fruits, de fourrages ou de passagers, que manœuvrent à la pagaie deux Tagals rompus à cet exercice. Dans les champs, les buffles accouplés traînent lentement la charrue ou, vautrés dans quelque mare fangeuse, soulèvent d'un air pacifique leur tête élégante et leurs cornes arrondies.

Comment quitter cette orgie de couleur et de lumière pour s'asseoir devant la maigre pitance arrosée d'un vin épais et liquoreux que le *Passig* offre comme repas à ses passagers? Remontons bien vite sur la passerelle; mais déjà tout change : les bords s'écartent, la végétation est remplacée par une plaine d'alluvion en partie inondée ; nous entrons dans la « laguna. »

C'est en effet moins un lac qu'une lagune sans profondeur, aux eaux troubles, une sorte de bassin plat formé par une très-légère dépression de la plaine environnante et entourée à distance d'une ceinture de montagnes. Il y a si peu de fond que notre vapeur ne pourrait se frayer un passage dans le chenal balisé, et qu'il est obligé de transborder sa cargaison et son personnel sur un autre plus petit, qui l'attend à l'entrée de la passe. Le cadre s'élargit de plus en plus; on perd de vue les rivages pour ne voir que les hauteurs boisées qui les dominent de tous côtés.

Pendant que chacun se case comme il peut pour faire la sieste, je m'empare du capitaine, qui me détaille les environs et ramène toujours l'entretien, par des transitions savantes, sur les tribulations que lui cause l'insouciance de son équipage, composé de natifs. On s'arrête de temps à autre à certains points pour prendre et laisser des passagers, mais toujours loin des villages, que le « vapor » ne peut approcher sous peine de s'envaser. Les pirogues monoxyles font alors force de rames pour accoster; on leur jette les ballots, on s'embarque, tout le monde se tient debout dans ces troncs roulants, et l'on fait ainsi un demi-mille pour gagner le bord. C'est tout ce qu'on a trouvé de mieux jusqu'ici, comme mode de transport et de communication, pour échanger les produits de la capitale contre ceux de la province.

Ces mêmes esquifs ne naviguent pas seulement à la pagaie, ils se couvrent d'une mâture et d'une immense voile latine sans chavirer; il est vrai qu'en ce cas on y fixe, pour maintenir l'équilibre, un appareil aussi simple qu'ingénieux, bien connu de quiconque a navigué sur les côtes de l'Asie. Deux traverses fixées perpendiculairement à la paroi de l'embarcation s'avancent au ras de l'eau, à une distance d'environ 2 mètres, et supportent une lourde poutre effilée à chaque bout, d'une longueur égale à la moitié de celle de la pirogue; grâce à cet appendice, si l'esquif penche du côté où la poutre est fixée, celle-ci en s'appuyant sur l'eau produit une résistance qui l'aide à se relever; si au contraire il penche du côté opposé, la poutre entraînée hors de l'eau fait contre-poids et ramène le canot vers l'équilibre. Il n'est pas d'embarcation plus sûre ni plus singulière d'aspect. On les voit cingler à toute vitesse dans le lointain, poussées par un vent violent qui ne présage rien de bon; puis le ciel s'assombrit, l'horizon se rétrécit, et l'on ne voit plus rien qu'une averse torrentielle. Les passagers indigènes, exposés à la pluie qui fouette, s'abritent comme ils peuvent : les femmes se blottissent les unes contre les autres sous une natte, quelques « mestizas » se réfugient dans le salon des premières pour ne gâter ni leur fichu blanc ni leur robe de soie noire; le grain passe, et, après douze heures de navigation, on débarque, toujours en pirogue, à Santa-Cruz, dernière escale sur la lagune.

Comme les autres villages que nous avons aperçus de loin, Santa-Cruz est situé à quelque distance de la lagune; je gagne à pied l'unique « fonda, » dont je m'adjuge l'unique chambre, inoccupée depuis longtemps, à en juger par l'épaisse couche de poussière qui recouvre toute chose. Quelques rues sablonneuses, bordées de petites cases, groupées autour de l'église, composent le bourg, traversé à chaque instant par les Européens qui se rendent dans la province. Quelques constructions en pierre annoncent la « fonda, » le presbytère et le « tribunal. » C'est vers ce dernier édifice que je me dirige pour arrêter un cheval. Dans chaque localité, on trouve, en effet, sous ce nom un bureau où il suffit de s'adresser à l'avance pour obtenir les moyens de transport, — âne, cheval, buffle, voiture, — dont le pays dispose et que comporte la route à parcourir.

Il faut une volonté bien trempée pour absorber le souper que l'on trouve dans une auberge espagnole tenue par un « mestizo ; » je me console de l'insuccès de mes efforts en songeant mélancoliquement aux déceptions du chevalier de la Manche, qui prenait les hôtelleries pour des châteaux et dut y trouver souvent une aussi maigre chère.

Qui dort dîne, assure-t-on : essayons ; autre affaire, pas de moustiquaire ! On m'assure naturellement qu'il n'y a pas de moustiques à Santa-Cruz ; mais j'ai trop appris à mes dépens en maintes conjonctures ce que vaut une telle assertion pour m'y fier : tandis qu'on va quérir l'objet demandé, j'écoute l'étrange musique qui s'élève des cases environnantes. C'est une psalmodie triste et monotone, dans un ton mineur, qui rappelle l'office du vendredi saint dans nos églises ; les Tagals aiment à se réunir autour d'un feu de paille destiné à écarter les insectes, pour chanter bien avant dans la nuit ces litanies mélancoliques, jusqu'à ce que le sommeil les gagne.

29. — Au point du jour, le son des cloches appelle tous les fidèles à l'*angelus ;* sur la place de l'église, je vois une population en prière, les femmes à genoux, les hommes debout, la tête nue, dans une attitude craintive plutôt que recueillie. On prétend qu'il n'y a rien de plus

dans leur respect qu'une consigne strictement observée ; que le clergé, par ses exigences et son oppression, soulève des colères sourdes chez des gens qui le subissent et le payent sans l'aimer. Je ne puis m'en rendre compte que par ouï-dire.

Le cheval n'est pas prêt à l'heure dite ; le muletier tagal est, paraît-il, de l'école espagnole, je pars bravement à pied suivi de mon groom improvisé et d'un porteur de bagages. Un chemin large, sablonneux, bordé des deux côtés de cocotiers, d'aréquiers, d'arbres à larges feuilles, mène à Pagsangan et à Magdalena. On pourrait se croire à mille lieues de toute civilisation, si l'on ne rencontrait de loin en loin un planteur « mestizo » dans son tilbury ou un « carabinero » qui revient de quelque inspection.

A mesure que le soleil monte et que la route s'élève vers la haute montagne qui domine toute la « laguna, » la fraîcheur matinale fait place à une atmosphère lourde qui rend la marche pénible. Quel bienfait alors de trouver constamment à sa portée les noix de coco, qu'un naturel va cueillir en grimpant à l'arbre, ouvre d'un coup de tranchet et vous donne à boire, encore tout humides de rosée! C'est le matin qu'il faut s'offrir ce doux régal ; dans l'après-midi, l'eau s'échauffe et n'est plus qu'une boisson insapide et malsaine.

Quelques cases annoncent un village, c'est Magdalena ; le « tribunal » est installé dans une petite baraque gardée par un « carabinero. » Tandis que j'y attends un cheval qui broute encore en pleine forêt, un vacarme assourdissant m'annonce le voisinage de l'école ; ce sont en effet de petits moricauds qui ânonnent à tue-tête l'alphabet indigène ; on ne leur enseigne pas un mot d'espagnol. De même qu'au Japon, la méthode pédagogique consiste à faire répéter le même son aux enfants criant tous ensemble. Le maître n'intervient que pour donner la note et rappeler à l'ordre les gosiers paresseux.

L'attente est longue : un premier muletier, envoyé à la découverte d'une monture, ne reparaît plus; un second est lancé à sa recherche; le petit officier de village qui donne les ordres a plutôt l'air de faire une prière qu'une injonction. Tout cela est primitif et constitue pour le voyageur des difficultés pratiques, misérables sans doute, mais suffisantes pour lui donner le droit d'accuser hautement l'incurie de l'administration coloniale : il aimerait mieux moins de saluts, moins de révérences et plus de rapidité. J'enjambe enfin un misérable diminutif de cheval, et songe, en voyant mon guide en faire autant, à Don Quichotte suivi de son fidèle Sancho Pança.

La route devient de plus en plus détestable, elle gravit à travers la forêt les pentes d'un volcan éteint, couvert d'une végétation luxuriante; pas d'habitations, peu de passants; nous croisons cependant toute une caravane qui se rend à Santa-Cruz. Une douzaine de chevaux de bât portent des jarres d'huile de coco ; derrière eux toute une famille de Tagals, hommes et femmes, juchés à cru sur leur cheval, houspillent les retardataires et les poussent au trot sur les pentes rocailleuses. C'est un tableau tout fait, encadré à souhait pour tenter un peintre.

Un pli de la montagne, un pont d'osier au-dessus d'un torrent me font reconnaître à l'avance, d'après les descriptions qu'on m'en a faites, Mahaijay, où j'arrive épuisé par un jeûne prolongé. Je croyais être obligé de demander l'hospitalité dans le couvent, comme cela se pratique en province, mais je trouve une « fonda, » où déjà est installé un jeune homme fort aimable qui m'offre successivement en trois langues de partager son repas, et me rend mille services avant de savoir ni mon nom ni ma nationalité. Connaissance faite, il paraît qu'il portait l'uniforme de la landwehr, tandis que je grelottais dans la capote du garde mobile, et que nous nous sommes plus ou moins canardés d'un côté à l'autre de la Seine, échangeant des balles avant de partager des plats de pois chiches ; mais, je l'ai déjà dit, les questions de nationalité s'effacent vite entre voyageurs, à une telle distance de l'Europe, dans ces contrées où règne la franc-maçonnerie des peaux blanches. C'est donc bien volontiers que je me laisse gagner par un accueil si prévenant et que, pourvu d'un nouveau cheval aussi chétif que le précédent, j'accompagne mon nouveau guide à la cascade de Botokan, qu'il m'a proposé de me faire voir.

Pendant une heure et demie, nous cheminons par des sentiers étroits à travers la forêt solitaire, descendant dans des gorges profondes pour franchir à gué les torrents et remonter l'autre rive, suivant des yeux le vol d'un oiseau au plumage éclatant qui s'est envolé à notre approche, essayant en vain de nommer toutes les essences d'arbres qui se pressent et s'enchevêtrent autour de nous, et calculant ce qu'il faudrait d'efforts pour tracer des routes à travers cette végétation aujourd'hui impénétrable et inutilisée.

Au bout de deux lieues, nous apercevons une nappe d'eau limpide que traverse notre route ; des arbres nous en cachent le cours inférieur, mais au détour, spectacle unique ! ce n'est plus la nappe d'eau limpide qui se continue, c'est une cataracte qui la remplace. Une fissure de la montagne s'est ouverte un jour en cet endroit, et le fleuve tombe perpendiculairement d'une hauteur de 50 mètres dans un sombre couloir, où on le voit courir et bouillonner au loin. On reste fasciné, dans une contemplation muette, en présence de ces brusques et sauvages efforts de la nature, qui font ressortir par leur contraste le spectacle normal et régulier de ses lois éternelles.

Nos Indiens, toujours armés du tranchet qui ne quitte pas leur ceinture, se mettent à fureter dans le bois, pendant que nous nous reposons au bord de la cascade à demi submergés par l'écume : ils nous apportent des cocos, des œufs de serpent trouvés dans un tronc de palmier, des plumes d'oiseau, dont la vue fait bondir de joie le cœur de mon compagnon, naturaliste à ses heures.

Devant nous se dresse, dans toute la gloire d'un soleil couchant, le Mahaijay, qui a donné son nom au village voisin : haut de 8000 pieds, il paraît plus haut encore, grâce à cet isolement et à cette structure conique et régulière propres aux volcans éteints. Aussi loin que la vue s'étend, elle ne rencontre que les ondulations infinies de la futaie, révélant une intarissable puissance de séve. Le jour qui baisse nous force à regagner la « fonda, » accompagnés d'un essaim de lucioles qui voltigent au hasard autour de nous, ou se groupent en quantités innombrables sur un arbre semblable à un candélabre à mille branches.

La lune ne tarde pas à se lever dans une atmosphère calme ; une légère brise secoue autour de nous, comme un bouquet de fleurs, les aromes subtils de la forêt ; les cigales mêlent leur mélopée stridente aux carillons lointains des crapauds invisibles. On entend glisser et bruire autour de soi tout un monde d'insectes ; la vie déborde de toutes parts, et l'homme assiste, spectateur étonné, aux ébats d'une immense fête nocturne : c'est sous de tels cieux que devait naître le panthéisme, c'est d'un tel spectacle que devait sortir l'adoration des forces et des mystères de la nature.

30. — J'avais voulu d'abord pousser plus loin, gagner Lugbang et Tayabas ; mais à quoi bon explorer d'autres lieux moins beaux que celui-ci ? Je préfère ne quitter qu'au dernier moment ce site enchanteur. Laissant mon compagnon d'hier se mettre en chasse, accompagné d'un Tagal qui sait lui montrer un oiseau à d'énormes dis-

tances, je vais flâner sur les bords du torrent, où notre aubergiste envoie puiser une excellente eau de montagne. De petites sentes conduisent au bord du ruisseau, encaissé entre deux hautes parois de verdure d'où les feuilles et les pétales de magnoliers volent en tournoyant dans les tourbillons. Il faut sauter de rocher en rocher pour en remonter le cours.

Attiré par un bruit de voix, je tombe au milieu d'une bande de lavandières qui cessent, pour me regarder, de frotter leur linge contre des tiges fibreuses de savonnier, employées ici en guise de savon. Les femmes tagales ne sont généralement pas belles, mais vues ainsi en groupe, dans un cadre agreste et sauvage, au milieu de leurs simples occupations, elles forment un détail qui s'harmonise avec l'ensemble. D'autres femmes que celles-là jureraient avec le reste du paysage. Un peu plus haut, le torrent est dominé par un pont de pierre en ruine, aux culées couvertes de lianes, dont l'arche forme une sorte de berceau de verdure : l'ombre est si épaisse, la nappe d'eau si transparente.... comment résister à la tentation de se plonger dans cette baignoire naturelle, disposée à souhait, comme les thermes de quelque voluptueux Romain? Comment s'arracher ensuite à l'enivrante fraîcheur de cette gorge pleine de murmures et de parfums?

Au retour, je rencontre mon chasseur escorté de deux « carabineros » rébarbatifs, qui viennent examiner son port d'armes, laissé par lui à la « fonda, » et en prennent soigneusement copie. Nous allons ensuite faire visite, ainsi qu'il est d'usage, aux moines franciscains, dont le couvent et l'église dominent le village; mais à midi ils ont commencé la sieste : nous y retournons à trois heures, elle n'est pas terminée ; c'est ici, paraît-il, l'abbaye de Thélème.

La vie monacale aux Philippines rappelle les jours sombres du moyen âge; l'ignorance, la paresse, l'égoïsme oppressif d'un clergé régulier plongé dans de grossières jouissances, font le sujet de tous les discours. Il est facile de deviner ce que de tels maîtres ont fait, au point de vue moral, d'une population dont le gouvernement espagnol leur a, de gré ou de force, complétement abandonné l'éducation. De la religion, ils ne lui ont enseigné que l'obéissance aux *Pères*, quelques pratiques mesquines, l'usage des chapelets, des scapulaires, l'habitude de chanter des litanies ou de réciter des prières. Ils ont fait de l'apostolat un moyen politique de gouvernement à leur profit, répandu la terreur du prêtre plus que l'amour de l'Évangile, et pris ainsi une place que l'Espagne aurait sans doute quelque peine à leur ôter, si elle y songeait.

Sous cette direction spirituelle, les indigènes ont contracté des mœurs douces, mais hypocrites, conservé l'habitude du mensonge, l'indifférence, la stérilité du cœur, un grand relâchement de mœurs et des passions indisciplinables. S'ils ne sont pas généralement voleurs, le brigandage est organisé dans certaines régions, notamment au sud de Manille, de façon à rendre le voyage très-dangereux ; les assassinats ne sont pas très-fréquents, quoique la nuit même de mon arrivée il s'en soit commis un sur l'Escolta, dans les conditions les plus audacieuses. Ils n'ont pour ainsi dire que des vertus négatives, comme les peuples longtemps comprimés.

La culture la mieux dirigée eût-elle été d'ailleurs capable de combattre les influences de race et de climat qui vouent la plus grande partie de l'humanité à un état inférieur? L'homme n'échappe pas à la loi inexorable des milieux et n'atteint son développement complet que sous un ciel dont l'inclémence le contraint de déployer toutes ses facultés pour sa conservation. Au milieu de la profusion des ressources qui l'entourent, pourvu du nécessaire par la nature, l'Indien ne fait aucun effort pour se procurer le superflu; il ne se livre que sous le stimulant de l'administration conquérante à un travail servile qui n'ennoblit pas; il n'a pas d'industries propres, pas d'arts, pas de littérature; c'est un sauvage moins policé qu'asservi, utilisé plutôt que civilisé.

Une carriole de louage nous ramène à Santa Cruz au milieu d'épouvantables cahots; chemin faisant nous rencontrons une grande affluence de naturels qui reviennent du marché : les femmes portant leurs enfants sur la hanche et de grandes jattes sur la tête, les hommes conduisant par la bride leur cheval chargé de provisions ou dirigeant, l'aiguillon en main, un couple de buffles attelés à une sorte de traîneau qui glisse péniblement sur le sable inégal du chemin. Quelquefois toute une famille est juchée sur un petit tombereau rempli de marchandises et présente une scène digne du pinceau d'un Léopold Robert. La foire n'est pas terminée quand nous gagnons à pied les rues de Santa-Cruz, qu'elle remplit de ses étalages en plein air. Tous les produits des champs viennent s'échanger là contre quelques articles d'importation étrangère : les hommes discutent entre eux, leur coq sous le bras, les femmes nous proposent leur marchandise en montrant leurs dents rouges de bétel ; toutes sortes d'animaux domestiques nous courent entre les jambes. La fin d'une journée de marché appartient à la catégorie nombreuse de ces scènes qui se ressemblent à peu de chose près dans tous les pays et sous toutes les latitudes.

Nous rentrons, non pas à la « fonda, » mais à la case de don Antonio, un ami de mon compagnon de route, chez qui je me laisse entraîner. Le maître est absent, et c'est son intendant, un « mestizo, » qui nous reçoit et nous offre à souper. Il a, paraît-il, une très-jolie femme, mais il se garde bien de la laisser paraître : « madame est sortie; » des frôlements furtifs de robe de soie, des voix qui chuchotent, des portes qui se ferment précipitamment nous annoncent d'une façon assez claire que la prétendue visite chez une voisine n'est qu'une défaite, et qu'on voudrait bien nous voir sans être vue.

Cette répulsion à montrer les femmes est un des principaux traits que le « mestizo » conserve de l'origine tagale ; comme tant d'autres races métisses, celle-là me semble bâtarde, sans vigueur physique et morale, impuissante et condamnée à la médiocrité ; on dirait que le sentiment de leur infériorité native leur apparaît plus douloureusement qu'à leurs frères les indigènes purs, et les accable, quand ils ne peuvent se distraire par les dissipations d'un luxe de mauvais aloi, comme on le voit souvent à Manille. Descendants des hidalgos et des anciens maîtres du sol, ils ne se sentent ni aussi fiers que les premiers, ni aussi libres que les seconds ; leur orgueil abaissé les rend farouches.

31. — Avec quel regret j'apprends, en rentrant à Manille, que j'ai quitté trop tôt la montagne pour venir étouffer de nouveau dans les rues poudreuses de la capitale! Le paquebot qui doit m'emmener a retardé son départ jusqu'au 5. La chaleur est intense et brise toute énergie. Je cherche un peu de fraîcheur dans une église ; j'y tombe sur un enterrement, où les mœurs locales se mêlent d'une manière bizarre aux cérémonies catholiques. Spectacle touchant! derrière le grand cercueil, il y en a un tout petit, dans lequel une enfant, le visage découvert et la tête couronnée de roses, dort à côté de sa mère du sommeil éternel. Des instruments de cuivre font retentir la nef de leurs sons éclatants, toute l'assistance est en deuil, on sort pour se rendre au cimetière ; les deux bières, toujours découvertes, sont placées sur le même corbillard.

Le cimetière, situé à une certaine distance hors de la

ville, au milieu d'un massif de verdure, offre l'aspect d'une vaste terrasse circulaire. Quand on pénètre à l'intérieur, on y trouve une seconde enceinte concentrique à la première; chacune a une épaisseur de maçonnerie d'environ 4 mètres, et contient deux rangées superposées de petites voûtes cintrées assez grandes pour recevoir un cercueil. Quelques-unes sont encore vides et attendent leur habitant, la plupart sont fermées par une plaque de marbre qui indique le nom et l'âge du défunt; on y glisse les corps, qui reposent ainsi au-dessus du sol, à l'abri de cette décomposition hâtive qui attend les morts dans nos nécropoles souterraines. On ne voit là ni chapelle particulière, ni mausolée prétentieux; une modeste église domine l'amphithéâtre funéraire où petits et grands dorment confondus dans une tardive égalité.

1er avril. — Soirée au théâtre : c'est un cirque équestre transformé en salle de spectacle; quelques artistes de passage, assistés d'amateurs, donnent un concert assez médiocre : le public est peu nombreux, quelques « mestizas » jouent de l'éventail en coquetant avec leurs « novios; » la haute société espagnole n'a pas osé braver la chaleur.

2. — Visite aux églises, où le dimanche amène la foule. Les femmes occupent le milieu de la nef, agenouillées ou élégamment accroupies sur de petits coussins qu'elles étendent sur le carrelage. Les hommes se tiennent assis ou debout dans les bas côtés. Les attitudes sont assez recueillies; je m'étonne de ne voir guère que des Tagals parmi les hommes; quelques jeunes gens de sang européen se tiennent de manière à regarder le public sans voir l'autel. Le haut clergé est purement espagnol; parmi les diacres et sous-diacres, et surtout au nombre des enfants de chœur, on voit beaucoup d'indigènes; il est rare qu'on leur laisse atteindre les ordres

majeurs. Le prône a lieu en espagnol; dans quelques rares paroisses, le prédicateur s'exprime en langue tagale.

C'est le dimanche seulement que la police autorise les combats de coqs; aussi ce jour-là, plus que tout autre, voit-on les indigènes, accompagnés de leur fidèle champion, se répandre dès le matin dans les rues, lui faire manger des aliments excitants et l'irriter à l'avance en provoquant un autre gallinacé sans laisser les combattants en venir aux prises. Le lieu réservé à ces sortes de spectacles, si goûtés de la population native, est un grand hangar à peine couvert, où s'élève un terre-plein à demi-hauteur d'homme, formant champ clos, et qu'on peut voir aisément soit du rez-de-chaussée, soit d'une galerie supérieure supportée par une légère charpente. Une foule compacte s'entasse aux deux étages : le Chinois s'y mêle au Tagal, et leurs vociférations se confondent. Ce n'est pas seulement ici un jeu sanglant, c'est aussi une bourse où s'engagent des paris souvent considérables, suivis avec toute l'ardeur et toute la convoitise que les peuples de race inférieure apportent à ces spéculations de hasard.

Dès l'entrée, on aperçoit les propriétaires occupés à armer la patte de leur coq d'un éperon en forme de lame de canif bien affilée, provisoirement enfermée dans une gaîne, qu'ils fixent solidement à hauteur de l'ergot. Aussitôt qu'un combat est fini, deux nouveaux adversaires entrent dans l'arène, désignés par le sort et appelés par un maître de camp qui accomplit ses fonctions avec une gravité comique. Les deux rivaux, tenant toujours leurs combattants sous le bras, attendent que les paris soient fixés et que le signal de la lutte soit donné.

C'est le moment où l'assemblée s'anime : on se jette des paris à distance; un Indien me met quatre piastres dans la main en me proposant de les tenir contre lui; un

Anglais, mon voisin, ne résiste pas à ce genre de sport et prend le défi à son compte. Mais les paris sont clos : les deux adversaires s'avancent l'un sur l'autre, et chacun d'eux permet à l'autre un coup de bec sous la plume, pour mieux exaspérer la fureur des antagonistes ; enfin, quand ils semblent à point, l'éperon est dégainé des deux parts et les deux combattants sont lâchés.

Alors commence entre les belliqueux animaux une scène d'escrime des plus acharnées. Comme deux duellistes, tantôt ils se précipitent à la rencontre l'un de l'autre avec furie, tantôt ils rompent pour saisir l'adversaire en défaut, voleter sur sa tête et lui enfoncer l'éperon dans le flanc ou dans le dos. Quelquefois l'un d'eux, blessé, use de feinte, recule jusqu'à la palissade qui forme le champ clos, et, quand l'autre arrive pour l'achever, lui détache une botte mortelle. Il faut entendre alors les hurlements de la foule, les trépignements de joie et d'admiration. Souvent les athlètes, blessés tous deux, roulent l'un après l'autre dans la même mare de sang, jonchée de plumes. Parfois ils refusent la lutte, se contentent de se défier par un gloussement menaçant, sans s'aborder ; mais les patrons soucieux viennent à la rescousse pour les caresser, les encourager de la voix et les décider à engager le combat : rarement on est obligé de les remporter sans qu'ils aient daigné en venir aux... pattes ; plus rarement encore, l'un d'eux s'enfuit sans résistance devant l'autre : il est alors couvert de huées, et son maître honteux s'empresse de le reprendre et court se cacher.

En cas de doute sur l'issue du tournoi, quand il a fait deux victimes, c'est le maître de camp qui décide, et chacun de s'incliner devant son verdict. A peine une joute est-elle terminée qu'une autre recommence, avec des péripéties plus ou moins émouvantes dont l'assistance ne se lasse jamais. Des parieurs risquent là quelquefois des sommes énormes relativement à leur fortune, poussés par cette fièvre malsaine des paresseux qui aiment mieux jouer leur dernière pistole sur un coup de dés que de gagner modestement leur pain à la sueur de leur front.

3. — Visite à la manufacture de cigares de Fortin, située sur le bord du Passig, dans Manille même : c'est la plus importante, me dit-on ; celle de Cavite, située sur la baie, en face de la capitale, n'en approche pas comme étendue. Conduit par un inspecteur, je parcours en détail les différents bâtiments, où 6000 femmes tagales, surveillées par quelques Espagnols, se livrent à la fabrication très-simple de ces fameux cigares de Manille recherchés à Paris, où il est rare d'en trouver de bons, très-communs dans tous les ports d'Asie, où il est difficile de s'en procurer d'autres. Il y en a de deux sortes : les *bouts-coupés*, qu'on peut allumer par l'une ou l'autre extrémité, distinction qui donne lieu à une controverse renouvelée de la fameuse querelle des petits-boutiens contre les gros-boutiens, et les *bouts-tournés*, dont le calibre est ordinairement celui du londrès, mais dont on fabrique aussi une variété d'une grosseur double.

4. — Voici plusieurs journées passées en visites et en dîners soit à la ville, soit à la campagne, chez des Européens de diverses nationalités. Tous sont unanimes à dénoncer l'impéritie, l'incapacité, la routine de l'administration espagnole. Il faudrait se tenir en garde contre cette mauvaise humeur, si elle ne se rencontrait que chez nos compatriotes : le Français porte, en effet, partout avec lui l'habitude enracinée de l'opposition quand même; mais ici elle est générale : il est difficile d'ailleurs de la contrôler dans un pays où la presse est absolument bâillonnée par la censure préalable, et ne

laisse arriver au public non-seulement aucune accusation contre la conduite du gouvernement, mais même aucun des faits quotidiens qui pourraient l'intéresser. C'est en vain, par exemple, qu'on lui demanderait un renseignement statistique.

On met en regard des chétifs résultats obtenus jusqu'ici la richesse d'un sol presque vierge, les bienfaits d'un climat sain, sous lequel poussent le riz, le café, le tabac, le bétel, le chanvre, le cacao, mille autres espèces nourricières, l'arbre à pain, le sapin nécessaire aux constructions, le bambou, certes plus digne encore d'être célébré par les poëtes que le palmier, et dont une chanson persane raconte les trois cent soixante usages; enfin la rare fortune d'un pays qui réunit les richesses minérales à la fécondité végétale, sans que le travailleur ait à redouter des ennemis sérieux parmi les animaux. On ajoute que les Philippines appartiennent à la couronne d'Espagne depuis trois cents ans, et l'on se demande « quel progrès a été accompli pendant ce temps, où sont les chemins qu'on a tracés, les découvertes scientifiques et géographiques qu'on a faites, les améliorations apportées à la condition des indigènes, les facilités de communication établies avec l'Europe. Est-ce donc remplir ses devoirs de métropole que d'envoyer régulièrement quelques fonctionnaires toucher des traitements et des pots-de-vin sur les revenus d'un pays qu'on ne sait pas mettre en valeur? »

Tous ces griefs se résument en un seul : le gouvernement des Philippines est en mauvaises mains, celles d'un clergé ignorant et despotique, dont ni la capitainerie générale ni la métropole ne peuvent écarter l'influence. Outre la prédominance qu'il a toujours exercée en Espagne, le parti clérical a ici, sur l'autorité laïque, une supériorité qui résulte de sa permanence. Tandis que les archevêques conservent leur siége à vie, les gouverneurs sont remplacés arbitrairement à chaque changement de règne et de cabinet; chaque révolution de la métropole amène une nouvelle génération de fonctionnaires,— trop-plein rejeté par les ministères,— ignorants des choses de la colonie, et d'autant plus pressés de faire fortune, qu'ils savent d'avance qu'ils n'en ont pas pour longtemps. Tout ce monde s'occupe fort peu des intérêts locaux et laisse faire volontiers ceux que l'esprit de corps pousse à se tenir plus au courant. — 68 capitaines généraux se sont succédé à Manille pendant le même temps que 22 archevêques !

Il ne faut pas oublier d'ailleurs que le pays tout entier est dans les mains des prêtres, qui, après l'avoir, pour ainsi dire, conquis par des efforts persévérants, n'entendent pas jouer le rôle de Raton : un signe du clergé, et la soumission des Tagals se changerait en rébellion. Ce n'est pas l'armée des Philippines, composée elle-même uniquement de soldats tagals commandés par des officiers dont plusieurs sont indigènes, qui donnerait en ce cas beaucoup de sécurité au gouverneur laïque. A y regarder de près, la réforme soulève donc d'aussi graves difficultés que le *statu quo*. Il ne suffit pas, pour l'accomplir, de la vouloir; il faut la faire accepter peu à peu de ceux qu'elle blessera.

5. — Le *Mariveles, steamer* de la compagnie espagnole Reyes, fume en grande rade; je le rejoins en chaloupe à vapeur, après avoir serré une dernière fois la main de quelques-uns de mes compagnons de séjour : c'est à regret que je quitte une société où j'avais trouvé un accueil si gracieux; mais il me semble être soulagé de je ne sais quel poids quand s'éloigne la chaloupe de la douane, et quand je me sens échapper à cette administration tyrannique, mesquine, tracassière, et en route vers Singapore. N'importe, c'est une belle contrée que je

viens de parcourir : oublions les hommes pour ne nous souvenir que de la nature, de l'*alma mater*, toujours bienfaisante et sublime, et saluons-la une dernière fois, tandis que s'efface dans le lointain l'île du Corrégidor et qu'apparaît Luban.

11 avril. — La rencontre de quelques voiliers hollandais, facilement reconnaissables à la coupe carrée de leur arrière, et la vue des îles Natuna signalées à bâbord, nous annoncent que nous approchons de Singapore, et que demain finira cette traversée qui n'a été qu'un long supplice. Certes on m'avait bien prévenu que sur le « vapor » où je m'embarquais il ne fallait attendre ni recherche, ni confort; mais comment s'imaginer qu'à bord d'une compagnie privilégiée et subventionnée par l'État, on trouverait la saleté, la puanteur, la mauvaise volonté et la mauvaise direction portées à un tel degré! Comment admettre que les passagers espagnols tolèrent tant de négligence et rivalisent de mauvaise tenue avec le navire! J'ai rédigé, pour les journaux anglais de Singapore, une lettre qui doit dénoncer la compagnie Reyes à la vindicte publique : un de mes compagnons d'infortune, tout en applaudissant à mon projet de publier nos griefs communs, me prédit qu'une fois à terre je négligerai de remettre ma lettre. Celui-là connaît à fond le cœur humain.

§ II

SINGAPORE

C'est au « wharf » de New-Harbour que les *steamers* accostent, bord à quai, et font leur chargement; mais la ville est à quatre milles plus loin, sur une rade largement ouverte. On y arrive par une jolie route qui longe la mer, transporté par une de ces tapissières à quatre places qui, dans le « slang » de ces parages, ont pris de la nationalité invariable de leurs cochers le nom de *Malabar*. Situé au bord de la presqu'île inhabitable de Malacca, perdu au milieu de l'Océan comme une sentinelle avancée du continent asiatique, Singapore n'est qu'un port de transit, mais comme tel il a une importance capitale; il commande la route de Chine pour les steamers qui viennent s'y approvisionner de charbon. C'est à la fois une sorte de défilé maritime où vient passer tout ce qui navigue dans les mers d'Asie, un point de ravitaillement et un bureau de réexpédition. Sa prospérité est due en grande partie à l'immigration chinoise, devenue considérable. On y compte, en effet, environ 110,000 sujets du Céleste-Empire, et leur nombre s'accroît de jour en jour. Ils ne se contentent plus des menus trafics; ils se font cultivateurs pour leur compte, ou coulies au service des planteurs; aussi, malgré la présence de plusieurs milliers d'Hindous, d'Arabes, de Malais, d'Arméniens même, l'aspect de la ville et des environs est-il exclusivement chinois.

On ne manque pas de citer, pour témoigner de leur prospérité, l'exemple du célèbre Wampoa, dont on voit les jardins à quelque distance de Singapore; c'est un marchand qui s'est élevé de la misère à une fortune considérable, et s'est fait bâtir, au milieu d'un parc à la française, une villa disposée et meublée avec toute la recherche du luxe chinois : faïences et porcelaines, incrustations, mosaïques, arabesques en bois découpé, profusion d'ébène, plantes grimpantes et pendantes, rien n'y manque, pas même une tasse de thé que l'hôte vous offre avec beaucoup d'empressement, après la visite de sa maison.

Quand on a parcouru en outre le jardin botanique, où une société privée a groupé des arbres, des fleurs et des animaux des tropiques dans un site ravissant, le temple de Brahma, modèle trop médiocre du genre pour mériter une mention, l'église garnie de l'indispensable « punka » que les coulies manœuvrent sur la tête des pécheresses tandis qu'elles s'abîment en prières, enfin la pelouse consacrée au cricket, à l'inévitable cricket, située au bord de la mer, où quelques rares élégantes viennent se promener en voiture vers cinq heures, on a vu tout ce qui peut être indiqué au touriste dans Singapore ou dans ses environs immédiats.

Toutefois je me souviens qu'à mon premier voyage, ayant quelques heures à perdre, je fis de New-Harbour l'ascension du pic sur lequel s'élève le sémaphore. Il fallait toute l'ardeur d'un néophyte pour escalader cette crête ardue par une température de 30° et par des chemins inconnus; mais ce zèle eut sa récompense. On domine de ce point les îlots verdoyants semés à l'entrée du détroit de Malacca et séparés les uns des autres par d'étroits canaux, le port de New-Harbour, où fument sans cesse quelques *steamers*, la ville, le palais du gouverneur, et vers le nord les ondulations de la forêt se prolongeant à perte de vue ; c'est l'une des plus belles vues du monde et des moins célèbres.

Je fus tiré de ma contemplation par un bruit singulier, assez semblable au bourdonnement exagéré de quelque insecte géant ; en levant la tête, j'aperçus très-haut dans le ciel une sorte de milan aux ailes déployées planant dans l'espace. C'était tout simplement un cerf-volant d'une forme spéciale, que j'ai bien souvent revue depuis, et muni d'une tige métallique dont les vibrations produisent ce son bizarre. Il était manié par un vénérable Indien à barbe blanche, qui procédait à cette opération avec toute la gravité d'un pontife.

Le véritable intérêt de Singapore est dans l'activité extérieure que déploie sa population chinoise, mille fois plus libre et plus industrieuse sous les gouverneurs anglais qu'elle ne l'est en Chine même sous l'administration routinière et corrompue des mandarins. Aussi l'immigration fait-elle des progrès visibles, tandis que l'élément indigène se laisse écraser et tend à s'éteindre. Il faut parcourir à plusieurs reprises ces rues où les petites échoppes se pressent, où les chariots se croisent, où se coudoient des gens de toutes races et de toutes couleurs, pour se graver dans l'esprit la physionomie spéciale de ce grand *emporium*, placé à la limite de l'Inde et de la Chine et sur lequel les deux plus vastes empires de l'Asie viennent se rencontrer sous l'œil vigilant de l'Angleterre.

L'impression deviendra plus frappante encore si, à la nuit close, on jette un coup d'œil dans les boutiques, éclairées par une veilleuse qui brûle en l'honneur des dieux lares ; si on voit le marchand tristement assoupi, la tête sur son comptoir, et rêvant à de nouvelles combinaisons, le fumeur d'opium étendu livide sur une paillasse immonde, l'Hindou errant tristement le long des murs et dardant sur vous un regard qui paraît sinistre, jaillissant de ce visage d'ébène ; puis des rôdeurs équivoques que le policeman suit incessamment des yeux, en un mot, toute cette écume que la nuit fait remonter à la surface des grandes villes, et qui rend la police de Singapore très-difficile. Que de vices, de laideurs, de cupidités sont accumulés dans ce petit espace! Mais tout y concourt involontairement à un but supérieur et caché : poussés par leurs bonnes ou par leurs mauvaises passions, tous ces hommes travaillent, sans le savoir, à la grandeur de l'Angleterre :

> Tantæ molis erat romanam condere gentem.

On ne peut mieux achever une soirée consacrée aux aspects pittoresques qu'en allant voir un drame chinois. Un indigène, qui se donne pour un ancien turco et s'est imposé à moi comme cicérone, me recommande avant tout de surveiller ma montre en pénétrant dans la foule qui encombre les abords du théâtre. Peu de soirées se passent sans qu'on ait à signaler des vols audacieux et des rixes sanglantes; mais je n'ai à me servir ni du revolver ni du casse-tête, et j'entre sans difficulté.

La salle rappelle beaucoup nos baraques de la foire; la disposition est presque identique à celle des salles japonaises. La scène est élevée et encadrée de draperies brodées d'or représentant des animaux chers à la Chine, le tigre, le léopard ; l'orchestre se tient au fond. Deux acteurs sont en scène : un vieillard à barbe blanche et une jeune femme qui semble occupée à un rouet. Ils se renvoient alternativement des tirades lancées d'une voix glapissante et nasillarde sur un rhythme monotone. Cela dure ainsi pendant une heure sans aucune variété ; personne ne prête l'oreille, parmi les Chinois assis en grand nombre dans la salle. Je suppose que la pantomime tient une place principale dans ces représentations, car on regarde plus qu'on n'écoute, et les gestes sont trèsaccentués. Au bout d'une heure, ayant vainement attendu une péripétie, je me décide à regagner mon domicile.

13. — Une route excellente traverse dans sa largeur l'îlot de Singapore : muni de diverses lettres d'introduction, j'arrive en deux heures au bord du bras de mer qui sépare l'îlot de la terre ferme. Une petite chaloupe à vapeur va et vient sans cesse d'un bord à l'autre, et traverse en quelques minutes les deux milles du détroit. L'eau, peu profonde, est peuplée, paraît-il, de caïmans, qu'on voit souvent se prélasser au soleil dans les palétuviers de la rive. J'avoue à regret que je n'en ai point vu, mais leur présence n'était pas nécessaire pour graver dans mon souvenir le caractère grandiose de ce paysage aux végétations puissantes, colorées, aux lignes fortement accusées sous un ciel de feu.

Djohore n'est qu'un grand village situé à l'extrémité de la presqu'île de Malacca et taillé dans la forêt qui l'enserre de tous côtés ; à deux pas est le domaine des fauves, où l'on ne pénètre qu'en armes. Cette bourgade est aujourd'hui la résidence d'un mahrajah dont le frère était jadis souverain de Singapore. Une querelle s'étant élevée entre les deux frères, l'Angleterre aida le cadet à renverser et à supplanter l'aîné ; après quoi le vainqueur céda, en reconnaissance du service rendu, le domaine qu'il avait conquis et fut relégué dans la presqu'île de Malacca, où, pensionné par le trésor colonial, il exerce une souveraineté nominale sous la surveillance d'un secrétaire anglais, qui remplit auprès de lui les fonctions des résidents auprès des rajahs de l'Inde.

Le résident habite dans le palais même et, à défaut du mahrajah, qui est absent, me fait voir avec beaucoup d'obligeance l'habitation luxueuse où ce principicule asiatique oublie sa dépendance ; la salle du trône, placée dans un pavillon isolé, ne déparerait pas la résidence d'un monarque, et la salle à manger peut donner place à cent convives. Des glaces de Venise, des potiches du Japon, des vases de Chine, des simili-bronzes de France, des arabesques italiennes, des marbres de l'Inde, des meubles de Paris, composent le luxe bâtard et bigarré de cette demeure, que l'Angleterre a échangée contre la possession de Singapore et l'empire du commerce asiatique.

Non content d'être rentier, le mahrajah voulant aussi être industriel a créé une scierie mécanique à vapeur, où j'ai vu équarrir et débiter, suivant les procédés les plus perfectionnés, les magnifiques troncs venus par trains flottants de divers points de la péninsule. Ce sont des bois de construction parmi lesquels le teck tient la première place, comme résistant à l'invasion des terribles fourmis blanches.

Tout en errant au hasard dans les rues de Djohore, au milieu d'une population mêlée, où le Chinois domine, je vais visiter un tigre récemment pris et destiné au jardin botanique de Singapore. Ce n'est pas, comme les animaux hébétés par la prison et engourdis par le froid que l'on voit dans nos ménageries, un de ces esclaves résignés de la race humaine ; il respire encore l'air de sa forêt natale et n'a pas perdu le goût de la chair dont il s'est nourri plus d'une fois sans doute, — on estime à une personne par jour le nombre des victimes que les tigres faisaient, il y a peu de temps encore, parmi les indigènes de l'île ; — aussi n'est-ce qu'avec des rugissements terribles et en imprimant aux barreaux de sa cage des secousses épouvantables qu'il accueille le cipaye qui m'accompagne et l'agace d'un bout de gaule. C'est un puissant animal aux muscles d'acier, qui, d'un coup de patte, casserait une jambe sans le secours des longues griffes que l'on voit sortir de leur gaîne à mesure que sa fureur s'accroît.

Au retour, je m'arrête à la plantation de manioc de M. C.... Au centre de l'îlot de Singapore, dans un sol vierge, couvert de forêts non défrichées et peu propre à la culture, mais sous un climat chaud et humide favorable aux rapides croissances, il s'est trouvé un Français assez courageux pour tenter sur une grande échelle une entreprise que tout le monde déclarait presque désespérée. Secondé par la bonne volonté du gouverneur anglais, qui tenait à honneur de mettre en valeur le sol de la colonie et d'encourager tous les efforts dans ce sens, il a acheté 200,000 hect., défriché, fumé, planté ces vastes terrains, élevé une féculerie, et, après quelques tâtonnements, obtenu enfin, à force de patience, d'énergie et d'incessante surveillance, des produits magnifiques.

Le manioc est une euphorbiacée dont le tubercule donne, une fois broyé, réduit en poudre et convenablement séché, la fécule que nous mangeons sous le nom plus ordinaire de tapioca. Quoique vivant sous divers climats, la plante ne prospère que dans certaines conditions; une série d'essais a mis M. C.... en possession du plant le mieux adapté à son terrain, et depuis ce jour il a obtenu des rendements considérables. Douze cents ouvriers, les uns Chinois, les autres Malais, ceux-ci de différentes races, quelques nègres, sont occupés constamment aux diverses opérations : le tapioca pouvant se planter à toute époque, on ne chôme jamais, ne terminant la récolte d'une partie que pour commencer celle d'une autre.

Nous faisons en tilbury une longue course dans la plantation, que nous ne pouvons parcourir tout entière, mon hôte jetant deçà delà un mot d'encouragement ou de blâme aux chefs d'équipe, grondant parfois, punissant rarement, toujours maître de lui pour l'être des autres. Rien ne donne une plus haute idée de la puissance humaine que le spectacle de cette population courbée sous une volonté unique. Est-il une existence plus large et plus attrayante que cette souveraineté ? « Le secret de la réussite, me dit M. C..., n'est pas nouveau ; il consiste à ne jamais se relâcher d'une surveillance personnelle assidue. La plupart des planteurs qui ont échoué autour de moi se contentaient de faire administrer leurs terres par des intendants et n'y vivaient pas. Je ne quitte pas la mienne, rien ne m'échappe ; je guette une amélioration, j'épie la moindre décroissance ; il n'y a que l'œil du maître qui sache tout voir. »

Chemin faisant, il me montre un bois dans lequel habite un tigre qu'il a quelquefois entendu rugir. On a dressé dans les cocotiers un observatoire d'où on voulait le tuer. Un jeune *sportsman* anglais s'y embusqua même un jour ; mais deux fauves s'étaient rencontrés la nuit précédente et s'étaient livré un combat acharné : le seul aspect du champ de carnage jonché des débris de la forêt lui inspira de prudentes réflexions et il rentra légèrement pâle au logis ; sa chasse était finie pour ce jour-là. Depuis lors le propriétaire a pris le parti de laisser vivre cet hôte un peu gênant, mais utile ; il détruit les sangliers qui, malgré les palissades dont la plantation est enclose, viennent dévorer les tubercules. Vieux résident de la péninsule de Malacca, M. C.... ne tarit pas d'anecdotes locales fort curieuses ; on ne se lasse pas de l'écouter, et c'est à regret que je regagne Singapore pour terminer mes préparatifs de départ, faire mes adieux à quelques compatriotes et gagner l'*Emirne*, paquebot des Messageries françaises qui fait le service de Java.

14. — Au point du jour, l'animation du bord arrache à leur couchette les passagers désireux d'assister à l'appareillage et de voir la sortie du port. L'*Emirne*, joli navire de 80 mètres de long, admirablement tenu, engage une lutte de vitesse avec un vapeur hollandais

parti en même temps que nous; les vertes collines de Singapore, les maisons, les barques disparaissent; nous entrons dans les passes de l'archipel indien.

Ce n'est pas sans émotion que j'ai vu partir hier soir l'*Hoogly* pour Marseille, et que je vois maintenant s'éloigner pour toujours la côte d'Asie. Jusqu'à présent, en effet, je me rapprochais constamment de la France et pouvais me décider à y rentrer brusquement; mais aujourd'hui je commence à m'éloigner pour accomplir un itinéraire qui demande bien des mois. C'est le tour du Pacifique tout entier que je me propose de faire; de Java j'irai à Sydney et à Melbourne, puis de là à la Nouvelle-Zélande, d'où un service américain me conduira, en passant par les îles Fidji et Sandwich, à San-Francisco; je traverserai les États-Unis et, après avoir visité Philadelphie, m'embarquerai à New-York pour le Havre; c'est à peine si je compte y être dans six mois;

Alors, cher Cinéas, victorieux, contents....

Mais jusque-là que de péripéties! que de lits à essayer, « que de gens, sans compter les sots! » que de temps sans revoir les miens, sans même recevoir de lettres! A ce propos, je veux constater de quelle date est la dernière, qui est demeurée dans ma sacoche à argent; je vais la quérir dans ma cabine.

.... Désastre! désastre! La sacoche n'y est plus. Interrogatoire, enquête, perquisitions minutieuses dans tout le navire, rien n'aboutit; le vol, qui sans doute doit être attribué à un des domestiques chinois du bord, s'est accompli probablement avant que nous eussions levé l'ancre, et il n'a pas été difficile de courir à terre pour déposer chez quelque receleur ce petit sac de cuir qui contenait en traites sur l'*Oriental Bank* toute ma petite fortune de voyageur. Apprenez, mes neveux, que si jamais la fantaisie vous prend d'emporter en voyage une sacoche à argent, ce ne doit être que sous la condition de mettre toutes vos valeurs autre part; apprenez, en second lieu, qu'à bord d'un navire des Messageries il vous est facile de mettre à l'abri tout objet précieux en l'enfermant dans le coffre-fort du commissaire, et que le conserver dans votre cabine est une imprudence dont il n'est que juste d'être puni. Je ne le suis qu'à demi, puisque mes traites n'étant payables que sur ma signature, il faudrait au voleur une audace inouïe pour se présenter et toucher à ma place; mais je n'en suis pas moins pour le moment sans aucune ressource à trois mille lieues de chez moi, n'ayant d'autre consolation que de « rêver à tous mes morts » et de savourer dans toute son âpreté « la sainte horreur du vide. » Eh bien! je me sens moins mal à l'aise qu'un voyageur monté en omnibus lorsqu'il cherche en vain sa bourse oubliée et voit se dessiner sur tous les visages l'intention formelle de ne pas risquer trente centimes sur les chances de sa bonne foi.

C'est là un des avantages de la vie européenne dans les pays d'Orient; on forme des groupes assez restreints pour que chaque membre y soit connu et noté suivant ses mérites; changez-vous de groupe, vous ne passerez pas de l'un à l'autre sans qu'un peu de votre réputation, bonne ou mauvaise, soit venu aux oreilles de vos nouveaux compagnons; on vous y aura du premier coup assigné votre place. Il est plus facile à un Français honorable de trouver dans ces contrées quelques milliers de francs chez le premier venu, qu'à un inconnu, perdu dans nos villes, d'emprunter un louis. Je puis dire que l'ennui de cette mésaventure est largement compensé par l'empressement de tous mes compagnons et notamment du commandant Pichat, de qui j'accepte sans façon un crédit provisoire. Mais du coup voici mon grand périple bien compromis ; je ne puis ni ne veux songer à me procurer un nouveau subside aussi important que le premier, et il faudra, après avoir vu Java, regagner la France par les voies les plus courtes.

CHAPITRE III

JAVA — CEYLAN — ADEN

§ Ier

JAVA

15-16 avril 1876. — Les navigations les plus charmantes pour le passager ne sont pas toujours les plus goûtées du marin. A voir l'*Emirne* filer régulièrement ses dix nœuds, par une mer calme, comme on la rencontre toujours sous la ligne, longeant des îles de verdure qui se multiplient sur la route, jetant sa fumée aux forêts de Sumatra qu'on aperçoit de loin, saluant les navires hollandais qu'elle dépasse, presque tout le temps à portée de canon de la terre, on croirait volontiers que le puissant navire est à l'abri de tout danger. Il n'est pas cependant de traversée plus délicate, et, suivant l'expression pittoresque du capitaine, « plus soucieuse ». Mieux vaudraient les rafales de l'Atlantique que cette surface calme et traîtresse qui cache, à quelques brasses sous l'eau, des récifs de coraux et des bancs de sable sur lesquels la moindre erreur de route peut jeter le paquebot. Un voilier entraîné par le courant, un vapeur paralysé par une avarie de machine, surtout lorsqu'ils calent beaucoup, peuvent être jetés à l'improviste sur des écueils où ils se perdent sans ressource. Nous en voyons un premier exemple : c'est un brick échoué à l'entrée d'une des passes les plus difficiles, le détroit de Banka, qui n'a pas moins de 100 milles de long.

Les phares qui balisent la route sont loin d'être assez nombreux et placés toujours avec l'intelligence nécessaire. Aux reproches qu'on leur adresse, les Hollandais, qui naviguent constamment dans ces parages, répondent qu'ils n'ont jamais eu d'accident ; mais les grands *steamers* étrangers, avec leurs 25 pieds de quille, sont plus exigeants. C'est par suite de cette mauvaise disposition des phares que la *Néva* s'est perdue en 1874, tout près de Batavia, dont elle avait cru voir le feu, tandis qu'elle marchait droit sur un banc. On voit encore, au sortir des Mille îles, sa grande carcasse, d'où l'on a retiré tout ce qui pouvait être utilisé, échouée sur le bas-fond où elle est montée une nuit pour n'en plus redescendre.

Au delà, nous ne tardons pas à découvrir les terres basses couvertes de palétuviers où se cache Batavia. L'*Emirne* jette l'ancre dans la baie, à une assez grande distance ; un petit vapeur vient prendre les passagers et remonte entre deux jetées le long canal qui mène à la mer les eaux jaunes du Kali. On accoste au quai de la douane, où les formalités sont rapides. Un porteur saisit mes colis, les place sur une voiture, et ses deux chevaux partent ventre à terre pour l'hôtel des Indes, sous une de ces averses épouvantables comme il n'en tombe que sous l'équateur. On traverse ainsi la ville indienne ou ville basse, peu animée, un dimanche de Pâques, malgré la circulation des tramways qui la sillonnent ; c'est celle où sont concentrées les affaires, les industries petites et grandes, où s'élèvent les bureaux, les magasins, les chantiers, où habite la population des travailleurs indigènes et chinois.

Laide, étouffée, construite sans élégance en brique et en torchis, cette partie de la ville est en outre malsaine, insalubre ; c'est là que l'on court risque d'attraper les fièvres, les dyssenteries, les ophthalmies, le choléra, tous les maux que produisent les accumulations humaines sous un soleil ardent, au milieu d'un marécage. Aussi les négociants n'ont-ils là que le siége de leur commerce, simple office où ils passent quelques heures par jour, tandis que leur résidence est dans la ville haute. On arrive à cette dernière en suivant pendant trois kilomètres le Kali encaissé entre deux quais de granit.

Ici tout change. On sort de la cité des échoppes pour entrer dans celle des palais. Toutes les habitations hollandaises sont construites sur le même type, mais les dimensions varient assez pour que cette régularité ne tombe pas dans la monotonie. Sur la rue large, droite, bien plantée, digne du nom d'avenue, un mur à hauteur d'appui, ou simplement une clôture élégante de grosses chaînes de fer soutenues par des piliers de maçonnerie, laisse voir un jardin où des pelouses toujours vertes sont ombragées par les plus beaux arbres du monde ; au fond, quelques degrés donnent accès à un vaste péristyle en marbre, soutenu par des colonnes d'ordre dorique et surmonté d'un fronton à tympan sur lequel s'ouvre une série de portes conduisant aux diverses parties intérieures de l'édifice. De chaque côté, un pavillon en retraite supporte un faux attique formant terrasse ; les maisons n'ont qu'un rez-de-chaussée très-élevé et s'étendant en profondeur. Le salon suit la véranda ; un petit atrium, où jaillit un jet d'eau, le sépare de la salle à manger ; les autres pièces de l'appartement sont disposées autour de ce groupe, les communs rejetés hors de la maison.

L'imitation du style grec est visible ; elle se trouve

ici d'accord avec les exigences du climat et la puissance de la lumière qui joue agréablement dans toutes les parties ; mais la végétation tropicale écrase quelque peu cette architecture née au pays des oliviers. L'ensemble a néanmoins un grand caractère de quiétude, de gravité heureuse, qui s'accroît encore quand on voit, à l'heure où finit la sieste, les maîtres de ces lieux se prélasser nonchalamment dans les berceuses disposées sous la véranda, en humant un cigare, tandis que leurs femmes et leurs filles, légèrement vêtues, les cheveux dénoués, se livrent à ce délicieux *far niente* dont nos frileuses compatriotes ne peuvent soupçonner les charmes, sous leur ciel inclément.

Qu'on se représente des avenues immenses, bordées de ces palais récemment badigeonnés à neuf, à la fin de la saison des pluies, encadrées de feuillages vivaces qui débordent sur la rue pour l'ombrager, le tout rafraîchi par une ondée récente et resplendissant maintenant sous un soleil éclatant, et l'on n'aura encore qu'une faible idée de la première impression qui attend le visiteur à Batavia : un parc sans limites et d'une incomparable beauté, semé de pavillons néo-grecs.

Voici parmi ces résidences celle qu'habite le consul de France. La nouvelle de mon sinistre m'y a précédé et me vaut l'accueil le plus obligeant, le plus amical même, de M. Henri Delabarre, qui gère en ce moment le poste. Sans me laisser le temps d'achever le récit de mes malheurs, il met à ma disposition la caisse de son banquier, où je n'hésite pas à puiser largement. Il sait, en me rendant ce service signalé, y apporter une bonne grâce et une délicatesse qui en doublent le prix ; des rapports d'âge, de relations sociales, de goûts, nous rapprochent bien vite, et la sympathie chez moi s'ajoute dès le premier instant à la reconnaissance.

A l'heure de la promenade, nous montons ensemble

dans sa voiture et nous faisons le tour de Waterloo-plaine et de Kœnigs-plaine. Ce sont comme deux vastes clairières carrées au milieu de la forêt de verdure qui constitue Batavia. Autour de ces deux quadrilatères circule, entre cinq et six heures, la foule des équipages et des promeneurs; les dames ont enfin consenti à faire un peu de toilette, les hommes sont invariablement vêtus d'un pantalon blanc et d'un veston d'alpaga noir, la veste blanche étant réservée pour le matin. Un détail piquant saute aux yeux le premier jour : chacun va sans chapeau. Il est si bien établi qu'on ne peut sortir avant le coucher du soleil, que personne ne songe à s'en garantir. D'ailleurs les Hollandais mettent un certain point d'honneur à mépriser le soleil de leur colonie : ils ne veulent ni porter dans le jour le casque de sureau, ni employer le *punka* usité aux Indes. C'est à peine si leur amour-propre chatouilleux daigne convenir qu'il règne pendant la saison des pluies une humidité insupportable, que tout moisit et se rouille en dépit des soins les plus minutieux.

17. — En dehors du musée, du jardin zoologique, où l'on voit quelques beaux oiseaux, et des édifices civils sans caractère, il n'y a rien à voir à Batavia, à moins de descendre au port, ce dont je ne me sens pas le courage par 34 degrés de chaleur orageuse. C'est déjà beaucoup que de se faire traîner en voiture dans les rues de la ville haute, à l'heure où se prolonge encore la sieste de tout ce qui se respecte dans la population blanche. On se sent ici dans une colonie prospère, riche, bien menée, où la vie est facile et douce.

Les Hollandais ont un grand fonds de bonne humeur sans éclat qui se reflète dans leurs œuvres. Si leur puissance se révèle partout, leur nombre est pour ainsi dire noyé dans le flot indigène. Sur 250,000 habitants, Batavia possède environ 5,000 Hollandais ou Européens, 155,000 Chinois et 90,000 Malais. Ceux-ci se distinguent de la population javanaise, qui n'habite pas les grandes villes ; ils sont semblables à ceux que j'ai rencontrés dans la presqu'île de Malacca, d'où leur race est probablement originaire. On regarde généralement cette variété de la race brune comme provenant d'un mélange de nègres australiens avec la race hindoue, à laquelle ils auraient emprunté leur civilisation : un nez épaté, des lèvres épaisses, le crâne aplati et le front saillant sont leurs traits distinctifs. Ils sont mahométans depuis le treizième siècle ; dès la domination étrangère, acceptée partout, leur cruauté légendaire ne paraît plus guère que dans leurs allures encore fières et le regard farouche de leurs yeux noirs. Les femmes ne se coiffent pas et laissent flotter leurs cheveux sur leurs épaules ; quant aux hommes, ils portent les cheveux longs enroulés autour de la tête dans un turban d'indienne rouge. Leur vêtement est un « sarong » formé d'une pièce de coton roulée à la ceinture, et un « kabbayo, » ou petite veste de calicot blanc. Indolents et paresseux, ils font de médiocres ouvriers et de pitoyables domestiques. Leurs maîtres sont cependant obligés de ménager leur amour-propre pour se tenir à l'abri d'une vengeance qui ne se ferait pas attendre.

Ce sont ces fureurs vengeresses qui donnent lieu le plus souvent aux scènes de carnage connues sous le nom de « hammoc. » Quand un Malais a quelque insulte à venger contre un ennemi hors de sa portée, il se grise d'opium, se surexcite jusqu'à perdre la raison, puis, ivre de rage, se met à courir les rues le « kriss » à la main, tuant ou blessant tout ce qu'il rencontre jusqu'à ce qu'il se soit fait justice, ou se soit fait massacrer par la population effarée. Un Hollandais, témoin dans une ville de l'intérieur d'une de ces scènes de violence, disait devant moi que rien n'en peut rendre le sinistre tumulte : chacun, s'armant comme il peut, se met à la poursuite du furieux sans le connaître, et frappe au hasard, au milieu des cris, le premier individu armé qui court devant ou derrière lui ; on s'entre-déchire ainsi comme dans une curée humaine, où la foule se rue avec un acharnement sauvage, comme si cette fête sanguinaire lui rendait pour un instant l'âpre volupté de la barbarie primitive.

C'est la jalousie qui le plus souvent donne lieu à ces carnages ; chez les hommes elle est violente, chez les femmes elle est perfide. La plupart des soldats hollandais vivent avec des Malaises qu'ils sont forcés d'abandonner quand ils sont rappelés en Europe : elles leur font promettre de revenir au bout de quelque temps ; mais, après quelques mois de séjour en Europe, les malheureux meurent souvent d'un mal incompréhensible ; on dit que, pour les punir d'un parjure probable, les femmes leur font avaler un poison à long terme, dont elles leur administrent le contre-poison à leur retour, quand ils se sont montrés fidèles à leur promesse. Il ne faut sans doute enregistrer que sous bénéfice d'inventaire ces récits dramatiques, mais ils ne surprennent qu'à demi quand on a rencontré certains coups d'œil pleins de menaces et de haine. Les Malais m'ont l'air de sauvages enchaînés qui ont conscience de leur déchéance, et, tout en l'acceptant avec le fatalisme musulman, seraient tout prêts, à un jour donné, pour je ne sais quelles revanches féroces.

La première habitude que le voyageur doit prendre, en arrivant à Java, c'est de faire la sieste de midi à quatre heures, sinon il court grand risque d'errer comme un prince des contes de fées dans le palais de la Belle au Bois dormant; s'il se présente à une porte, le maître dort et ne peut recevoir ; s'il appelle un domestique, le Malais dort et ne répond pas. La vie s'arrête, et le soleil au zénith n'aperçoit que des êtres de toutes couleurs, soigneusement enfermés sous la moustiquaire, étendus dans les tenues les plus légères sur les dures surfaces qui représentent les lits. Vers quatre heures, on prend une douche froide, une tasse de thé, on s'habille et l'on sort pour faire en voiture la promenade du soir. La mienne me ramène à l'heure du dîner chez M. Delabarre, où, parmi les délicatesses d'une table élégante, je dois accorder une mention toute spéciale au mangoustan, ce fruit délicieux dont la capsule contient une pulpe blanche, molle et parfumée, qu'on mange à la cuiller comme une glace au citron.

Je sais trop ce que valent la plupart du temps les exhibitions de mœurs pittoresques pour me promettre beaucoup de plaisir à la vue des bayadères que l'on voit le soir à Batavia. O voyageurs imprudents, qui, sur la foi de récits merveilleux, quelquefois mensongers, plus souvent infidèles à leur insu, vous êtes mis en route espérant trouver à chaque pas les scènes riantes ou caractéristiques, les couleurs éclatantes, les tableaux élégants qu'un pinceau trop généreux a enluminés pour vous les présenter, que de déceptions vous attendent! Allez voir les bayadères : dans un des bas quartiers, sur une place fangeuse où se pressent en foule indigènes et Chinois, vous apercevez d'abord différents bouges qui représentent la trilogie déjà signalée à Macao, puis, sur une petite estrade en plein air une Javanaise richement coiffée, la figure et le cou peints de vermillon et barbouillés de safran, se livrant en compagnie d'un Malais quelconque à une série de contorsions étranges qu'accompagne une musique bizarre. Nous voici bien loin des images poétiques dont le nom seul remplit l'imagination; mais ce n'est pas dans ces exhibitions grossières qu'il faut chercher le type de la chorégraphie indigène ; peut-être serons-nous plus heureux dans la province.

18-19. — Aussitôt qu'un résident européen de Batavia peut disposer de quelques jours, il va les passer au pied des montagnes, à Butenzorg, qui n'est séparé de la mer que par deux heures de chemin de fer. C'est là que réside le gouverneur des Indes néerlandaises; c'est là que vont s'établir, dans d'excellents hôtels, dans des villas charmantes, tous ceux que leurs affaires ne retiennent pas absolument à la ville, tous ceux que leur médecin en éloigne sous peine de mort. A mesure qu'on en approche, on voit se dérouler les cimes bleues des montagnes volcaniques qui courent d'un bout à l'autre de l'île ; en y arrivant, on se trouve au milieu d'un autre Batavia, plus frais, plus riant encore, plus disséminé et comme perdu dans les arbres. Une déchirure de terrain s'ouvre au milieu de ce parc et donne passage à un torrent où l'on va prendre son bain le matin avant la chaleur.

Mais la grande curiosité de Butenzorg, ce n'est pas le palais monumental du gouverneur, ce n'est pas la vue magnifique dont on jouit de la véranda de l'hôtel Leroux, c'est le jardin botanique, où sont accumulées toutes les merveilles de la végétation équatoriale. Il faut renoncer à en faire l'inventaire, un botaniste dépenserait un mois sans épuiser la liste des trésors qui y sont contenus ; mais je ne puis m'empêcher de noter au passage l'admirable collection d'orchidées de toute espèce qu'on y trouve réunies ; le jardin est en même temps un parc anglais où l'arrangement des familles est combiné avec le dessin le plus gracieux. Une petite rivière le traverse, des mouvements de terrain en varient l'aspect ; l'art, la science et la nature contribuent à faire de cet immense domaine l'un des plus beaux sites que l'on puisse voir. A quelque distance du palais se trouvent, au milieu d'un bois de bambous, les tombeaux des gouverneurs morts à Java ; plus loin une plantation de café.

Je suis présenté à M. Teysmann, propriétaire d'une collection curieuse d'animaux-feuilles, qu'il me permet de voir. Ces étranges insectes appartiennent au genre des orthoptères. Ils affectent la forme, la couleur, tantôt d'une petite branche d'arbre, tantôt d'une feuille, au point qu'un observateur inattentif s'y laisserait tromper. Coloration, fibres, nervures, veinules, rien n'y manque ; c'est à peine si on distingue avec beaucoup d'attention une petite tête de sauterelle qui ronge avidement les feuilles de la plante sur laquelle vivent ces singuliers hôtes. Nous passons ensuite à la ménagerie, où se trouvent toutes les variétés de singes, notamment un orang-outang dont la physionomie tout humaine me rappelle qu'*orang* est le mot anglais qui signifie homme. De tous les oiseaux de Java, le plus beau est sans comparaison le pigeon des Moluques ; gros comme un dindon, il a les formes élégantes du ramier, avec un plumage d'un bleu tendre uniforme et une petite huppe en trident sur la tête. La vie d'un homme ne suffirait pas pour passer en revue toutes les richesses de la flore et de la faune ; on quitte avec dépit ces collections, comme ces bibliothèques où des millions de volumes échappent par leur nombre à l'avidité de l'explorateur.

Presque chaque soir, le temps se couvre, de gros nuages accourent de tous les points de l'horizon, l'orage éclate, et des torrents de pluie tombent pendant une heure ou deux ; puis les étoiles reparaissent et les plantes rafraîchies exhalent leurs senteurs pénétrantes, tandis que, plus ou moins couchés dans leur berceuse, les hôtes de chaque maison hument paisiblement leur cigare. Les dames hollandaises se hâtent de quitter l'uniforme officiel, le corset, ce tyran dont elles n'ont pas le secret de faire un allié, et de reprendre le « sarong-kabbayo », pour venir sous la véranda de l'hôtel aspirer un peu de fraîcheur.

Grâce à Dieu, chacune d'elles a couché la demi-douzaine de marmots à demi nus, qui trottent, tout le jour durant, dans toute la maison, font tapage et apprennent à table à picorer comme les poussins ; le sommeil prend aussi les grandes fillettes de quatorze à quinze ans, qui en paraissent dix-huit et qui, pieds nus, en robe courte, jouent avec leurs petits frères, courent, gambadent, font de la gymnastique et deviendront de solides commères, mais qui, pour le moment, sans taille, sans formes, sans grâce, ressemblent à ces statues inachevées qu'on trouve dans l'atelier d'un praticien. A neuf heures, tout le monde se retire sous la moustiquaire et dort jusqu'au lever du soleil. Il est certes difficile de trouver un tempérament et un genre de vie en opposition plus complète avec les nôtres. Le perpétuel tourbillon des villes d'eau leur paraîtrait aussi insupportable que cette existence purement végétative et physique semblerait mortelle à nos élégants.

Du 20 au 28. — Je ne rentre à Batavia que pour en repartir aussitôt, mais cette fois j'entraîne le plus aimable des compagnons. M. Delabarre va faire avec moi une tournée qu'il médite depuis longtemps dans les principautés indépendantes. Nous nous embarquons de bon matin sur le *Wilhem III*, qui doit nous mener à Samarang. Pendant les quarante-huit heures que dure la traversée, on ne perd pas de vue la côte montagneuse de Java, et l'on ne quitte le pont que pour prendre à la hâte de médiocres repas ; on fait quelques escales à Cheribon, Tagal, Pekalongan, mais sans approcher de la côte, en communiquant seulement par les canots qui viennent chaque fois assiéger le paquebot.

C'est au moyen d'un esquif semblable que nous gagnons la douane de Samarang, dont l'entrée rappelle identiquement celle de Batavia. Samarang est une ville de cinquante mille habitants, pleine de Chinois et de Malais, très-commerçante, très-animée, très-banale, dont les avenues sont bordées de jolies maisons, et dont les plus beaux monuments sont la *Résidence* et l'hôtel du Pavillon, où nous ne faisons que passer. Il y fait une chaleur intolérable, qui atteint son maximum lorsqu'à une heure nous montons en chemin de fer pour Solo ou Sourakarta, où nous descendons à six heures, après avoir traversé un pays magnifique.

Quoique maîtres en réalité de toute l'île de Java, les Hollandais, on le sait, y ont laissé subsister deux petites principautés, dites indépendantes, à la tête desquelles se trouvent des souverains dévoués ou soumis à la politique néerlandaise et surveillés de près par les résidents accrédités auprès d'eux. Revêtus de titres pompeux, dotés de gros revenus, ils jouissent d'une indépendance assez complète en apparence pour faire illusion à une population jalouse et fanatique qui ne laisserait pas sans protestation renverser ses fétiches. C'est donc en plein élément indigène que nous allons nous trouver.

Dès les premiers pas faits à Solo, on s'aperçoit qu'on entre dans un monde nouveau. D'une part, on ne rencontre que peu d'Européens perdus dans cette agglomération de cent cinquante mille âmes; de l'autre, le Malais fait place ici au Javanais proprement dit, plus grêle, plus élancé, de tournure plus fière et plus dégagée, qui, vêtu d'une veste rose ou verte par-dessus son « sarong, » le turban en tête, le « kriss » invariablement passé dans la ceinture, vers la chute des reins, toise l'étranger d'un air martial.

A travers des rues larges, ombragées de beaux arbres et bordées de constructions légères et basses en bambou, on gagne le centre de la ville européenne groupée autour d'une forteresse imposante où réside la garnison hollandaise. De temps à autre, on rencontre un seigneur javanais, marchant d'un pas grave, précédé de son parasol qu'on porte ouvert devant lui, et suivi de quelques serviteurs sur l'épaule desquels il s'appuie par intervalles, ou bien monté sur un cheval richement caparaçonné et tenu par la bride. Dans les allures, dans les types, je retrouve mes souvenirs du Japon avec une fidélité vraiment frappante, et cette remarque, qui n'est pas faite pour la première fois, donnerait quelque vraisemblance à l'une des hypothèses aventurées sur l'origine des Japonais. On rencontre aussi quelques Arabes dont la taille et les traits contrastent avec les formes efféminées des insulaires.

Notre première visite est pour le résident, M. Lammers, qui nous reçoit au milieu d'une charmante famille; il s'agit de nous ménager une entrevue de Son Altesse le sultan, ou plutôt de Sa Majesté l'empereur Pakou-Bouana-Senapati-Ingalega-Ngabdour-Rachman-Sajedin-Panata-Gama IX, sousouhounan de Sourakarta, commandeur de l'ordre du Lion néerlandais, général de l'armée de Sa Majesté le roi des Pays-Bas; je crains d'en oublier. Mais nous avons eu le tort de ne pas annoncer notre visite à l'avance; le sultan met au moins quarante-huit heures entre la demande d'audience qui lui est transmise par le résident et la réception; nous ne pouvons attendre aussi longtemps. On nous console en nous disant qu'il n'y a rien de très-intéressant à voir à sa cour, où règnent l'incurie et l'abandon. Le gouvernement néerlandais semble en froid avec le sousouhounan et favorise un prince de la famille qui fait bande à part et vit en contact plus familier avec les Européens, Mangoro-Negoro; c'est à lui que nous ferons visite demain.

La soirée se passe à courir les « kampongs » indiens et chinois, car ici encore on retrouve les Chinois en grand nombre. Ils y font même souche; beaucoup de Chinois mahométans se retrouvent ici au milieu de leurs coreligionnaires et s'y fixent. Nous assistons à une noce qui secoue joyeusement ses grelots dans la maison d'un marchand du Céleste-Empire. La foule se presse devant la fête, qui touche à sa fin : quelques vieillards incorrigibles jouent, accoudés sur des tables; le marié, vêtu de ses plus riches atours, exécute un cavalier seul des plus audacieux ; quant à la jeune épouse, elle s'est déjà retirée.

Le lendemain matin, cravatés, gantés, étouffant dans nos habits noirs, nous montons à l'heure dite dans la voiture du résident, que signale de loin un parasol d'or tenu par un valet de pied ; il n'aurait garde de sortir sans cet insigne de son rang, nécessaire au prestige qu'il faut exercer sur l'esprit des indigènes; nous arrivons dans cet équipage au pied même du « Pandoepo, » où Son Altesse nous attend et vient au-devant de nous.

Le « Pandoepo, »— partie essentielle de toute résidence seigneuriale,— est un vaste hangar, supporté par une colonnade de bois et élevé de quelques marches au-dessus du sol, qui sert de péristyle au palais. Celui du prince est magnifiquement orné, dallé en marbre, couvert de dorures et pourvu de lustres qui, dans les fêtes nocturnes, peuvent l'inonder de lumière. Après les salutations d'usage, le prince nous fait monter dans le salon de réception, ouvert sur le devant et dominant un peu le « Pandoepo ». Là, tandis que des esclaves se livrent à mille contorsions pour nous apporter du thé, des cigares, sans quitter la posture agenouillée, et pour présenter au prince, sur un geste, la boîte d'or où il prend le bétel et le vase d'or où il crache, nous avons tout loisir de considérer Son Altesse.

C'est un homme d'environ quarante-cinq ans, d'une physionomie intelligente sous sa laideur, vêtu de l'uniforme de général hollandais, mais coiffé néanmoins d'un petit turban noir, par-dessus lequel il fait tenir tant bien que mal son képi. Nous l'avons interrompu dans la revue de ses troupes, qui, casernées autour de son palais, viennent chaque jour manœuvrer sous ses yeux dans la vaste cour qui entoure le « Pandoepo ». Il nous propose de continuer l'exercice ; sa petite armée de cinq à six cents hommes, équipés et manœuvrant à l'européenne, képi et turban en tête, défile devant nous. La petite taille de quelques soldats est presque ridicule sous cet uniforme, mais le général et les officiers se prennent si bien au sérieux qu'ils relèvent l'ensemble. Un repas servi à la hollandaise attend les officiers à la fin de la revue. Quant à nous, on nous offre d'excellent madère, tandis que le fils des croyants déguste pieusement un verre de limonade. Rien n'est plus curieux assurément que cet intérieur de petit souverain asiatique à demi européanisé ; mais Son Altesse nous a préparé une surprise infiniment plus agréable que le défilé par pelotons

A force de ramper des profondeurs de la salle, des musiciens sont venus se ranger près des instruments disposés à l'avance dans un coin, et nous entendons s'élever les premiers accords du « gammelang. » L'orchestre javanais se compose de gongs, de cimbales, de cloches de divers timbres, de tambourins, dont l'ensemble donne une musique très-rhythmée, sans mélodie appréciable, et cependant assez agréable à l'oreille par ses sonorités métalliques et cadencées. Bientôt s'avancent deux bayadères aux formes élégantes, savamment peintes de boreh, qui, l'écharpe à la main, viennent se prosterner d'abord devant le maître, puis entament une danse voluptueuse et molle, presque marchée, plus expressive par les mouvements harmonieux des hanches et des bras que par ceux des pieds, cachés sous la jupe serrée à la taille. Leurs visages d'un brun clair sont assez jolis, comparativement à ceux des hommes, mais sans s'écarter du type. Elles multiplient leurs poses à l'infini, puis, sur un signe, se prosternent de nouveau et se retirent, la face toujours tournée vers le public.

Aux bayadères succède une danse plus curieuse encore, le « viring », annoncé par les accords plus vigoureux de l'orchestre. Ce sont quatre jeunes guerriers, le « sarong » retroussé, le buste nu, le casque en tête, le bouclier d'une main, le javelot de l'autre, qui dansent avec les attitudes les plus gracieuses une sorte de pyrrhique très-animée, très-expressive, image élégante des péripéties d'un combat. Leurs formes délicates, leurs postures, leurs gestes, ramènent la pensée vers l'antiquité, vers les scènes que l'on retrouve sur les vases étrusques et dans les bas-reliefs romains.

En quittant Mangoro-Negoro, nous nous rendons au Kraton, résidence du sousouhounan; c'est une vaste enceinte de hautes murailles fermée par des portes que gardent les soldats déguenillés du sultan. A l'intérieur se trouve une véritable ville où les palais, les harems, les huttes, les jardins s'entremêlent; c'est là que logent les fonctionnaires, les princes du sang, les serviteurs grands et petits, en tout une population de dix mille personnes, à la solde du souverain, qui, malgré les immenses revenus de sa principauté, n'est guère riche quand il a payé les revenus affectés à ces charges innombrables.

Nous ne pénétrons ni dans le harem, sévèrement interdit à tout étranger, ni dans le palais assez délabré, mais nous avons tout loisir d'examiner le « aloon-aloon » qui précède l'entrée : c'est une vaste cour sablée où s'élève une petite estrade en forme de « Pandeopo », faisant face à la porte du château. Cette cour est le théâtre des fêtes annuelles célébrées à l'anniversaire de la naissance de Mahomet et aussi du « rampok », fête extraordinaire qui a lieu lors de la tournée que chaque gouverneur général fait, une fois pendant son proconsulat, dans toutes les provinces.

Un tigre est alors amené dans sa cage au milieu de la cour, remplie de quelques milliers de Javanais armés de piques, disposés sur plusieurs rangs d'épaisseur. On ouvre la cage; l'animal ahuri commence par faire le tour du cercle qui l'enferme, lentement d'abord, puis à toute vitesse, cherchant une issue pour s'enfuir. Enfin, affolé par les cris qu'il entend, les lances menaçantes qui s'abaissent contre lui de tous côtés, il prend son élan et d'un bond prodigieux s'élance par-dessus la tête du premier rang, mais c'est pour retomber sur les piques levées en l'air par ceux des derniers rangs. Il expire bientôt percé de mille coups.

Trois heures de chemin de fer à travers des forêts de palmiers qui s'échelonnent au penchant des montagnes nous conduisent à Djokdjokerta, ou, comme on l'appelle par abréviation, Djokia, située à 4 lieues de la mer sur la côte sud. Ici encore notre première visite est pour le résident, M. Wattendorf, chez qui nous trouvons nombreuse réunion de militaires et de planteurs hollandais. Son habitation, la plus belle que j'aie vue à Java, ferait envie à bien des souverains européens; trois cents convives peuvent prendre place dans la salle à manger, placée entre deux jardins aux eaux jaillissantes; le reste est à l'avenant; non loin s'élève la forteresse où veille la garnison hollandaise; l'aspect général rappelle exactement Sourakarta. Nous conformant au plan tracé par le résident, nous partons le lendemain matin pour les tombeaux des sultans, situés à quelques « pals »[1] de la ville.

Arrivés au bord d'une rivière coquettement encaissée qu'il faut passer à gué, nous voyons venir au-devant de nous trois cavaliers javanais qui nous saluent et se mettent en devoir d'escorter la voiture. A cette aimable attention, il nous est facile de reconnaître que le rési-

---

[1] Le *pal* ou *pilier* a une longueur de 1 kilomètre.

dent a tout fait préparer dès le matin pour notre visite. Nous pénétrons dans un « kampong » dont la population se précipite à notre approche hors des maisons et fait la haie sur notre passage dans une attitude respectueuse ; la foule est plus nombreuse encore dans la grande cour d'entrée, où le grand prêtre vient, entouré de ses acolytes, nous recevoir et se mettre à notre disposition pour visiter les tombeaux. Tout cela nous est expliqué par un interprète que M. Wattendorf a mis à notre disposition, car mon compagnon ne comprend que le malais, et le javanais en diffère essentiellement.

Nous suivons le guide qui s'est offert à travers une vaste nécropole, vieille de huit siècles, où sont les tombes en pierre ou en marbre non-seulement des sultans, mais de leurs principaux serviteurs, dormant du sommeil éternel au milieu de jardins luxuriants ; on nous montre les tortues sacrées, le mausolée du dernier sultan, les portes murées à côté desquelles on en a pratiqué d'autres pour dérouter l'esprit malin, dans le cas où il lui prendrait fantaisie de venir tourmenter les âmes des défunts. En sortant, nous trouvons dans un pavillon à jour, sur la cour d'entrée, une collation de fruits, de thé, de gâteaux, qui nous attend, et nous dégustons quelques bananes et quelques cocos en présence d'une foule curieuse rangée dans la cour.

On nous mène de là au centre de quatre multipliants d'une prodigieuse vieillesse et d'une dimension colossale qui ombragent une table de pierre en forme de tombe. Une inscription latine, à moitié effacée par le temps, nous apprend que c'est la sépulture d'un Européen tombé sous le « kriss » d'un assassin. Nous remontons enfin en voiture au milieu des applaudissements et des hurrahs de tout un petit peuple d'enfants nus, et nous repartons toujours accompagnés de nos trois cavaliers.

Au retour, nous visitons le Kraton de Djokdjokerta,

identique à celui de Solo comme aspect extérieur; tout se ressemble, jusqu'à la taille des arbres soigneusement émondés. Cette tendance à reproduire invariablement un type unique est un des traits caractéristiques de l'art chez les races de couleur et rend à la longue monotone le séjour parmi elles. Aussi le touriste qui passe rapidement, le *globe-trotter*, comme disent nos voisins, rapporte-t-il une impression plus vive que le résident, pour qui un peu d'ennui se mêle aux plus brillants tableaux.

Le Kraton nous présente cependant une nouveauté, c'est une construction en ruines désignée sous le nom de Château d'eau, à cause des pièces d'eau croupissante qu'on y trouve encore. On a peine à reconstituer le monument, qui s'étale sur une vaste superficie de forme irrégulière et s'étage suivant la forme même du terrain. On reconnaît cependant un palais d'été dans le style hindou, construit au milieu des eaux bondissantes alors, mais retenues aujourd'hui dans les canaux obstrués par le cours des siècles et couverts d'une végétation glauque sous laquelle s'ébattent les tortues. Dans les blocs massifs, dans les formes lourdes, on retrouve l'architecture des hypogées indiens, plus convenable à un temple qu'à l'habitation de plaisance d'un dynaste aujourd'hui ignoré. On nous conduit à travers des bassins, des galeries, des chambres souterraines, que jadis on pouvait inonder d'une eau fraîche et limpide, et que souille aujourd'hui une boue fétide : une sorte de caveau renferme deux lits de repos en pierre légèrement inclinés; la porte en a été déjà murée, puis une autre ouverture pratiquée à côté de la première pour détourner le mauvais esprit. De toutes parts les plantes percent à travers les joints, soulèvent le granit, enlacent les soubassements; la nature toujours vivace recouvre de son linceul vert les œuvres éphémères de l'homme.

C'est encore au milieu des antiquités javanaises que nous nous retrouvons chez un collectionneur où nous mène notre hôte. Nous passons en revue tout d'abord un assortiment complet de « kriss » fort anciens, d'une belle trempe, aux lames frayées, en forme de flammes, aux manches courts et sans garde, dont les blessures ou plutôt les déchirures sont incurables. On nous montre aussi de petites idoles en fer forgé antérieures à l'islamisme et peut-être au bouddhisme; ce sont des dieux guerriers dans des attitudes belliqueuses; voici encore des pierreries montées en bagues, en bracelets; tout cela a été trouvé dans des fouilles et atteste une civilisation ancienne assez avancée, mais immobile. Quelle que soit la cause qui en a interrompu le développement, le peuple est resté aussi primitif qu'il y a deux mille ans, et il a plutôt désappris qu'amélioré les industries dont on nous montre les vestiges. Là se vérifie comme partout la loi fatale d'après laquelle toute nation stationnaire recule et commence à perdre du jour où elle cesse de gagner. Sauf quelques détails extérieurs, c'est donc dans l'intérieur d'un petit souverain oriental du moyen âge que nous allons pénétrer en nous rendant chez le sultan de Djokdjokerta.

Une exactitude rigoureuse est le premier point de l'étiquette javanaise ; elle est ici d'autant plus nécessaire que, le sultan attendant l'heure de notre visite dans le salon qui sert de vestibule à son palais dépourvu de salle d'attente, il serait aussi indiscret d'arriver après que gênant d'arriver avant. Le chef des gardes nous attend à la porte du Kraton et nous conduit à travers deux rangées de femmes accroupies et fort laides au pied des degrés qui mènent au salon de réception.

Le sultan vient au-devant de nous et nous fait asseoir à ses côtés. C'est un homme de cinquante-huit ans qui paraît beaucoup moins âgé, d'une figure agréable, d'une physionomie un peu éteinte, assez simplement vêtu d'un « sarong » polychrome, d'une veste serrée à la taille sur laquelle brille la plaque de commandeur de l'ordre du Lion néerlandais, le turban en tête et les pieds nus dans des pantoufles de tapisserie. Au milieu des verres de soda, des tasses de thé, des cigares que nous apportent des esclaves toujours rampants, la conversation ne va que par bonds ; il nous interroge pour la forme sur nos voyages et paraît s'intéresser médiocrement à nos réponses.

Puis vient la visite du palais, dont l'ameublement, dépourvu de tout caractère local, renferme des spécimens des différentes époques de l'art européen et surtout de l'art français ; des photographies, une multitude de pendules, des oiseaux mécaniques, complètent ce musée, plus luxueux qu'élégant, passe-temps de ces dynastes de la décadence. Dans leur état d'abaissement, ils ne songent plus qu'à jouir paisiblement des revenus que leur abandonnent les Hollandais, à conserver leur prestige aux yeux du peuple en s'entourant d'un cérémonial très-formaliste, à vivre enfin en satrapes plutôt qu'en souverains.

Cependant à voir la tristesse peinte sur le visage de notre hôte, l'énergie qui l'anime par intervalles, l'air piteux dont il nous montre son luxe de pacotille, on sent qu'il n'accepte pas sans révoltes intérieures la situation secondaire qui lui est faite. Mais résister, c'est entamer une guerre terrible, c'est compromettre le lambeau de pouvoir qui lui reste, c'est surtout jouer l'héritage d'un fils qu'il aime et faire la fortune de quelque prince rival à qui les Hollandais ne manqueraient pas d'offrir la couronne. Ils ont toujours un prétendant sous la main comme épouvantail, et savent ainsi rendre leur protection indispensable à tous ceux qui seraient tentés d'en secouer le joug. Force est donc de se soumettre sans murmure à cette tutelle, habilement dissimulée du reste sous des formes caressantes et une étiquette machiavélique. C'est ainsi que tout Européen doit demander au résident hollandais une introduction auprès du sultan, sous prétexte que le premier venu ne peut sans préparation paraître devant le prince des croyants, mais en réalité parce que l'on veut surveiller toutes ses relations avec les étrangers, particulièrement avec les commerçants qui viendraient tenter la curiosité de ces enfants prodigues ou leur proposer des armes, dont l'introduction est absolument interdite; mais en revanche, rien n'est omis de ce qui peut flatter la vanité et endormir les regrets de ces princes déchus. J'ai dit par hasard que le palais du sultan était plus beau que celui du mikado ; notre introducteur s'empare de cette assertion, qui sonne comme une flatterie, la commente, la retourne et la fait humer à notre hôte, qui paraît tout disposé à s'en griser. Pour compléter notre succès auprès de lui, nous lui annonçons l'intention de demander une audience à son fils aîné, héritier présomptif, sur qui il a concentré toute sa tendresse paternelle, désespérant de la répartir équitablement sur une descendance digne de Priam.

Le 25, au point du jour, quatre petits chevaux nous emportent le long de la route droite, large, poudreuse, qui mène à Boro-boudhour. L'étape est de trois piliers ; on s'arrête sous un vaste hangar qui couvre la route et sous lequel se fait le changement de relais, à l'abri du soleil et de la pluie. Ces deux fléaux contraires sont si redoutés, que le tablier des ponts est lui-même recouvert d'une toiture pour protéger les bois d'un excès de sécheresse ou d'humidité. Nous traversons quelques « kampongs » construits légèrement de bambous recouverts de larges feuillages d'ananas ; nous croisons un grand nombre de piétons des deux sexes qui se rendent à la ville chargés des produits de la campagne, les hommes fièrement redressés, le regard haut, le « kriss » passé à la ceinture ; les femmes ployant sous les fardeaux et portant en outre leur enfant dans le dos. Les adultes sont généralement laids, grêles et fatigués, les enfants au contraire gracieux et potelés. De temps à autre se présente un gué, il faut alors dételer la voiture, et tandis que le cocher mène ses chevaux en main, une corvée de douze ou quinze individus s'empare de notre véhicule et le pousse sur le sable en s'accompagnant d'une petite chanson cadencée qui se termine naturellement, comme toutes les surprises de voyage, par la demande d'une *bona mane*.

Nous arrivons ainsi à une première pagode, frappée par la foudre et tombant en ruine, qui n'en offre pas moins un grand caractère. Ses bas-reliefs dégradés ne laissent rien distinguer, mais sous la coupole centrale se trouve une statue colossale de Bouddha en pierre, assez bien conservée pour donner une haute idée de la statuaire des temps passés. Ce monument ferait à lui seul le bonheur d'un archéologue et d'un artiste, mais c'est à peine si l'on s'y arrête, attiré que l'on est par l'imposant amoncellement de granit qu'on voit s'étager dans le lointain, comme une montagne rivale du Merapi dont nous côtoyons les pentes. Enfin une longue avenue de sycomores nous conduit au pied d'une des plus puissantes masses architecturales de l'antiquité hindoue.

Au sommet d'un mamelon régulier et sans doute artificiel s'élève une pyramide quadrangulaire de 100 mètres de côté à la base, dont les sept terrasses, à ciel ouvert, étagées parallèlement, vont en se rétrécissant de la base au sommet jusqu'à un dôme central qui domine tout le monument. La hauteur totale est du tiers de la largeur. Sur les quatre faces, des escaliers voûtés donnent accès aux plates-formes supérieures, et comme ils sont placés dans un même plan vertical pour une même façade, on peut gagner le couronnement de l'édifice en gravissant une longue série de gradins, semblable à un tunnel incliné, qui, vu d'en bas, semble mener à l'escalade du ciel et produit un effet saisissant.

Des lions et des chimères gardent les quatre avenues qui viennent aboutir aux quatre angles de la pyramide; une prodigieuse quantité de bas-reliefs couvre toutes les parois intérieures et extérieures des terrasses; 4,000 niches et clochetons, aux coupoles à jour, laissent voir à travers leurs mailles de granit autant de statues de Bouddha, auquel le monument est consacré, et dont la légende forme le sujet de toutes les sculptures. A chaque étage, à mesure qu'on s'élève, l'attitude du dieu indique un état de sainteté plus avancé, jusqu'à la coupole centrale, qui renferme sous ses voûtes une représentation colossale du Bouddha parvenu à la perfection absolue, c'est-à-dire à la résorption dans le nirwana.

Malgré ses mille ans d'existence, malgré les ardeurs du climat, l'abandon où il est laissé, le brigandage exercé par les prétendus amateurs qui dépècent les statues, malgré même les tremblements de terre qui ont à plusieurs reprises secoué ses lourdes assises, l'édifice, construit tout entier et dans ses moindres détails uniquement de granit sans ciment, soutenu quelquefois par des crampons de fer, est encore intact dans beaucoup de ses parties; le temps ne lui a donné d'une ruine que la poésie, sons lui ôter son caractère de puissance et de majesté.

Contemporain des plus belles époques de l'art hindou, Boro-boudhour appartient comme le Parthénon, comme le temple d'Hullabid du Nizam, comme Notre-Dame de Paris, comme Angkor-wat du Cambodge, à cette famille de monuments qui résument dans un symbole éternel le génie et les aspirations de toute une race et de toute une époque. La pensée reste confondue devant tant de magnificence, tant de science et tant de force, et voit revivre tout un passé lointain, dans cette pyramide à gradins qui rappelle les plates-formes superposées de l'architecture assyrienne, tandis que des forêts de clochetons et de voûtes ogivales marient leur formes élancées et leurs hardiesses gothiques aux lourdes et sévères plate-bandes.

Au premier abord ce n'est pas un édifice, c'est un monde où s'égare notre œil habitué aux lignes simples de l'art grec ; mais bientôt une pensée grandiose se dégage de ce prodigieux entassement de pierres: la multiplicité, la complication, se fondent dans une unité magistrale ; de cette forêt de dômes, on croit entendre s'élever un immense hosanna vers la coupole centrale où résident la beauté et la bonté absolues, comme de la surface du globe et du sein de l'humanité s'élève au milieu des désordres et des épouvantes un immense cri d'aspiration vers l'infini. Si l'art grec représente les idées éternelles, dégagées de tout alliage humain, telles que pouvait les concevoir le génie d'un Platon, l'art hindou les représente à l'état d'éclosion laborieuse dans le sein de l'humanité souffrante, mais déjà assez puissantes et assez précises pour ravir l'homme à la domination du monde matériel et l'élever vers le divin et l'absolu.

Une étude approfondie de Boro-boudhour demanderait des mois et des volumes ; elle amènerait peut-être à conclure qu'en dehors des traditions helléniques il y a place en architecture pour des manifestations autrement puissantes ; elle conduirait en tout cas à élargir singulièrement la base de nos jugements esthétiques. Elle aurait encore un intérêt historique d'un autre genre, celui d'indiquer une forme peu étudiée de la pensée religieuse dans une race sans doute d'origine aryenne.

Il s'agit ici en effet d'un temple hypèthre : pas de voûte où s'enferme le culte, pas d'hypogées, pas de crypte ni de souterrains, c'est l'adoration de l'esprit universel à la face du ciel, l'exubérance de la vie terrestre ramenée à l'harmonie faisant éclater sa fanfare mystique. Il semble qu'au sommet de l'édifice, inondé de lumière, on va voir, comme sur les pagodes mexicaines, au temps de la gloire des Astèques, monter la victime humaine, le front ceint de bandelettes, et les prêtres, lui arrachant le cœur, offrir au Dieu inconnu la vie en expiation de la vie. Si imposant que soit le cône volcanique du Merapi, si splendide qu'apparaisse la plaine indéfinie qui s'étend à ses pieds, la forêt de cocotiers qui l'entoure, le monument les écrase de sa toute-puissance, et pour une fois l'homme rivalisant avec la nature semble l'avoir surpassée.

Innombrable est la foule des sujets traités dans les bas-reliefs, tous avec un soin et un fini de détails qui confondent d'admiration, mais dépourvus d'inscriptions qui seraient d'un suprême intérêt archéologique. J'en détache un au hasard.

La reine Maya, épouse de Couddhodana, reçoit la visite d'un prince voisin, qui vient la féliciter de ce qu'elle va devenir la mère de Bouddha. La reine est assise sous un dais, couverte de bracelets et de colliers, entourée de ses esclaves agenouillées, gardée par un porte-glaive accroupi sous son trône. Le prince est debout ; les gens de sa suite, assis, les jambes croisées, se tiennent en arrière. L'un d'eux tend sur la tête de son maître le parasol, insigne de sa dignité. Un chameau qu'on aperçoit dans le lointain vient d'apporter sans doute les présents que le prince fait offrir à la souveraine ; tous les personnages ont la tiare en tête ; les formes manquent d'ampleur et rappellent un peu les membres grêles et raides des Javanais d'aujourd'hui, mais le front haut, le nez droit, la bouche fine et les grands yeux arqués s'éloignent absolument du type moderne.

Ce qui frappe principalement, c'est la variété des postures et la souplesse des mouvements. On sent un art en formation qu'animent le mouvement et la vie, mais auquel manque la perfection plastique. Ces traits sont encore plus marqués dans le registre inférieur, représentant des choéphores qui viennent puiser à une source entourée de lotus l'eau sacrée qu'elles vont porter dans un mausolée placé sur la gauche. Deux surtout, l'une relevant son pagne de la main gauche, tandis que de la droite elle maintient sur sa tête une amphore, l'autre tendant son vase vide vers la source, sont d'une vérité saisissante.

Si l'on songe que ces sculptures se détachent d'un granit rebelle, que depuis près de mille ans elles souffrent de toutes les intempéries, on ne peut s'empêcher, en voyant leur réelle beauté, de concevoir une haute idée du peuple qui a élevé un pareil monument. Et cependant aujourd'hui quelle décadence! quel abaissement! Voilà donc où en viennent les plus hautes civilisations! Et aussitôt revient à l'esprit la mélancolique réflexion du conquérant romain devant les ruines fumantes de Carthage : « Un jour viendra aussi qui emportera Ilion et son peuple invincible. »

Jamais l'homme ne m'a paru plus petit à côté de son œuvre qu'en quittant Boro-boudhour pour faire visite au prince héréditaire, chez qui nous arrivons militairement à six heures. Nous trouvons auprès de lui le même accueil et le même cérémonial qu'auprès de son père. Le dialogue est un peu plus animé; il nous montre sa ménagerie, ses oiseaux rares, ses cailles de combat. Un instant, nous espérons que la porte du harem va s'ouvrir devant nous, mais le jeune prince s'arrête et fait volte-face, sans que notre guide ose lui en demander plus pour notre curiosité.

Lieutenant-colonel dans l'armée néerlandaise, il touche annuellement des revenus fixes assez élevés sur les propriétés du domaine paternel ; mais il n'en est sans doute pas absolument satisfait, car il s'informe avec beaucoup de détails du traitement que reçoivent les principales têtes couronnées. L'importance d'un État et d'un monarque se mesure évidemment pour lui à la liste civile ; aussi est-il enchanté d'apprendre que le président de la République française ne reçoit que 1,200,000 fr. et que le gouverneur des Indes néerlandaises ne touche que 250,000 florins.

On met toute une après-midi pour gagner Samarang en chemin de fer, sous un ciel de feu. Il faut toute l'énergie imaginable pour tenir les yeux ouverts et prêter l'oreille aux explications d'un planteur hollandais, qui nous met au courant des questions agricoles. Le territoire des principautés est la propriété nominale de leurs souverains respectifs ; mais le sultan n'exerce son droit qu'en percevant une double dîme, ou un cinquième du revenu, sur les terres qu'il garde à son compte. Quant aux autres, il en délègue l'usufruit en apanage à des fonctionnaires, princes, favoris, dignitaires, en guise de traitement ; à leur tour, ces apanagistes, ne sachant ni ne pouvant cultiver, cèdent leur droit d'usufruit, souvent pour de très-longues périodes, à des concessionnaires qui s'acquittent tout d'un coup de toutes les annuités, de façon à devenir presque des propriétaires indépendants, tandis que les cédants gaspillent vite le prix qu'ils ont touché et tombent dans la misère. Toutes ces concessions sont revêtues du sceau du sultan, qui perçoit à cette occasion un droit élevé dont il fait une source de revenu.

Ce système a donc pour résultat d'appauvrir la caste

seigneuriale au profit des planteurs hollandais et d'enrichir le sultan, dont le trésor, rempli de diamants et de pierreries, grossit toujours ; c'est à la direction de ces services financiers qu'il s'adonne presque exclusivement, consacrant le moins possible aux dépenses d'intérêt public, comme les routes qu'on l'oblige cependant d'entretenir tant bien que mal.

Quant aux autres prérogatives de la souveraineté, telles que la police, l'emploi de la force armée, la justice, elles sont entre les mains du résident hollandais, placé dans chaque principauté, qui ne se fait pas faute en outre de surveiller la conduite du monarque. Il ne dispose que d'un petit nombre de soldats ; mais grâce au chemin de fer et au télégraphe que le gouvernement néerlandais a établis dans les territoires indépendants, avant même de les construire chez lui, il est facile de concentrer rapidement sur un point donné des forces considérables, de sorte que princes et sujets sont enfermés dans un savant réseau d'où ils ne peuvent sortir.

De leur côté, les planteurs concessionnaires, afin de se procurer la main-d'œuvre à bon marché, abandonnent à la population indigène une quantité de terre suffisante pour la nourrir par la culture du riz, en échange d'une quantité de travail fixe qu'ils utilisent pour leurs plantations de café, de sucre, d'indigo, de muscade, etc. Cette corvée est fixée, en souvenir de la double dîme d'autrefois, à un jour de travail sur cinq par individu, ou, ce qui revient au même, un cinquième de la population travaille chaque jour pour le maître.

C'est au « bekel » ou chef de village qu'incombe le devoir de pousser à la corvée les naturels, souvent récalcitrants, et s'il s'en acquitte mal, le planteur, usant des droits seigneuriaux que comporte la concession, peut le révoquer et le remplacer ; malheureusement ce despotisme local, ici comme ailleurs, n'engendre que des abus ; le planteur essaye de surmener la population qui lui est soumise, elle se révolte, ou, ce qui est pis, elle émigre en masse ; c'est alors que survient le Chinois, qui fait ses offres de service, loue ses bras, travaille mieux et à meilleur marché que l'indigène, et pullule déjà dans les deux États de Sourakarta et de Djokdjokerta.

L'agriculture est la seule richesse de cette partie de Java ; en dehors des arts nécessaires aux premiers besoins de l'homme, il n'existe pour ainsi dire pas d'industries locales, car les « kriss » modernes ne sont que de grossières contrefaçons des vieilles lames. Il faut cependant faire une exception pour les « sarongs, » ces jupes d'indiennes pour la teinture desquelles Solo et Djokia sont célèbres. Le tissu arrive des Indes, mais c'est à Java qu'il est enrichi, par un procédé particulier, de ces dessins fantastiques aux vives couleurs qui lui donnent un prix considérable.

Ce sont les femmes qui se livrent à cette opération, suivant un procédé comparable à celui de la gravure à l'eau-forte : elles promènent sur l'étoffe le bec d'un entonnoir rempli de cire fondante, de manière à laisser découvertes les parties qui doivent recevoir la teinte, puis elles plongent le tissu dans la couleur, d'où il sort imprégné d'un premier dessin ; une seconde couche de cire et une seconde trempe donnent un autre dessin de couleur différente ; on peut varier ainsi à l'infini. Un beau sarong ne se vend guère moins de 20 florins et peut atteindre 100 florins : la couleur ainsi étendue résiste à tout lavage ; l'industrie européenne a essayé d'imiter par l'impression ces produits manufacturés, sans réussir à tromper l'œil le moins exercé.

Le *Wilhem III*, qui repart de Samarang le 27, est encombré de monde ; le salon est plein de métis des deux sexes, de femmes indiennes élevées au rang de dames hollandaises par des mariages trop souvent tardifs. Tout ce monde se dispute les plats, les bouteilles, entasse dans la même assiette des piles de pommes de terre sur des montagnes de riz ; des régiments d'enfants font rage sur le pont, dans les cabines, dans le salon ; on ne goûte un peu de tranquillité qu'à l'heure de la sieste, où comme par un coup de baguette magique chacun à bord tombe dans un assoupissement général. Nous ramenons à Batavia plusieurs compagnies d'infanterie, qui campent à l'avant. On sait que la loi de recrutement hollandaise ne permet pas au gouvernement d'envoyer dans les colonies les hommes du contingent, il ne peut disposer pour ce service que des volontaires ; parmi ces volontaires se trouvent quelques Hollandais, mais les mercenaires étrangers, belges, français, suisses, allemands, italiens, forment la majorité.

Le soldat en garnison à Java ne tarde pas à contracter des relations suivies avec les femmes indigènes, et la nécessité en est si bien reconnue que l'intendance, acceptant cette situation comme la loi romaine admettait le *concubinatus*, transporte et nourrit les femmes et les enfants. Aussi un changement de garnison ressemble-t-il pas mal à l'émigration d'une tribu, et, si l'œil y gagne un peu de pittoresque, on voit trop ce qu'y perdent la rapidité du service et l'énergie de la discipline. Tandis qu'on transborde dans un vapeur spécial hommes, femmes, enfants et bagages, nous gagnons rapidement dans un canot la douane, d'où nous roulons en toute hâte vers Batavia.

Nous arrivons à temps pour goûter un peu de repos avant le spectacle et voir jouer par une troupe cosmopolite, mais en français, *la Fille du régiment*. Le public hollandais applaudit à tout rompre une exécution qui demande quelque indulgence ; la tenue est d'ailleurs excellente, car il n'y a ici personne pour enseigner le mauvais ton, tellement à la mode ailleurs. Le gouvernement colonial ne tolère pas à Java la présence de l'élément interlope qui fleurit complaisamment à la surface de nos capitales européennes, et toute femme qui ne peut justifier de moyens d'existence avouables est inexorablement expulsée. Ce n'est pas là l'effet d'une pruderie excessive, mais plutôt la suite d'une politique conséquente : rien ne doit altérer le prestige de la race blanche aux yeux des indigènes ; elle doit s'interdire tout ce qui tendrait à la déconsidérer, la police y tient la main.

29 avril 1876. — Avez-vous vu les Préangers? comptez-vous les voir ? —Telle est invariablement la troisième question que m'ont posée tous les Hollandais à qui j'ai été présenté, la première étant non moins régulièrement : Quel beau pays que le nôtre, n'est-ce pas? — et la seconde : Êtes-vous de Paris? Aussi dès le lendemain de mon retour à Batavia, je repars, malheureusement seul cette fois, abandonné par mon compagnon de route que ses devoirs de consul retiennent à Batavia. Je ne fais que traverser Butenzorg, où je monte dans un *car* pour me rendre le soir même à Tougou. La route serpente sur les flancs du Pundjock et s'élève rapidement au milieu d'un pays très-accidenté et couvert de cultures. Malgré la pluie qui vient les rafraîchir, les chevaux se refusent absolument aux côtes ; il faut atteler des buffles de renfort ou louer des corvées pour pousser à la roue ; mon automédon prend le parti de tirer ses bêtes par la bride, tandis que, saisissant le fouet, je frappe à tour de bras.

Nous gagnons ainsi d'une allure assez paresseuse le petit hameau de Tougou, où nous arrivons à la nuit close. Il n'y a là d'autre gîte qu'une petite case tenue par une vieille Indienne célèbre dans tout Java par son extrême longévité : elle ne compte pas moins de cent dix-neuf printemps, elle peut encore voir, entendre, se mouvoir, et causer raisonnablement; sa jeune cousine, âgée de quatre-vingt-quatre ans, parle un peu français. La mère de Mamima eût pu voir Louis XIV, et elle-même a vu finir la guerre de Sept ans.

Dans une petite salle rustique, sur une table où chaque voyageur s'est amusé à graver son nom de la pointe de son couteau, j'essaye de manger je ne sais quoi de coriace ayant forme de poulet, tout en causant par gestes et par monosyllabes avec la plus jeune des deux cousines. Son visage brun, encadré de cheveux blancs, éclairé par la lueur vacillante d'une mauvaise chandelle, son sourire et ses gestes de vieille sorcière, l'attitude effarée de la servante qui l'aide à me servir, tout cela forme un petit cadre digne de tenter un Rembrandt. Le bruit attire trois nouveaux hôtes, dont deux lévriers superbes et un Hollandais qui, ne sachant aucune autre langue européenne que la sienne, connaît quelques mots de chacune et réussit à composer des phrases mixtes d'un comique achevé. Très-fort sur la numération gesticulée, il me donne, sans y être invité, tous les renseignements de chiffres imaginables; je note au passage l'altitude de Tougou, qui est de 3,200 pieds, et celle de Sindaglaya, où je dois arriver le lendemain, qui est de 3,800.

Le 30 au matin, pourvu du plus grand cheval qu'on ait pu trouver, mais cependant fort mal monté, je continue de gravir à travers forêt jusqu'au col de Telaga-Varna, qui sépare la résidence de Butenzorg de celle des Préangers. Un petit détour qu'on fait à pied mène au bord d'un très-ancien cratère, aujourd'hui plein de verdure, dont le fond est un petit lac aux eaux sombres et profondes. Du haut du col de Telaga-Varna, on voit s'étendre à perte de vue un immense plateau entouré d'une ceinture de montagnes aux crêtes déchirées, que domine le sommet isolé du Pundjock. Puis on commence à descendre au milieu de la région la plus belle et la plus salubre de Java; c'est à Sindaglaya, au bord d'une petite rivière torrentueuse, que s'arrête ma course.

C'est là que le gouvernement a établi sous la direction du docteur Ploem une maison de santé pour les officiers, un hôpital pour les soldats, où les uns et les autres viennent en congé de convalescence se refaire des dures fatigues et des souffrances de la guerre de Sumatra, sous un climat plus frais et plus clément que celui de Batavia. Les voyageurs valides sont reçus dans une pension attachée à l'établissement, tout le monde vit en famille et mène la vie calme qui convient à des convalescents. Passer tout le jour sans s'habiller, fumer nonchalamment jusqu'à l'heure du déjeuner, faire la sieste après, une partie de billard ou d'hombre de cinq à sept heures, dîner, fumer et se coucher à neuf heures, tel est l'idéal du bonheur pour des hommes dont la santé est exténuée par les alertes, les veilles, les privations et les fièvres [1].

Il n'est pas de sacrifices auxquels le gouvernement néerlandais ne soit prêt pour son armée des Indes. Avancement rapide, congés fréquents, soins gratuits, traitements élevés, pensions de retraite, il ne néglige rien pour entretenir dans ses possessions un corps d'officiers capables. Beaucoup d'entre eux prennent si bien goût à cette existence large et indépendante, que lorsque vient le moment de prendre leur retraite, ils ne peuvent se résigner à rentrer en Europe, achètent une plantation à Java et consacrent leurs dernières années à la faire valoir.

---

[1] Le directeur, dont rien n'épuise l'activité philanthropique, voudrait décider le gouvernement français à envoyer là ses malades de la Cochinchine au lieu de les rapatrier à grands frais, parfois trop tard et au risque

1ᵉʳ mai. — Celui-là n'est pas un voyageur qui n'est pas tourmenté par l'attraction des sommets. S'il est impossible par le temps dont je dispose de gagner le sommet du Pundjock, on peut du moins facilement atteindre la croupe d'un contre-fort dont la sombre verdure souligne le cône du volcan. Je pars à cheval en compagnie d'un des pensionnaires du docteur Ploem, un commis de deuxième classe, que préoccupe décidément la question florin : il ne saurait nommer un objet sans en dire le prix ; ce n'est pas un homme, c'est un tarif vivant et parlant. Chacun sans doute envisage les choses d'ici-bas à sa façon ; mon compagnon les examine surtout au point de vue du profit ou de la dépense qu'elles représentent : son admiration en présence de la nature se traduit par des supputations de prix du plus excellent comique.

Cependant la puissante forêt nous couvre de son ombre, toute trace de sentier a disparu ; nos chevaux gravissent péniblement le lit d'un petit ruisseau encombré de cailloux et de branches d'arbres ; les lianes s'entrecroisent sur nos têtes et d'énormes araignées au ventre vert se balancent suspendues à leur toile en travers de notre passage, c'est la solitude toujours émouvante de la forêt vierge ; l'homme n'a pas encore disputé ce séjour aux fauves, aux singes, aux perroquets, aux cacatois qui s'y ébattent en pleine liberté. Le grondement d'une cascade se fait entendre ; encore un coup de collier, nous voici à Tchiburn ; mon intarissable commis chiffre toujours. Fort heureusement le soin de sa monture l'absorbe trop à la descente pour laisser place à la moindre tentative d'arithmétique ; la beauté du paysage n'y perd rien à mes yeux.

---

de les voir trop souvent mourir dans la Mer Rouge. Mais si ce progrès doit se faire, que de temps on le discutera encore avant de l'accomplir !

A un « pal » et demi de la maison de santé, après avoir traversé le village, on trouve Chiponas, résidence d'été du gouverneur général, jolie habitation entourée de jardins où le triomphe de l'agriculteur est d'obtenir les fruits et les légumes d'Europe, aussi prisés ici que le sont chez nous les fleurs et les fruits des tropiques obtenus à force de soins dans nos serres. En rentrant, je me trouve en face d'une apparition étrange qui me transporte à un siècle en arrière : je crois voir dans un demi-jour fantastique l'ombre du cocher Tydacus,

> Qui de l'ombre d'une brosse
> Nettoyait l'ombre d'un carrosse.

Cet objet antédiluvien n'est autre qu'une honnête chaise de poste, traînée par six chevaux, qui amène le résident de Bandong, sa famille, ses domestiques ; la lourde machine remplie de monde, chargée de caisses, vient d'entrer dans la cour sous l'escorte des cavaliers d'ordonnance : un vaste parasol d'or s'ouvre aussitôt pour abriter le résident, qui, de sa casquette galonnée, distribue des saluts aux assistants groupés pour guetter son arrivée. On sert aussitôt le dîner, retardé pour l'attendre, et les deux plats traditionnels, riz et bœuf, sont accompagnés cette fois, en l'honneur d'un hôte si distingué, d'une profusion de volaille. Présenté au résident dans le courant de la soirée, j'ai le temps d'apprécier en lui les qualités requises pour faire un habile politique et un bon résident à Java.

Les Français passent assez justement pour être très-communicatifs, mais je crois que les Hollandais le sont encore plus. On pourrait peut-être leur appliquer comme à nous le proverbe polonais : « Ce que tu caches à ta femme et à ton meilleur ami, tu le diras à un inconnu sur la grande route. » Toujours est-il certain qu'après avoir chevauché à peine un quart d'heure avec un nouveau compagnon que le hasard m'a donné, je sais au retour ce qu'il fait, où est sa fiancée, combien de fois par semaine il va la voir, le chiffre de ses appointements, la situation de sa famille, l'époque à laquelle il compte arriver au poste d'assistant résident, etc... Un colonel, que j'ai rencontré dans une autre occasion, a poussé la précision et la complaisance jusqu'à m'apprendre l'endroit où était enterrée sa mère, détail aussi gai qu'intéressant. Je profite de la bonne volonté de mon compagnon actuel pour le mettre sur des questions d'administration locale, qu'il connaît à fond et qu'il m'explique d'une manière si intéressante que le temps passe en un clin d'œil, jusqu'à Butenzorg, où nous nous séparons.

Encore une journée de repos sous la véranda de l'hôtel, puis une autre journée de courses, d'achats, de visites, de corvées diverses à Batavia, terminée par un dernier dîner au consulat, et, le 4 au matin, je dis une dernière fois adieu à M. Delabarre sur le pont de l'*Émirne*, où il a bien voulu m'accompagner. C'est à peu près à la même époque que le paquebot de l'*Eastern Australian Company* devait passer à Batavia et m'emmener en Australie, sans la mésaventure qui a abrégé mon voyage ; j'obéis aux destins qui ne l'ont pas permis.

L'*Émirne*, mettant le cap au nord, regagne l'hémisphère boréal et reprend la route de France. Tous les passagers sont Hollandais à bord ; parmi eux, plusieurs militaires et marins en congé : quand ce ne sont pas la basse littérature française et le débordement superficiel des mœurs parisiennes, — à propos desquelles, du reste, on ne nous ménage pas, — ce sont les destinées de la colonie qui font le sujet de toutes les conversations.

Vingt millions d'hommes obéissant à quelques milliers

d'étrangers avec lesquels ils n'ont aucun rapport de race, de langue, de religion ni de caractère, travaillant pour enrichir ces maîtres antipathiques, la population la plus fière et autrefois l'une des plus belliqueuses et des plus puissantes de l'Océanie, supportant la domination occidentale sans avoir même engagé de lutte pour la repousser, c'est là certainement l'un des résultats les plus extraordinaires auxquels soient jamais parvenues la volonté et la patience d'un petit peuple.

Comme la puissance anglaise dans l'Inde, la domination hollandaise dans l'archipel malais n'est que le prix d'une tension prodigieuse, d'un effort intelligent et constant pour maintenir dans l'ordre, contenir et diriger des éléments humains impatients du joug, et pour manier sans explosion les natures du monde les plus inflammables. Il n'a pas suffi pour cela d'une heureuse impulsion, d'une organisation savante établie une fois pour toutes et livrée ensuite à des successeurs quelconques. Il faut encore qu'à tout instant une politique habile consulte pour ainsi dire la température morale, suive les dépressions du sentiment public, et prévoie toutes les chances de conflit à temps pour les conjurer. Il faut que chaque fonctionnaire ait la conception nette du but que poursuit son gouvernement et que tous concertant leurs efforts dans une entente parfaite, ou plutôt obéissant à des instructions précises, se soumettent à une discipline exacte et soient pénétrés de l'esprit de leur mission. Gouverner à son profit tout un empire, sans en avoir l'air aux yeux des populations, sans froisser leur orgueil, tel est le problème qu'ont presque résolu les pacifiques conquérants de Java. Ils ont pour cela conservé tous les fonctionnaires indigènes de l'ancienne organisation oligarchique en leur adjoignant simplement un coadjuteur hollandais qui voit et décide tout, mais sans se montrer; de sorte que le peuple n'a de rapports qu'avec ses chefs naturels. L'administration est ainsi passée dans des mains européennes sans secousse et par une simple pression exercée sur les chefs de village, de district et de province, gens contre lesquels on ne manque pas d'arguments convaincants, lorsque l'on a pour soi la force et l'argent. Il est toujours plus facile de convertir à de nouveaux principes quelques centaines de fonctionnaires, que de persuader à des millions d'hommes de changer de gouverneur.

Il fallait cependant obtenir le travail indigène au profit des planteurs; on a profité de l'ancienne corvée féodale établie au profit des seigneurs possesseurs de terre, et, en se faisant céder les terres pour des périodes illimitées, les planteurs se sont substitués aux anciens propriétaires dans tous leurs droits. L'homme de la glèbe a continué son travail d'autrefois, satisfait d'être payé au lieu d'être battu; tout le secret de l'introduction des Hollandais à Java a été de répandre autour d'eux autant et plus de bien-être que l'organisation antérieure n'en offrait aux populations indigènes. Si tyranniques que soient quelques-uns de leurs règlements sur la production forcée du café, du tabac, l'obligation de consacrer telle terre à telle culture, etc., ce joug reste moins dur qu'autrefois. Le gouverneur, les résidents, que dans la phraséologie poétique de la langue malaise les chefs indigènes traitent de *pères* quand ils leur adressent la parole, jouent en quelque façon le rôle salutaire de ces arbres bienfaisants à l'ombre desquels le voyageur trouve un abri contre les ardeurs du soleil, un fruit pour étancher sa soif, un refuge contre les fauves.

Si habiles cependant que soient leurs précautions pour dissimuler leur suprématie et la faire accepter ainsi que le profit industriel qu'ils en retirent, les Hollandais ne peuvent ni se cacher à eux-mêmes, ni dérober aux autres leur excessive faiblesse numérique. C'est à peine si en ce moment on compte à Java 3000 hommes de troupes, épars dans les postes dégarnis par la guerre de Sumatra ; une insurrection générale ne rencontrerait pas d'obstacle sérieux. Aussi n'est-ce pas dans leur puissance militaire qu'ils se confient ; ils ne demandent leur influence et leur sécurité qu'au prestige dont ils sont entourés, et qu'ils entretiennent avec un soin jaloux. C'est ce prestige tout-puissant sur l'esprit des musulmans fatalistes et dégénérés qu'il faut maintenir à tout prix ; c'est pour le conserver qu'on se fait à demi Javanais, qu'on fait des largesses aux moindres coulies, en toute occasion, comme le pratiquaient les grands seigneurs, — qu'on vit sur un grand pied, — qu'on observe certaines allures aristocratiques, une paresse de mouvements et une nonchalance qui sont signes de race, — qu'on s'observe à toute heure comme un capitaine en présence de ses soldats, — qu'on affecte autant que possible de passer sous silence les autres nations européennes, — qu'on décourage fort les indigènes d'apprendre le hollandais, de s'initier aux choses de l'Europe et d'en étudier notamment la carte, — que l'on défend aux consuls de Batavia de dresser des mâts de pavillon à leur porte, afin que les yeux malais s'habituent à ne voir flotter d'autre étendard que celui du royaume néerlandais, — qu'on essaye, en un mot, par tous les moyens possibles, de graver dans l'esprit des indigènes l'idée qu'ils sont en contact avec un peuple tout-puissant, de race supérieure, capable de les écraser en cas de résistance et destiné par la volonté du ciel à les tenir à tout jamais en tutelle.

On sent tout ce qu'il y a de factice et de forcé dans une pareille situation ; le moindre accident peut déterminer une crise, et toute crise serait mortelle. Tout le système repose sur un baril de poudre ; qu'une étincelle y tombe, et il saute. Avec quelle anxiété ne doit-on pas dès lors surveiller les mouvements des ennemis qui rôdent autour de la position, prêts à y jeter la torche incendiaire ; épier les ambitieux que pourrait tenter une proie si belle et si facile. Au nombre des puissances européennes, il en est une surtout qui, en Asie comme en Europe, inquiète singulièrement les patriotes hollandais; il faut les entendre parler de la convoitise allemande et déplorer avec des élans de pitié intéressée les défaites de la France. « Le bras de la Prusse et son œil vont plus loin que le Zuyderzée, disent-ils; vingt millions de florins par an sont un beau denier pour les rois thésauriseurs, sans parler du développement maritime et commercial qu'assure une telle possession. »

Sans traiter de chimériques des craintes trop justifiées par les précédents, il faut s'avouer qu'il n'est peut-être pas besoin d'une impulsion étrangère pour menacer la puissance des Hollandais aux Indes. Si arriérées que soient encore toutes les populations de cette partie du globe, elles n'ont pu assister au prodigieux essor du commerce contemporain, de la navigation, des communications, sans en ressentir quelque influence ; le spectacle du siècle les dégrise peu à peu de leur antique crédulité; le scepticisme qui a si vite envahi certains pays, le Japon, par exemple, se fait sentir d'une façon encore infiniment légère, mais appréciable cependant, chez d'autres races moins progressives : le monde asiatique semble vaguement ressentir les premiers tressaillements d'une mystérieuse évolution et arriver insensiblement à la conscience de sa force reposant sur le nombre. Un souffle destructeur passe sur les vieilles croyances, sur les prestiges démodés.

L'exemple des Chinois qui se répandent et font partout fortune enseigne au travailleur qu'il doit trouver dans son labeur autre chose qu'un misérable gagne-pain au jour le jour, et qu'il est dur de prendre tant de peine pour n'enrichir qu'un planteur étranger ou un caissier de douanes; le problème du siècle, en un mot, le terrible antagonisme du travail et du capital, se pose d'une manière confuse et indistincte dans des intelligences crépusculaires, et, sans se formuler, engendre un malaise, un mécontentement, une sorte d'ébranlement dans toute la machine. Le moment serait mauvais et dangereux pour subir un échec, et malheureusement la Hollande n'a pu traverser sans quelques revers une guerre qui n'est pas encore terminée.

Il est difficile à un bon patriote de parler d'Atchin, ou plutôt d'Attieh, sans avoir à réprimer une poignante émotion. La colonie porte là dans son sein une plaie ouverte, et le cœur lui saigne à voir le plus clair de ses revenus et les plus chers de ses enfants dévorés par cette hydre sans cesse renaissante. On se rappelle les péripéties de cette lutte, les graves échecs du début, puis les succès des armes néerlandaises, la prise du Kraton; mais le sultan vaincu n'était pas soumis : aujourd'hui encore, tout chef qui parlerait de soumission serait déposé par une population fanatique et décidée à poursuivre la lutte jusqu'au dernier homme. Il ne faut donc pas plus songer à traiter, à offrir la paix aux rebelles sous certaines conditions d'obédience, qu'il ne faut espérer de quartier pour les prisonniers.

On ne peut pas non plus moralement abandonner le terrain aux 80 000 musulmans réfugiés dans les montagnes, sans perdre du même coup aux yeux de tous les insulaires de Sumatra, de Java, de l'archipel entier, ce prestige qui fait la seule force du gouvernement colonial; bien plus, c'est déjà le compromettre que de mettre si longtemps à triompher, et autant une victoire consoliderait la puissance néerlandaise en montrant qu'Allah est décidément de son côté, autant un insuccès ou même trop de lenteur à vaincre pourrait en ce moment l'ébranler.

Il faut donc vaincre à tout prix; chacun le sait, chacun le répète, et le triomphe se fait attendre, au milieu des souffrances et des fatigues d'une guerre terrible, impitoyable de part et d'autre; guerre d'embuscades, d'égorgements et d'assassinats, sous un climat mortel, au milieu de marécages qui font encore plus de victimes que le plomb si sûr de l'ennemi.

Les Hollandais occupent la plaine et ont ainsi l'avantage des communications faciles, mais l'inconvénient d'un climat insalubre. Les Atchinois sont réfugiés dans des montagnes à peu près inaccessibles, où les villages soumis en apparence leur font passer en secret des vivres et des munitions; ils ont emmené avec eux femmes et enfants; tous les âges et tous les sexes parmi eux savent manier les armes, et la résistance peut dans ces conditions s'éterniser.

En ce moment, les hostilités sont ralenties, mais la Hollande va les reprendre bientôt avec des renforts fournis par l'embauchage de mercenaires européens; à cette heure, un blocus rigoureux empêche aucun navire et aucun étranger d'approcher de la côte atchinoise pour alimenter les rebelles. On finira par les affamer et les détruire en détail; mais d'ici là, que d'argent enfoui dans cette malheureuse expédition, qu'il eût mieux valu cent fois ne pas entreprendre! Que de fois les navires réquisitionnés de toutes parts pour les transports seront venus débarquer des soldats bien portants et auront remporté des malades et des mourants!

L'armée des Indes n'avait pas été habituée à de si rudes épreuves; elle les a supportées avec un courage et une énergie admirables, avec cette ténacité qui a déjà arrêté plus d'un adversaire, et cette fois encore, il faut l'espérer, elle trouvera sa récompense dans le triomphe d'une cause qui est non pas seulement celle d'un pays et d'un peuple à la hauteur de leurs ambitions, mais encore celle de la civilisation contre la barbarie.

Du 7 au 13 mai. — A Singapore on quitte la petite ligne auxiliaire de Batavia pour reprendre la grande ligne des Messageries entre Shanghaï et Marseille; il faut donc dire adieu à l'*Emirne* et à son charmant capitaine et prendre place sur le *Sindh*, qui nous a devancés au *wharf* de New-Harbour. Le *Sindh* est un paquebot de 122 mètres de long, où sont réunis tous les genres de luxe et de confort que permet le séjour sur l'Océan ; il file couramment douze nœuds et se tient admirablement à la mer ; c'est ce qu'un marin appelle avec une inflexion de voix toute spéciale « une belle barque. »

Elle file, cette barque, chargée de monde, entre les passes étroites qui forment l'accès de Singapore, à travers les îlots verdoyants entassés à l'entrée du détroit de Malacca. Nous ne toucherons plus la côte d'Asie qu'à Ceylan dans une autre colonie anglaise ; nous quittons définitivement l'extrême-Orient, ou plutôt ce que je serais tenté d'appeler le *dominium* chinois, la vaste étendue de côtes sur lesquelles on trouve établis dans la plupart des métiers lucratifs les fils du Céleste-Empire. Coulies, marchands, banquiers, industriels, ouvriers, ils sont propres à tout, acharnés au gain, au travail, à l'épargne, et cette épargne, ils la rapportent chez eux au bout de quelques années, de sorte que la Chine agit sur l'extrême Orient comme un poulpe armé de millions de suçoirs. Mais ce n'est pas seulement la côte d'Asie qui est ainsi envahie ; je les ai vus dans toutes les villes de Java ; ils sont à Timor, en Australie, au Chili, au Pérou, tout le long de la côte mexicaine, et l'on sait qu'ils remplissent la Californie et sont en grand nombre au Japon. De cette façon, le plus vaste bassin maritime du globe est devenu une mer chinoise.

Ni l'expansion des Juifs ni celle des Arméniens en

Orient ne peuvent donner une idée suffisante de l'envahissement qui s'est accompli par lentes approches depuis vingt ans, grâce aux facilités de locomotion que procure la vapeur et aux grandes entreprises industrielles, telles que les mines australiennes et californiennes, les chemins de fer de Panama et Transcontinental, le guano du Pérou, pour lesquels on les a importés en masse dans tous ces pays. Ceux qui les premiers en sont revenus riches ont décidé les autres à partir : aujourd'hui le mouvement est établi, il ne peut aller qu'en augmentant ; il constitue pour beaucoup de pays un danger sérieux.

Il ne faut cependant pas oublier que le Chinois très-superstitieux, très-attaché à son pays, à ses ancêtres, auprès desquels il veut reposer, ne s'expatrie généralement pas d'une manière définitive et sans esprit de retour : il conserve la plupart du temps une femme au foyer patriarcal, lui envoie de l'argent et vient la retrouver. S'il ne peut rentrer vivant, il tient du moins à être enterré sur le sol sacré de l'Empire des fleurs et y fait rapporter son corps. A San-Francisco notamment, des sociétés d'assurances sont organisées entre Chinois, où, moyennant une prime annuelle, chacun s'assure le rapatriement de son corps. La *Pacific-Mail* rapporte à Shanghaï de pleines cargaisons de ces lourds cercueils faits d'un arbre à peine équarri et remplis de chaux vive. Toutefois en Cochinchine, à Java, et peu à peu même dans les différentes parties de l'Amérique, ils se fixent, font souche, et par leur nombre menacent d'une grave perturbation la vie des classes laborieuses partout où ils se trouvent.

Déjà le problème est posé en Amérique, et l'on discute les moyens d'arrêter l'immigration sur les côtes du Pacifique. On les accuse de drainer à l'extérieur toute la richesse du pays ; mais à cela on répond avec raison que par leur travail ils laissent plus de richesse derrière eux qu'ils n'en emportent ; le vrai motif de leur expulsion projetée, c'est la concurrence de prix qu'ils font à la main-d'œuvre américaine. Neuf sur dix des emplois peuvent être remplis par des Chinois, qui sont infiniment moins chers et plus appliqués que tel ouvrier irlandais ou allemand ; il en résulte forcément que l'ouvrier de sang blanc se détourne de la Californie, et que cet état reste avec une population ouvrière de sang jaune et un petit nombre de patriciens ; ainsi se reconstitue dans l'ouest un État chinois ou, ce qui ne plaît guère plus aux Américains, un peuple partagé en castes, une aristocratie blanche.

Telle est la signification de cette formidable agitation qui se fait en ce moment aux États-Unis à propos du *Chinese problem*. Si jamais cette question vient à menacer, comme c'est à craindre dans un avenir éloigné, l'Europe elle-même, si jamais on jette quelque 100,000 Chinois dans nos campagnes désertes ou dans les houillières de Newcastle et de Cardiff, c'est sans doute par son côté économique que ce problème se présentera tout d'abord : les travailleurs français ou anglais, après avoir exagéré leurs prétentions jusqu'à forcer les patrons à se procurer des ouvriers étrangers, essaieront en vain d'éloigner une concurrence désastreuse. Le gréviste sera cette fois dompté, mais à quel prix ! Ce jour-là l'Europe sera bien près de devenir mongole.

§ II

CEYLAN

Le *Sindh* se rapproche de 12 milles par heure de Pointe-de-Galle. Les journées passent rapides et douces dans le désœuvrement du bord, encouragé par la chaleur et les pesantes digestions d'un estomac rappelé quatre fois le jour à ses devoirs gastronomiques. On fume, on lit, on écoute la série d'anecdotes marseillaises que les officiers du bord, presque tous originaires des Bouches-du-Rhône, servent à chaque voyage à leurs nouveaux passagers ; puis on s'étend associés par groupes assortis sur les chaises longues d'osier aux savantes cambrures, et la causerie, prenant librement son vol, en présence des horizons sans fin empourprés par le couchant, s'élève graduellement des propos rabelaisiens aux spéculations philosophiques.

Quelle supériorité le paquebot, considéré comme moyen de transport, a sur tous les autres ! Au lieu des déplacements et des changements perpétuels de trains et de voitures, vous vous installez pour plusieurs mois dans une petite chambre où vous pouvez disposer tout à souhait ; vous réglez vos heures de bain, de toilette, de travail, de flânerie, une fois pour toutes. Les distractions ne manquent pas : vous avez quelquefois la surprise d'un poisson volant qui entre par le sabord dans votre cabine, le loch qui, jeté d'heure en heure, vous apprend ce que vous avez gagné ou perdu de vitesse, le *point* qu'on affiche chaque jour après l'avoir déterminé, et que vous pouvez reporter sur votre carte, le bal que les hommes d'équipage organisent entre eux le dimanche sur le gaillard-d'avant, au son du *ronflon* et de l'accordéon ; tout cela prend, dans la solitude de l'Océan, un intérêt relatif, et les semaines passent plus vite que les jours à terre.

Quelle différence surtout dans l'emploi des soirées ! Il y a toujours plusieurs passagers que vous pouvez interroger avec fruit sur leurs voyages, leurs relations, leurs affaires dans ces parages ; à défaut d'un interlocuteur, la mer ne vous tient-elle pas elle-même compagnie, et son puissant murmure ne donne-t-il pas la réplique à toutes vos pensées ? Comparez avec cela les soirées d'auberge, quand, las d'une journée de marche, vous cherchez en vain un siége confortable, et essayez de parcourir à la lueur douteuse d'une mauvaise lampe quelque vieux journal, ou de relire pour la dixième fois une page de votre *guide* que vous savez par cœur d'un bout à l'autre, ou quand, égaré dans quelque petite ville de province, n'ayant où frapper ni dîner, après avoir erré au hasard dans des ruelles mal pavées et mal balayées, dévisagé avec soupçon par les habitants, vous prenez enfin le parti d'entrer dans quelque café où les membres du conseil municipal jouent au domino, tandis que les fortes têtes de l'endroit s'occupent dans un coin de refaire une santé à la pauvre Europe, déjà si malade des remèdes qu'on lui a fait prendre ! Certes un mois de traversée dans des conditions favorables est moins pénible et paraît moins long qu'une semaine de diligence ou de chemin de fer.

Le 15, nous arrivons en vue de Pointe-de-Galle. Le pilote vient au large au-devant du *steamer* pour le diriger dans le chenal étroit et dangereux, où déjà plus d'un grand navire a péri sur les coraux. La rade elle-même est détestable, trop petite pour contenir les deux navires qui s'y rencontrent, semée d'écueils qui gênent les manœuvres, exposée, quand la mousson est forte, à de gros temps qui rendent les opérations du chargement et du déchargement très-difficiles. Les marins sont d'accord pour demander que les dépôts de charbon soient transportés à Trinquali, où l'on trouverait, en se détournant pendant quelques heures de la route, un port naturel excellent.

En revanche, le tableau qui se déroule sous les yeux est un des plus enchanteurs que puisse offrir la nature tropicale. Le rivage, couvert de forêts, dessine un demi-cercle terminé à chaque extrémité par des falaises symétriques ; il enserre un petit îlot qui sert de dépôt de charbon aux Messageries. On voit ainsi d'un côté la ville de Pointe-de-Galle avec ses larges maisons de pierre aux toits en terrasse ; de l'autre, des huttes éparses sur la plage, et tout autour du navire une myriade de ces longues pirogues à balancier, semblables à celles de Manille. A peine avons-nous jeté l'ancre, le pont est envahi par une procession de marchands qui viennent étaler leurs pacotilles et solliciter la curiosité et l'inexpérience des passagers. Grâce à quelques mots d'anglais mêlés de « sabir », ils réussissent à vous faire comprendre leurs instances et les multiplient d'une manière si fatigante que, de guerre lasse, presque tout le monde consent à se faire voler un peu. Inutile de dire que ce sont toutes marchandises de rebut, faux ébène, écaille fondue, pierreries en strass de Birmingham, qu'ils vous laissent pour le centième du prix qu'ils vous ont demandé : perles fines, rubis, topazes, saphirs, diamants, œils de chat, tout cela vous est offert pour quelques shillings, après avoir été proposé pour plusieurs livres. A terre, même commerce à l'hôtel ; cela devient rapidement intolérable : c'est le cas de prendre une voiture et de se faire transporter dans quelque site de cette interminable forêt de cocotiers qui entoure Galle.

Baquela est la promenade classique. C'est l'exemplaire non pas le plus parfait, mais le plus voisin, des beautés de Ceylan. Au bout d'une heure de voiture, au milieu des cocotiers et des rizières où l'on voit travailler les Indiens, nus, enfoncés dans le limon jusqu'à la ceinture, après avoir traversé des marécages pleins de palétuviers et de végétations pourrissantes, on arrive au bas d'une colline qu'il faut gravir à pied.

De là se déroule sous vos yeux un spectacle merveilleux : à votre droite, la vallée que vous venez de parcourir, où se marient tous les tons de verdure, depuis le plus tendre jusqu'au plus foncé ; à vos pieds et à gauche, une nappe d'eau provenant du canal maritime qui baigne la colline, et sur laquelle glissent les pirogues ; au delà, des hauteurs couvertes de forêts sombres, et, dans le lointain, une immense chaîne de montagnes que domine un mamelon assez semblable au Puy-Griou d'Auvergne, et qu'on appelle le pic d'Adam. C'est là que Brahma posa une dernière fois, avant de remonter au ciel, son pied divin dont on montre encore l'empreinte gigantesque sur le sommet.

Une petite case offre un abri momentané aux promeneurs accablés par les ardeurs du soleil ; un bambin, leste comme un écureuil, grimpe dans un arbre et vous rapporte une noix dont l'eau trop chaude n'a qu'une saveur fade, aussitôt que le soleil monte sur l'horizon. De petits rongeurs, appelés rats palmistes, courent d'arbre en arbre ; une perruche s'envole, un martin-pêcheur bleu sautille gaîment, de gros lézards montrent leur tête effarée ; mais ces parages ont des hôtes moins aimables, car à quelques minutes de là nous apercevons un serpent d'aspect fort rébarbatif, que des enfants viennent de tuer.

Au retour, la monotonie superbe de ces paysages s'accentue encore ; elle est interrompue par une pagode d'assez pauvre aspect qu'il faut se faire ouvrir, si l'on veut connaître ce qu'elle a de curieux. Le bonze, qui habite une petite cabane et qui épie l'arrivée des visiteurs, survient muni de ses clefs, sans mot dire, et vous introduit dans le temple; ce n'est que par tolérance qu'il vous laisse garder vos chaussures. Le monument est quadrangulaire. On entre d'abord dans un couloir qui circule autour des quatre côtés; les murs en sont peints à fresque et ornés de bas-reliefs polychromes en bois, représentant des déités debout, dans une gaîne dont les peintures égyptiennes du Louvre peuvent donner une idée. Puis on pénètre dans le temple proprement dit. Là, au fond d'une chapelle, se dresse l'image gigantesque de Bouddha; il est assis les jambes croisées, les deux index en l'air; la tête mesure environ un pied et demi, le reste est en proportion. Sur les autres parois sont des images moins grandes du dieu dans diverses postures, puis des peintures qui représentent l'histoire, le martyre, la glorification, les miracles et la prédication de Bouddha chez les différentes peuplades de l'Inde. Devant la divinité se trouvent des fleurs déposées en offrande et une petite sébile où nous sommes invités, toujours silencieusement, à déposer un témoignage un peu plus sérieux de notre respect. Nous avons déjà vu d'autres pagodes bouddhistes, sans compter des temples protestants et une jolie église catholique récemment bâtie. Quelle différence entre cette ferveur et la tiédeur de Java, où j'ai voyagé pendant plus de trois semaines sans apercevoir un seul édifice religieux! Plus loin, à Colombus, si la durée de l'escale nous le permettait, nous trouverions un des temples les plus célèbres de l'Inde et des hypogées d'une haute antiquité.

Il faut toute l'inclémence d'un soleil de plomb pour qu'on se résigne à abréger la promenade dans ces sites gracieux, où la nature étale toute sa puissance avec toute sa poésie. A chaque pas, l'œil est fasciné par un effet de lumière inattendu et saisissant : il n'y a si misérables haillons qui ne deviennent superbes sous ces rayons éclatants. Au détour d'une allée ombreuse et solitaire, vous voyez venir une femme pieds nus, retenant de la main droite une corbeille sur sa tête, tandis que de la gauche elle soutient son enfant posé à cheval sur sa hanche ; une légère camisole blanche flotte sur sa taille et indique les rondeurs d'une poitrine de bronze, ses yeux dardent des regards qui semblent chargés de langueurs et d'éclairs ; ses cheveux ondulés découvrent un front bas ; les lèvres épaisses, ensanglantées par l'usage du bétel, laissent voir des dents d'une blancheur féroce ; des anneaux passés aux chevilles, aux poignets, aux bras et dans le cartilage du nez, enfin un collier de verroterie, complètent l'aspect à demi sauvage de ces Vénus noires.

Les hommes sont généralement plus beaux, plus élégants dans leurs formes. Chez toutes les populations où elle est vouée au travail, la femme, flétrie et déformée par la maternité et l'allaitement, dès qu'elle a atteint sa croissance, n'a pour ainsi dire qu'un jour, et la simplicité de son costume ne lui permet pas de se faire un lendemain au moyen des artifices usités ailleurs. L'homme, intact dans sa forme, conserve du moins jusqu'à la vieillesse la régularité et les proportions de l'adolescence : toutefois la décadence de la race se fait voir à une certaine faiblesse musculaire, à un aspect efféminé que prononce encore plus la chevelure longue et relevée sur la tête en un petit chignon semblable à celui des femmes et orné comme le leur d'un peigne d'écaille. Il ne faut pas, du reste, confondre ces Singalais de souche dravido-aryenne avec les Veddahs descendants des premiers indigènes de l'île, qui vivent aujourd'hui refoulés dans les montagnes et réduits par la misère à un état complet de barbarie.

Le cicérone qui, installé sur le marche-pied de la voiture, s'est fait un prétexte de ses connaissances en « sabir » pour nous piloter dans un pays connu déjà de nous tous, nous entraîne à Cinnamon-Garden, à la place du Marché, à je ne sais quels retranchements fortifiés. Qu'importent à des passants une collection botanique, un monument, un fort? C'est l'enchantement de ces lieux, c'est la magie de la lumière et des couleurs, c'est l'intensité de la vie sous les caresses d'un soleil ardent, que nous admirons et dont nous voulons rapporter la sensation enivrante. L'impression générale, en pareil cas, est souvent d'autant plus grande et plus vraie qu'elle est plus rapide et que des souvenirs partiels se confondent et se résument en une pensée dominante, comme les notes d'un accord en une perception unique. Si, comme le veut la tradition hindoue, Ceylan, l'ancienne Taprobane, est le berceau de la race humaine, il faut convenir que la Providence ne pouvait le placer dans un plus magnifique paradis.

15 mai. — L'*Anadyr*, qui vient de France, le *Meinham*, qui arrive de Calcutta, nous ont apporté, l'un des nouvelles, l'autre un courrier et des passagers; ce n'est pas sans un battement de cœur que l'on voit se saluer ces trois beaux navires, venus des extrémité du globe, et qu'on échange les visites d'un bord à l'autre. Ceux qui quittent la France sont impatients d'entendre des témoins véridiques parler des pays qu'ils vont parcourir; ceux qui rentrent en Europe veulent en connaître l'état, que chaque nouvelliste résume à sa façon. Les marins s'interrogent sur le temps, les passagers sur la nourriture, les négociants sur l'état du marché, les touristes sur les excursions à faire; puis on sonne le branle-bas du départ, chacun regagne son bord, les manœuvres délicates de la sortie commencent, et les deux paquebots, franchissant l'un après l'autre le chenal, courent en sens contraire échanger les produits, les richesses, les idées de l'Orient et de l'Occident.

La mousson du sud-ouest est-elle établie ? telle est la question qui se pose parmi les officiers. Si elle règne en ce moment dans l'Océan indien, il est impossible de gagner Aden en droite ligne, nous rencontrerions, dans la vaste région dite des moussons, une mer très-forte, un vent violent et contraire, contre lequel toute la vapeur des deux cent cinquante chevaux du *Sindh* lutterait vainement ; c'est pour avoir voulu tenter l'aventure que plus d'un *steamer* a été obligé, après avoir épuisé tout son charbon, de revenir à Bombay et de reprendre la route consacrée par l'expérience. Nous ne courrons pas la chance ; le détour que nous allons faire nous allonge, il est vrai, de deux jours, retard sensible pour des marins qui ont à peine vingt jours de repos à Marseille entre l'arrivée et le départ, mais en essayant de couper au plus court nous risquerions d'être rejetés sur Pointe-de-Galle et de perdre une semaine. Nous descendons en conséquence au sud presque jusqu'à l'équateur, et le 17 nous nous trouvons en vue des îles Maldives.

Il faut naviguer avec la plus grande précaution dans ces parages semés de coraux, qui réunissent entre eux les principaux *atolls* ; les terres extrêmement basses, formées de polypiers à fleur d'eau recouverts de détritus marins, puis d'humus et de végétation, sont invisibles la nuit, et la moindre erreur de route peut jeter le navire sur les récifs. En passant par le chenal d'*un degré et demi*, nous apercevons, échoué sur la côte, un *steamer* dont l'équipage, réfugié à terre, a hissé un pavillon blanc au haut d'un mât de signal ; mais la malle ne s'arrête pas pour lui venir en aide : on sait à bord que les naufragés sont toujours recueillis et bien traités par une population singalaise, douce et vivant dans l'abondance, qui obéit à des chefs indigènes, mais reconnaît la suprématie nominale de l'Angleterre et rend un hommage annuel au gouverneur de Ceylan. Puis nous mettons le cap à l'ouest-nord-ouest pour six jours; le 23, nous reconnaissons la côte d'Afrique à la pointe de Raz-al-foun; nous doublons le cap de Guardafui, et, le 24, nous sommes à Aden.

§ III

ADEN

A peine le soleil perce-t-il les brumes du matin, que, devançant la chaleur insupportable du plein midi, les passagers du *Sindh*, désireux de toucher terre après neuf jours de mer, gagnent le rivage, où quelques maisons blanches commencent à étinceler au soleil levant. Aussi loin que le regard puisse aller, on n'aperçoit que des montagnes de basalte presque perpendiculaires, aux arêtes crues, descendant jusqu'au bord de la mer, si près qu'il a fallu en certains endroits faire sauter le roc pour ouvrir un passage. Pas un arbre, pas une touffe de verdure, pas un brin d'herbe ne vient égayer la farouche uniformité de cet entassement de rochers stériles, que domine un pic désigné par une légende populaire comme le tombeau de Caïn, Djebel Samsah, digne sépulcre en effet du premier meurtrier. C'est là, nous dit la géographie, l'Arabie Heureuse; que faut-il penser de l'Arabie Pétrée? Il paraît cependant qu'en dépassant la presqu'île sur laquelle Aden est située en sentinelle perdue, et s'enfonçant dans l'intérieur, on trouve de fertiles vallées où les Arabes mènent encore la vie pastorale des premiers jours.

Mais ce n'est pas une colonie, ce n'est pas un entrepôt commercial que l'Angleterre est venue chercher ici, c'est une forteresse qu'elle a voulu établir à l'entrée de la route des Indes, à la sortie de la Mer Rouge, et pour cela, tout ce que peuvent faire l'argent et la volonté britannique ligués ensemble contre la nature, l'Angleterre l'a fait. Elle a bâti des forts, creusé des citernes capables d'alimenter un pays où n'existe pas une source et où l'on reste parfois sept ans sans pluie, organisé des machines à distiller l'eau de mer, élevé des casernes assez spacieuses pour que des régiments pussent y résister à l'action d'une chaleur mortelle; elle a jeté à cent milles d'Aden, juste au milieu du détroit de Bab-el-Mandeb, et dans le seul chenal où puisse passer un navire, sur une île absolument pelée et déserte, une redoute où veillent constamment deux compagnies, renouvelées de mois en mois par la garnison d'Aden, de sorte que nul ne peut franchir la passe qu'en saluant les canons anglais. Voilà ce qu'a fait la prévoyante Angleterre pour conserver son empire des Indes. Mais elle a fait mieux encore : elle a forgé d'un noble et dur métal ces cœurs d'hommes, intrépides sans emportement et vaillants sans jactance, qu'elle peut opposer comme le plus solide des remparts aux ennemis de sa grandeur.

Le port d'Aden n'est qu'une réunion de quelques habitations européennes, consulats, hôtel, bazar; la ville se trouve à cinq kilomètres plus loin, de l'autre côté du Djebel Samsah. On s'y rend en voiture par une route qui longe la mer. Tout le long du chemin, je rencontre des Arabes drapés superbement, le turban en tête, l'allure fière et dégagée, conduisant leurs bêtes de somme, semblables à des personnages bibliques égarés dans l'histoire contemporaine.

En plus grand nombre encore sont les Somals, population noire originaire de l'Éthiopie, qui, par son intelligence et son élégance, se distingue de toutes les races africaines. Ils ont le front haut, le visage d'un ovale régulier, des traits fins et accentués, de superbes dents blanches, des cheveux noirs soyeux, mais agréablement ondulés, et une barbe fournie. Les femmes sont généralement moins belles, sans doute par suite des rudes travaux qui semblent leur échoir en partage. Elles ont invariablement autour du corps une écharpe en sautoir qui cache à moitié une gorge de bronze poli, et supporte un enfant assis sur la hanche. Le petit être appuie doucement sa tête sur l'omoplate, et se prend par les mains à l'épaule; il dort dans cette position.

Après l'homme vient immédiatement le chameau, l'auxiliaire indispensable de la vie pastorale ou nomade dans les plaines brûlantes de l'Hadramount. Il est impossible d'imaginer quoi que ce soit de plus disgracieux, de plus maniaque. En voici une file de plus de soixante chargés de roseaux qui obstruent l'entrée de la porte fortifiée par où l'on pénètre à Aden; leurs conducteurs ont toutes les peines du monde à les faire ranger devant notre voiture; il serait plus facile de faire passer un chameau par le trou d'une aiguille que de le décider à abandonner la trace immédiate de son prédécesseur et à rompre d'une semelle.

Je ne dois pas non plus passer sous silence une race d'ânes porteurs d'eau, gros comme des moutons, qui trottinent par petits troupeaux sous la conduite d'un bambin arabe, chargés d'outres remplies de la précieuse liqueur, presque aussi rare ici que le vin, — ni les moutons aux goîtres énormes, aux queues démesurées et pendantes, tirant derrière eux de petits traîneaux où ils portent cette embarrassante monstruosité, délice des gourmets de la tente, — ni les milans qui tournoient par centaines sur ma tête ou se promènent le plus familièrement du monde sur la route : ils sont ici en pleine sécurité; il est défendu de les tuer sous peine d'amende. Ce sont en effet les principaux agents voyers de ce pays, et leur voracité seule préserve d'infection les bourgades dépourvues d'eau. Au pied même des remparts, quelques indigènes accroupis sur leurs genoux, la face tournée vers l'orient, viennent, en bons mahométans, faire leurs dévotions et saluer le soleil levant.

Qu'on se figure le fort du Roule à Cherbourg indéfiniment prolongé, toute une montagne de granit transformée en forteresse, ses saillies portant des guérites d'observation, ses anfractuosités transformées, avec le secours de la maçonnerie, en embrasures, une muraille gigantesque hérissée de fer et pouvant en un instant se hérisser de soldats; puis, au pied de cette citadelle naturelle, des fortifications basses, rasant la mer, pouvant se couvrir de lourds canons et protégeant des magasins, des casernes spacieuses, considérablement augmentées depuis cinq ans; qu'on s'imagine, en un mot, une place de guerre formidable à la veille de se mettre en état de défense, et l'on aura une idée de l'aspect extérieur d'Aden.

Mais aussitôt que l'on a franchi le pont-levis et la tranchée profonde qui coupe la crête de la montagne, le spectacle change, et au fond d'un cirque entouré de sombres collines de basalte, comme une perle au fond d'une noire coquille d'huître, apparaît toute blanche et resplendissante la ville marchande, avec sa mosquée, ses maisons peintes à la chaux, ses terrasses, ses arcades, ses vérandas, son style oriental, ses tons chauds et lumineux, l'animation pittoresque de son marché, le bariolage amusant de ses petites échoppes et son caractère d'emporium, demi-barbare, demi-civilisé, où le Bédouin nomade se coudoie avec le Parsis, et le conducteur de caravanes avec le débitant de poudre anglaise.

C'est jour de marché, les chameaux de tout à l'heure viennent déposer leurs provisions de fourrage et se couchent philosophiquement à côté. Les négociations s'engagent, on discute, on se passionne, on s'injurie avec cette ampleur de geste et cette emphase tragique qui sont dans le génie de la race.

Ce sont bien les mêmes fils de Sem qui ont écrit le livre de Job et celui d'Isaïe. Quel souffle! quelles allures épiques! Une femme a été, je ne sais à quel propos, menacée d'un coup de fouet par notre cocher; au moment où j'allais remonter en voiture, elle m'empoigne, se fait un rempart de mon corps, et de cet abri inviolable lance au délinquant, dans une langue sonore et retentissante, une philippique dont je ne comprends pas un mot, mais dont la péroraison énergiquement accentuée me rappelle l'apostrophe homérique :

$$\kappa\upsilon\nu\grave{o}\varsigma\ \ddot{o}\mu\mu\alpha\tau'\ \ddot{\epsilon}\chi\omega\nu\ \kappa\rho\alpha\delta\acute{\iota}\eta\nu\ \delta'\ \dot{\epsilon}\lambda\acute{\alpha}\phi\omicron\iota\omicron$$

Tout cela appartient à l'âge héroïque : c'est là une civilisation primitive, sans mixture apparente, telle qu'on se la figure il y a trente siècles.

Non loin du marché est le quartier des Parsis, qu'on reconnaît à leur type plus voisin des races indo-européennes et à leur coiffure en forme de tiare. Ce sont d'anciens Perses chassés par la conquête, qui sont venus chercher un refuge sur les côtes de l'Arabie Heureuse. Ils adorent l'eau, la terre, le feu et le soleil; ils ne mangent de rien qui ait vécu, la moindre souillure est pour eux un crime; la vie des animaux leur est sacrée; les corps, après la mort, doivent être exposés aux oiseaux du ciel, qui dévorent la chair, puis les os sont brûlés et les cendres jetées. Les Parsis vivent disséminés par petits groupes dans presque tout l'extrême Orient, où ils se livrent aux opérations de banque, au négoce, et tiennent un rang analogue à celui des Israélites dans le commerce européen. Les Anglais essaient sans violence de décourager leurs pratiques religieuses, en tant qu'elles blessent les lois de police, les laissant libres sur tous les autres points.

Ici, comme ailleurs, les maîtres de l'Asie s'entendent à gouverner sans secousse, à exercer le pouvoir sans ostentation ; leur main est partout, mais invisible, et leur domination ne se fait sentir que par ses bienfaits. La ville est gardée par des cipayes, indigènes enrégimentés, équipés et exercés à l'anglaise ; les soldats anglais, quoique nombreux, paraissent peu ; la police est faite par des constables somals ou arabes, qui n'ont de l'Angleterre que l'uniforme aux armes de la reine Victoria.

Le gouvernement colonial laisse librement circuler les pèlerins qui se rendent à La Mecque, venant des Indes, de Singapore, de Java, de Chine, les uns par terre, d'autres par des vapeurs de commerce ou sur le pont des paquebots des Messageries, quelques-uns dans des boutres sur lesquels ils ne peuvent naviguer que de cap en cap, suivant la côte pendant des mois et quelquefois des années pour venir saluer la Kaaba et s'en retourner. A mon premier passage, le *Tigre* ramenait quelques centaines de ces malheureux, qui venaient de faire dans le désert plusieurs semaines de caravane pour adorer la pierre sacrée. Aden est pour eux un lieu de repos, et les plus riches peuvent y trouver ces distractions profanes, inséparables de tout pèlerinage, qui leur donnent comme un avant-goût des félicités du paradis qu'ils vont acheter par tant de fatigues.

C'est là qu'on peut voir encore, comme au temps de Salomon, la scène si énergiquement décrite au livre des Proverbes : « Et ecce occurrit illi mulier, ornatu mere-
« tricio præparata ad capiendas animas, garrula et va-
« ga.... nunc foris, nunc in plateis, nunc juxta angulos
« insidians, — apprehensumque deosculatur juvenem,
« et procaci vultu blanditur. » Il n'y a pas aujourd'hui un mot à retrancher de ce tableau réaliste. C'est

bien à l'angle de cette rue que le sage dut la voir, l'Éthiopienne au vêtement serré, l'Abyssinienne au visage peint, aux yeux langoureux, sa cassolette d'argent suspendue au cou, l'Arabe au regard sauvage, la femme somal au corsage flottant, chargée de bracelets, impatiente du repos, babillarde, provocante. — « Mais écoute, mon fils, sois attentif à mes paroles, ne te laisse pas entraîner dans son sentier décevant, » si tu veux conserver la vigueur de ton âme, si tu ne veux pas surtout, au spectacle trop proche et trop brutal de la réalité, voir s'envoler l'image des temps révolus qui vient de t'apparaître sous son voile poétique. Souviens-toi des paroles de cet autre sage : « Glissez, mortels, n'appuyez pas. »

Quoi qu'il en coûte de retomber de ces réminiscences bibliques dans la prose moderne, on ne peut refuser une visite à l'un des plus curieux travaux d'art que l'homme ait jamais tentés pour asservir à ses besoins les puissances de la nature. Aden, je l'ai dit, est en proie à une sécheresse chronique permanente ; il ne faut pas songer à y creuser des puits, c'est un banc de sable. Les Anglais, après les Romains, dit-on, ont imaginé de faire de la ceinture même de collines basaltiques qui entourent la ville la cuvette d'un colossal entonnoir qui recueillerait sans en perdre une goutte toutes les pluies et les emmagasinerait dans d'immenses réservoirs.

De petites vallées se commandant entre elles, maçonnées par places, pour éviter toute perte, canalisées comme les caves d'une fabrique de champagne, aboutissent à une gorge centrale d'où les eaux se précipitent le long des pentes abruptes dans un premier réservoir en ciment de Portland, puis de là, par un système de vannes, dans un autre construit au-dessous, puis dans un troisième, la paroi de roc ayant toujours été utilisée partout où on l'a pu pour l'établissement de ces vastes citernes. Elles peuvent contenir vingt millions de litres d'eau, et les garder sans perte pendant plusieurs années, mais on ne les a jamais vues pleines. Au pied des citernes, on a planté un jardin assez misérable, où, à force d'arrosage et de soins, on a réussi à faire pousser quelques arbustes et quelques fleurs. C'est tout ce que l'on voit de verdure à Aden.

A mesure que le soleil monte, ses rayons, réfléchis par le sable blanc et les surfaces lisses de la montagne, deviennent intolérables, il faut s'enfuir et regagner le bord. A moitié chemin, entre la ville et le port, je m'arrête pour donner un coup d'œil à une agglomération de cabanes placées à quelque cent mètres sur la gauche, qui résume en elle tout ce que l'on peut imaginer de plus misérable.

Qu'on se représente deux ou trois cents huttes formées de quatre pieux plantés en terre, sur lesquels est étendue une natte en guise de toit, dont les parois sont faites de nattes flottantes qu'on pousse pour entrer ou sortir et qui interceptent l'air et la lumière. Sur le seuil de ces tristes demeures s'entasse une population de vieillards, de femmes, d'enfants somals — les hommes sont occupés à travailler au port. — De quoi vivent-ils? Qu'est-ce que ces aliments que je les ai vus préparer, mêlés aux cendres d'un brasier mourant? Qu'est-ce que ces débris confus, amassés dans leurs réduits, et pour lesquels notre langue ne fournit pas de noms, vieux fragments de nattes, tessons de poterie, brindilles de bois, épaves de la marée, quartiers de peaux de bouc, vieilles ferrailles, résidus de toute sorte, tout cela exhalant une odeur atroce, se décomposant presque à vue d'œil sous un soleil implacable, et laissant deviner à tous les sens révoltés je ne sais quels fourmillements immondes?

Voilà en quel état lamentable vivent ces populations faites pour la vie nomade, qui en l'abandonnant n'ont pas su se former aux lois de la vie laborieuse, de la civilisation moderne, et succombent dans cette inégale « lutte pour l'existence » dont parle Darwin. J'ai vu là à mon précédent voyage un spectacle que je n'ai pu oublier.

Au milieu d'une des rues, si l'on peut appeler rues les sentiers vagues de ce prétendu village, était accroupi, sur un tas d'ordures et de cendres, un pauvre enfant de deux ou trois ans, nu, chétif, maigre, tremblant la fièvre, visiblement agonisant; la mère était debout devant lui le regardant d'un air de résignation hébétée, secouant la tête par intervalles quand les commères qui allaient et venaient lui adressaient une question au passage. En voyant arriver des étrangers, un groupe se forme, on nous entoure et, nous montrant l'enfant, on nous demande du geste de le guérir. Ces pauvres gens prêtent volontiers aux blancs une puissance mystérieuse et une influence bienfaisante sur les malades. Mon compagnon était un jeune médecin de la marine; il tâte le pouls de l'enfant, l'ausculte, et constate qu'il n'a pas longtemps à vivre; mais ses gestes ont été pris pour quelque incantation, et voici qu'un concert de remercîments s'élève et nous accompagne jusqu'à la sortie de ce séjour de la misère.

Pendant ce temps, les passagers restés à bord du *Sindh* n'ont pas manqué de distractions; sans parler des marchands qui sont venus leur offrir des œufs et des plumes d'autruche, des peaux de panthère, des cornes d'antilope, ils ont eu la vue récréative des jeunes Arabes amphibies, qui nagent autour du *steamer* en attendant qu'on leur jette quelque menue monnaie. Une pièce de six pence tombe à l'eau; douze moricauds plongent aussitôt, vous ne voyez plus que vingt-quatre pieds, puis tout disparaît; au bout d'un instant, tous remontent à la surface, et le plus habile vous montre entre ses dents la pièce qu'il a saisie avant qu'elle eût gagné le fond.

D'autres grimpent comme des écureuils jusqu'à la chaloupe baleinière suspendue à une vingtaine de pieds au-dessus de la mer et débattent le prix d'un plongeon, qu'ils exécutent sans sourciller. C'est une sorte de taxe assez lucrative que ces naturels frappent sur le désœuvrement du passager, nulle part plus profond qu'aux escales.

Du 24 au 29 mai. — Avant de sortir d'Aden, nous prenons un pilote arabe qui ne doit guère quitter la passerelle jusqu'à Suez ; il faut l'œil expérimenté de cet hôte assidu de la mer pour nous guider à travers les madrépores qui en rendent la navigation si dangereuse. Nous passons de nuit devant le feu de Perim. Nous rangeons la côte de Moka, puis nous n'apercevons plus que de temps à autre une île déserte et désolée, ou une côte embrumée. Une petite brise du nord rafraîchit légèrement l'atmosphère ; mais si le paquebot s'arrêtait ou ralentissait sa marche régulière de douze nœuds, on se demande comment on respirerait.

Mais ce n'est pas la chaleur qui fait le plus souffrir dans la mer Rouge, quoiqu'elle atteigne 50 degrés centigrades à l'ombre d'une double tente, c'est la composition de l'air, qui semble à peine respirable. Que de cas d'asphyxie n'a-t-on pas eu à déplorer ! Trois personnes ont succombé pendant le voyage qui a précédé le nôtre. Parmi les malades de Cochinchine, combien, à la veille de toucher enfin le sol natal et d'y recouvrer peut-être la santé, n'ont pu triompher de cette dernière épreuve !

Nous n'avons heureusement à déplorer aucun accident de ce genre ; nous entrons le 28 dans le golfe de Suez, d'où nous apercevons dans une échancrure de montagne entre deux crêtes élevées, au second plan, un sommet lointain : c'est le Sinaï ; les deux côtes présentent une paroi de rochers arides et nus, aux teints bruns, qui, au soleil couchant, semblent empourprer de leurs reflets la surface unie et miroitante de la mer. C'est sans doute de ce phénomène d'optique qu'elle a tiré son nom, plutôt que d'une coloration réelle due à la présence de zoophytes microscopiques.

La nuit vient, il faut trouver sa route à travers les fanaux des divers navires, que nous croisons à intervalles très-rapprochés et dont l'affluence constitue pour les capitaines un des grands soucis de cette navigation ; enfin, à minuit, on mouille devant Suez, et le soleil se lève sur une petite oasis qu'on nous indique de loin sur la côte arabe, et qu'on désigne sous le nom de Fontaine-de-Moïse. C'est là, suivant la tradition, que le législateur des Hébreux aurait fait jaillir l'eau d'un rocher par la puissance de sa baguette. A peine avons-nous le temps de regarder sur la côte égyptienne la ville de Suez, son port, ses bassins et le palais que le vice-roi s'y est fait bâtir ; un nouveau pilote monte à bord, et nous entrons dans le canal.

Il est peu d'œuvres dont la grandeur réelle s'accuse moins par les aspects extérieurs. Un chenal étroit où l'on est obligé de ralentir la marche, où l'on craint à chaque tour d'hélice de butter contre le talus, ou de s'engraver, de chaque côté des dunes, qui le plus souvent cachent la vue du désert, ou ne laissent voir qu'une étendue de sable indéfinie, quelques postes télégraphiques perdus dans la solitude, voilà tout ce qui s'offre aux yeux. C'est par la pensée surtout qu'il faut juger de la magnificence de l'œuvre, ou bien pour en mesurer la puissance d'un coup d'œil, il faut voir, comme nous en cûmes l'occasion, un des plus gros navires de notre flotte de transports, le *Tarn*, s'avancer majestueusement, les vergues amenées, couvert de monde, au milieu du désert, et chasser devant lui, comme un mascaret, le flot qu'il déplace, tandis que, rangé dans une gare d'évitement, le paquebot lui livre respectueusement passage.

On arrive ainsi aux Lacs Amers, ancienne dépression du désert où les travaux de M. de Lesseps ont ramené les eaux qui jadis les avaient sans doute remplis et y avaient laissé leurs dépôts de sel ; la route est balisée à travers cette mer intérieure de création humaine, puis on reprend au sortir le canal jusqu'au lac Timsah. A l'extrémité du lac, un point sombre indique un peu de verdure : c'est Ismaïlia ; cette vue est pour moi le signal d'une séparation. Désireux de visiter l'Égypte, je laisse le *Sindh* continuer jusqu'à Port-Saïd et Marseille, et, après avoir dit adieu, non sans regret, à mes compagnons de voyage, je monte dans la chaloupe à vapeur du pilote qui me dépose à Ismaïlia.

Sans le khamsin qui souffle avec violence, soulevant des flots de poussière aveuglants, on pourrait se croire dans quelque village de la Crau. Ismaïlia avec ses masures de torchis, badigeonnées, alignées, ses rues tracées et non construites, ses prétentions européennes et sa sécheresse désolante, est l'un des points du globe les plus laids que j'aie vus. Presque toutes les maisons sont abandonnées et tombent en ruine ; la raison d'être de cette ville, jetée de vive force au milieu du désert, c'était la construction du canal. Alors s'y pressait une population de 40,000 indigènes et de 15,000 Européens qui, des divers campements établis dans le désert, venaient y chercher des provisions, des nouvelles et des distractions. C'était aussi l'entrepôt du matériel venu soit par le canal d'eau douce, soit par le chemin de fer. Aujourd'hui la vie s'en est retirée aussi vite qu'elle y avait afflué ; plus de transit, plus de mouvement, à peine 80 employés du canal obligés par leur service d'y résider, quelques milliers de fellahs, et, en souvenir des anciennes grandeurs, une brasserie délabrée où l'on continue par habitude de faire le soir de la musique de barrière devant les banquettes.

En dehors de la ville s'élève ou plutôt s'apprête à tomber le palais bâti en trois mois par le khédive pour l'impératrice des Français ; démeublé, abandonné, sans gardiens, privé presque partout de ses vitres et crevassé par endroits, ce monument d'un jour n'a même pas la majesté d'une ruine. On songe en le voyant à quelque baraque de la foire abandonnée par des saltimbanques. Un peu plus loin se trouve la pompe foulante qui envoie les eaux du canal d'eau douce jusqu'à Port-Saïd ; son secours deviendra bientôt inutile par suite de la continuation du canal jusqu'à la Méditerranée. On trouve autour quelques arbres et des fleurs entretenues grâce aux réservoirs de la pompe ; c'est un tour de force dont on apprécie mieux le mérite, quand on vient de traverser Aden et le désert, qu'en arrivant d'Europe ; mais, quoi qu'il en soit, c'est une pauvre végétation. Il me tarde de voir enfin l'Égypte véritable, la vallée du Nil. Aussi le lendemain je n'ai garde de manquer le train unique qui, entre onze heures du matin et sept heures du soir, fait le trajet d'Ismaïlia au Caire.

30 mai, — 12 juin. — Ici j'hésite à poursuivre le récit d'impressions qui ont pu exciter quelque curiosité, tant que l'on a dû me suivre à travers des pays peu connus, mais qui paraîtraient sans doute dénuées d'intérêt, revenus comme nous le sommes à des contrées qu'on pourrait couvrir avec le papier employé à les décrire à toutes les époques et dans toutes les langues. Trop de témoins illustres ont déposé dans cette vaste enquête que poursuit aujourd'hui l'Europe en Orient, pour qu'il vaille la peine d'écouter les confidences personnelles d'un passant de plus ou de moins.

Comment d'ailleurs résumer ces sensations imparfaites, entassées à la hâte en quelques jours, et ne laissant dans l'esprit qu'une empreinte inachevée où ne peut se mouler le souvenir? Comment parler du Caire, de son aspect merveilleux, quand on le contemple du haut de la citadelle, de ses mille recoins pittoresques, de ses nuits splendides, de la physionomie particulière de la population polychrome et polyglotte qui se presse dans ses rues, du Nil, des pyramides, du musée de Boulak, qui lui seul demanderait des mois d'études, sous la direction du plus savant des maîtres, Mariette-Bey[1]? Comment rendre le charme exquis de la vie européenne sous le ciel de l'Orient, la facilité avec laquelle on se sent vivre, et par-dessus tout les magnificences incomparables de la lumière particulière au ciel d'Égypte, qui revêt d'un tissu diapré les contours qu'elle caresse, met en vigueur tout ce qu'elle éclaire, et transforme la nature en un immense décor? Mieux vaut admirer ces merveilles en silence que d'en parler à la hâte.

Il faudrait passer six mois au Caire et sur le Nil pour en rapporter une idée complète; on ne se décide à le quitter qu'en se promettant d'y revenir. Mais à cette courte distance l'impatience du sol natal m'a gagné, je ne fais que traverser Alexandrie, une sorte de Marseille transplantée et sans intérêt, et prends passage sur le *Mœris* des Messageries maritimes, où pour la première fois, depuis quatre ans de navigation, je trouve à bord une majorité de Français.

Avec quel plaisir on salue de loin ces côtes dont les

---

[1] Voir notamment dans la *Revue des Deux-Mondes* du 1ᵉʳ janvier 1877, l'étude si attachante de M. Melchior de Vogüé sur l'ancien empire. Il n'était donné qu'à sa plume élégante et nerveuse de rendre les émotions qui s'emparent de l'âme en présence de ces vestiges éloquents du passé égyptien, perdus dans l'immensité du désert et sortant des nécropoles, à soixante siècles de distance, pour nous initier à la plus ancienne civilisation du globe.

noms vous ramènent en pleine Europe, la Crète, le mont Ida, berceau de Jupiter, le golfe de Tarente, Reggio, Messine, Naples! Il faut avoir vécu longtemps au milieu des races dont la morale, l'esthétique, la philosophie nous sont étrangères et antipathiques, pour comprendre toute la satisfaction que l'on éprouve à se replonger au sein des races aryennes. Il semble qu'après avoir vu grimacer l'humanité on la voit enfin sourire. Après avoir foulé le sol de l'Inde, passer devant l'Égypte, la Grande-Grèce, l'Italie, n'est-ce pas suivre les diverses étapes de cette armée d'élite qui semble tenir de Dieu la mission de remplir les vides laissés par lui dans le « plan des choses? »

Saluons cette terre féconde où se sont élaborées les plus belles œuvres de l'esprit humain; saluons aussi l'Océan, — qui rend fidèlement à la terre le dépôt qu'elle lui avait confié, — et avant de nous élancer vers le foyer qui nous attend, adressons une pensée de reconnaissance à tous ceux qui durant cette longue absence ont ouvert leur porte à l'étranger.

CONCLUSION

CONCLUSION

Nul n'a fait un séjour de quelque durée dans les contrées lointaines de l'extrême Orient, sans être frappé, au retour, de la lacune qui existe au sujet de l'Asie dans les préoccupations et les connaissances de ses concitoyens, de ceux-là même qui se piquent de quelque sagacité politique et de quelque étendue d'esprit. Touriste ou résident, le voyageur s'est habitué à considérer comme dignes d'attention et d'étude les traits de caractère, les mœurs, la physionomie extérieure, les conditions d'existence des races au milieu desquelles il a vécu, les intérêts qui les occupent, les mobiles qui les dirigent. Aux yeux même du moins observateur et du moins réfléchi des hommes, toutes ces choses, qui apparaissent à distance dans le demi-jour vague d'un songe, sortent du domaine de la spéculation pour entrer dans celui de la réalité. En devenant plus familières, les questions semblent plus pratiques et acquièrent une signification plus attachante à mesure qu'elle est plus claire. Aussi l'explorateur n'est-il pas peu surpris de voir ses compatriotes passant, dans l'examen superficiel qu'ils lui font subir, à côté des vrais problèmes, écouter d'une oreille distraite les explications qu'ils lui demandent, de lire dans leurs yeux une sorte d'incrédulité et de sentir errer sur leurs lèvres la question que se posaient déjà les Français du temps de Montesquieu : « Est-il bien vrai qu'on puisse être Persan ? »

C'est pour combattre cette fâcheuse indifférence, pour secouer cette frivolité particulière à l'esprit français, qu'il est du devoir de tout voyageur de dire ce qu'il a vu et de donner, juste ou erronée, l'impression qu'il a rapportée. De tous ces témoignages se contrôlant les uns par les autres, jaillira la lumière ; et n'eût-il fait qu'exciter un désir d'investigation sérieuse, l'auteur d'un pareil récit n'aurait pas perdu sa peine.

Aujourd'hui, sous la menace des graves événements qui se préparent, la presse et le public français éprouvent un de ces courts accès de curiosité qui remplacent chez nous la fièvre d'informations établie à l'état chronique chez nos voisins. Les regards se tournent vers cette vieille Asie d'où nous vient toute civilisation et d'où s'est à plusieurs reprises échappé le flot de la barbarie. Jetons donc un dernier coup d'œil sur cette partie du globe où se pressent 800 millions d'hommes et où couvent peut-être nos désastres à venir.

Ce n'est pas sans raison qu'en considérant une carte d'Asie, les yeux s'arrêtent tout d'abord sur cette région insulaire qui termine l'ancien monde et semble une flotte voguant vers le nouveau. Au Japon s'accomplit, en effet, dans des conditions particulières une révolution, qui tôt ou tard éclatera dans chacun des grands empires asiatiques. Au régime féodal, jeté à terre, succède une tentative prématurée de régime démocratique et industriel, à laquelle se prêtent mal les habitudes et les instincts d'une population indolente et sceptique. Cette tentative ne se poursuit d'ailleurs qu'au milieu des convulsions de la nation encore infectée du virus féodal, à travers les insurrections et les guerres civiles aujourd'hui plus terribles que jamais, au sein d'une anarchie permanente, sous les yeux de prêteurs avides, qui attendent, pour dépouiller leur débiteur obéré, l'heure inévitable du déficit.

Si le gouvernement dans ses essais de réforme politique se trouve en présence du mauvais vouloir de la nation, le pays se voit, dans ses efforts économiques, en face d'une concurrence industrielle et commerciale, insurmontable comme l'énergie des peuples européens qui la font. Dans cet antagonisme avec l'Europe, le Japon n'a d'autre alternative que de travailler assez pour payer tout ce qu'il achète, ou de s'endetter jusqu'à compromettre son indépendance et encourir le sort que la loi des XII Tables réservait au débiteur insolvable. Plus visiblement chaque jour il se montre impuissant à soutenir cette lutte, et tout présage que le réveil, dont l'empire des mikados a été le théâtre, sera aussi éphémère qu'il a été brusque.

Si c'est pour le philosophe et l'homme d'État un curieux sujet d'étude et un éloquent enseignement que de constater la stérilité des efforts d'une race dégénérée et médiocre pour prendre rang à côté des autres, on ne peut demander au grand public de nos climats de s'en enquérir à un autre titre qu'au nom des intérêts européens, qui peuvent se trouver engagés sur ce terrain lointain. Il n'est point aujourd'hui de coin du monde si reculé, qui ne soit en quelque façon le champ clos des puissances continentales, ou ne soit destiné à le devenir. Le jour où l'empire insulaire du Japon tombé en décomposition se rangera sous le protectorat, avoué ou clandestin, de l'Angleterre, de l'Amérique ou de la Russie, on verra surgir une question de l'extrême Orient, comme on a vu une question d'Orient; ou plutôt la conflagration, dont l'Asie centrale semble prête à devenir le théâtre, s'étendra jusqu'aux confins du vieux monde, et l'avenir de tous les peuples se trouvera compromis dans la querelle, comme le sort de tous les territoires y sera impliqué.

Un travail encore latent et indéfinissable s'accomplit en ce moment au sein des populations asiatiques. Leur énergie, longtemps endormie, se réveille insensiblement au contact de l'élément européen, comme l'activité chimique de certains corps inflammables sous l'action de la lumière. Pressés que nous étions d'importer chez elles les instruments de prospérité matérielle dont dispose notre siècle d'ingénieurs, sans nous inquiéter d'étendre aussi vite les bienfaits de notre culture morale, nous avons favorisé le développement d'une civilisation *sui generis*, purement mécanique, savante dans ses procédés, brutale dans ses instincts, faite d'industries perfectionnées et de mœurs primitives, familière avec la vapeur et l'électricité, mais étrangère à toutes nos conceptions philosophiques et religieuses. Bouddhistes ou Mahométans, Chinois ou Hindous, Malais ou Japonais, les *barbares* sont devenus des chauffeurs, des mécaniciens et des fondeurs, sans cesser d'être des barbares. L'ingénieur qui les fait travailler par milliers, et montre avec orgueil le produit de leurs sueurs, ne songe pas que tous ces ilotes accroissent chaque jour leur puissance productive sans élever leur niveau moral, se débarrassent, sous l'influence du régime industriel, des vieilles traditions et des anciennes barrières maintenues par le système hiérarchique et religieux qui pesait sur eux jadis; qu'en un mot, les sociétés se décomposent, se reforment sur un nouveau plan et sortent de leur immobilité pour entrer dans une période de mouvement indéterminé.

Au souffle du pionnier européen surgit une force qui peut devenir immense et irrésistible. Le monde barbare s'éveille au bruit de nos querelles transportées chez lui, et aussi au spectacle de nos merveilles. Il s'étonne d'abord, se prend d'admiration ; puis, incapable, faute de méthode et de science générale, d'imiter nos savantes machines, réduit à vivre d'emprunts, il s'irrite de ne pouvoir nous ravir nos secrets tout d'un coup, et rêve vaguement de nous forcer à les livrer. Il sent notre supériorité, sans l'accepter, mais devine peu à peu la force qu'il tire du nombre. Vienne le jour où un Xerxès, un Attila, un Tamerlan réunira dans un faisceau les forces éparses autour de lui, et l'Europe verra de nouveau se ruer sur elle l'invasion mongole prête à moissonner la fleur de notre culture occidentale.

Alors peut-être les indifférents, qui ne veulent encore voir dans les événements du monde asiatique qu'une batrachomyomachie confuse et fastidieuse, se rendront compte que, de nos jours, comme au début de l'histoire, c'est là, au pied des plus hautes chaînes du globe, que s'élabore la destinée du monde. Alors, mais trop tard sans doute, on comprendra qu'en mettant aux mains des populations, qui comptent des centaines de millions d'hommes, nos engins perfectionnés, nos mécanismes puissants, tout le matériel de notre civilisation sans ses lumières, nous avons fourni nous-mêmes des armes à une nouvelle invasion des barbares plus formidable que toutes les précédentes. A plusieurs reprises déjà le flot mongol s'est répandu dévastateur et furieux sur l'Occident. Qui sait jusqu'où il pourra aller, déchaîné par les deux grandes nations qui en ce moment le soulèvent à la légère et si ceux qui l'auront provoqué ne seront pas eux-mêmes les premiers submergés? La force morale sera-t-elle encore une fois vaincue par la force brutale? Une fois encore l'Europe devra-t-elle entreprendre, au milieu d'épouvantables bouleversements, d'éclairer et de régénérer ses vainqueurs?

FIN DU SECOND VOLUME.

TABLE DES MATIÈRES

CHAPITRE XIII

LE DROIT PUBLIC ET PRIVÉ

§ I. — LE GOUVERNEMENT MIKADONAL. — La notion du droit chez les Japonais. — Origines du pouvoir des mikados ; sa constitution. — Formation de la féodalité. 1

§ II. — LA CONSTITUTION DE YÉYAS. — Les *Cent lois*. — Organisation de la féodalité. — *Le spectre de Sakura*. — Les devoirs féodaux. 11

§ III. — LA CONSERVATION SOCIALE. — L'empire fermé. — Le cérémonial. — Les pénalités. — La propriété des terres. — Les règlements. — La police secrète. 22

§ IV. — LA FAMILLE ET LA CORPORATION. — L'autorité domestique. — Le mariage ; le divorce. — L'hérédité. — L'adoption. — La retraite volontaire : « in-kyo. » — La solidarité. — L'association. Chobei *le père de l'Otokodaté*. — Effondrement général de l'ancienne société. — Isolement du gouvernement. — Essais de réforme. — Que seront les futures institutions ? 34

CHAPITRE XIV

LA RELIGION

§ I. — LE SHINTO. — Les documents. — Cosmogonie et mythologie ; origine des mikados et des hommes. — Le culte. — Caractère de cette religion. — Sa morale ; sa politique. 63

§ II. — Le Siuto et le Bouddhisme. — Confucius et sa morale. — Introduction du bouddhisme. — Le dogme et la morale. — Diffusion du bouddhisme. — Les sectes. — Les sermons. 79

§ III. — Les croyances populaires. — Confusion des deux religions. — Le panthéon japonais. — Les temples, les offices. — Les pèlerinages ; arrière aux profanes. — Coutumes et superstitions. 95

§ IV. — Le passage du christianisme. — Propagande religieuse et politique. — Persécutions. — Efforts actuels. — Polémique ; les rationalistes japonais. 114

§ V. — L'état religieux. — Tolérance ; scepticisme. — Ascètes et épicuriens. — Éclipse du sentiment religieux. — Le christianisme serait-il un remède ? 125

CHAPITRE XV

L'ART

§ I. — L'architecture. — Rôle de l'art dans la vie des peuples. — Caractère général de l'architecture japonaise. — Le temple ; « mya, » « tera, » « tori ; » la nature et l'art aidés l'un par l'autre. — L'habitation ; « yaski ; » « siro. » — Les jardins ; le tracé et la décoration. 136

§ II. — La sculpture. — Comment la statuaire japonaise conçoit-elle l'homme ? — La statuaire religieuse. — Le Bouddha type indien ; froideur et monotonie. — Les « Tengu ». — Les saints et les sages. — Polychromie. — La statuaire laïque ; répétition des types. — Point de beauté ; expression ; sculpture de genre. — Une œuvre de maître. 155

§ III. — La peinture. — Son rôle dans la vie japonaise. — Genre héroïque. — Genre familier. — Ignorance de la perspective. — Choix des sujets. — La couleur. — Visite à un peintre. 170

§ IV. — La musique et la danse. 179

§ V. — Les arts décoratifs. — Goût exquis des Japonais. — La science de la couleur. — La céramique ; formes ; teintes ; pâtes. — Émaux. — Bronzes. — Mobilier. — Le *bibelot*. 182

§ VI. — Conclusion. — Histoire de l'art ; son degré de maturité. — L'artiste japonais, son rôle borné. — Caractère général de l'art japonais. 194

CHAPITRE XVI

LA SITUATION ÉCONOMIQUE ET FINANCIÈRE

§ I. — Les récents progrès. — Transformation hâtive. — Améliorations réelles. — Arsenaux de Iokoska et de Mito. — Railways. — Télégraphes. — Navigation.

TABLE DES MATIÈRES. 467

—Essais agricoles. — Forêts. — Filatures. — Routes. — Enseignement technique; les pédagogues européens. — L'instruction militaire; la mission française. — La marine. — Les réformes législatives. — Le service militaire obligatoire... 200

§ II. — Les ressources et les dépenses. — L'impôt. — Le budget; l'équilibre budgétaire. — Le stock métallique et le papier-monnaie. — L'emprunt. — Chances de développement agricole. — Point de capitaux accumulés ; absence de numéraire, banques. — Mines........................... 228

CHAPITRE XVII

LA SITUATION POLITIQUE ET SOCIALE

§ I. — Les relations extérieures. — Les traités internationaux et l'exterritorialité ; la question des juridictions ; la question de l'ouverture. — Attitude des puissances. Relations du Japon avec ses voisins asiatiques. 248

§ II. — La politique intérieure. — Où est le gouvernement ? — La coalition. — Anarchie. Cabales et divisions. — Essai de gouvernement constitutionnel ; assemblées politiques et locales. — Les pensions des « samurai »..... 261

§ III — L'État social. — Les nobles ; le peuple. — La presse. — Le mouvement des esprits. — La crise contemporaine................ 277

LES ÉCHELLES DE L'EXTRÊME ORIENT

DE YÉDO A PARIS

— NOTES D'UN PASSANT —

CHAPITRE Ier

HONG-KONG — CANTON — MACAO

— De Yédo a Hong-Kong. — Émotions du départ. — Le *Sunda*, les Anglais en voyage. — Détroit de Van-Diémen. — Brouillard,........ 291

§ II. — Hong-Kong. — Arrivée de nuit. — Un débarquement difficile. — L'Angleterre à Victoria. Les Chinois. — *Princes merchants*. — Statistique. 297

§ III. — Canton. — A bord du *Kiu-kiang*. — La rivière de Canton ; les batelières. — Cathédrale ; les missionnaires. — La ville tartare. — Monts-de-piété. — Temple des 500 dieux. — Pagodes. — Le mahométisme en Chine. Temple de Honam. — Les bateaux de fleurs. — La pagode des horreurs. — Le camp d'examens. — Les prisons. — Le lieu des exécutions. — Les fumeurs d'opium. — Le soldat chinois. — Les restaurants. — La misère. 307

§ IV. — Macao. — Le *Spark*. — Une histoire de pirates. — Décadence de Macao. — La Praya. — Population mélangée. — Les maisons de jeu. — San-José. — La grotte de Camoens. — Les Macaïstes. — La colonie européenne. — Parallèle des Chinois et des Japonais. 332

CHAPITRE II

MANILLE — SINGAPORE

§ I. — Manille. — Les rigueurs de la douane espagnole. — *L'escolta*. — Le *Patio*. — Guerre contre le sultan de Sulu ; inquiétudes. — Les lits de la *fonda*. — Tagals ; Bissayos ; Métis. — Le *Pina*. — Les Negritos et les Hygrotes. — Le cours du Passig. — La *laguna*. — Santa-Cruz. — Magdalena. — Mahaijay. — Landwerien et Mobile. — Lavandières. — La vie monacale aux Philippines. — L'hospitalité du Mestizzo. — Le cimetière de Manille. — Le théâtre. — Les églises. — Combats de coqs. — Manufacture de cigares. — Le gouvernement colonial. — Une semaine à bord d'un navire espagnol. 344

§ II. — Singapore. — Population. — Wampoa. — Le pic de New-Harbourg. — Animation des rues. — Un drame chinois. — Djohore. — Une plantation de manioc. — A bord de l'*Émirne*. — Désastre!. 375

CHAPITRE III

JAVA — CEYLAN — ADEN

§ I. — Java. — Batavia. — Ville indienne, ville haute. — La vie hollandaise. — Butenzorg ; les animaux-feuilles. — Samarang ; Sourakarta. — Visite au prince Mangoro-Negoro. — Le Gamelang. — Les bayadères. — Le Kraton. — Le Rampock. — Djokjokerta. — Tombeaux. — Visite au sultan. — Boroboudhour. — Teinture des sarongs. — Retour à Batavia. — Les Préangers. — Namina et sa jeune sœur. — La vie des eaux. — Les Hollandais communicatifs. — Politique du gouvernement néerlandais. — La guerre d'Atchin. — *Chinese problem*. — Le *Shind*. 386

§ II. — CEYLAN. — Pointe de Galles. — Bakouela. — Le pic d'Adam. — Les Singalais.. 432

§ III. — ADEN. — Le port. — Arabes et Somals. — La ville indigène. — Les Parsis. — Réminiscences bibliques. — Une consultation improvisée. — La mer Rouge ; le Sinaï. — Le canal de Suez. — Ismaïlia. — Le Caire. — L'impatience du sol natal. 440

CONCLUSION. 457

PARIS. — TYPOGRAPHIE LAHURE
Rue de Fleurus, 9

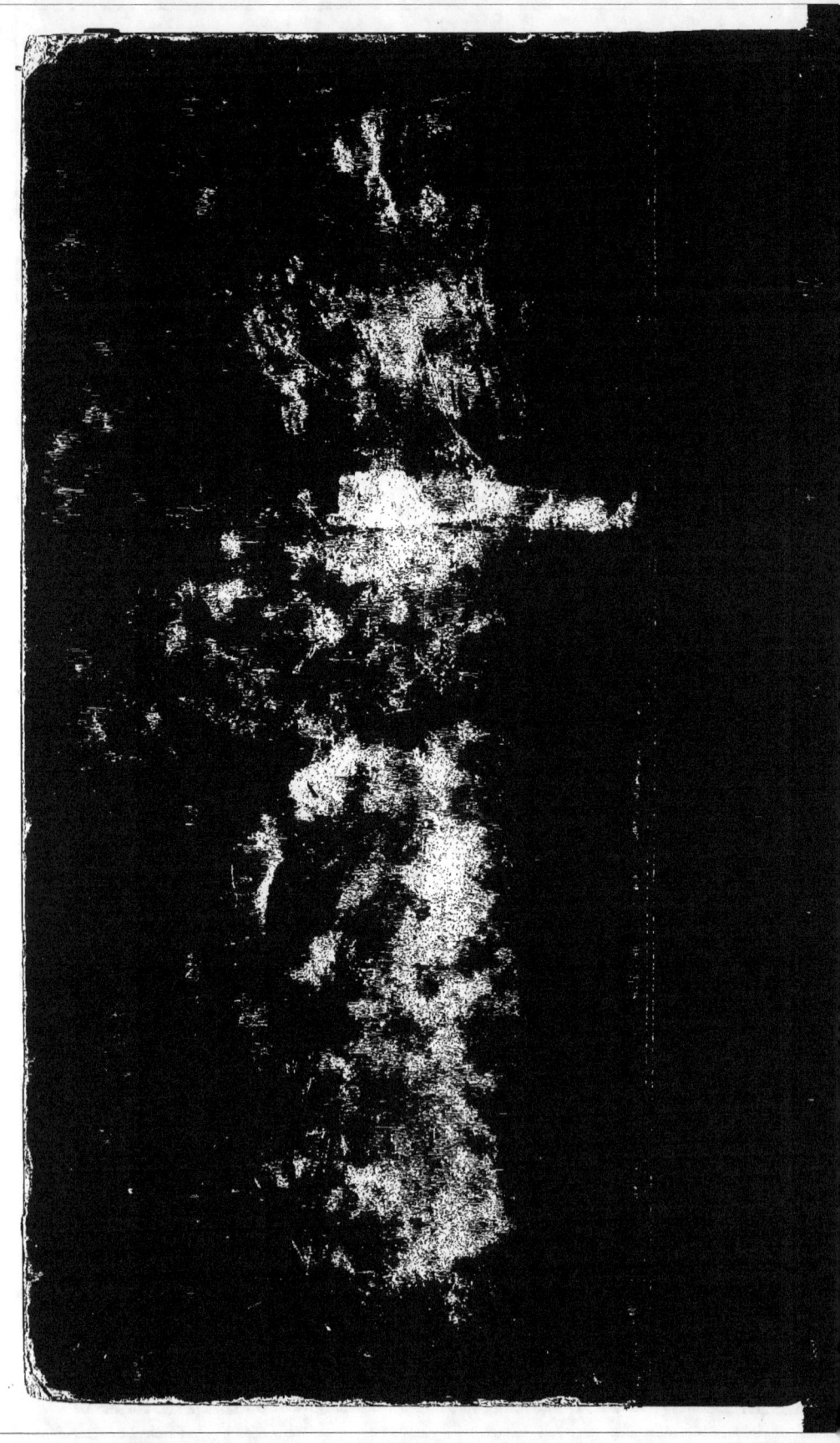

www.ingramcontent.com/pod-product-compliance
Lightning Source LLC
Chambersburg PA
CBHW050238230426
43664CB00012B/1748